DEUTSCHES ARCHAEOLOGISCHES INSTITUT ATHEN

TIRYNS · BAND IX

DEUTSCHES ARCHAEOLOGISCHES INSTITUT ATHEN

TIRYNS

FORSCHUNGEN UND BERICHTE

BAND IX

HERAUSGEGEBEN VON ULF JANTZEN

DEUTSCHES ARCHAEOLOGISCHES INSTITUT ATHEN

GRABUNGEN IN DER UNTERBURG 1971

ROBERT AVILA · PETER GROSSMANN · JÖRG SCHÄFER

GRABUNGEN IM BEREICH DES BAUES 2

PETER GROSSMANN · HEINER KNELL · EBERHARD SLENCZKA · WALTER VOIGTLÄNDER

GRABUNGEN IN DEN QUADRANTEN IV 2. V. VI 2

EMIL BREITINGER

SKELETTE SPÄTMYKENISCHER GRÄBER IN DER UNTERBURG VON TIRYNS

VERLAG PHILIPP VON ZABERN · MAINZ AM RHEIN

GEFÖRDERT VON DER FRITZ THYSSEN STIFTUNG

IX, 194 Seiten, 82 Tafeln und 5 Beilagen

INHALTSVERZEICHNIS

VORWORT

Zu Band V der 1971 wiederaufgenommenen Tiryns-Publikation hatte ich einiges von unseren Absichten und dem Programm der 1967 erneut begonnenen Grabung bekannt gegeben, nämlich nicht nur die vor Jahrzehnten abgebrochene Grabung wiederaufzunehmen, sondern auch die alten, zum Teil sehr alten Bearbeitungs- und Publikationsschulden nach Möglichkeit abtragen zu wollen[1]. Wie die Bände V bis VIII dieser Reihe und weitere andernorts erschienene Berichte zeigen, sind diese Bemühungen teilweise erfolgreich gewesen.

Gerne hätte ich im Jahre 1975 meinem Nachfolger in der Grabungsleitung, Klaus Kilian, einen glatten Neubeginn ermöglicht, aber unser Ziel ist trotz aller Bemühungen nicht ganz erreicht worden. Restschulden bestehen nach wie vor, werden aber weiterhin abgetragen werden.

Der Herausgeber freut sich, nunmehr den Band IX der Tiryns-Reihe vorlegen zu können mit Ergebnissen der Unterburg-Grabung von 1971. Sein Dank gilt zunächst den Ausgräbern, die die Last der Arbeiten und der Bearbeitung zu tragen hatten, dann – und dies ist der Dank aller Beteiligter – vor allem der Fritz Thyssen Stiftung, die die finanziellen Voraussetzungen für die Unternehmung geschaffen hatte, nicht weniger freilich der Zentraldirektion des Deutschen Archäologischen Instituts für sehr weitgehende Unterstützung auf allen Gebieten der Grabung, schließlich erneut der Fritz Thyssen Stiftung für einen beträchtlichen Druckkostenzuschuß, ohne den dieser Band nicht hätte erscheinen können.

Ein persönlicher Dank darf noch angefügt werden: an die zuständige griechische Ephorie, vertreten durch Frau E. Protonotariou-Deïlaki, für die ununterbrochen verständnisvolle Zusammenarbeit und Hilfe bei allen Problemen, die eine Grabung naturgemäß zeitigt, und schließlich Franz Rutzen, dem Verleger, für die unermüdliche Betreuung der vorliegenden Publikation.

Hamburg, Frühjahr 1979   Ulf Jantzen

---

[1] Am klarsten formuliert von H. Döhl, GGA 228, 1976, 175f.

ABKÜRZUNGEN

Außer den in der Bibliographie des JdI bzw. AA 1976, 582f. angegebenen Sigeln werden folgende Abkürzungen benutzt:

Ålin	P. Ålin, Das Ende der mykenischen Fundstätten auf dem griechischen Festland, SIMA 1 (1962)
Dickinson (1972)	O. T. P. Dickinson, BSA 67, 1972, 103ff.
Enkomi I-IIIb	P. Dikaios, Enkomi Excavations 1948–1958 I-IIIb (1969–1971)
Eutresis	H. Goldman, Excavations at Eutresis in Boeotia (1931)
Fdm	Fußdurchmesser
FM	Motiv-Nr. bei Furumark
French (1961a)	E. B. French, BSA 56, 1961, 81ff.
French (1961b)	dies., BSA 56, 1961, 88ff.
French (1963)	dies., BSA 58, 1963, 44ff.
French (1964)	dies., BSA 59, 1964, 241ff.
French (1965a)	dies., BSA 60, 1965, 159ff.
French (1965b)	dies., in: Verdelis, French, Deltion 20, 1965, 137ff.
French (1966)	dies., BSA 61, 1966, 216ff.
French (1967)	dies., BSA 62, 1967, 149ff.
French (1969a)	dies., BSA 64, 1969, 71ff.
French (1969b)	dies., AA 1969, 133ff.
French (1971a)	dies., BSA 66, 1971, 101ff.
French (1971b)	dies., in: E. u. D. French, Tiryns V (1971) 21ff.
French (1975)	dies., AnatSt 25, 1975, 53ff.
FS	Form-Nr. bei Furumark
Führer (1975)	Führer durch Tiryns, hrg. U. Jantzen (1975)
Furumark, MP	A. Furumark, The Mycenean Pottery, Classification and Analysis, Stockholm (1941)
Furumark, Chron	The Chronology of Mycenean Pottery, Stockholm (1941)
Furumark (1941)	bezieht sich allgemein auf Gegenstände, die in beiden obengenannten Bänden abgehandelt werden bzw. aufs gesamte Werk
Jalisos	A. Maiuri, ASAtene 6/7, 1923/24, 83ff.
Lefkandi	M. R. Popham, L. H. Sackett, Excavations at Lefkandi, Euboea 1964–66 (1968)
Mdm	Rand- bzw. Mündungsdurchmesser
Popham, Milburn (1971)	M. Popham, E. Milburn, BSA 66, 1971, 333ff.
Pylos I	C. W. Blegen, M. Rawson, The Palace of Nestor at Pylos in Western Messenia I (1966)
Rutter (1975)	J. Rutter, AJA 79, 1975, 17ff.
Stubbings (1951)	F. H. Stubbings, Mycenean Pottery in the Levant (1951)
Tiryns IV	K. Müller, Die Urfirniskeramik. Tiryns. Die Ergebnisse der Ausgrabungen des Instituts 4 (1938)
Tiryns V–VIII	Tiryns. Forschungen und Berichte Band V–VIII 1971ff.
Troy III–IV	C. W. Blegen u. a., Troy, Excavations Conducted by the University of Cincinnati 1932–38, 3–4 (1950–58)
Verdelis u. French	s. o. French (1965b)

Wace (1919–21)   A. J. B. Wace u.a., BSA 24, 1919–21, 185 ff.
Wace (1921–23)   A. J. B. Wace u.a., BSA 25, 1921–23, 1 ff.
Wace (1957a)   A. J. B. Wace, BSA 52, 1957, 220 ff.
Wace (1957b)   A. J. B. Wace u.a., BSA 52, 1957, 207 ff.
Wace (1954)   E. B. Wace (French), BSA 49, 1954, 267 ff.
Wardle (1969)   K. A. Wardle, BSA 64, 1969, 261 ff.
Wardle (1973)   ders., BSA 68, 1973, 297 ff.
Zygouries   C. W. Blegen, Zygouries. A Prehistoric Settlement in the Valley of Cleonae (1928)

ROBERT AVILA – PETER GROSSMANN – JÖRG SCHÄFER

GRABUNGEN IM BEREICH DES BAUES 2

VORBEMERKUNG

Bei Abschluß der Kampagne 1965 war Bau 2 nur in seinem südlichen Teil freigelegt worden (Grabungsabschnitt I/1 Nord, 1965[1] *Beil. 1,3* Planquadrat N/51). Darüber hinaus ragte jedoch ein kleines Stück seiner Nordwand aus der Grabenwand des benachbarten Grabungsabschnittes heraus (Grabungsabschnitt II/1 Süd, 1965)[2]. Im Jahre 1968 wurde durch stratigraphische Beobachtungen sichergestellt, daß Bau 2 und Bau 3 von ein und derselben, an keiner Stelle unterbrochenen Schuttschicht überlagert sind[3]. Erst im Jahre 1971[4] konnte der restliche, größere Teil von Bau 2 durch die Abtragung des Steges zwischen I/1 und II/1 (d.i. IA/1) westlich der Position 1 des Jahres 1968 freigelegt werden[5]. Der Abbau des Steges erfolgte in Abhüben einheitlicher Höhe und Fläche, da durch die Profile der Jahre 1965 und 1968 bereits eine Vorstellung von der Schichtabfolge bestand[6].

Jörg Schäfer

A. BAUBESTAND VON BAU 2
(Taf. 38,1; Beil. 1,2)

In seiner Gesamtanlage zerfällt der Bau 2 in zwei, ungefähr gleich große Teile (2a und 2b), die beide aus je einem Raum bestehen und mit ihrer westlichen Schmalseite unmittelbar an die Burgmauer anstoßen. Der südliche Teil 2a besitzt in beiden Außenwänden je einen Eingang; von innen ist der östliche Eingang durch eine 1965 noch in situ festgestellte Steinsetzung nachträglich vermauert worden[7]. Bemerkenswert ist außerdem der Rücksprung in der Südostecke des Baues und das Fehlen einer mauertechnischen Verbindung zwischen den an dieser Stelle zusammenstoßenden Wänden. Vermutlich hatte sich die Rückwand einst weiter nach Osten fortgesetzt, um einen weiteren Nebenraum 2a' zu umschließen[8].

---

[1] Tiryns V 50ff. Beil. 11; Taf. 31,1.
[2] ebd. Beil. 11, Bezeichnung „2A".
[3] Tiryns VIII 59.
[4] Teilnehmer an der Ausgrabung in diesem Abschnitt: Jörg Schäfer, Peter Grossmann, zeitweise Walter Voigtländer.
[5] ebd. Beil. 6. Im Jahre 1968 war der Steg nur bis zu der einheitlichen Höhe von 13,30m NN abgetragen worden.
[6] vgl. Tiryns V Beil. 12 (Mitte).
[7] Tiryns V 51.
[8] Bereits ebd. 51f.

Die derzeitige Ostwand ist damit als ehemalige Innenwand anzusehen. Sie war – was beim mykenischen Hausbau oft vorkommt – stumpf und ohne Verband an die Außenwand angeschlossen.

Die weitere Freilegung des Gebäudes im Jahre 1971 erbrachte zunächst eine Trennwand nach Norden, die allerdings nur an ihren beiden Enden und auch dort nur in ihren untersten Lagen erhalten war. Im Westteil sind darüber hinaus verschiedene Steine aus ihrer Lage gerutscht. Diese Wand greift mit ihrem Ostende geringfügig über die Außenflucht der Ostwand hinaus und ergibt damit eine weitere Bestätigung für die Annahme einer einst größeren Ausdehnung des Hauses nach Osten. Jenseits jener Trennwand folgt nach Norden der zweite Raum 2b. In seinem Inneren wird er nach Osten zunehmend schmaler und besitzt seinerseits eine breite Tür in der Nordwand[9]. Seine Ostwand entspricht in der Lage ungefähr der Ostwand von 2a. Von Westen stößt an sie ein auf den Boden aufgesetztes und aus Trockenziegeln aufgemauertes Gefach, von dessen Wandung sich Teile in Form einer hochgesetzten Ziegellage auf der Nord- und Westseite erhalten haben *(Taf. 38,2)*. Die Südwandung fehlt; ihre Lage läßt sich jedoch nach der Kante des ebenfalls aus Trockenziegeln hergestellten Bodens unschwer parallel zur Nordwandung ergänzen. Wie der obere Verschluß ausgesehen hat, ist nicht mehr erkennbar. Vermutlich bestand er aus einem Holzdeckel. Sehr wahrscheinlich wurde dieses Gefach als eine Art Verwahrungskasten verwendet. Auf der gegenüberliegenden Seite wird unmittelbar vor der Burgmauer ein schmaler Bereich durch eine kurze innere Nordwandvorlage ausgeschieden. Als eigener Raum ist dieser Bereich zu klein. Vielleicht diente er als Abstellkammer.

Im Gegensatz zu der ziemlich regelmäßigen und fast rechtwinkligen Gestalt des südlichen Gebäudeteils enthält die Nordhälfte verschiedene Unregelmäßigkeiten. Die nördliche Außenwand bildet in Höhe der Tür einen starken Knick nach Südwesten, dessen Sinn wohl darin bestand, für den schmalen Abgang der Südsyrinx mehr Raum zu gewinnen. Aus dem gleichen Grunde war auch die gegenüberliegende Südwestecke von Bau 3 ausgeschliffen worden[10]. Unbefriedigend ist ferner die Mauerung der Nordostecke des Gebäudes. Möglicherweise fehlt hier jedoch nur der äußere Eckstein, denn beide Wände sind an dieser Stelle nur in der untersten Lage erhalten. Schließlich stößt auch hier die Ostwand ohne Verband an die Nordwand von 2a an und ist dieser gegenüber weniger tief gegründet.

Die Unterschiede in der Ausführung beider Teile des Baues legen es nahe, in ihnen zwei verschiedene Bauabschnitte zu erkennen. Zum 1. Abschnitt gehört der gesamte Südteil 2a einschließlich der ihn jetzt vom Nordteil trennenden Querwand. Man hat sich diese jedoch als durchgehenden Mauerzug vorzustellen. Ein heute nicht mehr vorhandener östlicher Anschlußraum 2a' gleicher Breite ist zu ergänzen. Er war durch die später vermauerte Tür in der Ostwand von 2a zugänglich.

Bei einem Umbau des Hauses ist dieser Ostraum 2a' aufgegeben und abgerissen worden; der Zugang von 2a wurde vermauert. Als Ausgleich wurde auf der Nordseite ein neuer Raum 2b angeschlossen, für dessen neu zu errichtenden Außenwände vermutlich auch ein Teil des aus 2a' freigewordenen Materials Verwendung fand. Schließlich wurde für die Kommunikation zwischen beiden Räumen eine breite Öffnung in die ehemalige Nordwand

---

[9] Ein Stück dieser Nordwand wurde bereits 1965 festgestellt, s. Anm. 1.
[10] Bereits Tiryns V 53 und VIII 55.

von 2a eingebrochen. Es hat den Anschein, daß bei dieser Gelegenheit der Bestand der Wand auf ein Minimum reduziert wurde, nämlich gerade so viel, wie für die Aufnahme der Dachkonstruktion über beiden Bauteilen erforderlich war.

In seiner handwerklichen Ausführung gleicht der Bau 2 ungefähr der Ausführung von Bau 3. Obgleich bei der Errichtung der Burgmauer und damit schon vor der Anlage von Bau 2 der Fels an mehreren Stellen freigelegen hat, ist dieser Bau nicht überall auf den Felsen aufgesetzt worden[11]. Vielmehr ruht er mit seiner Sohle fast überall auf einer hohen, mit Steinen vermischten Erdbank, die sogar die oberen Grate des Felsens noch überlagert[12]. Allein am Ostende von 2a, wo der Fels höher hinauf reicht, ist die Wand unmittelbar auf den Felsen gesetzt.

Sicher ist diese Erdbank nicht erst für den Bau des Hauses aufgeschüttet worden. Sie war nach Fertigstellung der Burgmauer zurückgeblieben. Es ist jedoch bemerkenswert, daß man sich nicht die Mühe machte, für eine ordentliche Fundamentierung Sorge zu tragen und den Fels erneut freizulegen.

Die einzelnen Wände des Hauses stimmen mit einer Breite von 0,45 m bis 0,50 m in ihrer Stärke weitgehend überein und sind im Bereich von 2a auch ziemlich geradlinig geführt. Lediglich das kurze, an die Burgmauer anstoßende Ende der ehemaligen nördlichen Abschlußwand von 2a zeigt einen unsauberen Verband. Offenbar ist dieser, der sich zudem nur in der unteren Lage erhalten hat, durch den von oben herabfallenden Zerstörungsschutt nachträglich auseinandergedrückt. Die Wände des nördlichen Bauteiles 2b nehmen dagegen einen viel unregelmäßigeren Verlauf und wechseln innerhalb der mitgeteilten Grenzen auch stärker in der Breite.

In beiden Bauteilen wurden gänzlich unbearbeitete Bruchsteine verwendet, die in einer Art Erdmörtel verlegt waren. Hinweise auf Plesia- oder ἀσπρόχωμα-Einschlüsse wurden nicht beobachtet. Die Steingrößen sind im Hinblick auf die Mauerstärke als angemessen groß zu bezeichnen. Mehrere als Binder zu bezeichnende Steine gehen durch die ganze Wandstärke durch. Der Verband ist sehr sorgfältig. Sämtliche Steine wurden, wie üblich, flach verlegt. Bei den Läufern achtete man darauf, die längere und möglichst ebenflächige Seite in die Außenflächen der Wände zu legen. Längere Steine, die derartige Seiten nicht besaßen, wurden als Binder verwendet. Wo offene Zwickel verblieben, wurden sie mit kleineren Steinen ausgefüllt.

Reste des oberen Aufbaues, den man sich in Form eines Trockenziegelmauerwerks vorzustellen hat, haben sich nicht erhalten. Es scheint jedoch so, daß der heutige obere Abschluß der Nordwand die ursprüngliche Oberkante des Steinsockels angibt. Die Mauerkrone dieses Wandstückes ist – abgesehen von ein paar Störstellen – derart einheitlich in der Höhe, daß sie sich gut als Lagerfläche für einen Trockenziegelaufbau eignet. Bezeichnend ist auch die Einfügung von zahlreichen kleineren Flicksteinen in der Kantenzone, die damit deutlich die Funktion eines Horizontalausgleiches übernehmen.

Als Überdeckung des Baues ist vielleicht ein Pultdach anzunehmen mit einer Dachhaut aus Dachziegeln[13].

Peter Grossmann

[11] Tiryns V 52.

[12] Weitere Einzelheiten S. 4 f.; in Tiryns V 52 wurde diese Erdbank als einfache Erdschicht beschrieben, da damals nur der unmittelbar an die Burgmauer anstoßende Bereich freigelegt war, wo keine Steine enthalten waren.

[13] s. Anm. 22.

4

B. BEOBACHTUNGEN ZUR STRATIGRAPHIE UND ZUM GRABUNGSBEFUND

1. Aufbau unter Bau 2 *(Taf. 39,1; Beil. 2,2)*

Unmittelbar nach Abschluß des Burgmauerbaues lag der Felsgrund im Bereich des späteren Baues 2 weitgehend frei. Der Fels ist hier stark zerklüftet und weist Niveauunterschiede zwischen 10,83m NN und 11,84m NN auf. Schwere Bruchsteine, wie sie auch beim Burgmauerbau verwendet sind, liegen am Fuß der Burgmauer. Sie sind jedoch so unregelmäßig verteilt, daß sie kein eindeutiges Bankett bilden *(Taf. 38,1)*. Vor den Blöcken erstreckt sich hangaufwärts als dünne Erdschicht eines stark mit Steinabschlag vermischte Aufhöhung, die mit Lehm, wie er beim Burgmaueraufbau verwendet wurde, angereichert ist *(Beil. 2,2 unterer Bereich 'Θ')*. Offenbar handelt es sich hier um beim Mauerbau angefallenen Arbeitsschutt. Es war stratigraphisch nicht zu entscheiden, ob sich in den Taschen des Felsens nicht noch Material aus der Zeit vor dem Mauerbau erhalten hatte[14]. Diese Erde reicht jedoch nicht aus, um die aufragenden Klippen des Felsgrundes zu bedecken. Ergänzend wurde im ganzen Bereich des Baues eine weitere Lehmschicht aufgebracht, in die an zahlreichen Stellen Flußkiesel eingelagert sind. Die absichtsvolle Einlagerung dieser Kiesel geht daraus hervor, daß sie stellenweise dicht gepackt sind *(Taf. 39,2)*. Die obere Grenze dieser Schicht wechselt innerhalb des Baues zwischen 11,30m NN und 11,60m NN. Darüber folgt eine Schüttung von oft über kopfgroßen Bruchsteinen, die im Bereich des Erweiterungsbaues 2b so dicht ist, daß sie als regelrechte Packung bezeichnet werden kann. Im Bereich des Baues 2a liegen die Steine wesentlich lockerer, jedoch ist das kein Anlaß, hier von einer grundsätzlich anderen Art der Einbringung zu sprechen. Erst mit diesem Steinfeld wird die Zerklüftung des Felsgrundes völlig abgeglichen. Die neue Oberfläche schwankt zwischen 11,50m NN und 11,86m NN. Der beschriebene Aufbau bildet eine Geländeplanierung, die nach Abschluß des Burgmauerbaues hergestellt worden ist.

Erst darüber folgt dann eine Lehmpackung (H), deren Oberfläche das Bodenniveau innerhalb von Bau 2a und seines Vorbereiches im Norden ausmacht. Bei den Untersuchungen der Lehmpackung ergaben sich folgende Beobachtungen[15]:

a) Die Wände von Bau 2a sitzen auf dieser Lehmschicht auf.

b) Innerhalb von Bau 2a ist die Oberfläche an vielen Stellen aschig schwarzgrau verfärbt, auf dem Niveau 11,94m NN, mit wenigen cm Schwankung[16].

c) Nördlich von Bau 2a, d.i. innerhalb des Baues 2b und noch unmittelbar nördlich von dessen Nordwand ist diese Lehmschicht fast durchgehend 4cm tief verbrannt. Stellenweise sind mehrere dünne übereinander liegende Streifen deutlich unterscheidbar. Ihre Farbe ist abwechselnd schwarzgrau und hellrot.

---

[14] Tgb. UB 1971 Eintrag zu Befunden 189/190; vgl. S. 12.

[15] Zu Gräbern S. 7f.

[16] Tiryns V 51.59.

d) Eine dünne Lehmdecke überlagert die Brandfläche innerhalb des Erweiterungsbaues 2b und unmittelbar nördlich desselben, Niveau maximal 12,04m NN.

e) Die Wände von Bau 2b sind z.T. auf dieser Lehmdecke aufgesetzt. Das Gefach im Nordostteil von Bau 2b ist jedoch in die Lehmdecke eingetieft und reicht bis auf die verbrannte Oberfläche[17].

f) Die große Schuttschicht Z überdeckt sowohl die Oberfläche von Bau 2a (11,94m NN) als auch die Oberfläche von Bau 2b.

In Verbindung mit dem oben beschriebenen Baubefund läßt sich aus diesen Beobachtungen folgender Ablauf der Ereignisse rekonstruieren: Vor Errichtung des Erweiterungsbaues 2a hat in dem Areal nördlich von Bau 2a auf einer Fläche von mindestens 6–8m² eine starke Erhitzung der Lehmoberfläche stattgefunden, die auf die Überlagerung von glühendem Material zurückgehen muß. Innerhalb von Bau 2a läßt sich ein entsprechender Befund nicht nachweisen, die Brandspuren aus seinem Fußboden gehören bereits der Phase an, als die große Schuttschicht Z das Gelände überdeckte[18].

2. Areal außerhalb von Bau 2 *(Beil. 1,1; 2,2)*

Ein Rest des Gehniveaus zwischen Bau 2b und Bau 3 aus der Zeit vor der endgültigen Zerstörung der beiden Bauten konnte in der Form eines ca. 1m² umfassenden Bodenstückes aus flach verlegten groben Scherben und faustgroßen Kieseln unmittelbar östlich von Bau 2a auf einem mittleren Niveau von 12,51m NN festgelegt werden *(Beil. 1,2; 2,2)*. Dieses Bodenstück senkt sich schwach nach Westen und führte einst wohl an die Ostwand des Baues 2. Es ist anzunehmen, daß spätestens bei der Ausraubung dieser Wand die Zerstörung des Bodenstückes erfolgte. Das Bodenstück ruht auf einer nur wenige cm hohen Lehmziegelbettung, die selbst eine aschige und stellenweise kompakte Zone überlagert. Es ist dies dieselbe Zone, die bei Bau 3 bei Pos. 1 und 2 als der brandhaltige Baugrund für diesen Bau festgestellt wurde[19]. Das Niveau dieser aschehaltigen Schicht liegt unterhalb des Scherben-Gehniveaus auf ca. 12,45m NN. Aufgrund der Erosion des abschüssigen Geländes ist diese Schicht nicht mehr überall mit der gleichen Sicherheit von der letzten Oberfläche bei der Endkatastrophe zu trennen. Hier jedoch, wo sie durch den Scherbenboden geschützt lag, war sie mit aller Deutlichkeit erkennbar. Der bescheidene Bodenrest ist somit ein kostbares Zeugnis für die Vorgänge während einer turbulenten Epoche. Weiter westlich, in dem Areal nördlich von Bau 2a entspricht der Ascheschicht unter dem Scherbenboden die schwarzrot gestreifte Schicht, die der Errichtung von Bau 2b zeitlich vorangeht; sie ist vorhergehend besprochen worden.

---

[17] vgl. S. 2.

[18] Hierzu auch Nordprofil des Abschnittes I/1 1965, Tiryns V Beil. 12.

[19] Tiryns VIII 58ff. Beil. 6.7 mit Anschlußprofil bei Pos. 1 (Südmauer Bau 3), weiter östlich Pos. 2/1965 wurde diese Zone einheitlich als die Oberfläche unmittelbar bei der Zerstörung der Bauten 2 und 3 angesehen (Schicht H, Tiryns V 59, ebd. 62 der frühere Fußboden von Bau 3).

3. Schlußfolgerung

Durch die Grabungen wurden innerhalb und außerhalb von Bau 2 zwei Horizonte festgestellt, die beide mit einer Brandzone abschließen. Durch die Errichtung der Ostwand von
2 b, die in das nach Osten ansteigende Gelände eingegraben werden mußte, wurde die Verbindung zwischen der brandhaltigen Schicht östlich dieser Wand und dem hartgebrannten
Boden, der bei der Zerstörung von Bau 2a entstanden war, unterbrochen. Der hartgebrannte
Boden ist der gleiche, auf dem auch Bau 3 errichtet ist. Ferner spricht für die Gleichzeitigkeit
beider Bauten, daß mindestens Bau 3 in der Rundung seiner Südwestecke deutlich auf die
Existenz von 2 b Bezug nimmt.

4. Schuttschichten über Bau 2 *(Beil. 1,1; 2,2)*

Vom beweglichen Inventar beider Teile von Bau 2, das aus der Zeit der letzten Benutzung stammen müßte, läßt sich nichts mit Sicherheit nachweisen. Die vereinzelten Fragmente meist grober Gefäße, die unmittelbar auf dem Boden lagen, dürften bereits zum Zerstörungsschutt gehören und ergeben keine kompletten Stücke[20]. Wie bereits erwähnt, ist die
Schuttschicht, welche die beiden Bauteile überlagert, Teil einer großen Schuttzone ('Z') die
sämtliche bisher bekannten Bauten nördlich von Bau 1 überdeckt. Sie reicht nicht bis an die
Burgmauer heran, sondern senkt sich in flachem Winkel gegen die Westbegrenzung des Baues[21]. Im Ostteil von Bau 2 war sie besonders reich an rotbraun verbranntem Lehm. Außerdem enthielt sie zahlreiche Bruchsteine, die zum Teil unmittelbar auf dem Fußboden von
Bau 2 b lagerten und in diesen eingedrückt waren. Ferner fanden sich mehrere, zum Teil mit
verbrannter Lehmziegelmasse verklebte Bruchstücke von ‚Dachziegeln‘ sowie ein rinnen-
förmiges ‚Kalypter‘fragment im gleichen Zusammenhang *(Taf. 39,3.4)*[22]. Über diese
Schuttzone und besonders deutlich in einem Streifen von ca. 1 m Breite entlang der Innen-
front der Burgmauer liegt über den Steinblöcken stark aschiger Schutt, der neben Erde auch
kleinere Bruchsteine und Scherben enthielt. Stratigraphisch gehört dieser Schutt zu der
durch Asche verfärbten und bröseligen Schuttmasse, die bereits 1956 über Bau 3 angetroffen
und untersucht wurde[23]. Nicht nur stratigraphisch, sondern auch durch ihren keramischen
Befund (SH III C 1) ist diese Schicht deutlich von der eigentlichen Verschüttung des Baues 2
verschieden. Irgendwelche Baureste, die dieser oder einer späteren Schicht zuweisbar wären,
sind in dem hier behandelten Grabungsabschnitt nicht festgestellt worden. Es handelt sich
um eine Abfallhalde, die sich offensichtlich auch in die Brunnengänge hinein fortsetzte[24].

---

[20] Dies gilt auch von den Fragmenten, die 1965 auf dem Fußboden des südlichen Teiles des Baues 2a lagen, Tiryns V 66f. Kat.
16–21.

[21] s. auch Nordprofil von I/1 1965, Tiryns V Beil. 12, wo ‚Z‘ gegen einen irrtümlich als Fels gekennzeichneten Block anläuft.

[22] Im Gegensatz zu den reichen Ziegelfunden aus Berbati, vgl. Tiryns VIII 83 handelt es sich bei diesen Fragmenten um vereinzelte
Stücke. Sie fanden sich zusammen mit der rotbraun verfärbten, d. h. verbrannten Lehmmasse unmittelbar über dem Gefach der Nordostecke des Baues 2b. Dieser besondere Befund macht es unwahrscheinlich, daß sie von Osten in den Bau hineingeglitten sind. Die Funde
sind zu geringfügig, um aus ihnen mit Sicherheit auf ein regelrechtes Ziegeldach zu schließen. Allerdings ist zu bedenken, daß möglicherweise die übrigen Ziegel, als wertvolle Spolien bald nach der Zerstörung des Baues abgeräumt worden sind.

[23] Tiryns V 60.62 Beil. 12 (mit ‚E‘ gekennzeichnete Ablagerung); Tiryns VIII 60 Beil. 7,1,2.

[24] Vorläufig: Führer (1975) 145.

5. Die Gräber im Areal von Bau 2 *(Taf. 39,1; Beil. 1,2)*

Innerhalb von Bau 2b wurden sechs menschliche Skelette freigelegt. Sie lagen in der Lehmpackung über dem Steinfeld. Zwei weitere Skelette wurden im Nordwestteil des Baues 2a freigelegt. Allein schon die allen Skeletten – soweit noch erkennbar – gemeinsam mehr oder weniger stark kontrahierte Seitenlage zeigt, daß hier Bestattungen vorliegen *(Tab. 1; Taf. 39,1; Beil. 1,2)*. Es handelt sich um einfache Erdgräber. Nur bei den Gräbern V (Skelette 9 und 8) und VI (Skelett 7) ließ sich am Fußende eine Bruchsteinsetzung in der Form einer einfachen Steinreihe feststellen *(Taf. 40,2.4)*. Bei Grab VI (Skelett 7) war unter den begrenzenden Steinen und unterhalb des Skelettes selbst noch der Rest eines glatten Lehmverstriches zu erkennen. Eine einheitliche Orientierung der Skelette liegt nicht vor. Während die Skelette 3 (Grab IV), 4 (Grab II) und 5 (Grab III) durch die darüberliegenden Schuttmassen und die Zartheit der Knochen (Kinder) stark mitgenommen und zum Teil aufgelöst waren, ist das Skelett 1 (Grab I) bereits im Altertum stark gestört worden, denn Teile des Skelettes lagen bei der Auffindung zusammenhanglos auf der Oberfläche des Mauerstumpfes der unmittelbar benachbarten Nordmauer von Bau 2a, Schädel und Oberteil des Rumpfes mindestens 35 cm tiefer und überdies der Schädel in Rückenlage; die übrigen Skelette waren in ungestörtem Zustand[25]. Für die Zeitstellung der Gräber ließ sich aus dem stratigraphischen Zusammenhang nichts gewinnen[25a]. Einige Hinweise ergaben sich jedoch aus ihrer Beziehung zu den Fußböden des Baues und durch das Verhältnis zu seinen Wänden. Aus den erwähnten Umständen muß dabei allerdings Grab I außer Betracht bleiben. Im Areal des Baues 2b liegt das ehemalige Außenniveau von Bau 2a zwischen 11,95 m und 11,99 m NN, das Fußbodenniveau des Baues 2b bei 12,04 m NN. Die Gräber II, III, IV und V liegen, gemessen an der höchsten Stelle der Skelette, zwischen 11,70 m NN und 11,78 m NN. Die beiden Gräber VI und VII unter Bau 2a sind tiefer eingesetzt, wahrscheinlich, weil dort die Steinpackung fehlte (11,46 m NN und 11,51 m NN). Es ist sehr unwahrscheinlich, daß vor oder während der Benutzung des Baues 2 Gräber in unmittelbarer Nähe des Gehniveaus angelegt wurden. Das Niveau der Gräber spricht für ihre Anlage nach der Aufgabe des Baues 2.

Die Lage der Gräber folgt in auffälliger Weise dem Grundriß des Gebäudes. In keinem einzigen Falle kann von einer Überschneidung der Gräber durch die Wände des Baues die Rede sein. Die Gräber I und V sind geradezu dem Mauerverlauf angepaßt. Wenn ein Fuß des Skelettes 8 (Grab V) 4 cm unter die Sohle der parallel zur Burgmauer verlaufende Zungenmauer hinuntergreift, so ergibt sich das durch die Enge des hier zur Verfügung stehenden Raumes. Diese Rücksichtnahme der Gräber auf den Bau zeigt deutlich, daß zur Zeit der Bestattungen die Wände des Baues sichtbar gewesen sein müssen. Da, wie wir oben ausgeführt haben, die Bestattungstiefe für eine Anlage der Gräber nach Aufgabe des Baues spricht, so ergibt sich als wahrscheinlichster Zeitraum der Bestattungen die Phase, als nur noch die

---

[25] Da die Fundlage uneinheitlich ist, erhielt der auf der Mauer liegende Rest bei der Auffindung die Nr. 2, der tieferliegende die Nr. 1. Im Plan *Beil. 1,2* ist nur Nr. 1 eingezeichnet. Ebenso wurde in *Tabelle 1* verfahren.

[25a] Die Gräber waren ohne Beigaben. Bei der Reinigung und Untersuchung des bereits geborgenen Skelettes 6 fand E. Breitinger zwei Knochenwerkzeuge, Spatel und Knochennadel. Bei den Resten des Skelettes 3 stellte er Kleintierknochen (Säugetier) fest, bei denen es nicht erweisbar ist, daß sie zur Bestattung gehören.

Grab-Nr.	Skelett-Nr.	Niveau OK Schädel, NN	Körperlage (Orientierung n. Kompaß)	Alter und Geschlecht	Steinsetzung	Bemerkungen
I	1	11,98 m	Schädel im NO, Rückenlage, Arme entlang Rumpf, Becken u. a. auf Mauerstumpf 2 a	30–40 J ♂		Unterarme, Teile vom Becken, Oberschenkel Füße auf Mauerstumpf Bau 2 a; gestört
II	4	11,70 m	Schädel im N	Kind		stark zerbrochen und von gestürztem Steinblock beschädigt
III	5	11,71 m	Schädel im SO, nach SW gewendet, Beine angezogen	Kind		stark zerbrochen
IV	3	11,78 m	Schädel im NO, nach SW gewendet, Oberschenkel rechtwinklig zur Wirbelsäule	Kind		stark zerbrochen, Steatitwirbel im Halsbereich
V	8	11,75 m	Schädel im SO, nach SW gewendet, Wirbelsäule gekrümmt, Seitenlage, Hände bei Oberschenkel. Oberschenkel leicht angewinkelt, Unterschenkel stark angezogen	ca. 60 J ♂		8 und 9 Doppelbestattung. Extremitäten überlagern sich, Schädelfronten berühren sich nahezu
V	9	11,73 m	Schädel im SO, nach NO gewendet, Hände am Kinn, sonst spiegelbildlich zu Skelett Nr. 8	30–40 J ☉	drei längliche Bruchsteine am östlichen Grubenrand, der Rückenlinie folgend	
VI	7	11,46 m	Schädel im NW, nach NO gewendet. Oberschenkel rechtwinklig zur Wirbelsäule, Unterschenkel stark angezogen, Hände am Kinn, Seitenlage	20–22 J ☉	lockere Setzung von vier Bruchsteinen am Südrand der Grube	
VII	6	11,51 m	Schädel im SW, nach SO gedreht. Arme entlang dem Rumpf, Oberschenkel leicht angezogen, Unterschenkel stark angewinkelt	ca. 40 J ♂		Grube schneidet Grab VI an

Tab. 1 Bestattungen in Bau 2.

Mauerstümpfe aus dem Schutt herausragten. Dies wäre die Zeit, als der Schutt 'Z'[26] schon eine beträchtliche Höhe erreicht hatte oder spätestens die ersten Ablagerungen der nächsthöheren Zone einsetzen.

Es unterliegt kaum einem Zweifel, daß diese unter sich so gleichartigen Gräber ein Teil einer Nekropole sind, zu der auch die bereits von Verdelis festgestellten einfachen Erdgräber unmittelbar östlich von Bau 2 und die 1965 weiter im Nordosten, gegen die Mitte der Unterburg entdeckten gleichartigen Gräber gehören[27].

Jörg Schäfer

[26] S. 6.
[27] Tiryns V 63 f., bes. 75.

C. DIE KERAMISCHEN BEFUNDE

Vorbemerkung

Die mykenische Keramik[28] aus dem Grabungsabschnitt I A/1 – Bau 2 – auf der Unterburg von Tiryns ist in zweierlei Hinsicht von Interesse[29]. Die topographische Lage dieses Areals zwischen den Eingängen der beiden Brunnengänge oder Syringes setzt sie in Beziehung zu der Geschichte dieser Anlagen; zum anderen bietet ihr Typenreichtum sowie die statistisch relevant werdende Quantität, 12 850 Scherben, für eine typologische Untersuchung der spätmykenischen Keramik einen günstigen Ansatzpunkt[30]. Die beschreibende Typologie kann hier zur Erweiterung des Corpus mykenischer Formen, Typen und Muster beitragen. Die Scherbenanalyse wird die Formdefinitionen von Furumark[31] präzisieren sowie im Anschluß an die Arbeiten von E. French und K. A. Wardle die Typendefinitionen ergänzen. Der Gesamtbefund ist jedoch kein ‚sealed deposit‘ im Sinne von E. French und K. A. Wardle. Durch das Eingraben einer Reihe beigabenloser Skelettbestattungen zu einem auch

[28] Die für die Beurteilung der Stratigraphie unwesentlichen Fragmente von sog. Dachziegeln aus dem Areal von Bau 2 werden hier noch nicht vorgelegt (vgl. S. 6 und vorläufig Tiryns VIII 83 Abb. 46 Taf. 56). Ebenfalls fehlen in der Dokumentation die Spinnwirtel, Steinklingen und andere Kleinfunde.

Die Bearbeitung der Keramik wurde für den vorliegenden Bericht in eindeutiger Weise als bei den bisherigen Berichten über die Grabungen auf der Unterburg analytisch und quantifizierend durchgeführt. Dies erschien bei dem komplizierten und nicht immer eindeutigen stratigraphischen Befund erfolgversprechend. (J. Sch.)

[29] Weitere Abkürzungen:

DR = Dotted Rim (Punktrand), besondere Art von Randverzierung bei offenen Formen, hauptsächlich Kellen und Skyphoi. FS 284 DR bezeichnet bei Skyphoi ein charakteristisches Verzierungsschema, wobei der Punktrand in der Regel gemeinsam mit einem einzigen Muster mitten auf der Gefäßoberfläche auftritt.

FS 284 A = Kurzbezeichnung für Skyphoi des sog. Open Style = Group A, s. Wardle (1973) 297 Anm. 6. 311 ff. 312 Anm. 35; French (1965 b) 139.

FS 284 B = Skyphoi des sog. Filled Style = Group B nach French (1965 b) 139; dies. (1969 a) 75. 87; Wardle (1973) 297 Anm. 6; 310 Anm. 34. 315 ff.

Is. = Innenseite.

MBB = Abkürzung des Terminus Medium Band Bowl, der eine Schale oder einen Skyphos mit monochromem Inneren und einem Malschlickerband in der Randzone außen als einziger Verzierung erfaßt. Da dieses von innen übergreifende Band in seiner Breite zwischen den Extremen liegt, die an Skyphoi der Gruppen FS 284 A Mono-in bzw. FS 284 B aus Mykenai beobachtet wurden, spricht man von einem medium band, d. h. Band von mittlerer Breite: Wardle (1973) 334 f.; French (1969 a) 75. 87.

Mdm = Mündungsdurchmesser.

Mono-in = Kürzel, das sich auf das Vorkommen eines monochrom überzogenen Innere bei offenen Formen, in der Regel FS 284, FS 305, FS 215–216, Schüsseln, Schälchen, bezieht.

Ofl. = Oberfläche.

PJ = Abkürzung des Ausdrucks piriform oder pithoid jar, d. i. ein stamnosartiges Vorratstöpfchen: FS-Nr. 14–51, Form 7; French (1964) 247; dies. (1965 a) 171 f.

RBB = Kürzel für den Terminus Reserved Band Bowl, d. h. eine Gruppe offener Formen, vornehmlich jedoch anscheinend nicht ausschließlich Skyphoi, mit monochromem Inneren – in der Regel sogar innen wie außen monochrom – und einem schmalen, tongrundig ausgesparten Streifen dicht unter dem Rand innen: French, IIIC-Checklist (ungedr.).

Stfl. = Standfläche.

Us. = Unterseite.

Dem Leiter der Tirynsgrabung, U. Jantzen, sowie dem Ausgräber, J. Schäfer, die mir das hier vorgelegte Material übertrugen, habe ich besonders zu danken. – Die Keramikzeichnungen und Druckvorlagen fertigte P.-A. Mountjoy.

[30] Die Grundlage für die Einteilung bietet das Scherbenmaterial, das seit 1972 im sog. Grapheion des Leonardo (Museumsmagazin) zu Nauplia in Kisten mit der Beschriftung TG 1971, IA 1 aufbewahrt wird. Die Aufnahme der Keramik fand in den Jahren 1972 und 1973 statt.

[31] Furumark, MP 585 ff.

stratigraphisch nicht völlig sicheren Zeitpunkt wurde das Areal derart gestört, daß nach den beobachteten klaren Schichtgrenzen[32] nur Befundzonen[33] im Material gefaßt werden konnten.

Unsere Einteilung stellt daher einen Versuch dar, die ursprüngliche stratigraphische Abfolge der wichtigsten Keramikformen zu rekonstruieren, soweit dies auf statistisch-typologischem Wege[34] durchzuführen ist. Das Einsetzen der Normalverteilung eines Typs und nicht das Erscheinen der einzelnen Scherben wird für die Umschreibung der Zonen bestimmend sein. Infolge der starken Umlagerungen in mykenischer Zeit, wie sie gerade hier auf der Unterburg zu beobachten sind, wird anhand der Haupt- oder Normalverbreitung das Einsetzen eines Typs in der Regel leichter als der Endpunkt seines Auftretens[35] festzulegen sein. Intrusive Scherben sind durch ihr Vorkommen außerhalb der „stratigraphischen"[36] Normalverteilung gekennzeichnet.

Die Keramikbearbeitung[37] setzt sich aus einer Scherbenanalyse und einer Gefäßanalyse[38] zusammen: Die Scherbenanalyse wird in zwei Arten von Bestandsaufnahme durchgeführt: eine möglichst umfassende qualitative Analyse – Bestimmung der Formen und

[32] Die Abhübe, die den einzelnen Zonen zugewiesen wurden, verteilen sich wie folgt:

Zone I: Abhub-Nr. 100–108, 100 B–108 B, 112, 112 B, 112 B–W, 113, 113 A, 113 B, 119–122;

Zone II: 109, 110, 110 Z, 111, 111 X, 114, 114 Z, 115, 115 B, 116/117, 118, 123, 128, 129;

Zone III: 124, 126, 127, 130, 131 (131 a–b nichtkeramisch, 132 = ein ‚Ziegelfragment'), 133–136, 140–143, 152, 172, 174, 179;

Zone IV: 137, 138, 144, 150, 151, 156, 157, 165, 169, 171, 173, 183–189;

Zone V: 190;

Skelettbefunde: 125, 158–160, 167, 168, 170, 175–178, 178 A, sowie alle Befunde dessen Abhubnummern „SK" vorangestellt wurde, oder im Tagebuch als „Skelettbefund" bezeichnet wurden.

Außerhalb Bau 2: 139, 147, 153–155.

[33] Zur Erläuterung des Begriffs Zone: R. Brinkmann, Abriß der Geologie 2 (1966) 4f.

[34] „Statistik" bedeutet für die Zwecke der vorliegenden Veröffentlichung eine Bestandsaufnahme mit Anteilsberechnung und Feststellung der Verteilung von wichtigen Keramikklassen (ggfs. -typen).

Das Wort „Klasse" wird hier nicht streng im statistischen Sinne verwendet, sondern bezieht sich auf Gefäße, die aufgrund weniger gemeinsamer Merkmale vorläufig als eine Einheit betrachtet und behandelt werden werden, da eine genauere Unterteilung der Klasse in Typen anhand des hier vorgelegten Materials noch nicht möglich ist. Auch wurden Merkmalskombinationen, deren chronologische Bedeutung zu prüfen wäre, zu Klassen zusammengefaßt.

[35] Im Rahmen dieser Veröffentlichung durfte das Fehlen, bzw. Anteilsschwund von Typen als ein Kriterium für die Einordnung von Befunden oder Zonen ins Schema der mykenischen Stilphasen nach A. Furumark nicht zur Anwendung gebracht werden. Angesichts der starken Wiederaufarbeitung oder Umlagerung mykenischer Keramik, die hier zu beobachten ist, läßt sich ein solches Kriterium nicht anwenden.

[36] ‚Stratigraphisch' in Anführungszeichen bezieht sich auf die rekonstruierte Abfolge der schematischen Abhubtabelle *(Tab. 1)*.

[37] Für Erläuterung der Begriffe und eine Darstellung des Arbeitsvorgangs, s. J. Lüning, PZ 47, 1972, 213 f. Im Falle von diesem Material jedoch, mußte – angesichts der Störungen des Befundes – auf eine derart detaillierte Warenanalyse, wie Lüning sie zu Recht fordert, verzichtet werden. Ein ähnlicher, weitergehender Versuch M. Dohrn–Ihmig, Die Anwendung statistischer Prüfverfahren bei der Stilanalyse und bei der Erkennung von Typen am Beispiel verzierter bandkeramischer Gefäße in: PZ 51, 1976, 1 ff. s. ebenfalls die Ausführungen von F. Schachermeyr, Neue Wege zur Erfassung der mykenischen Keramik in Die Ägäische Frühzeit, Bd. 2, Die Mykenische Zeit und die Gesittung von Thera, Wien (1976), die bejaht werden könnten, wäre die harte Kritik an Furumark (1941) deutlicher auf die falsche Benutzung dieses Werkes seitens anderer Forscher bezogen worden. Vgl. die Warnungen von A. Furumark, MP, Preface XVIII: sein Werk sei kein Corpus und nicht als solches zu benutzen; S. 6 werden rein typologische Vergleiche als schwerwiegender methodischer Fehler bezeichnet.

Ich unterscheide zusätzlich eine analytische und eine diagnostische Typologie: die analytische Typologie hat zum Ziel die genaue Definition der einzelnen statistisch-stabilen Merkmale und/oder Merkmalskombinationen, die für die einzelnen Gefäßtypen charakteristisch sind; sie ist ein Bestreben dieser Untersuchung. Die diagnostische Typologie dagegen zielt auf die Erfassung und statistische Überprüfung von Erkennungsmerkmalen, die eine Bestimmung der Typen auch als Scherbenmaterial ermöglichen, ein Ziel der Arbeiten von E. French und K. Wardle.

[38] Die Gefäßanalyse ist mangels zusammensetzbarer Formen nur begrenzt möglich.

Typen –, deren Nomenklatur durch Form- und Typendefinitionen von Furumark[39] bzw. durch Erweiterungen und Ergänzungen von E. French und K. A. Wardle[40] vorgegeben ist, ferner eine quantitative Analyse durch die genaue Auszählung aller bestimmbaren Formen und Typen, die ggf. nach Verzierungsschema und evtl. Machart zu unterteilen sind. Hierzu gehört auch die Berechnung des Anteils jeder Form bzw. Typs am jeweiligen Teilbefund idem Zone. Die quantitative Analyse ist auf eine Feststellung der Streuung bestimmter Keramiktypen ausgerichtet.

Die wichtigste Voraussetzung für diese Doppelanalyse war, daß der keramische Inhalt jedes Abhubs sorgfältig ausgezählt und möglichst vollständig bestimmt wurde[41]. Die Scherbenanalyse kann dazu dienen, den Gesamtbefund in Abschnitte oder Einheiten zu unterteilen, die durch das erste Auftreten von bestimmten Typen, oder besser Vergesellschaftungen von Typen, in statistisch relevanten Mengen – Einsetzen der Normalverteilung – definiert werden. Solche Typen sind für die Abschnitte kennzeichnend und werden als ermittelte bzw. bedingte Leittypen angesehen. Der Teilbefund, der anhand der Leittypen herausgegliedert und definiert wird, wird Zone[42] genannt.

Schließlich sei noch einmal darauf hingewiesen, daß die stratigraphische Abfolge des Fundmaterials aus diesem Grabungsabschnitt gestört ist, und daß die hier vorgenommene Einteilung des Befundes eine aus den Tagebuchangaben extrapolierte, statistisch-typologische Gliederung darstellt, deren Zäsuren nicht unbedingt mit den beobachteten Schichtgrenzen des stratigraphischen Profils übereinstimmen müssen. Es sind auch keine weitergehenden Schlußfolgerungen von chronologischer Bedeutung aus der Vergesellschaftung von Typen oder dem sonstigen Inhalt der Zonen zu ziehen. In diesem Bericht wird daher von vornherein auf chronologische bzw. entwicklungsgeschichtliche Auswertung des keramischen Inhalts der Zonen verzichtet. Da die Keramik aus diesem Areal der Unterburg eine

---

[39] Furumark, MP 585 ff. – FS und FM-Bezeichnungen sind hier losgelöst von chronologischen Aspekten des Furumark'schen Typus zu verstehen, d. h. sie nehmen allein auf Gefäßform bzw. Gefäßdekor Bezug, wobei die Form als primär angesehen wird. Zuweisung von Formen oder Typen in Stilphasen erfolgt nach den Laufzeiten bei Furumark, Chron 22 ff. bzw. für die Muster: ders., MP 273 ff.

[40] Vgl. Literaturverzeichnis.

[41] Zum Vorgang des Auszählens: Scherben, die aneinander anpassen oder die anhand herstellungstechnischer Merkmale und Verzierung einem und demselben Gefäß zugewiesen werden können, wurden als ein Gefäß gezählt; außer in der Gesamtstatistik *(Tab. 21)*. Es wurde davon ausgegangen, daß:

a) jede Scherbe, die sich weder anpassen noch zuweisen läßt, ein Gefäß vertritt; daß es das eigentliche Ziel der Bestandsaufnahme ist, einen Gefäßbestand und nicht Scherbenbestand zu rekonstruieren;

b) die Scherben, die im untersuchten Areal erhalten sind, eine negative Selektion, daher eine objektive, d. h., nicht intendierte Auswahl all der Keramik darstellen, die in der Entstehungszeit der hier behandelten Ablagerungen Verwendung fand bzw. zu Bruche ging.

In erster Linie wurde von Rand- und Fußfragmenten ausgegangen; eine – wenn geringe – Fehlerquelle stellen die Wandungsfragmente dar.

[42] Die quantitative Analyse kann dazu beitragen, einen Befund nach anteiligem Vorkommen der Gefäßtypen zu gliedern. Leider sind die von uns errechneten Typenanteile für solche Zwecke nicht verwendbar; dies liegt zum Teil daran, daß das Ausmaß der durch die Störungen verursachten Anteilsverschiebungen an Typen nicht abzuschätzen ist, zum Teil daran, daß schon allein die Fundgattung, d. h. der Inhalt einer rekonstruierten Zone einmalig ist, und so einen Vergleich mit anderen Befunden nicht zuläßt. Daher soll jede Angabe von Prozent- oder Promillesätzen bei Typenanteilen im Text oder in den Tabellen einzig und allein dazu dienen, eine Vorstellung zu geben von der Bedeutung der absoluten Anzahl Scherben eines jeweiligen Typs innerhalb seiner Zone bzw. Klasse.

Vgl. auch French (1965 b) 138; Definition der Stilphase SH III B 2 anhand des Anteils von FS 284 B; s. ebenfalls Wardle (1973) 304 f. und – allgemeiner zum Gesamtproblem der quantitativen Erfassung von Keramikgruppierungen – J. Lüning, PZ 47, 1972, 213 f. mit Anm. 1, dort weitere Literatur.

Stichprobe[43] darstellt, eine zufällige Auswahl der Keramik, die während eines ziemlich langen Zeitraumes im Gebiet der Unterburg Verwendung fand, kann anhand der hier vorgelegten systematischen Fundbearbeitung keine Hypothese über die Verwendung oder den Zweck von Bau 2 entwickelt oder gestützt werden. Die quantitativen Ergebnisse der Untersuchung[44] sind als eine reine Bestandsaufnahme anzusehen; sie sind bestenfalls geeignet, die relative Bedeutung eines jeden einzelnen Typs innerhalb der jeweiligen Zone in der entsprechenden Größenordnung anzudeuten.

Zur Zonengliederung ergab die erste Auszählung des gesamten Scherbenmaterials aus dem zu bearbeitenden Grabungsabschnitt eine deutliche Zweiteilung; eine Gruppe von Abhüben mit einem hohen Anteil an monochromen und Mono-in offenen Gefäßen ist von einer Abhubgruppe, in der solche Gefäße weitgehend fehlten, zu scheiden. Die erstgenannte Gruppierung ließ sich wiederum unterteilen, hauptsächlich anhand der Streuung des monochromen Skyphos[45] mit einem ausgesparten Streifen innen dicht unter dem Rand (RBB). Die Eintragung dieser Leitform in die Abhubtabelle zeigte klar, daß diese Skyphos-Gruppe in Abhüben oberhalb einer beobachteten Schichtgrenze liegt. Damit fassen wir eine oberste Zone, die wir als Zone I bezeichnen *(Tab. 1)*.

Eine weitere Unterteilung der Abhübe ergab sich durch den Fußboden von Bau 2; die Abhubgruppe oberhalb des Fußbodens bezeichnen wir als Zone III, jene unterhalb als Zone IV. Beide Abhubgruppen wiesen keine bzw. nur sehr geringe Mengen an monochromen und innengefirnißten offenen Formen auf.

Die Grenze zwischen den Zonen II und III konnte auf statistisch-typologischem Wege festgelegt werden, und zwar durch Eintragung in die Zonentabelle von Abhüben mit hohem Anteil von monochromen und Mono-in offenen Formen, jedoch ohne RBB. Die Kombination sämtlicher qualitativer und quantitativer Daten verhalf dem so entstandenen Bild zu entsprechend größerer Klarheit; die Ergebnisse sind in der Abhubtabelle *(Tab. 1)* und in der Anteilstatistik *(Tab. 2.18.21)* zusammengefaßt[46].

Zone V bezeichnet einen Abhub mit nur sechs FH II-Scherben; ähnlich den Abhüben aus der unmittelbaren Nähe der Skelette, die ausgesondert und getrennt hier lediglich summarisch behandelt werden *(Tab. 20.21)*, fällt Zone V aus unserer Betrachtung heraus.

Die Zonengliederung anhand der wichtigsten Leitformen und Leitklassen gibt *Tab. 2* in Kurzfassung wieder; außer den Mono-in Ringfußverzierungstypen *(Taf. 27, I–V)*, sind hier hauptsächlich Formen und Klassen der Keramik aufgestellt, die von E. French und K. A. Wardle als stil- bzw. stufendiagnostisch vorgeschlagen wurden[47]. Darüber hinaus wurden

[43] Mögliche Fehlerquellen: begrenzte Keramikauswahl durch Nähe der Syringes (hoher Anteil geschlossener Formen); scheinbare Vorherrschaft bestimmter Formen, da nicht eindeutig festlegbare Typen meist nur in der Klasse zusammengefaßt werden können, indem nicht in Erscheinung treten; ferner durch nicht abzuschätzende Anteilsverschiebungen infolge der Störungen. – Von Fehlerquellen betroffen werden nur qualitative Werte innerhalb der jeweiligen Zone; es gibt keine Auswirkung auf die statistisch geführte Zonengliederung, die ihrerseits durch die Normalverteilung der Formen und Typen getragen wird.

[44] Klassen, die eine Verteilung in Form einer stetigen Kurve mit Doppelmaxima ermöglicht hätten – vor allem, wenn das eine Maximum in der ‚untersten' Zone liegt –, schieden als mögliche Leitklassen von vornherein aus.

[45] Möglicherweise schließt diese Bezeichnung nicht nur Skyphoi sondern eine ganze Formengruppe mit ein.

[46] Der Abhubplan *(Tab. 1)* gibt Lage, Reihenfolge und Mächtigkeit der Abhübe wieder; er wurde nach Tagebuchangaben dieser Abschnittsgrabung erstellt; der maximale Fehler beträgt ± 20 cm im Niveau; dargestellt ist das Südprofil.

[47] Zur unbemalten Kylix FS 274 s. French (1963) 47; dies. (1965 a) 159. Zu den Skyphoi FS 284 der Gruppe B, hier: FS 284 B, French (1969 a) 87; zum Punktrandskyphos FS 284 DR s. French (1969 a) 75.77.87. Zur konischen Schale oder Tasse FS 240 s. Wardle (1973) 334 ff. vgl. hierzu auch French (1975). Zur Wichtigkeit der Gebrauchskeramik mit Linearverzierung und/oder monochrom überzo-

Formen und Klassen in die Tabelle aufgenommen, die eine Normalverteilung aufweisen und sich als zonenspezifisch erwiesen; umgekehrt fallen Leitformen und Klassen nach French bzw. Wardle aus, die in dem hier behandelten Befund entweder nicht nachweisbar sind oder in dermaßen geringen Mengen vertreten sind, daß sie keine Normalverteilung aufweisen. Typen, die häufig sind, jedoch eine Verteilungskurve mit zwei Maxima haben, wobei ein Maximum in Zone IV fällt, wurden in der Regel ebenfalls ausgenommen, sobald die Anzahl von Anomalien 10% der Gesamtanzahl sicher bestimmbarer Scherben des betreffenden Typs überschritt. In *Tab. 2* sind ausschließlich sicher bestimmbare Fragmente der jeweiligen Formen oder Klassen aufgenommen worden, so daß die dort angegebenen Anzahl- und Anteilsziffern Minima darstellen.

Es mag auffallen, daß ein so häufiger und leicht bestimmbarer Typ wie FS 284A in unserer *Tab. 2* nicht erscheint, trotz der Tatsache, daß Scherben dieser Gefäßart neben Fragmenten von FS 274 bis in die untersten Abhübe der Zone IV hinein nachweisbar sind.

E. French macht jedoch auf die Möglichkeit des Aufkommens von Skyphoi, die freilich von unseren Exemplaren typologisch abweichen, schon während der Spätzeit der Stilphase SH III A 2 aufmerksam, so daß FS 274 (unverziert) die später auftretende und daher für unsere Zwecke ausschlaggebende Form darstellt[48] (Verteilung der Skyphoi: *Tab. 3*; weitere wichtige Keramikklassen: *Tab. 18*).

Die typologische Einordnung der Zonen

Die Einpassung der einzelnen Zonen ins Schema der keramischen Stilphasen nach Furumark ist nicht unproblematisch: Schwierigkeiten bereiten die in fremden Fundzusammenhang geratenen Irrläufer, vor allen Dingen solche, die sich in ihrer Zone typologisch oder herstellungstechnisch anomal ausnehmen, ohne daß sie als bestimmbare Typen häufig genug im Gesamtbefund erscheinen, um eine Normalverteilung aufzuweisen. Ein Beispiel eines solchen Verhaltens bietet FS 284B, Mono-in *(Tab. 2)*. Die nachfolgenden Schätzungen sind daher lediglich als Versuche anzusehen *(Tab. 2–3)*.

Zone IV: Nach French[49] ist das Auftreten von unbemalten[50] Kylikes FS 274 maßgebend für die Einstufung einer keramischen Fundgruppe in die SH III B 1-Stilphase, ebenso das Vorkommen von FS 284A *(Tab. 3)*. Freilich kommen in dieser Zone auch Scherben von FS 284B, Mono-in vor; dies spricht allerdings nicht unbedingt gegen eine Gleichsetzung dieser Zone mit zumindest einem Teilabschnitt der Stilstufe III B 1[51], auch wenn drei dieser fünf Scherben aufgrund ihrer Machart bzw. Zugehörigkeit zu Gefäßen, die in Zone II gefunden wurden, nicht als Anomalien anzusehen wären. Da die Stilphase SH III B 2 anhand der Ver-

---

genem Inneren s. French (1969b) 135f. sowie die „IIIC-Checklist" der britischen Mykenegrabung, ebenfalls von E. B. French (ungedr.).

[48] French (1965a) 159ff.

[49] Vgl. French (1963) 47; dies. (1965a) 159.

[50] Die Bezeichnung verziert bezieht sich auf Scherben, die mit als solche erkennbaren Mustern verziert sind; unbemalt bezieht sich auf Scherben, die keinerlei bemalte Verzierung, außer evtl. ein monochrom überzogenes Innere, aufweisen.

[51] s. hierzu French (1967) 178f. Freilich handelt es sich in diesem Fall um eine Fußschale FS 305, doch belegt dieses Gefäß das Vorkommen monochromer Bemalung des Gefäßinneren als Verzierungsart in einem Fundzusammenhang der zur Darstellung und Definition der SH III B 1-Stilphase herangezogen wird.

gesellschaftung von FS 284 B, Mono-in mit FS 284 DR unter Berücksichtigung des anteiligen Vorkommens von FS 284 B, Mono-in definiert wird[52], besteht keine Notwendigkeit, den Inhalt dieser Zone in eine andere Phase als SH III B 1 zu setzen.

Zone III: Die Stellung von Zone III innerhalb der SH III B-Stilphase ist, nach den oben angeführten Kriterien beurteilt, nicht eindeutig. Nach der Vergesellschaftung von FS 284 DR mit FS 284 B, Mono-in könnte man versucht sein, diese Zone ungefähr mit der SH III B 2-Stilphase nach Verdelis u. French (1965) und French (1969a) gleichzusetzen, wobei in diesem Fall das anteilige Vorkommen der Skyphoi der ‚Gruppe B' als Argument wegfallen muß[53].

Gegen diese Ansicht wäre einzuwenden, daß die genannten Skyphosarten nicht nur vergesellschaftet, sondern horizontbildend in den untersten Abstichen von Zone II vorkommen, dort freilich in denselben Abstichen zusammen mit Keramik von frühem SH III C-Schema. Da nicht abzuschätzen ist, welche Rolle Intrusivmaterial in Zone III spielt, ist keine eindeutige Beurteilung der Stellung von Zone III im Rahmen der keramischen Stilphasen nach French möglich. Man kann lediglich rein nach Furumark (1941) SH III B als Stufenbenennung, im Sinne von SH III B 1 oder 2, anwenden.

Zone II: Die Grenze zwischen Zonen III und II markiert sowohl eine beobachtete Schichtgrenze als auch einen deutlichen typologischen Einschnitt. Trotzdem ist es unklar, mit welcher bzw. welchen keramischen Stilstufen die hier als Zone II bezeichneten Ablagerungen gleichzusetzen sind. Problematisch ist hier vor allem das Vorkommen von Scherbenmaterial sowohl vom SH III B 2- wie vom SH III C 1 (früh)-Schema in denselben Abstichen zusammen[54]. Demnach wäre zu fragen, ob nicht ein SH III B 2-Horizont innerhalb von Zone II durch die Eingrabung der Skelettbestattungen oder evtl. durch III C-Gruben bis zur Unkenntlichkeit verwischt worden ist, und das Material von SH III B 2-Typus geliefert hat, das in Zonen III und IV festgestellt wurde, oder ob dieser Horizont eine Begehungsfläche der SH III B 2- und SH III C 1(früh)-Stilphasen vertrete. Im letzteren Fall wäre die Keramik von SH III B 2-Schema in Zone II sekundär lagerndes älteres Material. Mit Sicherheit läßt sich lediglich, von den typologisch jüngsten Scherben der Zone II ausgehend, bemerken, daß die Aufschüttung der Ablagerungen, die wir Zone II nennen, spätestens mit Beginn der keramischen Stilphase SH III C nach French (1969b) eingesetzt haben muß.

Zone I: Allein im Falle von Zone I bereitet die Einstufung des Zoneninhalts ins System der keramischen Stilphasen nach Furumark und French keine große Schwierigkeit. Das Spektrum des vorhandenen mykenischen Materials reicht von der wohl als ‚älteres' Material in diesem Fundzusammenhang anzusehenden Keramik des frühen SH III C-Schemas wie der

---

[52] Vgl. Wardle (1973) 305 Abb. 4. Für das Vorkommen von FS 284 A s. ebd. Tabelle 3. Da die Störung des Befundes unkontrollierbare Anteilsverschiebungen der einzelnen Klassen bewirkt haben kann, soll diese Tabelle lediglich ungefähre Relationen verzeichnen.

[53] Zur Nichtanwendbarkeit eines quantitativen Maßstabes vgl. Anm. 51.

[54] Die folgende Diskussion geht von der Voraussetzung aus, daß die SH III B 2-Stilphase nach French (1965 b) und (1969a) auch eine selbständige chronologische und nicht etwa soziologische Stufe darstelle. Zu dieser Frage: Schäfer, Tiryns VIII 62, der SH III B 1 und SH III B 2 in erster Linie als chronologische Phasen begreift, die durch unterschiedliche Anteile bestimmter Stilphänomene in der Keramik Mykenes differenzierbar wurden. Anders F. Schachermeyr, Die Ägäische Frühzeit 2 (1976) 201–205.

Medium-Band-Bowls[55] bis hin zur Granary-Klasse[56]. Scherben nachbronzezeitlicher Keramik wurden ebenfalls in Zone I festgestellt; vertreten sind Bruchstücke von Gefäßen des Protogeometrischen bis zur Klassischen oder Frühhellenistischen Epoche. Sie liegen jedoch in nur sehr geringen Mengen vor, so daß es nicht möglich war, die Keramikscherben der verschiedenen Stile in klaren Horizonten zu fassen.

Nach den Definitionen der Stilphasen mykenischer Keramik von Furumark und French, wäre Zone IV – das Material, das unterhalb des Fußbodens von Bau 2 gefunden wurde – in die Stilstufe SH III B1 zu setzen.

Die Stellung von Zone III – Material, das über dem Fußboden von Bau 2 gefunden wurde und möglicherweise Schutt vom Verfall des Gebäudes ist – bleibt unklar, muß aber noch innerhalb der SH III B1-Stilphase einzuordnen sein. Eine solche Einstufung wäre vertretbar, jedoch ohne ein Weiterlaufen in den Anfang der III B2-Stilstufe belegen oder ausschließen zu können.

Zone II, die nicht mehr in unmittelbarem Zusammenhang mit der Erbauung, Verwendung oder Zerstörung von Bau 2 gebracht werden kann, muß spätestens am Anfang der SH III C1-Stilphase angesetzt werden, enthält u. U. jedoch auch einen SH III B2-Horizont, der sich nicht mehr mit Sicherheit ausgliedern läßt.

Zone I enthält als typologisch-jüngstes mykenisches Material Keramik von spätem SH III C-Schema, der Granary-Klasse.

Katalog der Keramik und Kleinfunde aus Ton

Alle vorgetragenen Kriterien und Bezüge wurden am hier vorgelegten Tirynther Material entwickelt und gelten zunächst nur für diesen Fundort. Diese Art der Keramikbeschreibung läßt sich mit den bisherigen Beschreibungen der Keramikkataloge in den Ausgrabungsberichten über die Unterburg durchaus vereinbaren, sie ist allerdings detaillierter[57].

Als Maßstab für die Normalqualität der Feinkeramik gilt jene der verzierten Feinkeramik der Stilphasen SH III A–B nach Furumark (1941): die Tonoberfläche ist dicht, fettig glänzend und glatt poliert, vielleicht durch Glättung mit einem nassen Tuch; ihre Farbe ist meistens beige. Der Ton ist im Bruch rosa, beige, oder rosa-beige gemantelt; bei offenen Formen und kleinen geschlossenen Gefäßen ist er fein geschlämmt und enthält keine in der Korngröße besonders auffällige Magerungsmittel. Die Feinkeramik ist immer klingend hart gebrannt. Der Malschlicker ist dicht und glänzend, jedoch ohne metallisches oder ölig schlieriges Schillern; er zeigt Farbtöne aller Abstufungen von rotorange bis tiefschwarz. Auf ein und demselben Gefäß sind Ton- und Malschlickerfarben in der Regel einheitlich; Fehlbrände und Stapelbrände sind auffallend selten. – In den Keramikbeschreibungen werden nur die von diesem Schema abweichenden Merkmale besonders hervorgehoben.

Für die unbemalte Feinkeramik wurden nachfolgende Qualitätsabstufungen formuliert:

[55] French (1969a) 75. 87.
[56] FS 284/285 monochrom, nach French (1975).
[57] Munsell, Soil Color Charts stand für die Bestimmung von Ton und Malschlicker nicht zur Verfügung.

Fein: Als *fein* werden Scherben bezeichnet, deren Oberflächenbehandlung kaum von der der unbemalten Flächen verzierter Feinkeramik zu unterscheiden ist; der Ton ist fein geschlämmt, hart gebrannt und weist keine sichtbare Magerung auf. Die Tonoberfläche ist dicht, fettig glänzend und glatt poliert.

Sehr gut: Der Ton von Gefäßen, dessen Oberflächenbehandlung als *sehr gut* bezeichnet wird, ist fein geschlämmt und ohne sichtbare Magerung; die Oberfläche ist gut geglättet, nicht jedoch fettig glänzend.

Gut: Unbemalte Keramik von guter Qualität zeichnet sich durch fein geschlämmten Ton ohne sichtbare Magerung und durch eine geglättete Oberfläche aus; im Gegensatz zur Oberflächenbehandlung von Keramik der beiden ersten Qualitätsstufen ist die Tonoberfläche von unbemalter Keramik *guter* Qualität matt. Grobe Drehspuren sind nicht immer restlos beseitigt worden.

Normal: Die *Normal*qualität der unbemalten Feinkeramik weist eine Tonoberfläche von mattem oder stumpfem trockenen Aussehen auf; auch feine Drehspuren werden nicht beseitigt, gelegentlich kommen Gefäße mit poröser Tonoberfläche vor. Der Ton ist fein geschlämmt und hat keine sichtbare Magerung.

Schlecht: Keramik von *schlechter* Qualität hat eine ungeglättete, matte Oberfläche und schlecht gereinigten, stark gemagerten, sandigen Ton. Die Magerung ist bisweilen auch auf der Gefäßoberfläche sichtbar.

Die Farbe der Tonoberfläche bei unbemalter Feinkeramik ist in der Regel beige, rosa bis blaßrot, oder gelblich beige bis gelblich weiß; der Scherben ist meistens hellrot, rosa oder beige.

Magerung: Um den Feinheitsgrad der Magerung zu beschreiben, wurden drei Bezeichnungen angewandt: fein, Korndurchmesser bis 0,5 mm; sandig, Korndurchmesser zwischen 0,5 und 1,0 mm und grob, Korndurchmesser über 1,0 mm. Darüber hinaus wird Ton als stark oder schwach gemagert bezeichnet, um die Dichte der Magerung zu umschreiben.

Kochtöpfe: Als *Kochtöpfe* werden Formen einer einheitlichen, auffallenden groben Machart bezeichnet; der Ton dieser Keramik ist zumeist sehr stark mit gerundeten, d.h. vorm Beimischen nicht mechanisch zerkleinerten Körnern einer einheitlichen Größe, sandig, d.h. Korndm. zwischen 0,5 und 1,0mm, gemagert. Die Tonfarbe kann orangerot bis graubraun sein, wobei ziegelrot und mittelbraun sehr häufig sind. Oft sind diese Gefäße fleckig grau oder grau bis schwarz verbrannt; da diese Umfärbungen im Normalfall nur die Außenseite der Gefäße betreffen, werden sie einer angenommenen Verwendung als Kochgeschirr zugeschrieben.

Die bekanntesten Formen dieser Klasse sind FS 320, die sog. Dreifußkochtöpfe, und FS 66, eine gedrungene Amphora mit Kragen- oder Trichterrand.

Grobkeramik: Die Bezeichnung *Grobkeramik* bezieht sich auf die Magerung und den schlecht gereinigten Ton von Gefäßen, die in mehrere verschiedene Keramikarten zu unterteilen wären. Der begrenzten Scherbenmenge wegen konnte eine solche Unterteilung an diesem Material nicht vorgenommen werden.

Scherben von Grobkeramik sind stark und grob gemagert, mit Körnern von einem Durchmesser bis 3 oder sogar 4 Millimetern. Gelegentlich kommt auch Glimmermagerung vor; die Einsprenglinge können gerundet oder auch scharfkantig sein.

Strichpolierte Keramik: Diese Klasse wird auch Dorierkeramik genannt; charakteristisch für diese Machart ist die strichpolierte Gefäßoberfläche. Während die Strichpolitur bei den hier behandelten Scherben die gesamte erhaltene äußere Oberfläche erfaßt, ist sie innen weniger konsequent durchgeführt. Der Ton ist auf der Oberfläche dunkelbraun, dunkelgrau oder schwarz, im Bruch braun, oder heller, wenn von gleicher Farbe wie die Oberfläche; er ist schlecht geschlämmt und schwach sandig gemagert.

Alle sicher bestimmbaren Fragmente dieser Machart stammen aus Zonen I und II.

Alle Zeichnungen der Tafeln sind ohne Ausnahme im Maßstab 1:3 verkleinert wiedergegeben[58].

ZONE IV
Taf. 1.2; Taf. 3, Nr. 42

Feinkeramik
Offene Formen

1   *Taf. 1* Randfrgt. Krater (FS 8?) mit Spirale (?). Dm 30–32 cm. Scherben im Kern grau, beige gemantelt; Ofl. beige; dunkelbrauner bis schwarzer Malschlicker. Krater wohl mit kugeligem Gefäßkörper, kurzer, weich ausgeknickter, leicht verdickter Lippe, die vorne senkrecht abgestrichen. Abhub 189.

2   *Taf. 1* FS 204, unverziert. Dm 13 cm. Qualität sehr gut, Scherben beige, Ofl. gelblich-hellbeige. Größtes und zugleich dünnwandigstes Exemplar dieser Form aus dem hier behandelten Befund; Rand gerundet, zieht leicht ein; plane Standfläche ist vom unteren Gefäßkörper leicht abgesetzt; Gefäßkörper wenig über halber Höhe leicht eingeschnürt. Abhub 150.

3   *Taf. 1* FS 204, unverziert. Dm 11,4 cm. Normale Qualität, Ofl. fleckig kremweiß-rosa-orangefarben. Abweichend vom vorigen Ex. Rand oben abgeplattet, zieht nicht ein; Stfl. nicht abgesetzt. Abhub 189.

4   *Taf. 1* FS 204, unverziert. Dm 9,6 cm. Normale Qualität, sekundär verbrannt (?); Ofl. blaß-grünlich, im Scherben bräunlich-grau. Gerundeter Rand; Wandungskurve von äußerst unregelmäßigem Verlauf. Stfl. durch Muldung abgesetzt. Abhub 189.

5   *Taf. 1* Randfrgt., FS 204, unverziert. Dm 10 cm. Normale Qualität, Scherben rot, Ofl. beige bis orange. Rand gerundet, leicht nach oben erweitert. Ofl. der Außenwandung sehr unregelmäßig. Abhub 189.

6   *Taf. 1* Randfrgt., FS 204, unverziert. Dm 12 cm. Normale Qualität, Scherben rot, Ofl. lachsfarben. Wie beim vorigen Exemplar Rand gerundet und leicht nach innen erweitert; Wandung zieht leicht geschwungen hoch. Abhub 137.

7   *Taf. 1* Randfrgt., FS 274, unverziert. Dm 16 cm. Qualität fein, Scherben rosa, hellbeige gemantelt. Ofl. hellbeige. Wandstärke verringert sich zum gerundeten Rand hin stetig. Abhub 144.

8   *Taf. 1* Randfrgt., FS 274, unverziert. Dm ca. 18 cm. Qualität fein, Scherben rosa, Ofl. beige bis blaß-orangefarben. Kylix mit gerundetem Rand und leicht nach innen schwingender Randzone. Abhub 184.

9   *Taf. 1* Randfrgt., FS 274, unverziert. Dm 16 cm. Qualität fein, Scherben rosa, Ofl. beige; Drehspuren z. T. schlecht überglättet. Nach Steigung der Scherbe ein vergleichsweise tiefer Gefäßkörper; Rand gerundet. Abhub 157.

10 *Taf. 1* Randfrgt., FS 274, unverziert. Dm 16 cm. Qualität fein, Scherben rosa, Ofl. beige bis leicht rötlich-beige. Rand nach innen gerundet. Abhub 188.

---

[58] Das Ordnungsprinzip im Katalog wie auf Tafeln gibt die Reihenfolge der Typennummern bei Furumark, MP 585 ff.

11   *Taf. 1* Randfrgt., FS 284 A mit FM 58. Dm 15 cm. Scherben, Ofl. beige; schwarzer bis tief-dunkelbrauner Malschlikker. Leicht ausschwingender Rand gerundet, 1,5 cm unterhalb der Spitze eine leichte Verdickung. Abhub 147.

12   *Taf. 1* Randfrgt, FS 284 A mit FM 51 und FM 75. Dm 15 cm. Scherben beige, Ofl. beige bis grünlich-beige; dunkelbrauner Malschlicker. Skyphos mit glockenförmigem Gefäßkörper und ausgeschwungenem, gerundetem Rand; Wandstärke nach oben stetig zunehmend. Rekonstruktion der Gefäßverzierung *Taf. 27,12*. Erhalten sind drei große Randfrgt. mit Henkeln und Teilen der Spiralen, sechs Wandungsfrgt. mit Spiralen- und Triglyphenresten. Triglyphon auf Rs. statt vier drei senkrechte Rahmenlinien, die Spiralenstiele traten an die Stelle der vierten Rahmenlinie; setzen also in unmittelbarer Nachbarschaft des Triglyphons an. Abhub 144.

13   *Taf. 1* Randfrgt., FS 284 (?), linearverziert. Dm 15 cm. Scherben rot, Ofl. mit kreidigem, weißem Überfang; pulverige Reste von blassem, orangefarbenem Malschlicker, der ursprünglich wohl sehr dünn und wäßrig war. In Zone IV ist dieses Exemplar typologisch vereinzelt: geringe Wandstärke, gerundeter, keulenförmig-verdickter Rand und scharfe Einziehung der Wandung sind Merkmale, die dieses Fragment in Nähe der RBB rücken. Auch Oberflächenbehandlung und wäßriger Malschlicker sind für diese Zone anomal. Zur Form des Gefäßkörpers vgl. Nr. 341–342 u. 347. Abhub 144.

14   *Taf. 1* Randfrgt. eines großen Beckens mit waagrechten Bandhenkeln (FS 294?), monochrom., Dm 30 (?) cm. Scherben beige; Malschlicker schwarz, außergewöhnlich dicht und glänzend. Durchbohrte, waagrecht-gestellte Bandhenkel, die direkt vom verdickten, leicht eingezogenen Rand ausgehen; Rand weich zu breiter, ausladender, vorne schräg-abgeplatteter Lippe ausgeknickt. Abhub 187.

15   *Taf. 1* Randfrgt. FS 204? Unverziert. Dm 12 cm. Normale Qualität, Scherben rot, Ofl. beige. Rand gerundet, sachte eingezogen und leicht verdickt. Abhub 189.

16   *Taf. 1* Rand-, Wandungsfrgt. FS 205? Unverziert. Dm 13 cm. Normale Qualität, Scherben beige bis rosa, Ofl. beige, jedoch heller als Bruch. Vertikaler Rand schließt gerundet ab; in unterer Gefäßhälfte Wandstärke stark zunehmend. Abhub 160.

17   *Taf. 1* Randfrgt., unsichere Bestimmung: Schälchentyp ohne FS-Nummer, unverziert. Dm 13 cm. Qualität fein, Scherben rot, Ofl. rosa bis orangefarben. Flache Schale (?) mit geschwungen-hochziehender Wandung und spitz zulaufendem Rand. Abhub 150.

18   *Taf. 1* Randfrgt. FS 204/206? Verzierungsschema unklar; Spuren von Malschlicker auf Ofl. außen? Dm 11 cm. Qualität normal. Sekundär verbrannt (?); Scherben, Ofl. mittelgrau. Kleine offene Form mit geschwungen hochziehender Wandung und gerundetem, vertikal-stehendem Rand. Abhub 187.

19   *Taf. 1* Ringfußfrgt., unverziert. Fußdm 8 cm. Qualität gut, Scherben beige, Ofl. außen und auf der Unterseite weißlich-beige. Bemerkenswert ist stark-ausgeprägte Kehle, die Fuß vom Gefäßkörper absetzt, sowie die flache, langwellige S-Kurve der Fußaußenseite, die in dieser Zone wie im Gesamtbefund keine typologische Entsprechung besitzt. Abhub 160.

Kochtöpfe

20   *Taf. 2* Randfrgt. eines Kochtopfes, FS-Bestimmung unsicher. Dm 10 cm. Scherben braun mit sandigem Ton, Ofl. außen schwarz, innen dunkelbraun, sekundär verbrannt. Nach konischer Wandung, Randdm entweder von Schälchen, ähnlich Form FS 206 (konisch), oder Hals von Kanne (FS 109 oder 111); Rand ist gerundet. Abhub 144.

21   *Taf. 2* Randfrgt. Kochtopf, FS 320. Dm 18 cm, erh. H 9,7 cm. Dicker Scherben ziegelrot, Ton sandig, mit weißen oder dunklen Einsprenglingen gemagert; Ofl. innen blaß-rotbraun, außen braun bis schwarz. Rand zur gerundeten, kurzen Trichtermündung ausgebildet, innen scharf abgeknickt; Stabhenkel runden Querschnitts. Abhub 156.

22   *Taf. 2* Beinfrgt. von Kochtopf, FS 320. Erh. L 5,5 cm, Querschnitt 2,7 × 1,5 cm. Scherben am Ansatz rotbraun, weiter unten graubraun, Ofl. rot bis ziegelrot; grob gemagert. Abhub 186.

23   *Taf. 2* Randfrgt. Kochtopf, FS 66 oder 320. Dm 18 cm. Scherben braun, Ofl. dunkel rötlich-graubraun. Rand asymmetrisch, gerundet, ähnlich wie Nr. 21 innen abgeknickt. Abhub 188.

24   *Taf. 2* Randfrgt. Kochtopf, FS eher 66 als 320. Dm 20–21 cm. Scherben grau, braun gemantelt, Ofl. braun bis rotbraun, sehr grob gemagert. Rand schwingt weich aus, außen verdickt. Abhub 173.

25   *Taf. 2* Randfrgt. Kochtopf, unsichere FS-Bestimmung. Dm 18 cm. Scherben dunkelgrau, Ofl. grau mit Glimmermagerung. Asymmetrischer Trichterrand, der innen geradlinigen Verlauf mit scharfem Wandungsknick, außen unregelmäßig profilierte, konvexe Oberfläche zeigt. Abhub 144.

26   *Taf. 2* Randfrgt. Kochtopf, FS 63? Dm nicht zu ermitteln. Scherben rostrot (dünner Streifen im Kern braun), Ofl. rotbraun, stellenweise sekundär schwarz verbrannt. Scherbe mit waagrecht-abgestrichenem Kragenrand stammt entweder von FS 63 oder FS 320, FS 66 ebenfalls nicht auszuschließen. Rand- und Wandungsverlauf ziemlich unregelmäßig und unsorgfältig modelliert, Wandstärke gleichmäßig. Abhub 144.

27   *Taf. 2* Randfrgt. Kochtopfdeckel, FS 335. Dm 33 cm. Scherben grau, mit groben, schwarzen Einsprenglingen, Ofl. auf Us. braun bis grau, auf Os. ursprünglich rot bemalt (?). Als Os. wurde die Seite angesehen, die leichte, gerundete Randverdickung aufweist. Abhub 144.

Grobkeramik

28   *Taf. 2* Randfrgt. von Grobkeramikdeckel, FS 335. Dm 28 cm. Scherben, Ofl. rot. Rand leicht verdickt, vorne schwach gemuldet, auf Os. konkav. Abhub 173.

Scherben mit ungewöhnlichen Mustern
Geschlossene Formen

29   *Taf. 2* Wandungsfrgt. einer Kanne (?) mit FM 72,12. Scherben lila-grau, Ofl. grau (sekundär verbrannt), außen ‚trocken‘, ungeglättet; schwarzer Malschlicker. Oberflächenbehandlung für diese Zone anomal; nach Furumark, MP, 409 ist FM 72, 12 Muster von SH III C-Typus. Abhub 144.

30   *Taf. 2* Wandungsfrgt. Bügelkanne mit nicht bestimmbarem Muster (FM 67?). Scherben beige, nach außen weißlich-gelb gemantelt; Ofl. innen beige, außen kremweiß; gelbbrauner bis schwarzer Malschlicker. Muster bei Furumark (1941) ohne genaue Parallele. Abhub 144.

31   *Taf. 2* Wandungsfrgt. Bügelkanne mit FM 58 (?) und Doppelpunkt als Füllmuster. Scherben nach innen rosa, nach außen beige, Ofl. innen rosa, außen gelblich-beige; schwarzer Malschlicker. Muster bei Furumark (1941) ohne genaue Entsprechungen. Abhub 144.

Offene Formen

32   *Taf. 2* Wandungsfrgt. nicht bestimmbarer offener Form mit FM 17. Scherben beige, Ofl. beige; Malschlicker schwarz. Muster bei Furumark (1941) ohne genaue Parallele. Abhub 144.

33   *Taf. 2* Wandungsfrgt. nicht bestimmbarer offener Form (FS 284?) mit FM 27. Scherben beige, Ofl. beige; Malschlicker glänzend, rotbraun. Muster bei Furumark (1941) ohne genaue Entsprechungen. Abhub 157.

34   *Taf. 2* Randfrgt. FS 254 mit FM 46,13. Dm 13 cm. Scherben rot, Ofl. mit beigem Überfang; dichter, dunkelbrauner Malschlicker mit aufgesetzten weißen Punkten. Zur Musterbestimmung käme auch FM 46,10 in Frage. Abhub 165.

35   *Taf. 2* Wandungsfrgt. nicht bestimmbarer offener Form mit Spiralenrest. Scherben grau-beige, Ofl. beige; Malschlicker rotbraun. Abhub 188.

36   *Taf. 2* Wandungsfrgt. nicht bestimmbarer offener Form mit Rest einer Spirale, deren Mittelscheibe mit FM 77,2 verziert. Scherben rosa, Ofl. beige; Malschlicker rotbraun (FM 77,2 braun). Spirale nicht genau bestimmbar; diese Verwendung von FM 77 findet bei Furumark (1941) keine Parallele. Abhub 144.

37   *Taf. 2* Wandungsfrgt. nicht bestimmbarer offener Form (möglicherweise Kylix) mit nicht bestimmbarem Muster. Scherben im Kern grau, beige gemantelt; Ofl. beige; Malschlicker dunkelbraun bis schwarz, weitgehend verrieben. Bei Furumark (1941) kein vergleichbares Muster. Abhub 144.

38   *Taf. 2* Wandungsfrgt. nicht bestimmbarer offener Form mit nicht bestimmbarem Muster. Scherben beige, Ofl. beige; Malschlicker schwarz, z. T. verrieben. Das Muster läßt sich nicht mit Sicherheit bestimmen; möglich wäre FM 21. Abhub 144.

39   *Taf. 2* Wandungsfrgt. nicht bestimmbarer offener Form mit FM 74 plus FM 73. Scherben beige, Ofl. beige; Malschlicker braun. Form nicht genau zu bestimmen, FS 284 wahrscheinlich. Musterkombination bei Furumark (1941) ohne Entsprechungen. Abhub 147.

40   *Taf. 2* Wandungsfrgt. nicht bestimmbarer offener Form mit FM 75. Scherben beige, Ofl. braun; Malschlicker graubeige, sekundär verbrannt. Wahrscheinlich zu FS 284; Muster bei Furumark (1941) ohne genaue Parallele. Abhub 144.

41   *Taf. 2* Randfrgt. FS 284 (?) mit FM 75. Dm nicht bestimmbar; Scherben graubeige, Ofl. graugrün; Malschlicker dunkelbraun bis schwarz, sekundär verbrannt. Für FS 284 sprechen Profilform und Dekor. Muster bei Furumark (1941) ohne genaue Entsprechungen. Abhub 144.

Miniaturgefäß

42   *Taf. 3* Linearverzierte Miniaturkanne, FS 106. Vollständig erhalten. H 8,5 cm, Max. Dm 6,5 cm. Ofl. beige; roter Malschlicker; poröse Gefäßoberfläche, mit Kalkeinsprenglingen stark gemagerter Ton. Gefäßkörper schwach S-förmig geschwungen; Hals leicht verengt nach unten. Lippe gerundet, vorne schnabelartiger Ausguß. Henkel läuft von der Lippe zur Schulter; in Schulterhöhe vorne Rest einer Warze oder anderer plastischen Verzierung erhalten. Als Basis plane Standfläche, ohne Fußprofil. Ein Streifen Malschlicker betont Mündungsrand, verbreitert sich am oberen Henkelansatz zu Band, das volle Breite und Länge des Henkelrückens überzieht. Halsansatz durch breites Band vom Gefäßkörper abgesetzt; in Schulterhöhe markiert breites Band Zone maximalen Dm. Darunter drei Linien, woran ein breiterer Streifen unten anschließt, gefolgt von sieben weiteren Linien. Als Abschluß breiter Fußstreifen. Abhub 138.

ZONE III
Taf. 3 (außer Nr. 42)–Taf. 6

Feinkeramik
Geschlossene Formen

43   *Taf. 3* FS 121 mit FM 58. Von der Mündung bis zur Schulterzone erhalten. Erh. H 10,5 cm, Mdm 6,3 cm. Ofl. außen beige, innen grünlich-beige, mit lila-farbenen Schlieren; Malschlicker fleckig schwarz-mittelbraun-gelbbraun. Henkel setzt kurz oberhalb Halsmitte an, biegt scharf zur Schulterzone nach unten um. Hauptverzierung ein Tannenzweigmuster (FM 58, parallel chevrons), auf Schulterzone; Verzierungsfeld unten durch breites Band, oben durch schmaleres Band abgegrenzt, das Halsansatz betont; dieser durch niedrigen Vorsprung abgesetzt. Lippenzone durch breites Band überzogen, darunter zweites paralleles Band. Henkel von flach-elliptischem Querschnitt, mit Mittelrippe; abgesehen von ausgespartem, länglichem Fleck unregelmäßigen Umrisses mitten im Henkelrücken, derselbe schwarz bemalt. Abhub 110. 139. 140.

Offene Formen

44   *Taf. 3* Randfrgt. Krater, FS 6 (?) mit FM 9 (?). Dm ungefähr 30 cm. Scherben grau, rosa gemantelt, Ofl. kremig-beige; fleckig rotbrauner–dunkelbrauner Malschlicker. Nach innen leicht verdickter Rand, der zu lang ausgezogener, spitz zulaufender Lippe weich ausgeknickt; Form des Gefäßkörpers nicht mehr zu ermitteln. Abhub 136.

45   *Taf. 3* Randfrgt. Krater (FS 9?) mit FM 23. Dm 31 cm. Scherben grau, beige gemantelt, Ofl. beige; fleckig dunkelbrauner–rotbrauner Malschlicker. Kugelige Gestalt des Gefäßkörpers; Rand leicht nach innen verdickt, mit kurzer, gerundeter, ausgeknickter Lippe. Als Form FS 8 oder FS 9; für die Unterscheidung ist Gestaltung des Gefäßunterteils, insbesondere der Fußzone ausschlaggebend (Furumark, MP 586). Abhub 136.

46   *Taf. 3* FS 222, unverziert. Profil vollständig erhalten. Dm 11 cm. Normale Qualität. Scherben, Ofl. gelblich-kremfarben. Leicht gewellter Wandlungsverlauf mit zwei sanften, konkaven Einziehungen, die eine knapp unterm Rand, die zweite etwa in halber Gefäßhöhe; Stfl. konkav; Fußzone deutlich abgesetzt. Durch ringförmige Vertiefung von 1,4 cm Dm und 1 mm Tiefe niedrige Erhebung in der Bodenmitte innen begrenzt. Abhub 127.

47   *Taf. 3* Randfrgt. FS 236 DR. Dm 9 cm. Scherben rosa, Ofl. beige; dunkelbrauner Malschlicker. Verhältnismäßig flaches Exemplar FS 236 mit gerundetem, ausschwingendem Rand. Abhub 143.

48   *Taf. 3* Randfrgt. FS 236 DR. Dm 11 cm. Scherben, Ofl. beige; brauner Malschlicker. Gerundet, ausschwingender Rand, zusätzlich außen leicht verdickt; S-Kurve der Wandung nicht so stark ausgeprägt wie bei Nr. 47; Gefäßkörper scheint breiter und flacher als bei Nr. 47. Abhub 136.

49   *Taf. 3* Randfrgt. FS 236 DR. Dm 10 cm. Scherben hellrosa, Ofl. beige; dunkelbrauner Malschlicker. Schöpfkelle mit tiefem Gefäßkörper; gerundeter, steiler Rand. Wandung von unregelmäßigem, vergleichsweise geradlinigem Verlauf, scheint oberhalb Gefäßmitte leicht nach außen abzuknicken. Abhub 127.

50   *Taf. 3* Randfrgt. FS 274, unverziert. Dm 18 cm. Qualität fein, Scherben weißlich-beige, Ofl. leicht grünlich-beige. Wandung von Kylix 2,5 cm unterhalb Rand weich nach innen geknickt; Wandstärke etwas zunehmend. Rand oben abgeplattet, außen kleine, wulstartige Lippe. Abhub 142.

51   *Taf. 3* Randfrgt. FS 274, unverziert. Dm 16 cm. Qualität fein, Scherben beige, Ofl. hellbeige bis gelblich-kremfarben; Drehspuren trotz Glättung stellenweise sichtbar. Wie bei Nr. 50 biegt Wandung etwa 2 cm unterm Rand leicht nach innen. Rand gerundet, leicht nach innen verdickt. Abhub 135.

52   *Taf. 3* Randfrgt. FS 274, unverziert. Dm 16 cm. Qualität fein, Scherben im Kern braun, beige gemantelt; Ofl. kremfarben, stellenweise leicht grünlich. Gerundeter Rand; Wandung verläuft in stetiger Kurve, so daß Gefäßkörper wohl kalottenförmig. Abhub 131.

53   *Taf. 3* Randfrgt. FS 274, unverziert. Dm 16 cm. Gute Qualität, Scherben im Kern beige, kremfarben gemantelt, Ofl. fleckig kremfarben-grünlich-weiß. Rand läuft in stumpfer Spitze aus. Abhub 136.

54   *Taf. 4* Randfrgt. FS 274, unverziert. Dm 14–16 cm. Gute Qualität, Scherben, Ofl. beiderseits grau; sekundär verbrannt. Rand nach innen gerundet; Gefäßkörper wohl annähernd halbkugelig. Abhub 131.

55   *Taf. 4* Randfrgt. Kylix FS 274, unverziert. Dm 16 cm. Qualität fein, Scherben im Kern beige, rosa gemantelt, Ofl. beige. Rand nach innen gerundet; Wandung knickt etwa 2 cm unterm Rand weich nach innen ein. Abhub 136.

56   *Taf. 4* Randfrgt. FS 274 (?), unverziert. Dm 14–15 cm. Qualität fein, Scherben rosa bis beige, Ofl. grau, sekundär verbrannt. Rand schräg abgestrichen. Abhub 136.

57   *Taf. 4* Randfrgt. Krater: FS 281 (?) mit FM 61. Dm ca. 40 (?) cm. Scherben rosa bis beige, Ofl. grau-fleckig grünlich-beige; dunkelbrauner bis schwarzer Malschlicker. Erhaltener Ansatz eines Querhenkels am unteren Bruchrand des Frgt. sowie leistenartig vorspringende Lippe sichern Bestimmung als FS 281. Rekonstruktion der Verzierung *Taf. 6, 96.* Abhub 131.

58   *Taf. 4* Randfrgt. FS 284 A mit FM 75. Dm 17 cm. Scherben, Ofl. beige; roter Malschlicker. Unüblich für Form gerundeter Rand, leichte Wandverdickung etwa 1,5 cm unterm Rand. Abhub 126.

59   *Taf. 4* Randfrgt. FS 284 A, Verzierung nicht mehr erkennbar. Dm 14 cm, Scherben, Ofl. blaßgrün; sekundär verbrannt?; graue bis schwarze Malschlickerreste. Ofl. außen zumeist abgerieben. Gutes Beispiel für charakteristisches Profil dieser Form; glockenförmiger Gefäßkörper mit maximalem Durchmesser in Randhöhe; schwach S-förmig geschwungene Wandung, spitz zulaufender Rand. Weniger üblich dagegen Wandverdickung kurz unterm Rand. Gestrichelte Linie am Rand innen deutet einen Randstreifen an, der lediglich in wenigen Malschlickerresten erhalten. Abhub 124.

60   *Taf. 4* Randfrgt. FS 284 A mit nicht bestimmbarer Verzierung. Dm 16 cm. Scherben, Ofl. beige; matter, fleckig dunkelbrauner-schwarzer Malschlicker. Rand gerundet, nach innen verdickt, Wandung, soweit erhalten, scheinbar stärker S-förmig geschwungen als bei Nr. 59. Abhub 126.

61   *Taf. 4* Randfrgt. FS 284 A mit FM 75. Dm 16 cm. Scherben rosa, Ofl. beige, besonders gut geglättet; fleckig dunkelbrauner–roter Malschlicker. Für FS 284 A diagnostische Randverzierung, ein Streifen oder Band außen, zwei parallele Streifen innen, gut zu beobachten; Gefäßkörper mit Nr. 59 vergleichbar, nur Wandung stärker S-förmig geschwungen;

Rand außen zu lippenartiger Spitze ausgezogen; ähnlich wie bei Nr. 59 Wandung knapp unterm Rand etwas verdickt. Abhub 127.

62   *Taf. 4* Randfrgt. FS 284 A mit FM 75. Dm 15 cm. Scherben, Ofl. beige; relativ matter, fleckig dunkelbrauner – schwarzer Malschlicker. Rand gerundet; Gefäßwandung in Bauchhöhe etwas verdickt. Abhub 126.

63   *Taf. 4* Randfrgt. FS 284 A mit FM 51 (?). Dm 16 cm. Scherben rosa, Ofl. beige fleckig gelblich – beige; fleckig brauner-schwarzer Malschlicker. Waagrecht-abgestrichener, nach innen gerundeter Rand; senkrechte Steigung der Wandung. Ungewöhnlich auch sehr große Breite des zweiten Malschlickerbandes innen. Abhub 124.

64   *Taf. 4* Randfrgt. FS 284 DR. Dm 13 cm. Scherben rosa, Ofl. beige; schwarzer Malschlicker. Auffallend Kleinheit des Randdm.; spitz zulaufender, leicht ausschwingender Rand. Im Gegensatz zur S-Kurve im Wandungsverlauf der meisten bisher angeführten Skyphoi, scheint hier der Gefäßkörper annähernd zylindrisch. Abhub 131.

65   *Taf. 4* Randfrgt. FS 284 B, Mono-in. Dm 16 cm. Scherben beige, Ofl. beige bis kremfarben; schwarzer Malschlicker. Rand oben etwas abgeplattet; Wandung nur sehr flach S-förmig geschwungen, Wandstärke gleichmäßiger entwickelt als bei vorigen Exemplaren; Wandung etwa 2 cm unterm Rand nur sehr leicht verdickt, so daß scheinbarer Schwerpunkt der Wandungsstärke tiefer liegt als bei Nr. 58–61. Für FS 284 B charakteristisch breites Malschlickerband außen, breiter als 2 cm. Abhub 147.

66   *Taf. 4* Randfrgt. FS 284 B, Mono-in. Dm 22 cm. Scherben, Ofl. beige; rotbrauner Malschlicker. Rand gerundet, scheint etwas stärker auszuschwingen als beim vorigen Beispiel. Abhub 131.

67   *Taf. 4* FS 284 (?) mit senkrechten Henkeln, am Rand innen Band FM 64. Dm 16 cm. Scherben rosa, Ofl. beige; orangeroter Malschlicker. Rand gerundet, nur sehr leicht verdickt gegenüber Gefäßwandung; von gleichbleibender Stärke, stetig S-förmig geschwungen. Abhub 179.

68   *Taf. 5* Randfrgt. FS 305 mit FM 58. Dm 20 cm. Scherben, Ofl. grau; schwarzer Malschlicker; sekundär verbrannt. Diagnostische Merkmale für Form FS 305: gerundete Lippe außen, die durch einen Malschlickerstreifen auch farblich betont ist, dicht darunter ein breites Band. Verzierung der Randzone innen bei den hier veröffentlichten Exemplaren von FS 305 weit variabler als bei FS 284 A. Durch Form des Gefäßkörpers für FS 305 anhand dieses Materials drei Typen zu unterscheiden; dieses Exemplar gehört zum schwenkerartig am Rand leicht einziehenden Typ, dessen maximaler Dm in Bauchhöhe. Abhub 130.

69   *Taf. 5* Randfrgt. FS 305 mit FM 43. Dm 18 cm. Scherben hellrosa, Ofl. blaß-mattbeige; orangeroter Malschlicker. FS 305-Typ mit zylindrischem Gefäßkörper; der Rand oben abgeplattet, kurze, gerundete Lippe. Randverzierung innen wie außen gleich: auf Rand- bzw. Lippenstreifen folgt breites Band. Abhub 136.

70   *Taf. 5* Randfrgt., unsichere Bestimmung: FS 204/206 (?), unverziert. Dm 11 cm. Qualität fein, Scherben gelblichbeige, fleckig grünlich-gelb; Ofl. kremfarben. Rand gerundet, leicht verdickt; Gefäßkörper konisch, Wandungsverlauf leicht wellig. Abhub 127.

71   *Taf. 5* Randfrgt., unsichere Bestimmung: FS 205/236 (?), unverziert. Dm 8,5 cm. Oberfläche abgerieben, Scherben rot. Bemerkenswert die abgesetzte Lippe außen beim spitz zulaufenden Rand, was in diesem Material bei FS 236 sonst nicht zu beobachten ist; sie spräche nicht unbedingt zwingend eher für FS 205; Gefäßwandung mit leichter Verdickung etwa 1 cm unterm Rand innen. Abhub 124.

72   *Taf. 5* Randfrgt., unsichere Bestimmung: FS 206 oder FS 225/226 (?), unverziert. Dm 11 cm; Qualität gut, Scherben hellbeige, Ofl. kremfarben. Rand gerundet, Wandung von gleichbleibender Stärke. Nach Steigung Gefäßkörper konisch. Bemerkenswert drei etwa 1 mm tiefe parallele Rillen dicht unterhalb Randes innen. Abhub 136.

73   *Taf. 5* Randfrgt. FS 305 (?) mit FM 75 und FM 43. Dm 25 cm. Scherben rosa, Ofl. fleckig rosa-beige; roter bis rotbrauner Malschlicker. Gerundeter, stark ausschwingender Rand; Gefäßkörper vermutlich glockenförmig, mit Schwerpunkt in Randhöhe. Für 284 A spricht Fehlen einer Lippe, wie auch Randverzierung innen; für FS 305 spräche Verzierung der Randzone außen, wie auch Größe. Nach French (1966), 222, fehlt gelegentlich abgesetzte Lippe bei FS 305, so daß diese FS-Bestimmung wohl doch größere Wahrscheinlichkeit besitzt. Abhub 131.

Kochtöpfe

74   *Taf. 5* Randfrgt. Kochtopf, unsichere Bestimmung. Dm 11 cm. Scherben braun, jedoch stellenweise sekundär schwarz verbrannt, Ofl. fleckig rotbraun-rötlich-graubraun; Magerungsmittel fein. Rand oben abgeplattet, außen senkrecht abgestrichen, so daß rechtwinkelige Kante entstanden; innen zu kurzem, lippenartigem Vorsprung ausgezogen. Vermutlich vom Hals eines kleinen geschlossenen Gefäßes. Abhub 131.

75   *Taf. 5* Beinfrgt. Kochtopf, FS 320. Erh. L 12,2 cm, Querschnitt 2,1 × 2,8 cm. Am Beinansatz außen Loch senkrecht in Gefäßofl. eingestochen. Scherben am Gefäßkörper im Kern grau, braun gemantelt; sonst einheitlich rotbraun; Ofl. fleckig grau oder braun. Beinquerschnitt nicht sorgfältig geformt, etwa fünfeckig. Abhub 141.

76   *Taf. 5* Beinfrgt. Kochtopf, FS 320. Erh. L 7,5 cm, Querschnitt 1,1 × 2,1 cm. Scherben im Kern graubraun, rot gemantelt, Ofl. ziegelrot. Beinquerschnitt sehr unregelmäßig. Abhub 131.

77   *Taf. 5* Beinfrgt. Kochtopf, FS 320. Erh. L 6,4 cm, Querschnitt 1,4 × 3,3 cm. Scherben im Kern braun, ziegelrot gemantelt, Ofl. fleckig dunkelrot-braun-grau. Querschnitt annähernd flach-elliptisch. Abhub 131.

78   *Taf. 5* Beinfrgt. Kochtopf, FS 320, oder Griffende von FS 312/321a? Erh. L 6,1 cm, Querschnitt (2,4) × 1,3 bzw. 2,2 × 0,4 cm. Ungewöhnlich für Dreifußbein breites, schmales Ende, möglicherweise Lampen- oder Kohlebeckengriff. Abhub 136.

79   *Taf. 5* Beinfrgt. Kochtopf, FS 320, oder Griffende von FS 312/321a? Erh. L 6,1 cm, Querschnitt 2,9 × 1,2 cm bzw. 2,8 × 0,7 cm. Scherben im Kern braun, fleckig orangerot bis ziegelrot gemantelt, Ofl. ziegelrot. Zur Morphologie s. Nr. 78; noch weniger sorgfältig geformt. Abhub 124.

80   *Taf. 5* Ringfußfrgt. Kochtopf, unsichere Bestimmung. Fdm. 7 cm. Scherben fleckig rotbraun oder ziegelrot, Ofl. grau. Standring scharf von Gefäßwandung abgesetzt, außen ohne Fußprofil fast senkrecht; Rand des Standrings gerundet; der Fuß verjüngt sich nach unten hin. Abhub 131.

Scherben mit ungewöhnlichen Mustern
Geschlossene Formen

81   *Taf. 6* Frgt. Boden von geschlossenem (?) Gefäß, mit FM 68 (?). Scherben nach außen fleckig gelb oder rosa, nach innen graubraun, Ofl. innen schlierig graugrün und lila, außen gelblich-beige; rotbrauner Malschlicker. Boden eines Alabastrontyps, möglicherweise auch Humpen (French 1965, 176). Muster bei Furumark (1941) ohne Parallele. Abhub 136.

82   *Taf. 6* Hals-Schulterfrgt. nicht näher bestimmbarer Kanne mit FM 75. Scherben rosa, beige gemantelt, Ofl. innen fleckig rosa oder beige, außen hellbeige; brauner bis schwarzer Malschlicker. Vorkommen dieses Musters auf geschlossener Form unüblich; Muster bei Furumark ohne genaue Entsprechungen, am ehesten FM 75,38. Abhub 130.

Offene Formen

83   *Taf. 6* Wandungsfrgt. Krater mit FM 23. Scherben im Kern grau, beige gemantelt, Ofl. braun; dunkelbrauner Malschlicker. Muster ohne Entsprechungen bei Furumark (1941). Abhub 179.

84   *Taf. 6* Wandungsfrgt. offenes Gefäß, vermutlich Skyphos (FS 284) mit FM 23. Scherben, Ofl. grau; dunkelbrauner Malschlicker; sekundär verbrannt. Muster bei Furumark (1941) ohne genaue Parallele. Abhub 142.

85   *Taf. 6* Wandungsfrgt. offenes Gefäß, vermutlich FS 284, mit FM 27. Scherben, Ofl. beige; brauner Malschlicker. Muster ohne genaue Entsprechungen bei Furumark (1941). Abhub 131.

86   *Taf. 6* Wandungsfrgt. offenes Gefäß, vermutlich FS 284, mit FM 27. Scherben, Ofl. beige; brauner Malschlicker. Muster ohne genaue Parallele bei Furumark (1941). Abhub 131.

87   *Taf. 6* Wandungsfrgt. offenes Gefäß mit FM 27 (?), anscheinend als Füllmuster verwendet. Scherben hell-graubraun, Ofl. grau; schwarzer Malschlicker, sekundär verbrannt. Muster besteht aus zwei aneinandergesetzten Halbkreisen von Pünktchenkranz umgeben (vgl. Nr. 86). Erhaltener Musterrest am Scherbenrand oben l. FM 27 hier als Füll- oder Nebenmuster. Abhub 131 C.

88   *Taf. 6* Wandungsfrgt. offenes Gefäß, möglicherweise FS 295, mit FM 41 in aufgesetzter weißer Farbe auf einem Malschlickerband der Innenseite. Scherben, Ofl. beige; Malschlicker außen glänzend rot, innen schwarz, mit Verzierung
in weiß aufgemalt. Verzierung auf Band innen: Kreis mit einem Punkt im Zentrum. Abhub 126.

89   *Taf. 6* Wandungsfrgt. offener Form mit FM 43. Scherben graubraun, Ofl. grau; fleckig dunkelbrauner oder schwarzer Malschlicker; sekundär verbrannt; Ton weich gebrannt, stark hervortretende Drehspuren innen. Nach Streifen-
system innen wie außen möglicherweise FS 305. Muster bei Furumark (1941) ohne genaue Entsprechung; am ähnlichsten
FM 43,h. Abhub 131.

90   *Taf. 6* Zwei anpassende Wandungsfrgte. FS 284 mit FM 75. Scherben grau, Ofl. grau; fleckig brauner–orangefarbener Malschlicker; sekundär verbrannt. Zum Muster vgl. FM 75,3. Abhub 124.

91   *Taf. 6* Wandungsfrgt. kleines offenes Gefäß mit FM 75. Scherben rosa, Ofl. beige; dunkelbrauner Malschlicker. Muster bei Furumark (1941) ohne genaue Entsprechung. Abhub 127.

92   *Taf. 6* Zwei anpassende Wandungsfrgte. offene Form mit FM 48. Scherben beige, rosa gemantelt, Ofl. beige; rot-
orangefarbener Malschlicker; Ton relativ grob gemagert, z. T. mit dunklen Einsprenglingen. Zum Muster FM 48,3.
Abhub 136.

93   *Taf. 6* Wandungsfrgt. offene Form mit nicht bestimmbarem Muster. Scherben beige, rosa gemantelt, Ofl. rosa; roter
Malschlicker. Muster sechs schwach gebogene, annähernd senkrechte Linien; in halber Höhe der ersten Linie von
links Punkt oder Ende einer waagrechten Linie erhalten; System in Fläche zwischen zwei geraden, sich nach rechts hin nä-
hernden Linien gemalt (vgl. FM 50,. 17 oder 18?). Abhub 124.

94   *Taf. 6* Wandungsfrgt. offene Form mit nicht bestimmbarem Musterrest. Scherben beige, Ofl. beige; fleckig matt-ro-
ter – orangefarbener Malschlicker. Abhub 152.

95   *Taf. 6* Drei Wandungsfrgte. kleine offene Form, vermutlich FS 284, Mono-in. Scherben, Ofl. außen beige; Malschlicker beiderseits fleckig dunkelbraun – schwarz. Muster vgl. FM 48,9. Zwei der Fragmente passen aneinander an;
ebenfalls zu diesem Gefäß möglicherweise Tiryns V Taf. 36,19. Abhub 130. 135.

96   *Taf. 6* Randfrgt., sieben Wandungsfrgte. Krater (FS 281?) mit FM 61, Rekonstruktion der Verzierung. Abweichend
von Beschreibung bei Nr. 57 Ofl. bei unverbranntem Scherben beige, stellenweise sehr trocken; Ton mit Einsprenglingen von Korndurchmesser zwischen 0,5 und 1 mm gemagert; Malschlicker fleckig rotbraun – dunkelbraun, nur bei sekundär verbrannten Scherben (Nr. 57, einem Wandungsfrgt.) schwarz. Abhub 131. 135. 141.

ZONE II
Taf. 7–16

Feinkeramik
Geschlossene Formen

97   *Taf. 7* FS 67, unverziert. Fast vollständig. H 16,2 cm. Mdm 9,4 cm. Gute Qualität, Ofl. außen weißlich-beige, wohl
mit Wash oder Glättung mit feuchtem Tuch; kalkgemagert, mit wenigen, jedoch sehr groben (Korndm. bis 3–4 mm)
Einsprenglingen; außen fleckig dunkelgrau sekundär verbrannt; sehr stark hervortretende Drehspuren innen. Schulter-,
Henkelzone konisch; untere Gefäßhälfte dagegen leicht konvex geschwungen. Rand ausgeschwungen, asymmetrisch gerundet; beide Henkel setzen knapp unterhalb Mündung an und verlaufen bis zur Zone des maximalen Gefäßdurchmessers,
bei oberen Henkelansätzen Wandung nach innen verdickt; Fuß zylindrisch vom Gefäßkörper abgesetzt, mit gerundeter
Unterkante; Stfl. plan. Abhub 129.

98   *Taf. 7* FS 128, lediglich Linearverzierung erhalten; von Mündung bis Schulterzone erhalten. H 12,2 cm, Mdm ca.
12 cm (verzogen). Scherben fleckig rosa – beige, Ofl. fleckig hell-beige – kremfarben; schwarzer Malschlicker. Hy-
driarand oben abgeplattet, außen zu kurzer, breiter Lippe verdickt; dicht unterm Mündungsrand innen Halswandung
sachte eingemuldet; Hals verengt sich in stetiger Kurve, am Ansatz außen durch plastische Leiste vom Gefäßkörper abgesetzt; Schulterzone flach-konisch; Henkel setzt direkt am Rand an, biegt in scharfer, parabolischer Kurve zur Schulter.

Nach innen übergreifender Streifen hebt außen Rand hervor; am Halsansatz breites Band; am unteren Henkelansatz Reste eines nicht ganz um vollen Umfang des Henkels umlaufenden Bandes. Abhub 129.

99   *Taf. 7* FS 176 (?) mit FM 18. Erh. H 4,1 cm. Henkelzone mit Ausnahme des Ausgusses erhalten. Scherben innen grünlich-beige, außen rosa, Ofl. beige; fleckig dunkelbrauner – rotbrauner Malschlicker. Nach Wölbung des erhaltenen Henkelteils kleine, kugelige Bügelkannenform FS 176; drei FM 18, am ehesten FM 18, 103, Reste einer vierten, am Scherbenrand r. oben; abweichend vom Mustertyp FM 18, 103 vier statt drei Blätter. Abhub 111 X.

Offene Formen

100   *Taf. 7* Randfrgt. Krater (FS 8/9?) mit FM 23. Dm etwa 33 cm. Scherben im Kern grau, fleckig rosa – rot gemantelt, Ofl. innen gelblich-kremfarben, außen beige; fleckig rotbrauner bis dunkelbrauner Malschlicker. Rand mit nach außen abgeknickter, gerundeter Lippe, am Umbruch nach innen etwas verdickt; außen Lippe leistenartig von Gefäßwandung abgesetzt. Randverzierung breites übergreifendes Band. Abhub 114 Z.

101   *Taf. 7* Rand- und zwei anpassende Wandungsfrgte. Krater (FS 8/9?) mit FM 5,2. Dm 28–30 cm. Scherben beige, Ofl. beige; fleckig tief dunkelbrauner – schwarzer Malschlicker. Auf der Innenseite sind alle drei Scherben stellenweise grau, sekundär verbrannt. Kurze, nach außen abgeknickte, gerundete Lippe; etwa 2 cm unterhalb Randumbruchs Gefäßwandung merklich nach innen verdickt, ansonsten von gleichbleibender Stärke und geradlinigem Verlauf; nach ermittelter Steigung der Wandung Gefäßkörper konisch und nach oben einziehend. Randverzierung innen einfaches Band, außen System von Lippenband plus einem weiteren von stark schwankender Breite. Nach hinten umblickender Hirsch, vom Betrachter aus gesehen, nach rechts, vgl. FM 5,2; Geweih oben beiderseits mit je drei Spitzen, unten jedoch links zwei, rechts drei; Maul erscheint als asymmetrisches Gebilde von geflammtem Umriß mit einem Längsstrich ungefähr seiner Mitte entlang; elliptische Schleife gibt Auge an; Hals, Torso des Tieres mit waagrechten bzw. senkrechten Wellenlinien (FM 53). Auf unterem Bruchrand Spuren vom Henkelansatz. Abhub 109. 110. 111.

102   *Taf. 7* Randfrgt. Krater (?) mit Zungenmuster (FM 64?) auf der Lippe. Dm etwa 28 cm. Scherben im Kern beige, rosa gemantelt, Ofl. rosa; roter Malschlicker. Typologisch einzigartig im Gesamtbefund: stark ausgeschwungener, verdickter, gerundeter Rand. Abhub 128.

103   *Taf. 7* Randfrgt. FS 204 (oder 206?), unverziert. Dm 15 cm. Scherben, Ofl. rot, letzteres jedoch heller. Qualität normal. Rand leicht eingezogen, etwas verdickt; Gefäßkörper konisch, wobei Wandung außergewöhnlich geradlinig Ofl. außen mit zwei wulstartigen Verdickungen. Wegen großem Randdm. möglicherweise auch FS 274. Abhub 115 B.

104   *Taf. 7* FS 222, unverziert. Profil vollständig erhalten. Dm 11 cm, H 4 cm. Qualität sehr gut, jedoch nicht fein, Scherben, Ofl. beige. Rand der Tasse gerundet; in halber Gefäßhöhe knickt Wandung weich zur Fußzone ein; unterhalb dieser Einziehung leicht verdickt; vom Henkel lediglich unterer Ansatz erhalten; Fuß sachte abgesetzt, scheint unten völlig plan. Abhub 129.

105   *Taf. 8* Randfrgt. Humpen (FS 225/226?) verziert mit FM 18 (? oder FM 43?). Dm 16 cm. Scherben, Ofl. beige; matter, schlieriger, fleckig brauner – schwarzer Malschlicker. Rand beiderseits asymmetrisch verdickt, läuft oben in stumpfer Spitze aus; nach Steigung, Wandungsverlauf Gefäßkörper konisch; möglicherweise Humpen, doch zu wenig vom Gefäß erhalten, um eindeutige FS-Bestimmung zu erlauben. Randverzierung beiderseits breites Band, das auf Außenseite tiefer hinunterreicht als innen; die Musterverzierung nicht eindeutig zu bestimmen. Abhub 115.

106   *Taf. 8* Randfrgt. FS 236 DR. Dm 11 cm. Scherben im Kern grau, beige gemantelt, Ofl. beige; dunkelbrauner Malschlicker. Rand stark ausgeschwungen, läuft spitz zu; nach Wandungsverlauf zu flachem Typ von FS 236; auf Rand Rest Henkelansatz. Abhub 114.

107   *Taf. 8* Randfrgt. FS 236 DR. Dm 8 cm. Scherben, Ofl. ziegelrot; brauner Malschlicker. Zu flachem Exemplar von FS 236. Wandungssteigung etwas flacher als bei Nr. 106; Rand läuft auch hier spitz zu, doch schwingt er weniger stark aus; knapp unterm Rand Wandung leicht nach innen verdickt. Abhub 114 Z.

108   *Taf. 8* Randfrgt. FS 236, flach, DR. Dm 11 cm. Scherben, Ofl. beige, letzteres heller; brauner Malschlicker. Rand gerundet, stark ausschwingend, Wandungssteigung senkrecht. Abhub 111 X.

109   *Taf. 8* Randfrgt. FS 236 DR. Dm 9 cm. Scherben rosa, Ofl. beige; dunkelbrauner Malschlicker. FS 236 mit tiefem Gefäßkörper; Rand nach außen gerundet, knapp unterm Rand leicht traufartig ausgebuchtet. Abhub 114.

110   *Taf. 8* Randfrgt. FS 240, monochrom. Dm 20 cm. Scherben beige; Malschlicker fleckig tief dunkelbraun – schwarz. Großes Exemplar FS 240 mit scharfem Wandungsumbruch; Rand weich ausgeknickt, nach außen gerundet; Fußzone wohl hoch, konisch. Abhub 116/117.

111   *Taf. 8* Randfrgt. FS 240, monochrom. Dm 17 cm. Scherben hellbraun, mit wenigen großen, dunklen Einsprenglingen gemagert; roter Malschlicker. Mit ausschwingendem Rand, oben abgeplattet, leicht nach innen erweitert. Abhub 114.

112   *Taf. 8* Randfrgt. FS 240, monochrom. Dm 17 cm. Scherben beige; fleckig brauner bis schwarzer Malschlicker. Rand gerundet, leicht nach innen verdickt; Wandungsknick, außen scharf, innen weicher; nach Wandungssteigung unterhalb Knicks Fußzone auch hier relativ hoch, konisch. Abhub 123.

113   *Taf. 8* Randfrgt. FS 240, monochrom. Dm 16 cm. Scherben beige; tief dunkelbrauner Malschlicker. Rand ausschwingend gerundet; Wandungsumbruch scheint relativ scharf gewesen. Abhub 116/117.

114   *Taf. 8* Randfrgt. FS 240, monochrom. Dm 15 cm. Scherben fleckig rosa – beige; Malschlicker fleckig rotbraun – tiefdunkelbraun. Rand gerundet, weniger stark ausschwingend; Wandungsumbruch ziemlich scharf; Fußzone scheint vergleichsweise flach gewesen. Abhub 116/117.

115   *Taf. 8* Randfrgt. FS 240 (?), monochrom mit einer ausgesparten Fußzone außen. Dm 13 cm. Scherben, Ofl. außen graubraun; rotbrauner Malschlicker; sekundär verbrannt (?). Wenn nicht von Tasse, dann von kleinerer Schale FS 240 ohne nennenswerten Wandungsumbruch; Rand gerundet; Wandung flach S-förmig geschwungen. Fußzone außen von der Bemalung ausgespart. Abhub 109.

116   *Taf. 8* Randfrgt. FS 242, Linearverzierung erhalten. Dm 15 cm. Scherben fleckig rot – rosa, Ofl. kremfarben; fleckig rot – rotbrauner Malschlicker. Rand nach innen schräg abgestrichen; Wandung zieht flach geschwungen hoch. Randverzierung, ein Streifen außen, ein Streifen plus Band innen, bei dieser Form häufig, jedoch nicht unbedingt diagnostisch. Abhub 114.

117   *Taf. 8* Randfrgt. FS 242, Linearverzierung erhalten. Dm 16 cm. Scherben, im Kern braun, fleckig rot – kremfarben gemantelt, Ofl. außen rot, innen kremfarben; Malschlicker außen fleckig rot – rotbraun, innen fleckig braun – schwarz. Der Rand bei diesem Exemplar ist nach innen gerundet; die Wandung schwingt in einer stetigen Kurve hoch. Abhub 116/117.

118   *Taf. 8* Randfrgt. FS 242, Linearverzierung erhalten. Dm 17 cm. Scherben fleckig beige – rosa, Ofl. fleckig kremfarben – beige, trocken; fleckig rotbrauner – dunkelbrauner Malschlicker. Gerundet, leicht einziehender Rand; Wandung unterhalb der Randzone etwas verdickt, verläuft ziemlich geradlinig, so daß konischer Gefäßkörper zu erwarten. Abhub 114Z.

119   *Taf. 8* Randfrgt. FS 242, Linearverzierung erhalten. Dm 17 cm. Scherben im Kern beige, rot gemantelt, Ofl. rot und schlecht geglättet; fleckig roter – rotbrauner Malschlicker. Gefäßkörper bedeutend flacher als bei Nr. 118; Wandung zieht geschwungen hoch; Rand gerundet, einziehend, nach innen leicht verdickt. Abhub 116/117.

120   *Taf. 9* Randfrgt. Fußbecher oder Krater, Muster nicht bestimmbar. Dm 23 cm. Scherben im Kern gelb, rosa gemantelt, Ofl. fleckig grünlich-beige – graubeige; fleckig dunkelbrauner – schwarzer Malschlicker; sekundär verbrannt (?). Rand leicht einziehend, etwas nach innen verdickt, außen zu einer kurzen, spitz zulaufenden Lippe abgeknickt. Randverzierung breites Band, innen wie außen. Abhub 116/117. 118.

121   *Taf. 8* Randfrgt. FS 275, linearverziert, Mono-in. Dm 15 cm. Scherben, Ofl. beige; Malschlicker fleckig rötlichbraun – gelbbraun. Rand gerundet, schwach einziehend; Gefäßkörper bei geradlinigem Wandungsverlauf flach und konisch. Abhub 114.

122   *Taf. 9* Randfrgt. FS 275, linearverziert, Mono-in. Dm 13 cm. Scherben beige, Ofl. graubraun; sekundär verbrannt (?); fleckig brauner – schwarzer Malschlicker. Rand nach innen gerundet; Wandung zieht leicht geschwungen hoch. Abhub 116/117.

123 *Taf. 9* Randfrgt. Krater (FS 281?) mit FM 75 plus FM 48. Dm 30 cm. Scherben, Ofl. fleckig grünlich-grau – grünlich-beige; sekundär verbrannt (?); fleckig dunkelbrauner – schwarzer Malschlicker, zu gutem Teil abgeblättert. Rand zu gerundeter Lippe weich nach außen abgeknickt; nach Gestaltung von vier, ans Randfrgt. nicht anpassender Wandfrgte. beinahe zylindrischer Gefäßkörper; für Gefäß dieser Größe Wandstärke auffallend gering. Höhe der Ausläufer eines Henkelansatzes spricht für Querhenkel, was FS 281 nahelegt. Randverzierung aus breitem Band innen, Streifen-plus-Band außen. Anhand der wenigen Scherben dieses Kraters ist nicht zu entscheiden, ob das FM 75 mit senkrecht gestellter FM 48 Haupt- oder Nebenmuster darstellt. Abhub 129.

124 *Taf. 9* Randfrgt. Krater, FS 281 (?) mit FM 58 als Randverzierung. Dm etwa 34 cm. Scherben rosa bis beige, Ofl. fleckig kremig-gelb – beige; fleckig rotbrauner – dunkelbrauner Malschlicker. Rand nach innen leicht verdickt, außen zu einer senkrecht abgestrichenen Lippe, die in ihrer Mitte beiderseits leicht eingeschnürt. Abhub 109.

125 *Taf. 9* Randfrgt. Krater, unsichere FS-Bestimmung, mit FM 56, Mono-in. Dm 34 cm. Scherben rot, Ton fein geschlämmt, Ofl. fleckig hellrosa – beige; Malschlicker streifig, gelblich-braun – dicht dunkelbraun. Rand nach innen leicht verdickt, außen zu unten gerundeter Lippe ausgeknickt; nach Steigung, Krümmung Gefäßkörper kugelig. Abhub 116/117.

126 *Taf. 9* Randfrgt. Krater, unsichere FS-Bestimmung mit nicht bestimmbarem Musterrest, Mono-in. Dm 26 cm. Scherben beige, Ofl. trocken, beige; fleckig rötlich-brauner – dunkelbrauner Malschlicker. Rand schwach gekrümmt, außen zu kurzer, breiter, eckiger Lippe verdickt. Abhub 114.

127 *Taf. 9* Randfrgt. Krateriskos, FS-Bestimmung unklar mit FM 53, Mono-in, Dm 21 cm. Scherben ziegelrot, Ofl. beige; fleckig roter – dunkelbrauner Malschlicker. Nach innen zu eckiger Kante erweiterter Rand, der außen zu gerundeter Lippe abknickt. Abhub 115.

128 *Taf. 9* Randfrgt. FS 284 A mit FM 75. Dm 15 cm. Scherben, Ofl. beige; fleckig hellbrauner – schwarzer Malschlicker. Bemerkenswert: Randausbildung an die der Dotted Rim-Skyphoi aus Zone III gut anzuschließen; ausschwingender Rand nach innen leicht verdickt, mit einer maximalen Wandstärke etwa 1 cm unterm Rand, läuft spitz zu. Ungewöhnlich: Lippenstreifen innen greift nicht auf die Außenseite über; Musterrest, Teil eines FM 75, erlaubt keine genaue Bestimmung der Nebenmuster im Triglyphenmittelfeld. Abhub 110.

129 *Taf. 9* Randfrgt. FS 284 A mit FM 75. Dm 14 cm. Scherben rot, Ofl. beige; fleckig roter – rotbrauner Malschlicker. Randausbildung der vorigen vergleichbar, doch eigentlicher Rand hier gerundeter, die Scherbe dünnwandiger, die Wandungsstärke gleichmäßiger, ohne auffallende Verdickungen; Rand weniger stark ausschwingend als bei Nr. 128. Nicht zu entscheiden, ob hier FM 75 Haupt- oder Nebenmuster. Abhub 111.

130 *Taf. 9* Randfrgt. FS 284 A mit FM 51 (?). Dm 16 cm. Scherben außen beige, innen rot, Ofl. außen beige, innen rötlich-beige; Malschlicker außen schwarz, innen braun. Rand nach innen gerundet; Wandstärke nimmt nach unten merklich ab. Abhub 114 Z.

131 *Taf. 10* Randfrgt. FS 284 A mit FM 58. Dm 14 cm. Scherben, Ofl. beige; fleckig dunkelbrauner – schwarzer Malschlicker. Nur sehr schwach ausschwingender Rand gerundet, nach außen geringfügig lippenartig erweitert. Bemerkenswert bei Randverzierung das Fehlen des Doppelstreifens innen; FM 58, wohl Hauptverzierung ungewöhnlich locker-gefügt, einzelne Elemente äußerst flachwinkelig. Abhub 110 Z.

132 *Taf. 10* Randfrgt. FS 284 A mit FM 53. Dm 16 cm. Scherben fleckig hellrosa – beige, Ofl. beige; fleckig dunkelbrauner – schwarzer Malschlicker. Nach innen gerundeter Rand außen weich ausgeknickt; Wandung kaum geschwungen, verläuft beinahe senkrecht nach unten; Wandstärke verringert sich von einem Höchstwert von 0,5 mm wenig unterm Rand auf 0,3 mm am unteren Bruchrand. Abhub 114.

133 *Taf. 10* Randfrgt. FS 284 A mit nicht bestimmbarem Muster (FM 50?). Dm 14 cm. Scherben, Ofl. beige; fleckig mittelbrauner – schwarzer Malschlicker. Rand oben abgeplattet; Wandungssteigung beinahe senkrecht, Wandungsverlauf dermaßen flach geschwungen, daß Randzone dieses Skyphostyps annähernd zylindrische Gestalt hat. Unkanonische Randverzierung mit lediglich einem Lippenstreifen innen. Abhub 110.

134 *Taf. 10* Randfrgt. FS 284 A mit FM 50 plus FM 74. Dm 15 cm. Scherben im Kern rosa, beige gemantelt, Ofl. beige;

dunkelbrauner Malschlicker. Gerundeter, kaum ausschwingender Rand, nur sehr flach gekrümmte Wandung. Ungewöhnlich an Randverzierung Fehlen des Doppelstreifens innen. Abhub 118.

135   *Taf. 10* Randfrgt. FS 284 A mit FM 46 (?). Dm 13 cm. Scherben fleckig rosa – beige, Ofl. beige; fleckig dunkelbrauner – schwarzer Malschlicker. Gerundeter Rand nach innen leicht verdickt; Wandungssteigung fast senkrecht; Wandungsverlauf nur sehr schwach geschwungen. Abhub 109.

136   *Taf. 10* Randfrgt. FS 284 A mit FM 51 (?) und FM 73. Dm 16 cm. Scherben fleckig rosa–graubraun, Ofl. graubraun; fleckig dunkelbrauner – schwarzer Malschlicker. Gerundeter Rand nach innen spürbar verdickt; Gefäßwandung stark geschwungen; wenn Steigung der Scherbe richtig bestimmt, dann stark asymmetrische S-Schwingung der Gefäßwandung. Von Musterresten lediglich Füllmuster FM 73 eindeutig; Musterrest am l. Scherbenrand wahrscheinlich FM 51. Abhub 115.

137   *Taf. 10* Randfrgt. FS 284 A mit FM 75. Dm 13 cm. Scherben, Ofl. grau; fleckig roter – rotbrauner – schwarzer Malschlicker; sekundär verbrannt. Schwach ausschwingender Rand läuft in Spitze aus; Wandung nur sehr flach S-förmig geschwungen; am l. unteren Bruchrand Spuren eines Henkelansatzes. Abhub 110 Z.

138   *Taf. 10* Randfrgt. FS 284 A mit FM 58. Dm 17 cm. Scherben rot, Ofl. beige; fleckig roter – orangefarbener Malschlicker. Rand gerundet; Wandung flach S-förmig geschwungen; knapp unterm Rand außen flache, wulstartige, zufällige (?) Verdickung der Gefäßwandung. Abhub 110.

139   *Taf. 10* Randfrgt. FS 284 A mit FM 58. Dm 16 cm; Scherben im Kern blaßrosa, beige gemantelt, Ofl. beige; dunkelbrauner Malschlicker. Rand gerundet, nur sehr schwach ausgeschwungen. Abhub 114 Z.

140   *Taf. 10* Randfrgt. FS 284 A mit FM 75. Dm 17 cm. Scherben, Ofl. beige; fleckig dunkelbrauner – schwarzer Malschlicker. Bemerkenswert vor allem Dünnwandigkeit (3 mm), gerundeter, kaum ausschwingender Rand, nach innen leicht verdickt; geradliniger Wandungsverlauf. Abhub 116/117.

141   *Taf. 10* Randfrgt. FS 284 A mit nicht bestimmbarem Muster (?) rest. Dm 14 cm. Scherben rosa, beiders. Ofl. beige; fleckig mittelbrauner – schwarzer Malschlicker. Rand gerundet; Wandung nur sehr schwach geschwungen. Abhub 110.

142   *Taf. 10* Randfrgt. FS 284 A mit FM 50. Dm 15 cm. Scherben, Ofl. beige; fleckig mittelbrauner – dunkelbrauner Malschlicker. Äußerst dünnwandig (2,5–3 mm); Rand ausschwingend, gerundet, leicht nach innen verdickt; Gefäßwandung vergleichsweise stark geschwungen. Randverzierung von je einem breiten Band innen wie außen unüblich; ebenso breites Band nahe unterem Bruchrand der Scherbe innen. Abhub 109.

143   *Taf. 10* Randfrgt. FS 284 A mit FM 73. Dm 16 cm. Scherben rot, Ofl. fleckig braun – graubraun; fleckig roter – schwarzer Malschlicker. Morphologische Eigenschaften der monochromen, Mono-in Skyphoi aus dieser und folgender Zone: Rand gerundet, leicht nach innen verdickt, schwingt nur wenig aus; Wandungsverlauf relativ geradlinig, Steigung senkrecht. Abhub 115 B.

144   *Taf. 10* Zwei anpassende Randfrgte. FS 284 DR. Dm 18 cm. Scherben rosa, Ofl. beige; fleckig dunkelbrauner – schwarzer Malschlicker. Ausladender Rand bei senkrechter Wandsteigung; 1 cm unterm Rand Gefäßwandung schwach nach innen verdickt. Abhub 110.

145   *Taf. 10* Randfrgt. FS 284 DR. Dm 14–15 cm. Scherben rosa, Ofl. beige; schwarzer Malschlicker. Rand etwa senkrechter Wandungssteigung kaum ausgeknickt; Wandstärke nimmt in Randzone drastisch ab. Abhub 110 Z.

146   *Taf. 10* Randfrgt. FS 284 DR. Dm 17 cm. Scherben fleckig rosa – beige, Ofl. beige; schwarzer Malschlicker. Bemerkenswert geringe Wandstärke (3 mm); stetig-geschwungene Wandung; nach innen gerundeter Rand. Abhub 114.

147   *Taf. 10* Randfrgt. FS 284 DR. Dm 16 cm. Scherben rosa, Tonoberfläche beiderseits beige, brauner Malschlicker. Nach innen leicht verdickter Rand läuft in Spitze aus. Abhub 114.

148 *Taf. 10* Randfrgt. FS 284 DR. Dm 15 cm. Scherben, Ofl. beige; schwarzer Malschlicker. Nach außen gerundeter Rand, bei annähernd-senkrechter Wandsteigung nur sehr schwach ausschwingend. Abhub 129.

149 *Taf. 10* Randfrgt. FS 284 DR. Dm 15–17 cm, Scherben fleckig beige – hellbraun, Ofl. beige; schwarzer Malschlicker. Geringe Wandstärke (3 mm), Rand gerundet, kaum ausschwingend. Abhub 114.

150 *Taf. 10* Randfrgt. FS 284 DR. Dm 12 cm. Scherben, Ofl. grünlich-beige; dunkelbrauner Malschlicker. Ungewöhnlich kleiner Randdm. Spuren von Ansätzen eines Querhenkels am unteren Scherbenrand machen FS 284 wahrscheinlicher als FS 236. Rand gerundet, vergleichsweise stark ausschwingend. Abhub 114.

151 *Taf. 11* Randfrgt. FS 284 DR. Dm 14 cm. Scherben rosa, Ofl. beige; dunkelbrauner Malschlicker. Gerundeter Rand dieser Scherbe im Vergleich zur Gefäßwandung (4 bzw. 3 mm stark) um 1 mm verdickt; Kurve der Gefäßwandung sehr flach; Randzone relativ stark ausschwingend. Falls Skyphosrand nicht verzogen, so daß Steigung falsch, spräche Krümmung der Scherbe für stark glockenförmig geschwungenen Gefäßkörper. Abhub 115.

152 *Taf. 11* Randfrgt. FS 284 DR. Dm 16 cm. Scherben lachsfarben, Ofl. beige; schwarzer Malschlicker. Gerundeter Rand schwingt kaum merklich aus; Wandsteigung so nahe dem senkrechten, daß rekonstruierte Randzone annähernd zylindrisch. Abhub 115 B.

153 *Taf. 11* FS 284 DR. Profil vom Rand bis Fußzone, keine weitere Verzierung außer Punkten am Rand. Dm 11 cm. Scherben im Kern gelblich-braun, lachsfarben gemantelt, Ofl. beige; matter, roter Malschlicker. Stellenweise stark hervortretende Drehspuren. Kleiner Skyphos zu etwa 40 % erhalten, trotz des kleinen Randdm. zweifelsfrei FS 284. Stark ausschwingender Rand nach innen gerundet; Wandung stark asymmetrisch S-förmig geschwungen; Gefäßkörper flach glockenförmig; Wandstärke schwankt zwischen 3–4 mm, mit Maximum dicht oberhalb Henkelansatzes. Merkwürdig dreieckige Einkerbung in der Fußzone, die nicht um ganzen Umfang der Scherbe reicht, sondern vom rechten Scherbenrand ausläuft. Bemerkenswert dreifache Tupfenverzierung des Henkels. Abhub 110.

154 *Taf. 11* Randfrgt. FS 284 DR, Profil vom Rand bis zur Fußzone erhalten. Dm 15 cm. Scherben, Ofl. beige; fleckig rotbrauner – dunkelbrauner Malschlicker. Gerundeter Rand nur sehr schwach nach außen abgeknickt; Wandungssteigung senkrecht, der Wandungsverlauf geradlinig, so daß Gefäßkörper, soweit erhalten, zylindrisch; Henkel vergleichsweise groß, statt unmittelbar an Einziehung der Gefäßwandung zur Fußzone anzusetzen, wie Nr. 153, Henkel knapp unterhalb Mitte, zwischen Rand und Fußzone. Henkel mit Drei-Tupfen-Verzierung. Abhub 110 Z.

155 *Taf. 11* FS 284 B mit FM 42, Mono-in mit ausgespartem Punkt auf der Bodenmitte innen. Dm 21 cm, H 15,7 cm, Fdm 7,2 cm. Scherben im Kern beige, rosa gemantelt, Ofl. beige; roter Malschlicker. Gefäß zu etwa 45 %, Profil vollständig erhalten. Ausgeschwungener Rand innen gerundet, nach innen leicht verdickt; Wandung von gleichmäßiger Stärke; Einziehung der Gefäßwandung zur eirunden Fußzone setzt relativ hoch an; kegelstumpfförmiger, ausgestellter Standring; Wandung des Bodens linsenförmig nach oben, geringfügig nach unten verdickt; Henkel setzt wenig oberhalb Umbiegung zur Fußzone an, im Verhältnis zum Gefäßkörper klein. FM 42 mit je einem Punkt als Füllmuster in jeder einzelnen Schuppe. Für FS 284 B gilt breites Band auf Außenwandung unterm Rand als typisch; Verzierungszone nach unten durch zwei parallele Bänder begrenzt; Fuß mit Fußband und Fußkehlenstreifen; Fußus. nicht bemalt. Abhub 110.

156 *Taf. 11* Randfrgt. FS 284 B mit FM 43 plus FM 41, Mono-in. Dm 22–23 cm. Scherben rosa, Ofl. fleckig beige – gelblich-beige; fleckig roter – brauner Malschlicker. Spitz zulaufender, stark ausschwingender Rand, gerundet; Wandstärke zwischen 4 und 6,5 mm mit Maximum etwa 2 cm unterhalb Rand; Wandung flach S-förmig geschwungen. Breites Band unter dem Rand außen; nach unten Verzierungsfeld von zwei parallelen Bändern begrenzt; anhand von 13 weiteren Rand- und Wandungsfrgten. Verzierungssystem rekonstruiert *(Taf. 27, 156)*. Abhub 128.

157 *Taf. 11* Randfrgt. FS 284 A, Mono-in mit FM 50. Dm 17 cm. Scherben, Ofl. grau; fleckig brauner – schwarzer Malschlicker; sekundär verbrannt (?). Gerundeter, nur sehr schwach ausschwingender Rand; Wandung auffallend dick (5 mm), von gleichmäßiger Stärke; Wandsteigung senkrecht, ihr Verlauf beinahe geradlinig; am unteren Bruchrand Ansatz einer Einziehung. Randverzierung mit schmalem Streifen außen. Abhub 116/117.

158 *Taf. 11* Randfrgt. FS 284 A, Mono-in mit nicht bestimmbarem Musterrest. Dm 15 cm. Scherben rosa, Ofl. beige; brauner Malschlicker. Stark ausschwingender, leicht sich verjüngender, gerundeter Rand; Wandung S-förmig geschwungen, etwa 1,5 cm unterm Rand leicht nach innen verdickt. Randverzierung: schmaler Streifen außen. Abhub 114 Z.

159 *Taf. 11* Randfrgt. FS 284 A, Mono-in mit FM 50. An Bauchzone Dm etwa 15 cm, Steigung geschätzt. Scherben rot, Ofl. beige; fleckig roter – hellbrauner Malschlicker. Gerundeter, weich nach außen abgeknickter Rand; Wandstärke mit 3 mm bemerkenswert gering, nimmt jedoch am unteren Bruchrand auf 4 mm zu. S-förmige Kurve der Wandung weist auf glockenförmigen Gefäßkörper hin. Randverzierung: außen 7 mm-breites Band. Abhub 114.

160 *Taf. 11* Randfrgt. FS 284 A, Mono-in mit FM 50 (?). Dm 15 cm. Scherben, Ofl. beige; fleckig brauner – schwarzer Malschlicker. Schwach ausschwingender, gerundeter Rand; Wandstärke mit 3,5 bis 4 mm gering; Wandung flach S-förmig geschwungen. Randverzierung: außen Band uneinheitlicher Breite. Abhub 128.

161 *Taf. 12* Randfrgt. FS 284 A, Mono-in mit FM 51. Dm 19 cm. Scherben hellrosa, Ofl. fleckig beige – kremfarben; fleckig brauner – schwarzer Malschlicker. Rand nach außen abgeknickt, nach innen gerundet, stark nach innen verdickt; Gefäßwandung mit 3 mm auffallend dünn, verläuft fast völlig geradlinig. Randverzierung: außen schmales Band. Abhub 109.

162 *Taf. 12* Randfrgt. FS 284 (?) A, Mono-in mit nicht bestimmbarem Musterrest. Dm 15 cm. Scherben rosa, Ofl. beige; fleckig roter – dunkelbrauner Malschlicker. Gerundeter, nur schwach ausschwingender Rand; Gefäßwandung unterhalb Scherbenmitte beiderseits deutlich verdickt. Abhub 109.

163 *Taf. 12* Randfrgt. FS 284 (?) A, Mono-in mit FM 50 ? Dm, Steigung geschätzt. Scherben rot, Ofl. beige; fleckig dunkelbrauner – schwarzer Malschlicker. Ausschwingender, schräg abgestrichener Rand, der sich gegenüber der Gefäßwandung stark (von 5 auf 2,5 mm) verjüngt; Henkelansatz am l. Scherbenrand. Abhub 123.

164 *Taf. 12* Randfrgt. FS 284 (?) A, Mono-in mit nicht bestimmbarem Musterrest. Dm 17 cm. Scherben, Ofl. rot; fleckig dunkelbrauner – schwarzer Malschlicker. Stark ausschwingender, schräg abgestrichener Rand. Wandstärke verringert sich stetig nach unten. Abhub 114.

165 *Taf. 12* Randfrgt. MBB (Mono-in) ? Dm etwa 15 cm. Scherben, Ofl. beige; fleckig dunkelbrauner – schwarzer Malschlicker. Äußerst dünnwandiges Frgt. 2–3 mm; gerundeter, ausschwingender, nach innen verdickter Rand; Verzierung breites Band außen unter Rand. Abhub 116/117.

166 *Taf. 12* Randfrgt. FS 284/285, monochrom. Dm 15 cm. Scherben beige; fleckig rotbrauner – schwarzer Malschlicker. Nach innen gerundeter, ausschwingender Rand; Wandung stark S-förmig geschwungen; am rechten unteren Bruchrand Henkelansatz. Abhub 114 Z.

167 *Taf. 12* Randfrgt. FS 284/285, monochrom ? Dm 8–10 cm. Scherben im Kern rosa, beige gemantelt; Malschlicker streifig, außen dunkelbraun – mittelbraun, innen rotbraun. Miniaturskyphos oder Tasse mit scharf nach außen abgeknicktem, gerundetem Rand, kugeliger Gefäßkörper. Abhub 109.

168 *Taf. 12* Randfrgt. FS 240 oder FS 284/285 (?), monochrom. Dm 20 cm. Scherben fleckig rosa – beige; schwarzer Malschlicker. Gerundeter Rand stark ausgeschwungen, stark nach innen verdickt; übriger Wandungsverlauf geradlinig, Steigung senkrecht. Abhub 110.

169 *Taf. 12* Rand-, anpassendes Wandungsfrgt. FS 305 mit FM 41 (Nebenmuster). Dm etwa 23 cm. Scherben fleckig hellrosa – beige; Ofl. beige; dunkelbrauner Malschlicker. FS 305 mit halbkugeligem Gefäßkörper; Rand oben abgeplattet, außen zu kurzer, gerundeter Lippe erweitert. Randverzierung: schmaler Streifen innen, Lippenstreifen plus breites, paralleles Band außen; Verzierungsfeld durch System (erhalten sind zwei) breiter Bänder nach unten begrenzt; in derselben Höhe auf Innenseite Reste zweier entsprechenden Bänder. Abhub 114.

170 *Taf. 12* Randfrgt. FS 305 mit FM 43, Haupt- oder Nebenmuster? Dm 15 cm. Scherben, Ofl. beige; dunkelbrauner Malschlicker. Halbkugeliger Gefäßkörper; Rand oben abgeplattet, außen zu einer kurzen, gerundeten Lippe erweitert. Ungewöhnlich breites Band innen wie außen am Rand. Abhub 118.

171 *Taf. 12* Randfrgt. FS 305 mit FM 42. Dm 14–15 cm. Scherben im Kern hell-beige, rosa gemantelt, Ofl. beige; fleckig roter – rotbrauner Malschlicker. Nach oben sich leicht verjüngender Rand, außen zu kurzen, gerundeten Lippen erweitert; am Rand leicht einziehender Gefäßkörper. Bemerkenswert am Rand breites Band außen, schmaler Randstreifen innen. Abhub 114.

172 *Taf. 12* Randfrgt. FS 305 (?) oder FS 284 B (?) Mono-in mit FM 48 (?). Dm 15 cm. Scherben, Ofl. beige; fleckig orangeroter – schwarzer Malschlicker. Rand oben abgeplattet, außen zu spitz zulaufender Lippe erweitert; Wandstärke nimmt stetig nach oben (von 4 auf 5 mm) zu. Nach Wandungssteigung am Rand leicht einziehender Gefäßkörper. Durch Morphologie am ehesten FS 305. Unüblich für diese Form dagegen breites Band als Randverzierung außen; vermutlich FM 48,5. Abhub 128.

173 *Taf. 12* Randfrgt. FS 305 (?) Mono-in mit FM 75 und FM 50 (?). Dm 19 cm. Scherben, Ofl. grau, letztere heller; schwarzer Malschlicker. Morphologie wie Verzierungsschema für FS 305 typisch: Rand zu kurzer, breiter, etwas ekkiger Lippe erweitert, oben gerundet statt abgeplattet; in Randzone Gefäßwandung stufenartig von 5 auf 7 mm Stärke nach innen verdickt. Außen schmaler Randstreifen und breites, paralleles Band; innen schwarz-monochrom; Musterreste Kombination von FM 75 (vier annähernd senkrechte Striche r., wovon vierte Grundlinie einer Halbkreisborte) mit FM 50 (Streifen ganz l., biegt in entgegengesetzter Richtung zu den übrigen vier um). Abhub 114 Z.

174 *Taf. 12* Randfrgt. FS 305 mit FM 62 und FM 11. Dm 14 cm. Scherben rosa, Ofl. beige; fleckig orangefarbener – schwarzer Malschlicker. Ungewöhnlich klein und dünnwandig; Rand oben flach gerundet, etwas nach innen verdickt, außen zu spitz zulaufender Lippe erweitert; senkrechte Wandungssteigung, geradliniger Wandungsverlauf lassen auf zylindrischen Gefäßkörper schließen. Randverzierung: Streifen innen, Streifen und Band außen, Hauptmuster, FM 62, ohne genaue Parallele bei Furumark (1941); zum Füllmuster FM 11, 16. Abhub 110.

175 *Taf. 12* Randfrgt. FS 305 mit FM 75. Dm 15 cm. Scherben beige, Ofl. kremfarben; fleckig gelbbrauner – tief dunkelbrauner Malschlicker. Rand oben gerundet, außen zu kurzer, gerundeter Lippe erweitert; nach Wandsteigung, -verlauf Gefäßkörper zylindrisch zu rekonstruieren. Randstreifen innen und Streifen und Band außen; wohl FM 75, zu wenig erhalten für genauere FM-Bestimmung. Abhub 114 Z.

176 *Taf. 13* Randfrgt., großes Becken FS 294, Mono-in. Dm 34 cm. Scherben braun, mit wenigen, groben, dunklen Einsprenglingen gemagert, Ofl. hellbraun; schwarzer Malschlicker. Rand gerundet, nach innen verdickt, außen zu breiter, vorne abgeplatteter Lippe erweitert. Wandungssteigung und -verlauf lassen auf kalottenförmigen Gefäßkörper schließen. Einzige Verzierung 2,3 cm breites Band außen. Abhub 116/117.

177 *Taf. 13* Randfrgt., großes Becken FS 294, Mono-in. Dm 26 cm. Scherben fleckig braun – beige, Ofl. beige; schwarzer Malschlicker. Rand oben schräg abgestrichen, innen zu kurzem, gerundetem lippenartigen Vorsprung verdickt, außen zu gerundeter, leicht hochgewinkelter Lippe erweitert; Wandungsverlauf läßt auf kalottenförmigen Gefäßkörper schließen; am l. Scherbenrand Henkelansatz. Einzige Verzierung 2,1 cm breites Malschlickerband außen. Abhub 110 Z.

178 *Taf. 13* Randfrgt., großes Becken FS 294, Mono-in. Dm 29–30 cm. Scherben braun, mit wenigen, groben, dunklen Einsprenglingen gemagert, Ofl. beige; schwarzer Malschlicker. Rand oben gerundet, nach innen stark verdickt, außen zu breiter, vorne abgeplatteter Lippe erweitert; Wandungsverlauf läßt auf flacheren Gefäßkörper schließen als bei vorigen Exemplaren. Außen ein auf obere Hälfte der Lippe übergreifendes Band, mit zweitem waagrechtem Band am unteren Bruchrand. Abhub 109.156.

179 *Taf. 13* Randfrgt., großes Becken (FS 294?), Mono-in. Dm ca. 29 cm. Scherben, Ofl. rot, letztere trocken; roter Malschlicker. Rand schräg abgestrichen, nach Wandsteigung wohl kalottenförmiger Gefäßkörper. Außen Randstreifen. Abhub 109.

180 *Taf. 13* Randfrgt., großes Becken (FS 294?), Mono-in. Dm 46 (?) cm. Scherben rot, Ofl. beige; fleckig rotbrauner – schwarzer Malschlicker. Gerundeter, nach innen leicht, nach außen stark verdickter Rand; nach Wandsteigung konischer Gefäßkörper. Außen 2,5 cm breites Band unterm Rand. Abhub 116/117.

181 *Taf. 13* Randfrgt., großes Becken (FS 294?), Mono-in mit einem ausgesparten Band unterm Rand innen. Dm 30-31 cm. Scherben fleckig beige – braun, Ofl. beige; fleckig roter – tief dunkelbrauner Malschlicker. Waagrecht abgestrichener Trichterrand; Gefäßwandung am Umbruch innen leicht verdickt. Außen 1,9 cm breites Band; innen Randzone in voller Breite durch ausgespartes Band vom monochromen Überfang abgehoben. Abhub 109.

182 *Taf. 13* Randfrgt., großes Becken (FS 294?), monochrom. Dm 28 cm. Scherben, Malschlicker rot. Typologisch anomal: oben abgeplatteter, innen leicht verdickter, außen zu breiter, im Querschnitt dreieckiger Lippe erweiterter

Rand; Lippe außen vielfältig gegliedert. Gefäßkörper nicht zu rekonstruieren. Am übrigen Fundmaterial gemessen, morphologisch wie herstellungstechnisch Einzelfall. Abhub 110.

183   *Taf. 13* Randfrgt. FS 334 (?) Deckel/Schale. Dm 18 cm. Scherben braun, Ofl. graubraun; fleckig dunkelbrauner – schwarzer Malschlicker; innen unverziert, Ofl. trocken, mit stark hervortretenden Drehspuren. Gerundeter, kaum ausschwingender Rand; nach Wandungssteigung wohl konischer Gefäßkörper. Zu wenig erhalten für sichere FS-Bestimmung. Abhub 109.

184   *Taf. 13* Randfrgt. FS 236 (?) mit FM 75 (?). Max.-dm etwa 10 cm. Scherben fleckig rot – beige, Ofl. beige; fleckig rotbrauner – schwarzer Malschlicker. Gerundeter, weich ausgeknickter Rand, S-förmig geschwungener Wandungsverlauf; lediglich ein Henkelansatz erhalten, zu hochgezogenem oder zu Querhenkel. Muster kommt FM 75 am nächsten, keine genaue Entsprechung bei Furumark (1941); Randstreifen außen und Streifenpaar innen; Miniaturskyphos FS 284 oder aus morphologischen Gründen verzierte FS 236. Abhub 109.

185   *Taf. 14* Wandungsfrgt. Knickwandform mit nicht bestimmbarem Musterrest, Mono-in. Dm und Steigung nicht zu ermitteln. Scherben, Ofl. beige; schwarzer Malschlicker. Bemerkenswert Ansatz eines Querhenkels, scheinbar mit Drei-Tupfen-Verzierung. Solche Henkel in der Regel bei offenen Formen FS 284 A–B, FS 305, oder Krateren FS 281–282; hier wohl eine der beiden ersten, kleineren Formen. Abhub 114 Z.

186   *Taf. 14* Randfrgt. FS 284 (?) mit FM 75. Dm 26 cm. Scherben innen beige bzw. außen rosa; Malschlicker innen schwarz, außen rot. Rand stark ausgeschwungen, gerundet, weist auf FS 284 B hin; jedoch fehlt jede Spur eines monochromen Überfangs innen; Randverzierung ebenfalls mehrdeutig, wie großer Randdm. Randverzierung außen bei FS 305 zu erwarten, doch Kombination von Randstreifen und Band innen für Skyphostyp charakteristisch. Nach French (1969a) 75 analoge Exemplare als FS 284 bezeichnet. FM 75 wohl Nebenmuster, ohne genaue Entsprechung bei Furumark (1941). Abhub 115.

187   *Taf. 14* Randfrgt. FS 334 (?), Schälchen oder Deckel, linearverziert. Dm 16 cm. Scherben, Ofl. grau; fleckig brauner – schwarzer Malschlicker; sekundär verbrannt. Rand oben abgeplattet; dickwandig (5 mm), von beinahe geradlinigem Verlauf; am unteren Bruchrand zieht Wandung sanft ein. Am unteren Bruchrand außen Spuren von Muster. Abhub 110.

188   *Taf. 13* Randfrgt. Humpen (?) linearverziert. Dm 19 cm. Scherben, Ofl. graubraun; Ofl. trocken, mit stark hervortretenden Drehspuren; fleckig brauner – schwarzer Malschlicker. Rand gerundet; Wandung flach S-förmig geschwungen, verjüngt sich von 5 auf 3,5 mm nach unten; nach Wandungsverlauf Schale oder Oberteil eines Humpens. Abhub 115 B.

189   *Taf. 14* Randfrgt. Humpen/Toneimer(?). Dm 23 cm. Scherben rot, Ofl. beige, trocken, mit stark hervortretenden Drehspuren; roter Malschlicker. Rand oben abgeplattet; Steigung, Wandungsverlauf deuten auf konischen Gefäßkörper. Verzierungsbänder außen äußerst unregelmäßig, aus freier Hand oder bei stehender Töpferscheibe gezogen. Abhub 111.

190   *Taf. 13* Rand- und anpassendes Wandungsfragment, unsichere Bestimmung, unverziert. Dm 10 cm. Qualität sehr gut. Scherben, Ofl. rot, letztere heller. Rand gerundet; Wandung stetig geschwungen, Wandstärke nimmt nach unten bis zum Umbruch stetig (von 3 auf 5 mm) zu; Boden dagegen äußerst dünnwandig (1–2 mm); in halber Höhe Gefäßwandung durchbohrt; innen Reihe schräg verlaufender paralleler, z. T. oben gegabelter Ritzungen. Verwendungszweck unbekannt. Abhub 110 Z.

191   *Taf. 13* Randfrgt., unsichere Bestimmung, unverziert. Dm 10 cm. Qualität gut. Scherben, Ofl. rot, letztere heller. Gerundeter Rand; vergleichbar auch stetige, ausschwingende Wandungskurve; hier ebenfalls schräg verlaufende Ritzungen auf Innenwandung; abweichend Wandung knapp unterm Rand – anstatt in halber Höhe – von außen her durchgestochen; Wandstärke einheitlich. Abhub 115.

192   *Taf. 14* Ringfuß, monochrom: Verzierungstyp I. Fdm. 7 cm. Scherben rosa, Ofl. Us. beige; streifiger rotbrauner – dunkelbrauner Malschlicker außen, fleckig rot – dunkelbraun innen. Kein ausgesparter Punkt in Bodenmitte. Abhub 114 Z.

Kochtöpfe

193　Taf. 14　Rand- und zwei anpassende Wandungsfrgte. Kochtopf, höchstwahrscheinlich FS 320. Dm 18 cm, erh. H 11 cm. Scherben ziegelrot, fleckig; sekundär (?) braun gebrannt; Ton sandig, grobe Einsprenglinge fehlen; Ofl. außen schwarz, sekundär verbrannt (?), innen hell-rotbraun. Nach innen verdickter, zu gerundeter Lippe, innen scharf-, außen weich-abgeknickter Rand; oberer Teil von etwa konischer Formgebung; Ansatz eines randständigen senkrechten Stabhenkels runden Querschnitts. Abhub 110.

194　Taf. 14　Randfrgt. Kochtopf, unsichere FS-Bestimmung. Ermittelter Dm zw. 30–33 cm, wahrscheinlich verzogen. Scherben, Ofl. orange-rot, Ton gut geschlämmt. Rand innen scharfkantig, außen weich zu gerundeter Lippe ausgeknickt; knapp unterm Umbruch Rand leicht nach innen verdickt; Wandstärke nimmt nach unten etwas ab. Abhub 114 Z.

195　Taf. 14　Beinfrgt. Kochtopf, FS 320. Erh. L 4,9 cm, Querschnitt 2,2 bzw. 1,1 cm. Scherben im Kern graubraun, ziegelrot gemantelt, Ofl. fleckig graubraun – ziegelrot. Kreisrunder Querschnitt; unteres Ende kegelstumpfförmig vom Rest des Beines abgesetzt. Abhub 114 Z.

196　Taf. 14　Beinfrgt. Kochtopf, FS 320/Grifffragment von FS 312/321 a (?) Erh. L 4,2 cm, Querschnitte 3,8 × 1,5 cm bzw. 3,5 × 0,5 cm. Scherben im Kern ziegelrot, schwarz gemantelt, Ofl. schwarz. Abhub 114.

197　Taf. 14　Randfrgt. Kochtopf, Bestimmung unsicher. Dm 14 cm, Scherben ziegelrot, Ofl. rot; sekundär fleckig schwarz verbrannt. Schräg-abgestrichener, in seiner Mitte beiderseits leicht-verdickter Trichterrand; Randtyp, Wandungssteigung zu FS 66–67 oder FS 320. Abhub 110.

198　Taf. 14　Randfrgt. Kochtopf, unsichere Bestimmung. Dm 15 cm. Scherben braun, Ofl. graubraun; fleckig sekundär schwarz verbrannt. Geschlossenes Gefäß mit konischem Oberteil, gerundetem, ausladendem Rand; in Höhe des Umbruchs Wandung schwach nach außen verdickt; zur Formbestimmung vgl. Nr. 197. Abhub 123.

199　Taf. 14　Randfrgt. Kochtopf, unsichere Bestimmung. Dm 10 cm. Scherben, Ofl. grau – graubraun; sekundär verbrannt (?). Rand oben abgeplattet, nach außen leicht verdickt; nach Wandungssteigung und kleinem Durchmesser vermutlich Hals eines Kruges. Abhub 115.

200　Taf. 14　Randfrgt. Kochtopf, unsichere Bestimmung. Dm 15 cm. Scherben im Kern dunkelgrau, ziegelrot gemantelt, Ofl. ziegelrot. Wohl konische Schale mit schräg abgestrichenem Rand; evtl. vom Trichterrand einer größeren geschlossenen Form. Abhub 111.

201　Taf. 15　Randfrgt. Kochtopf-Becken (?). Dm etwa 32–33 cm. Scherben im Kern grau, dunkelbraun gemantelt, Ofl. fleckig dunkelbraun – schwarz; sekundär verbrannt. Rand oben abgeplattet, nach innen stark verdickt, außen zu Doppelwulstprofil erweitert; nach Wandungsverlauf Gefäßkörper flach kalottenförmig. Abhub 110.

202　Taf. 15　Randfrgt. Kochtopf-Deckel oder Schälchen? Dm 12 cm. Scherben im Kern graubraun, innen rotbraun, außen ziegelrot gemantelt. Rand innen gerundet; nach Wandungssteigung flaches Schälchen, oder aber von Kochtopf-Deckel (vgl. FS 334); Ofl. außen ziemlich rauh gelassen. Abhub 119.

203　Taf. 15　Randfrgt. Kochtopf-Deckel? Dm 15 cm. Scherben im Kern fleckig grau – braun, ziegelrot gemantelt, ziegelrot bzw. beige, ursprünglich möglicherweise mit Überfang. Rand mit Doppeltorusprofil; Us. des Deckels völlig plan, worauf stellenweise Spuren von beigem Überfang (?); Os. nahe Rand stark nach oben verdickt; Ofl. durch ungeglättete Drehspuren aufgerauht; in Randnähe Deckel beiderseits sekundär verbrannt. Abhub 109.

204　Taf. 15　Kochtopf-Ringfuß. Fdm 6 cm. Scherben im Kern grau, innen ziegelrot, außen, zur Fußus. grau bzw. rötlich-grau gemantelt; Ton grob geschlämmt, mit groben, dunklen Einsprenglingen gemagert. Standring deutlich vom Gefäßkörper abgesetzt; sein Profil außen gerundet. Offene oder geschlossene Form. Abhub 110.

Grobkeramik

205　Taf. 14　Randfrgt. geschlossene Form, unsichere Bestimmung, Grobkeramik. Dm 16 cm. Sekundär verbrannt; Scherben fleckig beige – grau, Ofl. trocken, fleckig beige – grau; grobe, dunkle, scharfkantige Einsprenglinge als Magerung. Rand waagrecht abgestrichen, senkrecht ausgeknickt, beiderseits stark verdickt gegenüber Gefäßwandung. Abhub 114.

Strichpolierte Keramik

206 *Taf. 15* Randfrgt. Topf der strichpolierten, sog. Dorier-Keramik. Handgemacht. Dm ca. 24–26cm, Steigung geschätzt. Mit Fingertupfenleisten, Profile r., plastisch-angesetzten Warzen. Scherben im Kern schwarz, braun gemantelt, Ton grob gemagert, Ofl. fleckig mittelbraun – dunkelbraun, innen heller als außen; beiderseits strichpoliert. Rand schräg nach innen abgestrichen, zu lippenartigem Vorsprung erweitert. Gefäßkörper vermutlich eiförmig. Abhub 114.

207 *Taf. 15* Wandungsfrgt. mit Fingertupfenleiste. Steigung, Dm nicht zu ermitteln. Drehscheibenkeramik. Scherben braun, Ofl. hell-rotbraun, trocken, mit stark hervortretenden Drehspuren. Abhub 114.

Scherben mit ungewöhnlichen Mustern
Geschlossene Formen

208 *Taf. 15* Wandungsfrgt., nicht bestimmbare geschlossene Form mit FM 2 (?). Scherben rosa, beige gemantelt, Ofl. innen beige, außen hell gelblich-beige; schwarzer Malschlicker. Abhub 114.

209 *Taf. 15* Wandungsfrgt., nicht bestimmbare geschlossene Form mit FM 18 oder FM 19 (?). Scherben rosa, Ofl. innen fleckig kremfarben – beige, außen fleckig rosa – beige; roter Malschlicker. Abhub 115.

210 *Taf. 15* Wandungsfrgt., nicht bestimmbare geschlossene Form mit FM 19 (?). Scherben fleckig rosa – beige, Ofl. innen fleckig rosa – beige, außen beige; roter Malschlicker. Abhub 114.

211 *Taf. 15* Wandungsfrgt., nicht bestimmbare geschlossene Form mit FM 42 und FM 48,5. Scherben, Ofl. innen beige, Ofl. außen hell gelblich-beige; Malschlicker fleckig dunkelbraun oder schwarz, je nach Dicke des Auftrages. Abhub 110.

212 *Taf. 15* Wandungsfrgt. aus Schulterzone, nicht genauer bestimmbare Bügelkanne mit FM 43,23. Scherben, Ofl. innen beige; Ofl. außen hell gelblich-beige; schlieriger Malschlicker, rotbraun – schwarz. Abhub 114 Z.

213 *Taf. 15* Wandungsfrgt., nicht bestimmbare geschlossene Form mit Spiralenrest (FM 46?). Scherben, Ofl. beige; schwarzer Malschlicker. Abhub 116/117.

214 *Taf. 15* Wandungsfrgt., kleines, handgemachtes, geschlossenes Gefäß (FS 194?) mit FM 53. Scherben hell-graugrün, außen rosa gemantelt; Ofl. innen hell-graugrün, außen beige; Malschlicker fleckig rotbraun – dunkelbraun. Abhub 129.

215 *Taf. 15* Wandungsfrgt., nicht genauer bestimmbare geschlossene Form, Bügelkanne oder Vorratsgefäß, PJ mit FM 61. Scherben dunkelgrau, Ofl. fleckig grau – dunkelgrau; fleckig dunkelbrauner – schwarzer Malschlicker; sekundär verbrannt. Abhub 116/117.

216 *Taf. 15* Wandungsfrgt., nicht bestimmbare geschlossene Form mit FM 64 (?). Scherben, Ofl. hell-graugrün; schwarzer Malschlicker; sekundär verbrannt. Abhub 115.

217 *Taf. 15* Drei anpassende Wandungsfrgte., nicht bestimmbare geschlossene (?) Form mit FM 70. Scherben, Ofl. beige, letztere jedoch heller; roter Malschlicker. Abhub 114 Z.

218 *Taf. 15* Wandungsfrgt., nicht bestimmbare geschlossene Form, vielleicht ein Krug oder eine Kanne mit FM 75. Scherben hell-graugrün, außen beige gemantelt; Ofl. innen hell-graugrün, außen hell-gelblich-beige; fleckig mittelbrauner – schwarzer Malschlicker. Abhub 123.

Offene Formen

219 *Taf. 15* Wandungsfrgt., nicht bestimmbare offene Form mit FM 21, oder FM 43 (?), vielleicht eine Art Tasse (?). Scherben im Kern beige, in Zonen außen rosa, dann grünlich-beige gemantelt; Ofl. grünlich-beige; fleckig dunkelbrauner – schwarzer Malschlicker; sekundär verbrannt (?). Abhub 118.

220 *Taf. 15* Wandungsfrgt., nicht bestimmbare offene Form mit FM 23. Scherben rosa, Ofl. beige; rotbrauner Malschlicker. Abhub 115.

221 *Taf. 15* Wandungsfrgt., offene Form, vermutlich FS 284 (?) mit FM 27. Scherben, Ofl. beige; fleckig dunkelbrauner – schwarzer Malschlicker. Abhub 110.

222 *Taf. 15* Wandungsfrgt., offene Form, vermutlich FS 284 (?) mit FM 27. Scherben, Ofl. beige; rotbrauner Malschlikker. Abhub 110 Z.

223 *Taf. 15* Wandungsfrgt., offene Form, vermutlich FS 284 (?) mit FM 27. Scherben, Ofl. beige; fleckig dunkelbrauner – schwarzer Malschlicker. Abhub 111.

224 *Taf. 15* Wandungsfrgt., nicht bestimmbare offene Form mit FM 29 ? Scherben, Ofl. rosa; rot-orangefarbener Malschlicker. Abhub 109.

225 *Taf. 16* Wandungsfrgt., nicht bestimmbare offene Form mit FM 38 (?) außen, FM 43 (?) innen. Scherben beige, Ofl. beige, gut geglättet; fleckig dunkelbrauner – schwarzer Malschlicker. Abhub 114.

226 *Taf. 16* Wandungsfrgt., nicht bestimmbare offene Form, möglicherweise FS 284 oder Tasse mit FM 48,5. Scherben, Ofl. rosa; dunkelroter Malschlicker. Abhub 116/117.

227 *Taf. 16* Frgt. Kylixstiel, vermutlich FS 258 A (?) mit FM 48,17 senkrecht. Scherben im Kern hellgrau, beige gemantelt; Ofl. beige; dichter, glänzend rotbrauner Malschlicker. Abhub 110.

228 *Taf. 16* Wandungsfrgt., offene Form, möglicherweise FS 284, mit FM 50. Scherben, Ofl. beige; dunkelroter Malschlicker. Ähnliches Muster Verdelis–French (1965) 141 Abb. 2,9. Abhub 110.

229 *Taf. 16* Zwei anpassende Wandungsfrgte., nicht bestimmbare offene Form mit FM 50 oder FM 51 und FM 42. Scherben rosa, Ofl. beige; rotbrauner Malschlicker. Abhub 115.

230 *Taf. 16* Wandungsfrgt., nicht bestimmbare offene Form mit FM 50. Scherben rosa, Ofl. beige; dichter, glänzender, rotbrauner Malschlicker. Wohl FS 284; zum Muster vgl. FM 50,26.27. Abhub 129.

231 *Taf. 16* Zwei anpassende Wandungsfrgte., offene Form, vermutlich FS 284. Scherben, Ofl. beige; fleckig gelbbrauner – dunkelbrauner Malschlicker. Zum Muster vgl. FM 51,7, ähnliche bei Verdelis–French (1965) 140, Abb. 1,7. Abhub 111.

232 *Taf. 16* Bodenfrgt. FS 322 oder 323 mit FM 58. Scherben rosa, beige gemantelt; stark, grob gemagert; Ofl. beige, trocken; dunkelbrauner Malschlicker; sekundär verbrannt. Zum Muster vgl. FM 58,33. Abhub 109.

233 *Taf. 16* Wandungsfrgt., nicht bestimmbare offene Form mit FM 58. Scherben grünlich-grau, Ofl. grau; matter, schwarzer Malschlicker; sekundär verbrannt. Vgl. Verdelis–French (1965) 142 Abb. 3,1, allerdings auf FS 284 B. Abhub 123.

234 *Taf. 16* Wandungsfrgt., nicht bestimmbare offene Knickwandform mit V- oder N-Muster FM 59 bzw. 60 innen. Scherben, Ofl. beige; Malschlicker außen dunkelbraun, innen schwarz, mit V- oder N-Muster in aufgesetzter weißer Farbe. Abhub 114 Z.

235 *Taf. 16* Wandungsfrgt., große, dickwandige, offene Form Krater (?) mit FM 73 als Füllmuster. Scherben, Ofl. beige; fleckig brauner – schwarzer Malschlicker. Zum Muster vgl. FM 73,r. Abhub 114.

236 *Taf. 16* Wandungsfrgt., gleiches Gefäß wie Nr. 235 (?) mit FM 73. Scherben, Ofl. beige; tief-dunkelbrauner Malschlicker. Abhub 115.

237 *Taf. 16* Wandungsfrgt., kleine, offene Form, vermutlich FS 284 mit FM 74. Scherben rosa, Ofl. beige; fleckig rotbrauner – dunkelbrauner Malschlicker. Abhub 111.

238 *Taf. 16* Wandungsfrgt., kleine, offene Form, vermutlich FS 284 mit FM 75. Scherben, Ofl. beige; dunkelbrauner Malschlicker. Abhub 114 Z.

239 *Taf. 16* Wandungsfrgt., kleine, offene Form, vermutlich FS 284 mit FM 74. Scherben, Ofl. beige; Malschlicker innen schwarz, außen braun. Abhub 110.

240 *Taf. 16* Wandungsfrgt., kleine, offene Form, vermutlich FS 284 mit FM 75. Scherben grau, Ofl. grau; dunkel-rotbrauner Malschlicker; sekundär verbrannt. Abhub 123.

241 *Taf. 16* Wandungsfrgt., kleine, offene Form, vermutlich FS 284 mit FM 75. Scherben, Ofl. rosa; dunkelroter Malschlicker. Abhub 115.

242 *Taf. 16* Wandungsfrgt., FS 284 oder 305 (?) mit FM 75. Scherben rosa, Ofl. beige; fleckig rotorangefarbener – dunkelroter Malschlicker. Paßt möglicherweise an Nr. 73. Abhub 129.

243 *Taf. 16* Wandungsfrgt., kleine offene Form, vermutlich FS 284 mit FM 75. Scherben rosa, Ofl. grau; dunkelbrauner Malschlicker; sekundär verbrannt. Abhub 116/117.

244 *Taf. 16* Zwei anpassende Wandungsfrgte., offene Form, Mono-in mit FM 8. Scherben, Ofl. beige; Malschlicker innen dunkelbraun, außen schwarz. Abhub 114 Z.

245 *Taf. 16* Wandungsfrgt., offene Form, möglicherweise FS 284 B, Mono-in mit FM 27. Scherben rosa, Ofl. beige, gut geglättet; Malschlicker beiderseits dicht, glänzend rotbraun. Abhub 114.

246 *Taf. 16* Wandungsfrgt., offene Form, Mono-in mit FM 48. Scherben, Ofl. beige; Malschlicker außen rotbraun, innen dunkelbraun. Abhub 116/117.

247 *Taf. 16* Wandungsfrgt., offene Form, vermutlich FS 284, Mono-in mit FM 50. Scherben rosa, Ofl. beige, trocken; Malschlicker beiderseits dunkelbraun. Abhub 109.

248 *Taf. 16* Wandungsfrgt., offene Form, Mono-in mit FM 73, Füllmuster, FM 50 (?). Scherben, Ofl. beige; Malschlicker beiderseits braun. Zum Füllmuster vgl. FM 73, j. Abhub 109.

249 *Taf. 16* Wandungsfrgt., offene Form, Mono-in mit FM 51 (?). Scherben innen rosa, außen beige, Ofl. beige, Malschlicker innen dunkel rotbraun, außen dunkelbraun. Abhub 114.

250 *Taf. 16* Wandungsfrgt., offene Form, Mono-in mit FM 51 (?). Scherben graubraun, Ofl. graubraun; Malschlicker innen tief dunkelbraun, außen schwarz; sekundär verbrannt. Abhub 114.

251 *Taf. 16* Wandungsfrgt., offene Form, Mono-in mit FM 61. Scherben grau-rosa, Ofl. grau; Malschlicker innen tief dunkelbraun, außen orangerot, fleckig grau; sekundär verbrannt. Abhub 114.

252 *Taf. 16* Wandungsfrgt., offene Form, vermutlich FS 284 B, Mono-in mit FM 62 und FM 43. Scherben beige, Ofl. beige, mit stark hervortretenden Drehspuren; Malschlicker innen schwarz, außen fleckig gelbbraun – schwarz. Abhub 129.

253 *Taf. 16* Wandungsfrgt., offene Form, Mono-in mit FM 62 (?) und FM 43 (?) oder Spiralenrest. Scherben, Ofl. beige; Malschlicker innen fleckig dunkelbraun – schwarz, außen fleckig gelbbraun – dunkelbraun. Abhub 115.

254 *Taf. 16* Wandungsfrgt., offene Form, Mono-in mit FM 75. Scherben grau, Ofl. grau, trocken, mit stark hervortretenden Drehspuren; Malschlicker innen braun, außen schwarz; sekundär verbrannt. Abhub 114.

255 *Taf. 16* Wandungsfrgt., offene Form, Mono-in mit FM 75. Scherben beige, Tonoberfläche beige, gut geglättet; Malschlicker innen schwarz, außen fleckig braun – schwarz. Abhub 115.

256 *Taf. 16* Wandungsfrgt., offene Form, Mono-in mit FM 75. Scherben beige, Ofl. beige, trocken, mit stark hervortretenden Drehspuren; Malschlicker innen tief dunkelbraun, außen fleckig dunkelbraun – schwarz. Abhub 114 Z.

257 *Taf. 16* Wandungsfrgt., offene Form, Mono-in mit FM 75. Scherben rot, Ofl. hellrot; Malschlicker innen rot, außen dunkelrot. Abhub 114 Z.

258 *Taf. 16* Wandungsfrgt., offene Form, Mono-in mit nicht eindeutig bestimmbarem Muster, FM 62, 24. Scherben beige, Ofl. beige, trocken, mit stark hervortretenden Drehspuren; Malschlicker innen tief dunkelbraun, außen dunkelbraun. Abhub 114.

259 *Taf. 16* Wandungsfrgt., offene Form, Mono-in mit nicht eindeutig bestimmbarem Muster, evtl. FM 62, Scherben rosa, Ofl. beige, trocken; Malschlicker beiderseits dunkelbraun. Abhub 109.

260 *Taf. 16* Wandungsfrgt., offene Form, Mono-in mit nicht bestimmbarem Muster, vielleicht FM 53, Scherben, Ofl. grau; Malschlicker beiderseits schwarz; sekundär verbrannt. Abhub 114Z.

261 *Taf. 16* Wandungsfrgt., offene Form, Mono-in mit nicht bestimmbarem Musterrest. Scherben rosa, Ofl. beige; Malschlicker beiderseits schwarz. Vom Muster lediglich etwas Kreuzschraffur. Abhub 114.

262 *Taf. 16* Wandungsfrgt., offene Form, Mono-in mit FM 19, 33 oder 62. Scherben rot, Ofl. rosa, trocken; Malschlicker innen streifig dunkelrotbraun – schwarz, außen rot. Abhub 109.

263 *Taf. 14* Randfrgt., offene Form mit FM 75 und FM 50. Dm 20–21 cm. Scherben, Ofl. grünlich-grau; Malschlicker schwarz, zum größten Teil abgeblättert; sekundär verbrannt. Rand gerundet, ausgeschwungen; FS 284/285, »Krateriskos«-Typ, oder FS 305. Bemerkenswert ausgesprochen schlechte Ausführung der Verzierung, in dieser Zone selten. Abhub 116/117.

ZONE I
Taf. 17–26

Feinkeramik
Geschlossene Formen

264 *Taf. 17* FS 58 mit FM 29 (?). Gefäß zu etwa 35 % erhalten. Erh. H 35,5 cm, Mdm 14,5 cm, max. Dm 30,1 cm. Scherben dunkelgrau, Ofl. fleckig mittelgraubraun – dunkelgrau, trocken, nicht sorgfältig geglättet, sehr feine Drehspuren; Malschlicker fleckig rotbraun – schwarz, ohne Wash oder Glättung direkt auf trockene Ofl. Ton fein geschlämmt, grob, Korndm. 2–3 mm, gemagert; stark sekundär verbrannt; da auch Is. verbrannt, schon zerbrochen gewesen. Bauchamphora mit eiförmigem Gefäßkörper, worauf trichterartig sich nach unten verjüngender Hals; Mündungsrand zu spitz zulaufender, nach unten gerundeter Lippe wagrecht abgeknickt, an unterem Ansatz durch eine Einmuldung vom Gefäßhals abgesetzt; in Schulterhöhe Ansatz Querhenkel; zwischen Henkel und Halsansatz plastische Warze. Rekonstruktion der Gefäßverzierung nach P. Mountjoy. Henkelzone mit breitem Band, das Schlaufenmuster in Form umgekehrter S-Kurve. Nach unten durch breites, waagrechtes Firnisband begrenzt, nach oben in Schulterhöhe durch drei waagrechte, parallele Streifen; vom untersten dieser Streifen Wellenlinie bis zum Henkelansatz. Gefäßhals innen fast gänzlich monochrom, außen zwei breite waagrechte Streifen, durch ausgesparten Zwischenraum getrennt. Ein Malschlickerstreifen läuft um die Basis jeder der beiden Warzen um. Der Henkel ist gänzlich mit Schlicker übermalt, vom Henkelansatz aus wurde ein breiter Strich nach unten gezogen. Abhub 120. 121.

265 *Taf. 18* FS 137 mit FM 72, 7; fast vollständig erhalten. H 23,8 cm. Scherben hell-graubraun; Ofl. innen hellrot, außen trocken, fleckig hell-gelbbraun – dunkelgrau, mit hervortretenden Drehspuren; sekundär verbrannt. Kleeblattkanne mit gedrungen eiförmigem Gefäßkörper; Rand stark ausschwingend, außen zu breiter Lippe mit Doppelwulstprofil stark verdickt; Bandhenkel setzt direkt an Lippe an, biegt scharf zur Schulter um; Basis mit planer Stfl.; ausgestelltes, konvexes Fußprofil. Quasten-Muster in Schulterzone vorne, unmittelbar an Band angeschlossen, das Halsansatz markiert; Lippenzone beiderseits durch breites Band betont, ebenso Umrisse des Henkels, wobei längliche dreieckige Fläche mitten im Henkelrücken ausgespart. Elliptischer Fleck ziert Henkelansatz an Schulterzone, durch drei waagrechte parallele Streifen nach unten begrenzt; breites Band 7 cm tiefer hebt Übergang zur Fußzone hervor. Abhub 120. 121.

266 *Taf. 17* Zwei anpassende Randfrgte. FS 216 mit Fleckenverzierung, Mono-in. Dm 10 cm. Scherben braun, mit hellen Einsprenglingen gemagert, Ofl. beige, trocken, mit stark hervortretenden Drehspuren; matter, schlieriger Malschlicker, fleckig ockerfarben – schwarz. Kleine, bauchige Tasse mit S-förmig geschwungener Wandung, spitz zulaufendem Rand. Völlig ungeordneter Haufen von unregelmäßigen Flecken unterschiedlicher Farbwerte im Gesamtbefund vereinzelt. Von Interesse bei Tassentyp auch völliges Ausbleiben einer sorgfältigen Oberflächenbehandlung vor Bemalung. Abhub 120.

267 *Taf. 17* Randfrgt. Humpen, FS 225 ff. (?), linearverziert, Dm 15 cm. Scherben rot, Ofl. mit weißem Überfang, stellenweise zu dünn aufgetragen, so daß Ton durchschimmert; roter Malschlicker. Ausladender Rand, schräg abgestrichen, beiderseits stark verdickt; ca. 1 cm unterm Rand innen Wandung 1 mm Einmuldung; in entsprechender Höhe außen zwei schmale, parallele Rillen eingetieft. Abhub 113 B.

268 *Taf. 17* Rand- und anpassendes Wandungsfrgt. offene Form, FS 230?, unverziert, Mono-in. Qualität schlecht. Dm 10 cm. Scherben, Ofl. beige; rotbrauner Malschlicker. Rand gerundet, sehr leicht nach außen weich abgeknickt, daher angedeutete Lippenbildung; leichte Verdickung des Randes außen von Gefäßwandung durch sachte Einkerbung abgesetzt. Gefäßwandung sehr dünn, 2–3 mm, lediglich in gerundeter Fußzone etwas verdickt; nach Steigung konischer Gefäßkörper. Abhub 113 A.

269 *Taf. 17* Randfrgt. FS 240 oder FS 284/285? Mit nicht bestimmbarem Verzierungsrest. Dm 17 cm. Scherben fleckig purpurrot – grau, Ofl. trocken, grau, mit hervortretenden Drehspuren; schwarzer Malschlicker; sekundär verbrannt. Rand gerundet, derart außen eingekerbt, daß falsche Lippe entstanden; Wandung stark geschwungen, von gleichbleibender Stärke. Unter breitem Band der Randzone Rest nicht bestimmbarer Verzierung; innen lediglich ungewöhnlich breites Band. Abhub 120.

270 *Taf. 17* Randfrgt. FS 240 (?) mit FM 53. Dm 14 cm. Scherben grau, Ofl. grau, trocken; fleckig roter–dunkelpurpurroter Malschlicker; sekundär verbrannt. Rand gerundet, weich nach außen abgeknickt; Wandung auffallend dick (4 mm). Randverzierung: schmaler Streifen außen, breiterer innen, der nach unten von breitem Band begleitet; auf Außenseite höchstwahrscheinlich FM 53. Abhub 120.

271 *Taf. 17* Randfrgt. FS 240 oder flacher Skyphos-Typ, FS 284/285?, monochrom mit ausgespartem Randstreifen innen. Dm ungefähr 13 cm. Scherben, Ofl. grünlich-grau; schwarzer Malschlicker, sekundär verbrannt. Stark-ausschwingender Rand gerundet; Wandstärke nimmt nach unten von 3 auf 4,5 mm stetig zu; nach leichter Einziehung am unteren Scherbenrand flacher, schalenartiger Gefäßkörper. Abhub 112.

272 *Taf. 17* Randfrgt. FS 242, unverziert. Dm 16 cm. Qualität normal bis gut. Scherben, Ofl. beige, letztere heller. Rand nach innen gerundet, innen leicht verdickt; nach Wandungssteigung, Wandungsverlauf konischer Gefäßkörper. Abhub 122.

273 *Taf. 17* Randfrgt. FS 242, unverziert. Dm 15 cm. Qualität normal bis gut. Scherben gelblich-kremweiß, Ofl. porös, grünlich-kremweiß, mit schlecht aufgetragenem Überfang. Gerundeter, einziehender, leicht nach innen verdickter Rand; Wandstärke nimmt nach unten stetig zu; nahe unterem Bruchrand zwei flache, V-förmige Eindellungen innen; r. Ansatz Querhenkel. Abhub 113 A.

274 *Taf. 18* Randfrgt. FS 274/275?, linearverziert. Dm 15 cm. Scherben rosa, Ofl. beige, trocken, mit stark hervortretenden Drehspuren; roter Malschlicker. Nach innen gerundeter, verdickter Rand; nach Wandungssteigung, Wandungsverlauf wohl flacher, kalottenförmiger Gefäßkörper. Abhub 108.

275 *Taf. 18* Randfrgt. FS 275 (?), linearverziert, Mono-in, Dm etwa 16–17 cm. Scherben innen dunkelbraun, außen grau, Ofl. grünlich-grau; Malschlicker schwarz; sekundär verbrannt. Nach außen gerundeter Rand, außen etwas verdickt; nach Steigung, Wandungsverlauf konischer Gefäßkörper. Bemerkenswert ausgespartes Band in halber Wandungshöhe außen. Abhub 120.

276 *Taf. 18* Randfrgt. FS 275 (?) Mono-in, linearverziert. Dm 17 cm. Scherben braun, Ofl. beige, trocken; Malschlicker fleckig hell rotbraun – schwarz. Rand nach innen gerundet, nach innen verdickt; Wandung verhältnismäßig dick, stark einziehend. Steigung für ermittelten Randdm. überraschend flach. Außen schmaler, übergreifender Randstreifen, breites, unregelmäßiges Band. Abhub 113.

277 *Taf. 18* Randfrgt. FS 275 (?) Mono-in, linearverziert. Dm 15 cm, Scherben grau, Ofl. graubraun; Malschlicker fleckig braun – schwarz. Rand gerundet, einziehend, Wandung dünn, 3 mm; von einziehender Randzone abgesehen, Gefäßkörper streng konisch. Übergreifendes Band außen. Abhub 120.

278 *Taf. 18* Randfrgt. FS 275 (?), monochrom. Dm 14 cm. Scherben fleckig rosa – rot, Ofl. innen fleckig rosa – beige;

matter, dunkelgrauer Malschlicker. Verfärbungen der Innenseite lassen vermuten, daß Überfang beim Brennen miß-
lang. Rand leicht einziehend, gerundet, außen zu breiter Lippe verdickt. Abhub 120.

279 *Taf. 18* Randfrgt. FS 275 (?), monochrom. Dm 13 cm. Scherben, Ofl. grau; Malschlicker dicht, glänzend schwarz;
sekundär verbrannt. Äußerst dünnwandig 2–2,5 mm; oben abgeplatteter Rand. Henkelzone vom monochromen
Überzug ausgespart. Abhub 120.

280 *Taf. 18* Randfrgt. FS 275 (?), monochrom. Dm 15 cm. Scherben grau; Malschlicker schwarz; sekundär verbrannt.
Auffallend dünnwandig. 2–2,5 mm; einziehender, gerundeter, leicht nach innen verdickter Rand. Abhub 107.

281 *Taf. 18* Randfrgt. FS 275 (?), monochrom, mit ausgespartem Randstreifen innen? Dm 12–13 cm. Scherben, Ofl. grau;
schwarzer Malschlicker. Nach Steigung konisch bis nur sehr sanft geschwungener Gefäßkörper; Rand gerundet;
Wandstärke sehr gering, 2 mm. Falls Gefäßwandung verzogen, möglicherweise kleiner Skyphos. Abhub 113.

282 *Taf. 18* Fuß- und Stielfrgt. Kylix, FS 275 (?), monochrom. Fdm 7 cm, erh. H 6 cm. Scherben, Ofl. der Fußus. grau;
schwarzer Malschlicker; sekundär verbrannt. Fußteller hochgewölbt, ziemlich dünnwandig, mit spitz zulaufendem
Rand; Stiel durch sehr hochreichende, eirunde Eintiefung unterhöhlt. Abhub 120.

283 *Taf. 18* Fußfrgt. Kylix FS 275 (?), monochrom. Fdm 7 cm, erh. H etwa 3 cm. Scherben, Ofl. grau; schwarzer Malschlicker; sekundär verbrannt. Hochgezogener Fußteller mit oben gerundetem Rand; Eintiefung unterm Stiel flach,
breit. Abhub 120.

284 *Taf. 18* Randfrgt. Krater FS 282 (?) mit nicht bestimmbarem Musterrest. Dm etwa 30 cm. Scherben rot, Ton schlecht
geschlämmt, mit kleinen, weißen Einsprenglingen stark gemagert; Ofl. hellrot, trocken, mit stark hervortretenden
Drehspuren; roter Malschlicker. Zum Krater weiteres Randfrgt., sechs Wandungsfrgte., hauptsächlich vom Gefäßunter-
teil. Rand zu vorne abgeplatteter Lippe waagrecht abgeknickt; Gefäßwandung am Randumbruch, am unteren Scherbenrand leicht verdickt, Lippe beiderseits leicht eingeschnürt; Lippenstirn flach eingedellt; nach Wandungssteigung konisches
Gefäß, Wandungsverlauf geradlinig; am r. Bruchrand Glättungsspuren, sehr wahrscheinlich von Henkelansatz. Außen ein
2,2 cm breites Band, das schmalen Streifen an Lippenoberkante ausspart; Band stark unterschiedlicher Breite greift von Innenseite zur Lippenoberkante über; dicht darunter innen breiter, unregelmäßiger Streifen, der sich in zwei schmalere, parallele Streifen spaltet. Scherben weisen Oberflächenbehandlung auf, die normalerweise als Grobkeramik bezeichnet. In
Zone I, gelegentlich in Zone II, läßt sich bei Gefäßformen, die in der Regel wesentlich sorgfältiger bearbeitet sind, sehr
starke Abnahme an herstellungstechnischer Qualität beobachten. Abhub 112. 113 A.

285 *Taf. 18* Randfrgt. Krater FS 282 (?), Linearverzierung. Dm 29 cm. Scherben beige, rosa gemantelt, Ofl. kremfarben,
trocken; roter, matter Malschlicker. Ofl.-behandlung vgl. mit Nr. 284. Rand zu nach unten gerundeter Lippe waagrecht abgeknickt; Wandung am Umbruch etwas nach außen verdickt; Steigung senkrecht. Breites Band unter Rand, mit par-
allelem, waagrechtem Streifen dicht darunter; innen drei parallele waagrechte Streifen in Randzone. Abhub 120.

286 *Taf. 19* Rand- und anpassendes Wandungsfrgt. Krater FS 282 (?) mit nicht bestimmbarem Musterrest. Dm 33 cm.
Scherben fleckig rotbraun – graubraun, mit groben Einsprenglingen gemagert; Ofl. mit dichtem, kremweißen Überfang; fleckig rotbrauner – schwarzer Malschlicker; Ofl. außerordentlich grob. Annähernd zylindrischer Gefäßkörper;
Rand etwas nach innen verdickt, oben waagrecht abgestrichen, außen zu nach unten gerundeter Lippe erweitert; 2 cm unterm Rand außen plastische Zierleiste, durch Reihe schräger paralleler Einkerbungen in ungleichmäßigen Abständen als
Kordelleiste gestaltet; Wandstärke nimmt in unterer Partie stark von 4 auf 7 mm zu. Außen 3 cm breites Band, das in etwa
0,5 cm Breite auf Innenseite übergreift; in Scherbenmitte der Innenseite zwei 0,7 cm breite parallele Bänder. Abhub 120.

287 *Taf. 19* Randfrgt. Krater FS (?), Mono-in mit nicht bestimmbarem Musterrest. Dm etwa 31 cm. Scherben, Ofl. beige,
letztere heller; fleckig gelbbrauner – schwarzer Malschlicker. Rand leicht nach innen verdickt, zu nach unten gerundeter Lippe waagrecht abgeknickt; nach Steigung konisches Gefäßoberteil; an vorigen Exemplaren gemessen, Wandstärke
vergleichsweise groß. Monochromer Überfang innen greift in Form schmalen Lippenstreifens auf Außenseite über. Darunter außen 1,4 cm breites Band. Abhub 112 B–W.

288 *Taf. 19* Randfrgt. FS 284 A mit FM 53. Dm 11 cm. Scherben, Ofl. beige; Malschlicker außen orange-rot, innen graurot. Rand leicht ausgeschwungen, nach innen gerundet; am r. Scherbenrand Henkelansatz, wahrscheinlich Quer-

henkel; was Bestimmung als FS 284 nahelegt. Kleiner Randdm., die für einen Skyphos untypische Randverzierung sprächen dagegen für Tasse. Zum Muster und seiner Syntax vgl. FM 53, 32. Abhub 119.

289 *Taf. 19* Randfrgt. FS 284 A mit FM 75. Dm ca. 16 cm. Scherben fleckig rosa–beige, Ofl. beige; dunkelbrauner Malschlicker. Leicht ausgeschwungener, nach innen verdickter, gerundeter Rand; Wandstärke nimmt in Randzone von 2,5 auf 4,5 mm zu; nach flach S-förmigem Wandungsverlauf, glockenförmiger Gefäßkörper. Abhub 113.

290 *Taf. 19* Randfrgt. FS 284 A mit FM 58. Dm 15 cm. Scherben lachsfarben, Ofl. beige; fleckig hellbrauner – schwarzer Malschlicker. Rand gerundet, leicht nach innen verdickt; S-Kurve der Gefäßwandung nicht so stark ausgeprägt wie bei 289, noch Unterschiede in Wandstärke von 3 auf 4 mm in Randzone so groß. Randverzierung für FS 284 A diagnostisch; Muster am ähnlichsten FM 58, 17; Furumark (1941) ohne genaue Entsprechungen. Abhub 122.

291 *Taf. 19* Randfrgt. FS 284 A mit nicht bestimmbarem Verzierungsrest. Dm 15 cm. Scherben rosa, Ofl. beige; fleckig dunkelbrauner – schwarzer Malschlicker. Rand gerundet, schwach ausgeschwungen; sachte Einkerbung dicht unterm Rand außen ist Andeutung einer Lippenbildung; am r. Rand Henkelansatz. Randverzierung Streifen außen, Streifen und Band oder Doppelstreifen innen diagnostisch für FS 284 A; ferner kleiner Malschlickerrest am untersten Zipfel der Scherbe. Abhub 113 B.

292 *Taf. 19* Randfrgt. FS 284 A mit FM 58. Dm 12 cm. Scherben fleckig rosa – beige, Ofl. beige; orangeroter Malschlicker. Rand gerundet, nach innen verdickt, nur sehr schwach ausschwingend; S-Schwingung der Gefäßwandung dadurch derart verzerrt, daß Eindruck eines kugeligen Gefäßkörpers bei weich ausgeknickter Randzone entsteht; Wandstärke nimmt in Randzone von 3 auf 4 mm zu. Randverzierung für FS 284 A nicht typisch, jedoch bei sicher bestimmbaren Exemplaren nachzuweisen; Muster etwa FM 58, 17. Abhub 119.

293 *Taf. 19* Randfrgt. FS 284 DR. Dm, Steigung unsicher. Scherben rosa, Ofl. beige; schwarzer Malschlicker. Spitz zulaufender, schwach ausgeschwungener Rand; Wandstärke mit 2–3 mm in Randzone verhältnismäßig gering. Abhub 120.

294 *Taf. 19* Randfrgt. FS 284 DR. Dm ca. 15–16 cm. Scherben, Ofl. beige; schwarzer Malschlicker. Rand gerundet, weich nach außen abgeknickt. Abhub 100.

295 *Taf. 19* Randfrgt. FS 284 B (?), Mono-in mit Spiralenrest, FM 46 oder FM 51. Dm 16 cm. Scherben, Ofl. graubraun; Malschlicker fleckig orangerot – rot. Rand nach innen gerundet, stark verdickt von 4 auf 5,5 mm, außen nur leicht verdickt, gekerbt; Wandungssteigung senkrecht, Rand schwingt aus. Am l. Rand Ansatz eines verhältnismäßig hoch sitzenden Querhenkels. Abhub 100 B.

296 *Taf. 19* Randfrgt. FS 284 B (?) ohne erkennbare Musterreste, Mono-in. Dm 17 cm. Scherben, Ofl. beige, letztere heller; schwarzer, verhältnismäßig matter Malschlicker. Rand nach innen gerundet, außen zu angedeuteter Lippe verdickt; Wandungssteigung annähernd senkrecht; am r. Rand Ansatz eines außergewöhnlich hoch-angesetzten Henkels. Für FS 284 B Randdm. ungewöhnlich klein, wie für Nr. 295, für MBB Band außen zu breit. Überprüfung dieser Kriterien am Tirynther Material wird auf Erstellung der nötigen statistischen Grundlagen warten müssen. Abhub 100 B.

297 *Taf. 19* Randfrgt. FS 284 B (?), Mono-in mit FM 62 oder Spiralenrest? Dm 23 cm. Scherben beige, Ofl. beige, trocken, mit stark hervortretenden Drehspuren; brauner Malschlicker. Gerundeter, stark ausgeschwungener Rand, mit merkwürdigem dornartigem Fortsatz am Rand außen; Wandung von gleichbleibender Stärke (5 mm). Musterrest zu FM 62 oder Spiralenart; Füllmuster kleine Spirale, ähnlich wie FM 51. Abhub 113.

298 *Taf. 19* Randfrgt. FS 284 A, Mono-in mit FM 62 (?) und FM 41. Dm 17 cm. Scherben, Ofl. grünlich-grau, Ofl. trocken; schwarzer Malschlicker. Rand nach innen gerundet, nach außen wenig ausgeknickt; Wandstärke nimmt nach unten stetig von 4 auf 5 mm zu; Wandung zieht nach unten leicht ein. Verzierung FM 62, 24, jedoch auch Rest einer Spirale; Füllmuster Kreis, FM 41, 2. Abhub 122.

299 *Taf. 20* Randfrgt. FS 284 A, Mono-in mit nicht bestimmbarem Musterrest. Dm 17 cm. Scherben beige, Ofl. beige, fleckig kremfarben; Malschlicker fleckig mittelbraun – schwarz. Spitz zulaufender Rand etwas nach innen verdickt; Gefäßwandung stark nach unten ausschwingend. Monochromer Überzug der Is. greift nach außen als schmales Band über; ferner geschwungener Strich. Abhub 108.

300 *Taf. 20* Randfrgt. FS 284 A, Mono-in mit nicht bestimmbarem Musterrest. Dm 15 cm. Scherben mittelgrau, hellgrau gemantelt, Ofl. hellgrau; fleckig mittelbrauner – schwarzer Malschlicker. Rand gerundet, stark von 3,5 auf 5 mm nach innen verdickt; Wandung nur sehr flach S-förmig geschwungen. Schmaler Randstreifen; außen Malschlickerspur leicht gekrümmten Verlaufs. Abhub 113 A.

301 *Taf. 20* Randfrgt. FS 284 A, Mono-in mit FM 29 Füllmuster (?). Dm geschätzt. Scherben rot, Ofl. fleckig beige – kremfarben; fleckig rotbrauner – orangeroter Malschlicker. Rand nach außen gerundet, leicht nach außen verdickt; Wandung sehr flach S-förmig geschwungen, nur Randzone schwingt stark aus. Übergreifendes Band außen, Reste vielleicht FM 29, 10. Abhub 100 B.

302 *Taf. 20* Rand- und anpassendes Wandungsfrgt. FS 284 A, Mono-in mit FM 75. Dm geschätzt. Scherben rosa, Ofl. beige; matter, fleckig brauner – dunkelbrauner Malschlicker. Stark ausgeschwungener, gerundeter Rand, außen sachte Einkerbung; Wandungsverlauf ziemlich geradlinig, nach oben leicht einziehend, schwingt in stetiger Kurve zur gerundeten Fußzone ein; am r. Scherbenrand Ansatz eines verhältnismäßig hoch sitzenden Querhenkels. Verzierungsfeld: oben breites Band unterm Rand, unten waagrechtes Bänderpaar; FM 75, 4 wohl als Nebenmuster; Linienführung sehr schlecht. Abhub 106.

303 *Taf. 20* Randfrgt. FS 284 A, Mono-in mit nicht bestimmbarem Musterrest. Dm 14 cm. Scherben rot, Ofl. beige; roter Malschlicker. Rand leicht ausgeschwungen, gerundet, leicht nach außen verdickt; Steigung der Gefäßwandung etwa senkrecht (?). Schmaler Randstreifen außen; Musterrest. Abhub 108.

304 *Taf. 20* Randfrgt. FS 284 A, Mono-in mit nicht bestimmbarem Musterrest. Dm 18 cm. Scherben, Ofl. grau; schwarzer Malschlicker; sekundär verbrannt. Rand stark ausgeschwungen, gerundet; gegenüber auffallend dünner Gefäßwandung, 2,5 mm stark auf 4 mm nach außen verdickt; Steigung der Gefäßwandung senkrecht. Strich vom Band in Randzone senkrecht nach unten. Abhub 122.

305 *Taf. 20* Randfrgt. FS 284 A, Mono-in (?) mit FM 75 (?). Dm 14 cm. Scherben beige, Ofl. beige, trocken; dunkelbrauner Malschlicker. Stark ausgeschwungener, gerundeter Rand; äußerst dünnwandig, 2,5 mm. Tasse oder kleiner, flacher Skyphos, am l. unteren Scherbenrand Ansatz wohl von Querhenkel; Gefäßwandung sehr flach geschwungen, nur in Randzone schwingt sie stark aus. Unter breitem Band in Randzone Musterrest, vielleicht FM 75. Abhub 120.

306 *Taf. 20* Randfrgt. FS 284 A, Mono-in mit FM 51. Dm 17–18 cm. Scherben rot, Ofl. beige; fleckig rotbrauner – dunkelbrauner Malschlicker. Rand leicht ausgeschwungen, gerundet, nach außen etwas verdickt; Gefäßwandung relativ dünn (3 mm), flach S-förmig geschwungen. Unter Band in Randzone Teil von Spirale, höchstwahrscheinlich FM 51; waagrechter Strich am r. Rand, der von äußerster Spiralwindung ausgehend diese möglicherweise mit zweiter Spirale oder anderem Muster verbindet. Abhub 108.

307 *Taf. 20* MBB, FS 284/285 (?), Gefäß zu etwa 50 % erhalten. Dm ca. 16 cm, verzogen. Scherben beige, rosa gemantelt, Ofl. fleckig beige – kremfarben; streifiger Malschlicker, rotbraun – schwarz. Flache offene Form mit gerundetem, nach innen stark verdicktem Rand; Wandstärke nimmt von Fußzone zum Rand hin sehr stark von 2 auf 5 mm zu; Gefäßkörper etwa kalottenförmig; Form wahrscheinlich FS 285, doch fehlt Fuß, der für Formdefinition wesentlich. 15 cm breites Band in Randzone außen. Abhub 113. 113 A.

308 *Taf. 20* Randfrgt. MBB FS 284/285 (?). Dm 14–15 cm. Scherben fleckig beige – rosa, Ofl. kremfarben; fleckig rotbrauner – tief dunkelbrauner Malschlicker. Nach innen leicht verdickter, oben abgeplatteter, außen zu kurzer, gerundeter Lippe erweiterter Rand; Wandung sehr dick, bis 4 mm; Wandungsverlauf spricht für kalottenförmigen Gefäßkörper; am ehesten FS 305, vgl. Nr. 170. 1,8 cm breites Band in Randzone außen. Abhub 122.

309 *Taf. 20* Randfrgt. MBB FS 284/285 (?). Dm 14 cm. Scherben beige, Ofl. beige, gut geglättet; fleckig dunkelbrauner – schwarzer Malschlicker. Sehr elegant-geschwungene MBB mit gerundetem, ausschwingendem Rand; Wandstärke einheitlich; Wandungsverlauf läßt auf glockenförmigen, sich nach oben öffnenden Gefäßkörper schließen. Monochromer Überzug des Gefäßinneren greift als 1,8 cm-breites Band auf Außenseite über. Abhub 122.

310 *Taf. 20* Randfrgt. MBB FS 284/285 (?). Dm 12–13 cm. Scherben, Ofl. beige; rotbrauner Malschlicker; Ton schlecht geschlämmt, mit großen, weißen Einsprenglingen gemagert; Ofl. fettig, jedoch nicht gut poliert. Rand oben abgeplattet; Wandung stark S-förmig geschwungen, am unteren Scherbenrand von 2,5 auf 4 mm verstärkt; Gefäßkörper flach

glockenförmig. Kleiner Skyphos oder Tasse, für Entscheidung maßgebende Gefäßteile, Fuß, Henkel fehlen. Band in Randzone außen 1,9 cm breit. Abhub 112.

311 *Taf. 20* Randfrgt. nicht eindeutig bestimmbare offene Form, FS 284/285 (?), Mono-in mit breitem Band außen. Dm 16 cm. Scherben rot, Ofl. blaß-beige; fleckig brauner – schwarzer Malschlicker. Äußerst (2–2,5 mm) dünnwandiges Gefäß mit ausschwingendem, oben abgeplattetem Rand; stark S-förmig geschwungene Wandung. Nach Morphologie, Machart, Größe zu Tirynther MBB (French, 1969a, 75. 87; dies., 1969b, 135. 134 Abb. 13. 14), jedoch fällt Band in Randzone außen bei Breite von 3,2 cm gänzlich aus Rahmen; vgl. French, III C – Checklist. Abhub 113.

312 *Taf. 20* Randfrgt. nicht eindeutig bestimmbare offene Form, Mono-in FS 284/285 oder Tasse (?). Dm 10 cm. Scherben, Ofl. beige, letztere jedoch heller; rotbrauner Malschlicker. Rand ausgeschwungen, spitz zulaufend; Wandung am unteren Scherbenrand zur Fußzone weich nach innen geknickt; Wandstärke nimmt in Fußzone von 4 auf 3 mm ab. Außen 2,2 cm breites Band in Randzone; zur Bestimmung vgl. Nr. 311. Abhub 120.

313 *Taf. 20* Randfrgt. nicht eindeutig bestimmbare offene Form FS 284/285 (?), Mono-in. Dm 12 cm. Scherben rosa, Ofl. beige, trocken, mit stark hervortretenden Drehspuren; fleckig rotbrauner – brauner Malschlicker. Konischer, oben leicht einziehender Gefäßkörper; zu kurzer, gerundeter Lippe erweiterter Rand; Ofl. der Is. wellig, unregelmäßig; Wandstärke starken Schwankungen (2–4 mm) unterworfen. 2,5 cm breites Band auf Randzone außen; zur Bestimmung vgl. Nr. 311. Abhub 100 B.

314 *Taf. 20* Randfrgt. nicht eindeutig bestimmbare offene Form FS 284/285 (?). Dm 12 cm. Scherben beige, Ofl. kremfarben; fleckig brauner – schwarzer Malschlicker. Gerundeter, verdickter, in Form umgekehrter S-Kurve zurückgebogener Rand; Wandung unterhalb der Randzone mit 2 mm auffallend dünn; Spuren eines verzierten Henkelansatzes, was möglicherweise für FS 284 A Mono-in spräche, oder außerdem MBB, Band in Randzone außen genau 1 cm breit, oder möglicherweise auch Tasse. Abhub 119.

315 *Taf. 21* Randfrgt. FS 284/285, monochrom. Dm ca. 20 cm, verzogen. Scherben beige, ausgesparte Ofl. krem-weiß; schwarzer Malschlicker. Rand nach innen gerundet, nur sehr schwach ausladend; Wandungsverlauf geradlinig; Steigung senkrecht; Gefäßkörper zylindrisch; Querhenkel, der knapp über Einziehung zur Fußzone ansetzt, zieht steil hoch. Da Fußzone nicht erhalten, FS 284 oder 285. Abhub 108. 113 A.

316 *Taf. 21* Je zwei anpassende Rand- und Wandfrgte. FS 284/285, monochrom. Dm 20 cm. Scherben fleckig hell rosa – beige; schwarzer Malschlicker. Rand nach außen gerundet, weich ausgeknickt; Wandung von senkrechter Steigung, geradlinigem Verlauf, in Fußzone verdickt. Abhub 108.

317 *Taf. 21* Randfrgt. FS 284/285, monochrom. Dm 17 cm. Scherben bräunlich–purpurrot; tief dunkelbrauner Malschlicker; sekundär verbrannt (?). Gerundeter, weich ausgeknickter Rand; Wandung verläuft geradlinig konisch, nach unten einziehend; am r. Scherbenrand Henkelansatz. Abhub 120.

318 *Taf. 21* Randfrgt. FS 284/285, monochrom. Dm 18–22 cm, verzogen (?). Scherben rot; Malschlicker fleckig orangerot – gelbbraun – dunkelbraun – schwarz. Gerundeter Rand, ausladende Randzone; Wandungsverlauf sehr unregelmäßig, Wandstärke in Bauchzone, am Umbruch zur Randzone nach außen verdickt. Abhub 122.

319 *Taf. 21* Randfrgt. FS 284/285, monochrom. Dm 18 cm. Scherben beige; orangeroter Malschlicker. Rand nach innen gerundet, weich nach außen abgeknickt; Gefäßkörper konisch, nach unten stärker einziehend als bei Nr. 319; am l. Scherbenrand Henkelansatz. Abhub 121.

320 *Taf. 21* Randfrgt. FS 284/285, monochrom. Dm nach Wandungskrümmung geschätzt. Scherben beige; schwarzer Malschlicker. Rand nach innen gerundet, nach außen leicht verdickt; Wandung nur sehr flach S-förmig geschwungen. Abhub 113.

321 *Taf. 21* Randfrgt. FS 284/285 (?), monochrom. Dm 14 cm. Scherben grau; dunkelgrauer Malschlicker; sekundär verbrannt. Ausladende Randzone mit nach außen gerundetem, leicht zurückgebogenem Rand; Wandungsverlauf geradlinig; Steigung senkrecht. Abhub 113 B.

322 *Taf. 21* Randfrgt. FS 284/285 (?), monochrom. Dm etwa 12 cm. Scherben beige; Malschlicker fleckig rotbraun –

schwarz. Äußerst dünnwandig 2–3 mm; zu feiner Spitze ausgezogener Rand; Wandung flach S-förmig geschwungen; am r. Scherbenrand unten Glättungsspuren von Henkelansatz. Abhub 100.

323 *Taf. 21* Randfrgt. FS 284/285, monochrom. Dm nach Wandungskrümmung geschätzt. Scherben grünlich-grau; schwarzer Malschlicker; sekundär verbrannt. Dünnwandig 2,5–maximal 4 mm, Rand schwach ausschwingend, schräg abgestrichen; Wandung sehr flach S-förmig geschwungen; Henkelansatz ungewöhnlich massiv, sehr grob geformt, sitzt verhältnismäßig hoch. Abhub 107.

324 *Taf. 21* Randfrgt. FS 284/285 (?), monochrom. Dm 14 cm. Scherben ziegelrot; rotbrauner Malschlicker. Rand stark ausschwingend, oben abgeplattet; Wandungsverlauf geradlinig, fast senkrecht, nach oben leicht einziehend; Wandstärke mit 2,5 mm ziemlich gering. Abhub 120.

325 *Taf. 21* Randfrgt. FS 284/285 (?), monochrom. Dm 16 cm. Scherben grünlich-grau; schwarzer Malschlicker; sekundär verbrannt. Sachte ausschwingender, schräg abgestrichener Rand; Wandung S-förmig geschwungen. Abhub 122.

326 *Taf. 21* Rand- und drei anpassende Wandungsfrgte. FS 284/285, monochrom. Dm 14–15 cm. Scherben hellbeige; Malschlicker schwarz. Ausschwingender Rand nach innen gerundet; Wandung stetig S-förmig geschwungen; Wandstärke relativ gering; Wandungssteigung in Fußzone etwas steil. Abhub 103.

327 *Taf. 21* Rand- und Wandungsfrgt. FS 285 (?), monochrom. Dm 16 cm. Scherben fleckig rot – ziegelrot; Ton schlecht geschlämmt, mit groben, weißen und dunkelroten Einsprenglingen gemagert; Malschlicker ölig schillernd, fleckig grau – schwarz. Rand ausschwingend, gerundet; Steigung Wandung beinahe senkrecht, leicht oben einziehend, knickt unten weich zur flach ansteigenden, konischen Fußzone nach innen um; Wandstärke sehr unterschiedlich, schwankt zwischen Höchstwert 7 mm am Umbruch zur Fußzone und Mindestwert 2,5 mm nahe unterem Scherbenrand. Abhub 119.

328 *Taf. 21* Randfrgt. FS 284/285 (?), monochrom. Dm 15 cm. Scherben beige; orangeroter Malschlicker. Rand ausschwingend, gerundet, nach außen verdickt. Abhub 101.

329 *Taf. 22* Randfrgt. Miniaturskyphos FS 284/285 (?) oder Tasse. Dm 12 cm, Scherben grau; Malschlicker schwarz; sekundär verbrannt. Kleines Gefäß mit stark ausschwingendem, nach außen gerundetem Rand, vermutlich stark nach unten einziehende Wandung. Abhub 120.

330 *Taf. 22* Randfrgt. FS 284/285 (?), monochrom. Dm 14 cm. Scherben beige; orangeroter Malschlicker. Ausschwingender, schräg abgestrichener Rand, nach innen etwas verdickt; flache Einkerbung der inneren Randkante; am unteren Scherbenrand Glättungsspuren von Henkelansatz. Abhub 100.

331 *Taf. 22* Randfrgt. FS 284/285 (?), monochrom. Dm 16 cm. Scherben ziegelrot; Malschlicker fleckig weinrot – schwarz. Rand gerundet, stark ausschwingend; nach Wandungsverlauf sehr stark S-förmig geschwungener Gefäßkörper. Abhub 100.

332 *Taf. 22* Randfrgt. RBB FS 284/285, monochrom. Dm 15 cm. Scherben, ausgesparter Streifen beige; Malschlicker tief-dunkelbraun. Rand ausladend, nach unten gerundet; Wandung geradlinig, Steigung senkrecht. Abhub 100.

333 *Taf. 22* Randfrgt. RBB FS 284/285, monochrom. Dm 13 cm. Scherben, ausgesparter Streifen beige; fleckig roter – schwarzer Malschlicker. Weich nach außen abgeknickter, gerundeter, beiderseits verdickter Rand; Wandungsverlauf geradlinig, leicht oben einziehend. Abhub 106. 107.

334 *Taf. 22* Randfrgt. RBB FS 284/285, monochrom. Dm 23 cm. Scherben grünlich-grau, ausgesparter Streifen beige; schwarzer Malschlicker. Rand ausladend, vorne abgeplattet, etwas nach innen verdickt; Wandung von geradlinigem Verlauf, senkrechter Steigung; zylindrischer Gefäßkörper. Abhub 120.

335 *Taf. 22* Randfrgt. RBB FS 284/285, monochrom. Dm 14–15 cm. Scherben beige, ausgesparter Streifen kremweiß; schwarzer Malschlicker. Gerundeter Rand weich nach außen abgeknickt; Wandungssteigung senkrecht, Verlauf geradlinig. Abhub 120.

336 *Taf. 22* Randfrgt. Miniaturskyphos FS 284/285 oder Tasse; RBB, monochrom. Dm 10–11 cm. Scherben rot, beige gemantelt, ausgesparter Streifen grauweiß; schwarzer Malschlicker. Nach Wandungssteigung und Wandungsverlauf zylindrischer Gefäßkörper mit gerundetem, schwach ausschwingendem, leicht nach innen verdicktem Rand. Abhub 120.

337 *Taf. 22* Randfrgt. RBB FS 284/285, monochrom. Dm 18 cm. Scherben rosa, ausgesparter Streifen kremweiß; rotbrauner Malschlicker. Gerundeter Rand weich nach außen abgeknickt; knapp unterm Umbruch zur Randzone Gefäßwandung leicht nach innen verdickt. Abhub 100.

338 *Taf. 22* Randfrgt. FS 284/285. Dm 17 cm. Scherben beige, Ofl. hellbeige; fleckig rotbrauner – tief dunkelbrauner Malschlicker. Für Gesamtbefund ungewöhnliches Verzierungsschema zusammen mit für hier zusammengestellte RBB-Exemplare ungewöhnlichem Profiltyp: stark ausschwingender, gerundeter Rand bei nach unten stark ausschwingendem Wandungsverlauf. 2,5 cm breites Band in Randzone erinnert an FS 284 B; weitere Exemplare dieser Klasse weisen auch Musterreste außen auf (Nr. 339 f.); sind auch im Randprofil vergleichbar; jedoch diese RBB-Typen sind dünnwandiger. Abhub 103.

339 *Taf. 22* Randfrgt. FS 284/285 C mit nicht eindeutig bestimmbarem Musterrest. Dm nach Wandungskrümmung geschätzt. Scherben fleckig rosa – rot, Ofl. beige, trocken, mit stark hervortretenden Drehspuren; fleckig dunkelbrauner – schwarzer Malschlicker. Stark ausschwingender, gerundeter Rand; stark geschwungener Gefäßkörper; Wandstärke mit 3 mm ausgesprochen gering. Unter 2,3 cm breitem Band außen Musterrest. Abhub 121.

340 *Taf. 22* Randfrgt. FS 284/285 C mit Spiralenrest. Dm 18 cm. Scherben, Ofl. grünlich-kremfarben; schwarzer Malschlicker. Gerundeter Rand schwingt stark aus; nach Wandungssteigung, Wandungsverlauf nach unten stark ausschwingender Gefäßkörper; dünnwandig (3 mm). Unter 1,7 cm breiten Band außen Rest Spirale. Abhub 120.

341 *Taf. 22* Rand- und zwei anpassende Wandungsfrgte. RBB FS 284/285, monochrom. Dm 15 cm. Scherben, ausgesparter Streifen beige; schwarzer Malschlicker. Gerundeter Rand, breite, ausladende Randzone; etwa kalottenförmiger Gefäßkörper zieht zur Randzone leicht ein; Wandstärke gleich. Nr. 341 Profil-Typ, der in diesem Befund in erster Linie bei RBB vorkommt. Abhub 112.

342 *Taf. 22* Randfrgt. RBB FS 284/285 (?) oder Tassenform (?) mit nicht bestimmbarem Musterrest. Dm 12 cm. Scherben, Ofl. matt graubraun; matter, schwarzer Malschlicker. Breite, ausladende Randzone bei gerundetem Rand, vgl. Nr. 341. Unter 2,7 cm breiten Malschlickerband in Randzone außen Rest eines Musters, möglicherweise eine Wellenlinie. Abhub 100.

343 *Taf. 22* Randfrgt. RBB FS 284/285, monochrom. Dm 14 cm. Scherben rot, Ofl. des ausgesparten Streifens weiß; streifig rotbrauner – schwarzer Malschlicker. Rand weich nach außen abgeknickt, zu stumpfer Spitze ausgezogen; Wandung nach oben schwach einziehend, kaum geschwungen; Stärke gleich. Abhub 108.

344 *Taf. 22* Randfrgt. RBB FS 284/285 oder Tasse, ohne erkennbaren Musterrest. Dm 12 cm. Scherben rosa, beige gemantelt; Ofl. beige; tiefdunkelbrauner Malschlicker. Leicht ausschwingender Rand nach innen gerundet; Wandung nur sehr flach S-förmig geschwungen. Abhub 103.

345 *Taf. 22* Randfrgt. RBB FS 284/285, monochrom (?). Dm nach Wandungskrümmung, Steigung geschätzt. Scherben, ausgesparter Streifen beige, letzterer heller; streifig rotbrauner – schwarzer Malschlicker. Nach außen gerundeter und verdickter Rand; Verlauf der sehr dünnen (2,5 mm) Wandung mit Nr. 341 f. vergleichbar, nur ist Wandungskurve hier stetig; am unteren Scherbenrand Glättungsspuren eines Henkelansatzes. Abhub 119.

346 *Taf. 22* Randfrgt. RBB FS 284/285, monochrom (?). Dm 13 cm. Scherben rosa, ausgesparter Streifen beige; orangeroter Malschlicker. Rand gerundet, ausgeschwungen; Wandstärke mit 2 mm äußerst gering; Wandung extrem stark geschwungen, in Scherbenmitte um 1 mm nach innen verdickt. Wandungsverlauf läßt auf sehr merkwürdig geformten Gefäßkörper schließen: mit schmaler, ausgeschwungener Randzone und vermutlich kugeligem Gefäßkörper, mit sehr tiefsitzender Zone maximalen Dm., wohl in Bauch- statt Randzone. Abhub 120.

347 *Taf. 23* Randfrgt. Schale oder Napf FS 284/285 (?), Linearverzierung erhalten. Dm 16–17 cm. Scherben, Ofl. fleckig grau – schwarz; bräunlich-violetter Malschlicker; sekundär verbrannt. Ausladender, nach innen gerundeter, spitz

zulaufender Rand; Wandungsverlauf mit Nr. 341 (Taf. 22) gut zu vergleichen. Randverzierung innen erinnert an FS 284; Band außen von äußerst unregelmäßigem Verlauf. Abhub 112.

348 *Taf. 23* Randfrgt. FS 284 mit senkrechten Henkeln (?), Mono-in, Linearverzierung erhalten. Dm ca. 14 cm. Scherben braun, Ofl. beige, trocken; dichter, fleckig dunkelbrauner – schwarzer Malschlicker, direkt auf ungeglätteten Tongrund gesetzt. Eingeritztes Zeichen, auf Kopf gestelltes T, auf Henkel. Ausgeschwungener, gerundeter Rand, S-förmig geschwungene Wandung; Wandstärke oberhalb Scherbenmitte sehr gering (2,5 mm), unterhalb kräftiger, 5 mm; senkrecht gestellter Bandhenkel unregelmäßig elliptischen Querschnitts, setzt unmittelbar am Rand an, schließt in Höhe Einziehung zur Fußzone an Gefäßwandung wieder an. Band ungleichmäßig etwa 1 cm unter Randhöhe; monochromer Überzug des Gefäßinneren greift in Form eines 3 mm breiten Randstreifens auf Außenseite über; davon zweigt beiderseits des oberen Henkelansatzes je ein säumender Streifen ab, diese verbreitern, überkreuzen sich mitten im Henkelrücken. Abhub 112.

349 *Taf. 23* Randfrgt. Schale oder Napf FS 305 (?) mit nicht bestimmbarem Musterrest. Dm 16 cm. Scherben, Tonoberfläche dunkel grünlichgrau; schwarzer Malschlicker. Rand zu viereckiger Lippe waagrecht nach außen abgeknickt; Wandstärke gleich (4 mm); nach Wandung Gefäßkörper zylindrisch. Randverzierung beiderseits schmaler Randstreifen und paralleles Band unregelmäßiger Führung und Breite; unterm Band außen Ansätze dreier senkrecht nach unten gezogener Streifen. Abhub 113 B.

350 *Taf. 23* Randfrgt. großes Becken FS 294 (?), Mono-in. Dm 34 cm. Scherben rot, mit wenigen, groben, dunklen Einsprenglingen gemagert, Ofl. beige; dunkelbrauner Malschlicker. Rand oben schräg abgestrichen, innen zu kurzem, lippenartigem Vorsprung, außen zu kurzer, breiter, im Querschnitt dreieckiger Lippe erweitert; unterhalb Randvorsprungs innen Gefäßwandung sachte eingemuldet; Wandstärke verjüngt sich stark nach unten, von 10 auf 6 mm; Gefäßkörper halbkugelig oder tief, kalottenförmig. Monochromer Überzug greift auf Außenseite in 2 cm breitem Band. Abhub 113.

351 *Taf. 23* Randfrgt., großes Becken FS 294 (?), Mono-in. Dm 34 cm. Scherben Ofl. grau; schwarzer Malschlicker; sekundär verbrannt. Rand eingezogen, gerundet, kräftig nach innen verdickt; Wandung einheitlich stark, nach Wandungsverlauf kalottenförmiger Gefäßkörper; 1 cm unterm Rand außen Wandung durch zwei übereinanderliegende flache Wülste verziert. Außenseite des Beckens mit 1,7–2,1 cm breitem Band. Abhub 108. 120.

352 *Taf. 23* Randfrgt., mittelgroßes Becken FS 294 (?), Mono-in. Dm 19 cm. Scherben beige, Ofl. beige, gut geglättet; schwarzer Malschlicker. Oben waagrecht abgestrichener, außen zu nach unten gerundeter Lippe erweiterter Rand. Monochromer Überzug greift in schmalem Randstreifen auf Außenseite über. Abhub 100.

353 *Taf. 23* Randfrgt., großes Becken FS 294 (?), Mono-in. Dm 29–30 cm. Scherben fleckig rot – grau, Ofl. grau; Malschlicker schwarz; sekundär verbrannt. Gerundeter, nach innen stark verdickter, außen zu schmaler, gerundeter Lippe erweiterter Rand; am r. Scherbenrand Glättungsspuren von Henkelansatz. 7 mm breites Band an Randzone außen. Abhub 113 A.

354 *Taf. 23* Randfrgt., großes Becken FS 294 (?), Mono-in. Dm ca. 30 cm. Scherben grünlich-beige, beige gemantelt, Ofl. hell gelblich-beige; fleckig brauner – tief dunkelbrauner Malschlicker. Rand oben waagrecht-abgestrichen, stark nach innen verdickt; außen zu einer nach unten gerundeten Lippe erweitert. Wandstärke nimmt nach unten allmählich ab; nach Wandungsverlauf flacher, kalottenförmiger Gefäßkörper; Ansatz eines Querhenkels direkt vom Rand schräg nach unten. Monochromer Überzug greift als schmaler Randstreifen von unregelmäßiger Breite auf Außenseite; knapp darunter breites, unregelmäßiges Band über Mitte des Henkelrückens. Abhub 113 B.

355 *Taf. 23* Randfrgt., großes Becken FS 294 (?), Mono-in. Dm geschätzt. Scherben beige, rot gemantelt, Ofl. mit kremweißem Überfang; fleckig rotbrauner – schwarzer Malschlicker. Rand oben waagrecht abgestrichen, leicht nach innen verdickt, außen zu kurzer, gerundeter Lippe erweitert; nach Wandungsverlauf, stark nach unten einziehender Gefäßkörper. Schmaler Randstreifen; dicht darunter schmales, waagrechtes Band von unregelmäßigem Verlauf, zieht über Mitte des Querhenkelansatzes; auf Oberkante des Henkels länglicher Fleck. Abhub 113.

356 *Taf. 23* Randfrgt., großes Becken FS 294 (?), Mono-in. Dm 40 cm. Scherben rot, mit wenigen dunklen wie hellen Einsprenglingen gemagert, Ofl. fleckig kremfarben – weiß; fleckig roter – rotbrauner Malschlicker. Rand gerundet, stark nach innen verdickt, außen zu gerundeter, vom Gefäßkörper scharf abgesetzter Lippe erweitert; Wandstärke einheitlich; Wandungssteigung senkrecht, Verlauf geradlinig; zylindrischer Gefäßkörper. Abhub 120. 122.

357 *Taf. 23* FS 322, monochrom mit Fries FM 58 innen, vollständiges Profil mit randständigem Henkelansatz. Dm ca. 30 cm. Scherben fleckig graubraun – graurot. Ofl. fleckig graubraun-graurot; Ton sehr stark, grob – Korndm. 2–3 mm – gemagert; matter, schwarzer Malschlicker. Tablett mit stark ausschwingendem, gerundetem Rand; Wandung unter halber Gefäßhöhe stark nach außen verdickt; Gefäßboden außen zu kurzem, leicht nach unten abgeknicktem Fuß gerundeten Profils erweitert. Ausgespartes Band markiert Rand; trägt Reihe Zungenmuster; mitten auf Innenwandung zweites ausgespartes Band mit FM 58, 33; vom monochromen Überzug ebenfalls ausgespart untere Hälfte des Fußes außen. Abhub 120.

358 *Taf. 24* Randfrgt. Deckel oder Schale FS 334 (?) mit FM 75. Dm 17 cm. Scherben rot, Ofl. fleckig rosa – beige; Malschlicker fleckig orangerot – braun. Gerundeter Rand innen leicht verdickt, außen zu gerundeter Lippe erweitert. Am unteren Scherbenrand Ansatz starker Einziehung. Beiderseits Band am Rand; Musterrest außen scheint FM 75, 4. Abhub 121.

359 *Taf. 24* Randfrgt. Deckel FS 334, linearverziert. Dm 11 cm. Scherben fleckig rosa – rot, Ofl. beige, innen unverziert, trocken, mit stark hervortretenden Drehspuren; fleckig roter – schwarzer Malschlicker. Spitzer Rand senkrechter Steigung; am unteren Scherbenrand Wandung leicht nach innen verdickt, zieht stark ein. Drei breite, parallele Bänder außen. Abhub 100 B.

360 *Taf. 24* Randfrgt. Deckel FS 335, linearverziert. Dm 22–23 cm, Scherben, Ofl. beige, letztere heller, trocken, mit hervortretenden Drehspuren; fleckig dunkelbrauner – schwarzer Malschlicker. Rand unten abgeplattet, außen zu lippenartigem Fortsatz mit Doppelwulstprofil erweitert; Wandung von gleichbleibender Stärke; Deckel etwa konische Form. Breites Band dicht überm Rand außen, Bänderpaar innen. Abhub 113.

361 *Taf. 24* Frgt. Gefäß (?) unsicherer Bestimmung FS 205 oder FS 236 (?) mit Fleckenverzierung. Dm 8 cm. Scherben braun, Ofl. fleckig blaß-gelb – kremweiß, innen unverziert, schlecht geglättet; schwarzer Malschlicker. Rand zu Spitze ausgezogen, außen zu gerundeter Lippe verdickt; in Scherbenmitte Wandung von 4 auf 3 mm leicht eingeschnürt; darunter nimmt sie auf 5 mm wieder zu, um am unteren Scherbenrand innen sich auf 2 mm drastisch zu verringern; Gefäßkörper halbkugelig, falls nicht um Ausguß Bügelkanne wie Jalisos, 125 Abb. 44 rechts, Gr. XVII. Unregelmäßiger Fleck auf Außenseite. Abhub 113 A.

362 *Taf. 24* Randfrgt. unsicherer Bestimmung FS 205 oder FS 236 (?), unverziert. Dm 7 cm. Normale Qualität. Scherben beige, rosa gemantelt, Ton mit wenigen dunklen Einsprenglingen gemagert, Ofl. fleckig rosa – beige. Ausschwingender, nach außen gerundeter, verdickter Rand; Wandung für Gefäß dieser Größe außerordentlich stark (4–5 mm); Gefäßkörper etwa kalottenförmig. Abhub 113 A.

363 *Taf. 24* Randfrgt. FS 205 oder FS 236 (?), unverziert. Dm 8 cm. Normale Qualität. Scherben beige, rot gemantelt, Ton mit wenigen dunklen Einsprenglingen gemagert; Ofl. fleckig rosa – orangefarben. Rand nach außen gerundet; Wandung im Verhältnis zu Größe dick (3–5 mm), flach S-förmig geschwungen; maximaler Gefäßdm. knapp überm unteren Scherbenrand. Gefäßkörper ziemlich flach. Abhub 113.

364 *Taf. 24* Randfrgt. FS 205 oder FS 236 (?), unverziert. Dm 10 cm. Normale Qualität. Scherben fleckig rosa – rot, Ofl. beige. Ausschwingender, gerundeter Rand; Wandung senkrechte Steigung, unterhalb der Scherbenmitte um 1,5 mm nach außen verdickt; Gefäßkörper flach glockenförmig. Abhub 113 B.

365 *Taf. 24* Randfrgt. FS 205 oder FS 236 (?), linearverziert. Dm 10 cm. Scherben braun, Ofl. fleckig braun – graubraun; Malschlicker innen braun, außen schwarz; sekundär verbrannt (?). Gerundeter, ausschwingender Rand, flach S-förmig geschwungene Wandung; Wandstärke nimmt nach unten stetig zu; Gefäßkörper wohl glockenförmig; am l. Scherbenrand unten Glättungsspuren eines Henkelansatzes. Außen zwei sehr breite, unregelmäßige Bänder, innen Randstreifen, drei parallele, waagrechte Bänder. Abhub 100.

366 *Taf. 24* Randfrgt. Tasse FS 231 (?) oder Kelch (ohne FS-Nr.), monochrom. Dm 7 cm. Scherben rosa, beige gemantelt; schwarzer Malschlicker. Kleine offene Form mit stark ausschwingendem, in scharfer Spitze auslaufendem Rand; Wandung stark S-förmig geschwungen, in halber Gefäßhöhe nach innen verdickt. FS 231 oder Kelch wie Stubbings (1951) Taf. 17, 8. Abhub 113 A.

367 *Taf. 24* Ringfußfrgt. unverziert, Mono-in. Fdm 5 cm. Gute Qualität, Scherben, Ofl. beige; roter Malschlicker. Be-

merkenswert: konischer Fuß durch tiefe Kerbe deutlich vom Gefäßkörper abgesetzt; Fußus. nach unten kegelförmig verdickt. Abhub 120.

368 *Taf. 24* Ringfuß vom Verzierungstyp I, monochrom. Fdm 5 cm. Scherben dunkelgrau, Ofl. grau; stark hervortretende Drehspuren innen; rotbrauner Malschlicker, innen streifig, je nach Dicke des Auftrages dunkler. Fuß zylindrisch, ziemlich niedrig, geht in stetiger Kurve in Gefäßwandung über. In Bodenmitte ausgesparter Punkt, Dm etwa 1,7 cm. Abhub 120.

369 *Taf. 24* Ringfuß von Verzierungstyp II, monochrom, mit halb ausgespartem Fuß. Fdm 4 cm. Scherben, Ofl. der Fußus. rot, Ofl. außen beige; roter Malschlicker, innen heller als außen; stark hervortretende Drehspuren. Konischer Standring von geringer Wandstärke, flache Einkerbung der Wandung in halber Fußhöhe außen; Übergang in Gefäßkörper abrupter als bei Nr. 368; Gefäßwandung äußerst dick (bis 1 cm); am oberen Scherbenrand Ansatz eines Querhenkels. In Bodenmitte innen ausgesparter Punkt, Dm ca. 1 cm. Abhub 119.

370 *Taf. 24* Ringfuß von Verzierungstyp II, Monochrom, mit halb ausgespartem Fuß. Fdm 9 cm. Scherben, Ofl. grünlich-grau; Malschlicker außen schwarz, innen fleckig dunkelbraun – schwarz; sekundär verbrannt. Fuß deutlich vom Gefäßkörper abgesetzt, schwach konisch; Gefäßwandung, besonders Boden, auffallend dünn, bis 4 mm. Abhub 100 B/108 B.

371 *Taf. 24* Ringfuß von Verzierungstyp III, monochrom, mit ausgespartem Fuß. Fdm 6 cm. Scherben rosa, Ofl. beige; Malschlicker außen matt und fleckig dunkel rotbraun – schwarz, innen glänzend schwarz. Standring vergleichsweise hoch, konisch, unten plan, nach außen gerundet; nach unten verringert sich Wandungsstärke etwas; durch Einkerbungen gegliedert am Rand unten, dicht unterhalb der Fußkehle; Übergang in Gefäßwandung scharfe Kurve; Gefäßwandung und Boden ziemlich dick (7–10 mm). Ausgesparter Punkt in Bodenmitte innen, Dm nicht zu ermitteln. Abhub 120.

372 *Taf. 24* Ringfuß von Verzierungstyp III, monochrom, mit ausgespartem Fuß. Fdm 3 cm. Scherben, Ofl. beige; Malschlicker beiderseits glänzend schwarz. Deutlich konisch-gestalter Fuß geht in stetiger Kurve in Gefäßwandung über. Abhub 113.

373 *Taf. 24* Ringfuß von Verzierungstyp IV, monochrom, mit ausgesparter Fußzone. Fdm ca. 4 cm; Scherben rosa, grau-beige gemantelt, Ton sehr fein geschlämmt, etwas porös. Ofl. grau-beige; Malschlicker beiderseits matt, innen fleckig rotbraun – dunkelbraun, außen dunkelgrau. Standring verhältnismäßig hoch, konisch; geht in stetiger Kurve in Gefäßwandung über; Fußwandung ziemlich dünn, läuft nach unten spitz zu; Gefäßwandung dagegen sehr dick (4–8 mm). Ausgesparter Punkt in Bodenmitte innen, Dm nicht zu ermitteln. Abhub 120.

374 *Taf. 24* Ringfuß von Verzierungstyp IV, monochrom, mit ausgesparter Fußzone. Fdm, Steigung geschätzt. Scherben fleckig rosa – beige, Ofl. grau-beige; Malschlicker fleckig dunkelbraun – schwarz. Standring relativ hoch, deutlich vom Gefäßkörper abgesetzt; Gefäßwandung überdurchschnittlich stark (4,5–7 mm). Abhub 120.

Kochtöpfe

375 *Taf. 24* Randfrgt. Kochtopf FS 66 oder 320 (?). Dm 16 cm. Scherben grau, fleckig ziegelrot – graurot gemantelt, Ton mit groben, hellen wie dunklen Einsprenglingen gemagert; Ofl. fleckig ziegelrot – graurot. Gerundeter, nach innen verdickter Rand; schmaler, flacher Wulst betont Umbruch zur Randzone außen. Abhub 120.

376 *Taf. 24* Randfrgt. Kochtopf FS 66 oder 320 (?). Dm 16 cm. Scherben dunkelbraun, rotbraun gemantelt, Ofl. graubraun, fleckig rötlich – graubraun. Waagrecht-abgestrichener Trichterrand nach außen leicht verdickt; anschließende Wandung völlig geradlinig im Verlauf, wohl konischer oberer Gefäßkörper; im Querschnitt eirunder Henkel, rechts verdickt, setzt direkt am Rand an. Abhub 113 A.

377 *Taf. 24* Randfrgt. Kochtopf FS 66 oder 320 (?). Dm 14 cm. Scherben, Ofl. ziegelrot, Ton mit groben Einsprenglingen gemagert; fleckig sekundär verbrannt. Gerundeter, ausladender Rand; nach Wandungsverlauf Gefäßoberteil wohl konisch. Abhub 113 A.

378 *Taf. 25* Randfrgt. Kochtopf, unsichere Bestimmung. Dm etwa 30 cm. Scherben braun, ziegelrot gemantelt, Ofl. ziegelrot, Ton mit sehr groben Einsprenglingen, Korndm 3–4 mm, gemagert. Gerundeter, dickwandiger Trichterrand. Abhub 113 B.

379 *Taf. 24* Randfrgt. Kochtopf, unsichere Bestimmung. Dm ca. 30 cm. Scherben, Ofl. dunkelbraun bis schwarz, Ton mit feinen, dunklen Einsprenglingen gemagert; sekundär verbrannt. Gerundeter, ausschwingender, nach außen verdickter Rand; Wandung in Scherbenmitte leicht nach innen verdickt. Abhub 112 B-W.

380 *Taf. 25* Randfrgt. Kochtopf, unsichere Bestimmung. Dm 23 cm. Scherben grau, außen ziegelrot gemantelt, Ofl. innen ziegelrot, außen violett-rot, Ton sandig, mit z. T. sehr groben, Korndm 5–7 mm, Einsprenglingen gemagert. Stark einziehender, oben gerundeter Rand, nach innen stark verdickt, außen zu vorne abgeplatteter Lippe erweitert; nach Wandungsverlauf kugeliger Gefäßkörper. Abhub 113.

381 *Taf. 25* Randfrgt. Kleeblattmündung eines Kochtopfs. Erh. L 6,9 cm. Scherben, Ofl. fleckig grau – schwarz; sekundär verbrannt. Rand läuft oben spitz zu, beiderseits verdickt; außen Rand durch Einkerbung von Halswandung abgesetzt; am l. Scherbenrand Henkelansatz. Aushub 113 B.

382 *Taf. 25* Kochtopf-Ringfuß. Fdm 8 cm. Scherben im Kern grau, ziegelrot gemantelt, Tonoberfläche ziegelrot. Abgebildet ist ein ausgestellter, leicht nach unten einziehender Standring, der in einer stetigen Kurve in die Gefäßwandung übergeht. Die Gefäßwandung ist wesentlich dicker als die des Bodens. Abhub 113 A.

Strichpolierte Keramik

383 *Taf. 25* Frgt., planer Boden. Fdm ca. 30 cm? Scherben fleckig grau – schwarz, Ofl. fleckig rot – braun, Ton grob gemagert. Wanne oder großer Toneimer mit stark einziehender Fußzone. Abhub 119.

384 *Taf. 25* Drei anpassende Randfrgte., strichpolierter Topf, sog. Dorier-Keramik, handgemacht. Dm ca. 16–18 cm. Scherben schwarz, Ton grob gemagert, Ofl. außen schwarz, strichpoliert, innen fleckig beige – rotbraun, nur in Randnähe geglättet. Kugeliges Gefäß mit einziehendem, nach innen gerundetem Rand, oben mit niedrigem, gerundetem, lippenartigem Fortsatz versehen; bogenförmig sich hochziehende Handhabe, deren Ansätze zu geradem, kantigem Abschluß gestrichen; Wandung in Höhe des Henkelrückens leicht nach innen verdickt; Fingertupfenleiste. Abhub 113.

385 *Taf. 25* Wandungsfrgt., strichpolierter Topf, handgemacht. Dm, Steigung nicht zu ermitteln. Scherben schwarz, Ton grob gemagert, Ofl. außen dunkelgrau, innen schwarz, beiderseits geglättet. Kugeliges, wohl geschlossenes Gefäß; Gefäßwandung außen mit Knubbenhenkel; eingeritztes Doppel-Zickzackband. In Nähe der Verzierungsbänder verläuft Strichpolitur den Ritzungen parallel. Abhub 122.

Scherben mit ungewöhnlichen Mustern
Geschlossene Formen

386 *Taf. 25* Wandungsfrgt., nicht bestimmbare geschlossene Form mit FM 43. Scherben innen graugrün, außen fleckig blaß beige – hellgelb, Ofl. innen grün, außen blaß gelblich-grün; Malschlicker fleckig dunkelbraun – schwarz. Am untersten Zipfel weiterer Musterrest; r. neben FM 43 drittes Muster, oder Teil eines Musters. Linienführung sehr schlecht. Abhub 113.

387 *Taf. 25* Wandungsfrgt., nicht bestimmbares, geschlossenes Gefäß, Bügelkanne, Vorratsgefäß (PJ?) mit FM 48. Scherben, Ofl. innen beige, Ofl. außen blaß grünlich-grau; Malschlicker schwarz; sekundär verbrannt. FM 48, 8 oder FM 48, 22. Abhub 113.

388 *Taf. 25* Wandungsfrgt., nicht bestimmbares geschlossenes Gefäß, Bügelkanne (?) mit FM 48 und FM 61. Scherben, Ofl. innen graugrün, Ofl. außen graubeige; matter, dunkelbrauner Malschlicker. Band mit FM 48, 21 zwischen je einem Band mit FM 61, 4. Abhub 112.

389 *Taf. 25* Zwei anpassende Wandungsfrgte., wohl Krug oder Kanne (?) mit FM 48. Scherben beige, rot gemantelt, Ofl. innen rot, außen orangefarben; roter Malschlicker. FM 48, 3. Abhub 113 A. 121.

390 *Taf. 25* Wandungsfrgt., Kanne oder Krug (?) mit FM 50. Scherben, Ofl. beige; fleckig dunkelbrauner – schwarzer Malschlicker. FM 50, 27. Abhub 100.

391 *Taf. 25* Wandungsfrgt., nicht bestimmbare geschlossene Form mit Spiralenrest und FM 53 (?). Scherben dunkelrot, Ofl. rot, außen trocken mit stark hervortretenden Drehspuren; fleckig roter – schwarzer Malschlicker; sekundär verbrannt. Rest einer Spirale und wohl FM 53, 39. Abhub 112.

392 *Taf. 25* Wandungsfrgt., nicht bestimmbare geschlossene Form mit Spiralenrest und FM 53 (?). Scherben grünlich-grau, innen rosa gemantelt; Ofl. innen grau-beige, außen grünlich-grau; fleckig mittelbrauner – dunkelgrauer Malschlicker; sekundär verbrannt. Möglicherweise vom gleichen Gefäß wie Nr. 391. Rest einer Spirale und senkrechte Wellen-linie FM 53, 39 (?). Abhub 112 B.

393 *Taf. 25* Wandungsfrgt. Schulterzone einer geschlossenen Form, Bügelkanne (?) mit FM 58. Scherben fleckig gelb – rosa, außen graubraun gemantelt, Ofl. innen fleckig gelb – braun, außen grau, porös; matter, schwarzer Malschlik-ker; sekundär verbrannt. Abhub 120.

394 *Taf. 25* Wandungsfrgt. Schulterzone nicht näher bestimmbarer geschlossener Form mit FM 53. Scherben innen grau, außen lila, Ofl. innen graulila, außen dunkelbeige, trocken; sandig gemagert; mit mattem, dunkelgrauem Malschlik-ker. FM 53, 23 (?). Abhub 100.

395 *Taf. 26* Wandungsfrgt. Schulterzone nicht genauer bestimmbarer Bügelkanne mit FM 61 und FM 19. Scherben flek-kig rosa – rot, Ofl. innen blaßrosa, außen fleckig beige – orangefarben; Ton grob gemagert, Korndm bis 1 mm, weich gebrannt; Malschlicker fleckig rot – orange. Hauptmuster FM 61 und FM 19, 27. Abhub 120.

396 *Taf. 26* Wandungsfrgt. Bügelkanne; Vorratsgefäß oder PJ (?) mit FM 61 und FM 42. Scherben, Ofl. grau; matt schwarzer Malschlicker; sekundär verbrannt. Zum Hauptmuster FM 61, 3, zur Halbkreisborte FM 42,7 oder 42,8. Abhub 120.

397 *Taf. 26* Wandungsfrgt., nicht bestimmbare geschlossene Form mit FM 53 oder FM 61. Scherben innen beige, außen rosa, Ofl. beige; rotbrauner Malschlicker. Abhub 120.

398 *Taf. 26* Wandungsfrgt., nicht bestimmbare geschlossene Form mit FM 61. Scherben innen gelblich-beige, außen rosa, Ofl. innen hell-beige, außen beige; rotbrauner Malschlicker. Zum Muster FM 61,4. Abhub 113 B.

399 *Taf. 26* Wandungsfrgt., wohl protogeometrische geschlossene Form mit senkrechtem Zickzackband. Scherben rot, außen beige gemantelt, Ofl. innen dunkelbeige, außen hellbeige. Malschlicker fleckig schwarz – tief dunkelrot. Ab-hub 100.

400 *Taf. 26* Wandungsfrgt., nicht genauer bestimmbare geschlossene Form, wahrscheinlich submykenisch (?). Scherben außen graugrün, innen beige, Ton grob gemagert, Korndm 1–2 mm, gelegentlich mehr, Ofl. innen gelbgrün, außen graubraun; matter, schwarzer Malschlicker. Abhub 120.

401 *Taf. 26* Wandungsfrgt., nicht bestimmbare geschlossene Form mit FM 72. Scherben hellgrau; außen beige gemantelt, Ofl. innen hellgrau, außen beige, trocken, mit stark hervortretenden Drehspuren; fleckig dunkelbrauner – schwarzer Malschlicker. Zum Muster FM 72,7. Abhub 102.

402 *Taf. 26* Wandungsfrgt. FS 93/94 (?) mit FM 73 und FM 45. Scherben, Ofl. innen beige, außen fleckig blaß kremfarben – hellbeige, mit kreidigem Überfang versehen (?), sehr weich gebrannt. Malschlicker schlierig, orangefarben – schwarz. Abhub 100.

403 *Taf. 26* Lappenhenkelartiges Frgt. Sessel oder Kriegswagen mit FM 11. Scherben rosa, Ofl. grau; rotbrauner Mal-schlicker; sekundär verbrannt. Zum Muster FM 11, 66, Zwickelfüllung. Abhub 112.

Offene Formen

404 *Taf. 26* Wandungsfrgt., nicht bestimmbare offene Form mit FM 27 und FM 61 (?). Scherben, Ofl. blaßgrün; matter, schwarzer Malschlicker; sekundär verbrannt. Abhub 113.

405 *Taf. 26* Vier anpassende Wandungsfrgte., große, offene Form mit FM 46. Scherben beige, grob gemagert, Korndm ca. 1 mm, Ton sandig, Ofl. beige, trocken; roter Malschlicker. Zum Muster FM 46, 58 (?). Abhub 113 A.

406 *Taf. 26* Wandungsfrgt., nicht bestimmbare offene Form (?) mit Spiralenrest und FM 43 mit FM 73 (?). Scherben, Ofl. graubraun; Malschlicker schwarz. Ob Gefäß Innen- bzw. Außenseite nicht bestimmbar; ebenso Spirale; weitere Mu-ster lediglich als FM 43, möglicherweise FM 73 (?) anzusprechen. Abhub 120.

407   *Taf. 26* Wandungsfrgt. FS 284 (?) mit FM 50 und FM 75. Scherben grau, Ofl. grau und trocken; schwarzer Malschlikker, sekundär verbrannt. Abhub 113.

408   *Taf. 26* Wandungsfrgt. Tasse, vielleicht FS 211 oder FS 213–214 mit FM 60. Scherben, Ofl. grau; schwarzer Malschlicker. Abhub 108.

409   *Taf. 26* Wandungsfrgt. FS 284 (?) mit FM 75. Scherben rosa, Ofl. beige; rotbrauner Malschlicker. Abhub 120.

410   *Taf. 26* Wandungsfrgt. FS 284 (?) mit FM 75. Scherben beige, Ofl. beige, trocken, mit stark hervortretenden Drehspuren; dunkelbrauner Malschlicker. Abhub 120.

411   *Taf. 26* Wandungsfrgt., nicht bestimmbare offene Form mit FM 75. Scherben beige, Ofl. beige; rotbrauner Malschlicker. Form möglicherweise FS 305. Abhub 119.

412   *Taf. 26* Wandungsfrgt. FS 284/305 (?) mit FM 75. Scherben rosa, Ofl. beige; rotbrauner Malschlicker. Abhub 113.

413   *Taf. 26* Wandungsfrgt., nicht bestimmbare offene Form FS 284 (?) mit FM 75. Scherben, Ofl. beige; dunkelbrauner Malschlicker. Abhub 106.

414   *Taf. 26* Wandungsfrgt., nicht bestimmbare offene Form mit FM 24/29 (?). Scherben rosa, Ofl. grau; rotbrauner Malschlicker; sekundär verbrannt. In Frage kämen FM 24,1 s. Nebenmuster, FM 29,23 oder FM 29,24, wie auch FS 18,26. Abhub 112.

415   *Taf. 26* Wandungsfrgt., Krater (?) mit nicht bestimmbarem Muster. Scherben grau, grau-rosa gemantelt, grob gemagert, Korndm 1–2 mm, Ofl. beige, trocken, mit stark hervortretenden Drehspuren; fleckig dunkelbrauner – schwarzer Malschlicker. Muster bei Furumark (1941) ohne Parallele. Abhub 112.

416   *Taf. 26* Wandungsfrgt., nicht bestimmbare Form mit nicht eindeutig bestimmbarem Muster. Scherben rosa, Ofl. glänzend gelb-beige; dunkelbrauner Malschlicker; Ofl. stark abgerieben, nach Qualität wohl Ephyräisch. Abhub 119.

417   *Taf. 26* Wandungsfrgt., offene Form, Mono-in, mit FM 1 und FM 39. Scherben, Ofl. graugrün; Malschlicker innen schwarz, außen fleckig braun – schwarz. Höchstwahrscheinlich Krater FS 281/282 oder andere Kraterform; vgl. Slenczka, Tiryns VII (1974) 52 ff. mit Literatur. Abhub 119.

418   *Taf. 26* Wandungsfrgt. FS 284/305, Mono-in (?) mit FM 7. Scherben beige, Ofl. beige, trocken; Malschlicker innen tiefdunkelbraun, außen dunkelbraun. Läufe und Teile des Körpers eines nach links eilenden Vogels. Abhub 113.

419   *Taf. 26* Wandungsfrgt. FS 284/305, Mono-in (?) mit FM 7. Scherben beige., Ofl. beige, glänzend; Malschlicker außen dunkelbraun, innen tief dunkelbraun. Möglicherweise Nr. 418, 419 zu gleichem Gefäß nach herstellungstechnischen und stilistischen Merkmalen; Hals und Flügelansätze eines Vogels nach rechts. Abhub 113.

420   *Taf. 26* Zwei anpassende Wandungsfrgte. nicht bestimmbares offenes Gefäß, Mono-in mit nicht eindeutig erkennbarem Muster. Scherben innen rosa, außen beige, Ofl. kremweiß; Malschlicker innen dunkelbraun, außen schlierig gelb – schwarz. FM 9 oder FM 16; zufriedenstellende Entsprechung bei Furumark (1941) nicht abgebildet. Abhub 113.

421   *Taf. 26* Wandungsfrgt., großes dickwandiges offenes Gefäß, Mono-in, mit nicht eindeutig bestimmbaren Mustern. Scherben beige, Ofl. beige trocken, mit stark hervortretenden Drehspuren; Malschlicker innen tief dunkelbraun, außen braun. Hauptmuster könnte FM 62 sein. Nebenmuster vielleicht FM 29, 21. Abhub 120.

422   *Taf. 26* Wandungsfrgt., großes dickwandiges offenes Gefäß, Mono-in mit FM 17. Scherben beige, Ofl. außen beige, glänzend, Malschlicker beiderseits schwarz. Abhub 100.

423   *Taf. 26* Wandungsfrgt., nicht bestimmbare offene Form, Mono-in, mit FM 46/51 (?). Scherben rot, Ofl. beige, trocken, mit stark hervortretenden Drehspuren; Malschlicker rot. Bemerkenswert an Spiralenrest schlampige Ausführung. Abhub 120.

424 *Taf. 26* Wandungsfrgt., nicht bestimmbare offene Form, Mono-in, mit FM 46 (?), Scherben rot, Ofl. beige, trocken, mit stark hervortretenden Drehspuren; Malschlicker rot. Ausgesprochen sorglose Linienführung. Abhub 101.

425 *Taf. 26* Wandungsfrgt., nicht bestimmbare offene Form, Mono-in, mit FM 47. Scherben graugrün, Ofl. grünlich-graubraun; Malschlicker innen schwarz, außen tief-dunkelbraun; sekundär verbrannt. Abhub 113.

426 *Taf. 26* Zwei anpassende Wandungsfrgte., kleine offene Form, FS 284 (?) mit FM 50? Scherben rot, fleckig rosa, Ofl. beige, trocken; Malschlicker rotbraun, innen jedoch dunkler. Abhub 109. 113 A (Zone II.I).

427 *Taf. 26* Wandungsfrgt., dickwandiges offenes Gefäß, Mono-in, mit Resten zweier verschiedener Spiralen. Scherben beige, stark, grob, Korndm 3–4 mm, gemagert, Ofl. beige; Malschlicker braun, innen dunkler. Abhub 120.

428 *Taf. 26* Wandungsfrgt., nicht bestimmbare offene Form, Mono-in, mit FM 50 und FM 75, ferner möglicherweise FM 56. Scherben beige, nach innen rosa gemantelt, Ofl. beige; Malschlicker innen dunkelbraun, außen braun bis fleckig tief dunkelbraun. Abhub 107.

429 *Taf. 26* Zwei anpassende Wandungsfrgte., nicht bestimmbares offenes Gefäß, Mono-in, mit FM 52. Scherben beige, Ofl. beige; Malschlicker innen dunkelbraun, außen tief dunkelbraun. Abhug 112. 114 Z (Zone I, II).

430 *Taf. 26* Wandungsfrgt., nicht bestimmbare offene Form, Mono-in, mit FM 61. Scherben beige, rosa gemantelt, Ofl. glänzend beige; Malschlicker innen tief dunkelbraun, außen dunkelbraun. Abhub 122.

431 *Taf. 26* Wandungsfrgt., nicht bestimmbares offenes Gefäß, Mono-in, mit nicht eindeutig bestimmbarem Muster. Scherben rot, Ofl. rosa, trocken, mit stark hervortretenden Drehspuren; Malschlicker innen rot, außen dunkelrot. Abhub 112.

432 *Taf. 26* Wandungsfrgt., nicht bestimmbares offenes Gefäß, Mono-in, mit nicht bestimmbarem Zackenmuster. Scherben, Ofl. beige; Malschlicker rotbraun. Abhub 113 B.

433 *Taf. 26* Wandungsfrgt., nicht bestimmbares offenes Gefäß, Mono-in, mit Spiralenrest. Scherben beige, Ofl. beige, trocken, mit stark hervortretenden Drehspuren; Malschlicker innen dunkelbraun, außen braun bis dunkelgrau. Abhub 100.

434 *Taf. 26* Wandungsfrgt., nicht bestimmbares offenes Gefäß, Mono-in, mit FM 61. Scherben beige, grau gemantelt, Ofl. grau; Malschlicker innen tief dunkelbraun fleckig purpurrot, außen matt schwarz; sekundär verbrannt. Abhub 108.

435 *Taf. 26* Wandungsfrgt., nicht genauer bestimmbare Knickwandform, Mono-in, mit FM 27 und FM 73. Scherben rot, nach außen hellbeige gemantelt, Ofl. kremweiß; Malschlicker innen fleckig rotbraun – braun, außen fleckig gelblich-braun – braunschwarz. Am unteren Scherbenrand Ansatz Wandungsknick; Wandstärke nimmt nach oben stetig ab; Wandungsverlauf geradlinig. Abhub 122.

436 *Taf. 26* Zwei anpassende Wandungsfrgte., großer Krater, Mono-in, mit FM 50 und FM 75. Scherben dunkelgrau, nach innen braun gemantelt, Ofl. grau; Malschlicker innen fleckig mittelbraun – dunkelbraun, außen fleckig rotbraun – schwarz. Abhub 112. 112 B-W.

Fragment mit Linearinschrift

Zone III

437 *Taf. 27* Henkelfrgt., große Bügelkanne, linearverziert, mit Teil eines Schriftzeichens bemalt. Erh. L 4,5 cm. Scherben grau, bräunlich gemantelt, Ton schwach sandig gemagert; Ofl. fleckig graubraun – dunkelgrau; Malschlicker schwarz. Abhub 139. Hiermit bei Grossmann-Schäfer, Tiryns VIII 64 Kat.-Nr. 13 Abb. 3 a–b Taf. 45, 13 veröffentlichte Inschrift vollständig; vgl. A. Leonard, AAA 6 1973, 306–308 Abb. 1–4.

Idole

Zone IV

438 *Taf. 27* Frgt. Tierfigürchen, Vorderteil. Erh. L 4,4 cm. Scherben beige, Ofl. hellgelblich-beige; Malschlicker dunkel rotbraun. Abhub 169.

439 *Taf. 27* Frgt. Stiergefäß (?). Erh. L, Br 5 cm. An zwei Stellen durchbohrt, innen hohl. Scherben beige, kalkgemagert, Korndm ungefähr 1 mm, Ofl. beige; Malschlicker schwarz. Abhub 144.

440 *Taf. 27* Armfrgt. Psi-Idol. Erh. L 3,2 cm. Scherben beige, Ofl. beige; Malschlicker fleckig gelbbraun – schwarz. Abhub 137.

441 *Taf. 27* Frgt. weibl. Idol. Erh. H 4,4 cm. Scherben hellbraun, Ofl. beige; Malschlicker fleckig dunkelbraun – gelbbraun. Abhub 152.

442 *Taf. 27* Wagenkastenfrgt. Wagenfahrtgruppe (?). Erh. Br 3,5 cm, erh. H 2,8 cm. Scherben graubraun, Ofl. grau; Malschlicker schwarz; sekundär verbrannt (?). Abhub 137.

Zone III
443 *Taf. 27* Kopf eines Frauenidols. Erh. H 4 cm. Scherben, Ofl. graubraun; Malschlicker fleckig rotbraun – schwarz; sekundär verbrannt (?). Plastisch aufgesetzter Zopf hinten. Abhub 174.

Zone II
444 *Taf. 27* Frgt. Tierfigürchen (?). Erh. L 2,5 cm. Scherben rosa, Ofl. beige; Malschlicker rotbraun. Abhub 110.

445 *Taf. 27* Frgt. Rumpf Tierfigürchen. Erh. L 3,3 cm. Scherben rosa, Ofl. orangefarben; Malschlicker dunkelbraun. Abhub 114 Z.

446 *Taf. 27* (Bein-?) Frgt. Bein von Stiergefäß (?). Erh. L 5,2 cm. Scherben rosa, Ofl. beige; Malschlicker dunkelbraun, fleckig schwarz. Abhub 114.

447 *Taf. 27* Frgt. Rumpf Tierfigürchen. Erh. L 2,7 cm. Scherben beige, Ofl. beige; Malschlicker dunkelbraun. Abhub 114 Z.

448 *Taf. 27* Frgt. T-Idol. Erh. H 4 cm. Scherben, Ofl. beige; Malschlicker dunkelbraun. Abhub 110.

449 *Taf. 27* Brustfrgt. Frauenidol Dm etwa 2 cm. Scherben rosa, Ofl. beige; Malschlicker rot. Abhub 115.

450 *Taf. 27* Frgt. Wagenfahrtgruppe, Zügel (?) Erh. L 8,6 cm. Scherben hellbraun, Ofl. beige; Malschlicker glänzend rotbraun. Abhub 110 Z.

Zone I
451 *Taf. 27* Hornfrgt. Stierfigürchen. Erh. L 2,2 cm. Scherben rot, Ofl. rosa; Malschlicker rot. Abhub 100.

452 *Taf. 27* Rumpffrgt. Tierfigürchen. Erh. L 4,8 cm. Scherben rosa, Ofl. beige; Malschlicker rotbraun. Abhub 120.

453 *Taf. 27* Vorderteil eines Tierfigürchens. Erh. L 4 cm. Scherben, Ofl. beige; Malschlicker rotbraun. Abhub 104.

454 *Taf. 27* Hinterteil eines Tierfigürchens. Erh. L 4,8 cm. Scherben rot, Ofl. rosa; Malschlicker rot. Abhub 122.

455 *Taf. 27* Frgt. große Tierfigur oder Tiergefäß (?). Erh. L 3,5 cm, erh. Br 3,4 cm. Scherben, Ofl. graubraun; Malschlicker dunkelgrau; sekundär verbrannt (?). Abhub 113 B.

456 *Taf. 27* Torso eines Psi-Idols. Erh. H 7 cm. Scherben, Ofl. rosa; Malschlicker rot. Abhub 108.

457 *Taf. 27* Frgt. eines Psi-Idols. Br 4,4 cm. Scherben fleckig rot – rosa, Ofl. beige – rosa; Malschlicker fleckig rotbraun – schwarz. Abhub 108.

458 *Taf. 27* Torso Idol. Erh. H 6,8 cm. Scherben beige, Ofl. hellgelblich-beige; Malschlicker rotbraun. Abhub 113 A.

459 *Taf. 27* Rad, bestoßen. Wagenfahrtgruppe oder Spielzeug (?). Erh. Br 5 cm, Radnabe 5 cm. Scherben rot, Ofl. beige; Malschlicker außen fleckig dunkelrotbraun – schwarz, innen rotbraun. Abhub 120.

Streufunde

460 *Taf. 27* Wandungsfrgt., nicht bestimmbares geschlossenes Gefäß mit Menschendarstellung, FM 1. Scherben grau, nach außen beige gemantelt, Ofl. beige, poliert außen, innen blaßgrau; matter, fleckig dunkelbraun – schwarzer Mal-schlicker. Mann nach rechts dargestellt; zwei Striche, vom linken Scherbenrand aus schräg nach unten gezogen, in Knie-höhe des Mannes sich zu Linie vereinigen, die geschwungen nach oben hochzieht: vielleicht Zügel (?); am r. Scherbenrand zwei parallele senkrechte Wellenlinien.

461 *Taf. 27* Körper eines Tierfigürchens. Erh. L 9 cm. Scherben, Ofl. orangefarben; Malschlicker rot.

462 *Taf. 27* Rumpf eines Tierfigürchens. Erh. L 5,6 cm. Scherben hellbraun, Ofl. beige; Malschlicker glänzend fleckig dunkelbraun – rotbraun.

Nachmykenische Keramik
Befunde um die Skelettbestattungen:
Neben drei Scherben einer unverzierten Gebrauchskeramik unsicherer Zeitstellung, zwei Fragmente klassischer oder frühhellenistischer Schwarzfirniskeramik. Abhub 160–160 Sk 6.125.

Zone IV:
Zwei Fragmente der oben erwähnten Gebrauchskeramik, eine Scherbe schwarzgefinißter Keramik klassischer oder frühhellenistischer Zeit, ein Fragment Westabhanggattung. Abhub 156–137–144.

Zone III:
Von den bestimmbaren nachmykenischen Scherben dieser Zone ist eine wahrscheinlich archaische Gebrauchskera-mik, eine weitere stammt vom Fußteller einer klassischen oder frühhellenistischen schwarzgefirnißten Kylix. Abhub 133–124.130.131–136.

Zone II:
Außer Fragmenten der oben erwähnten Gebrauchskeramik wurden zwei Fragmente Schwarzfirniskeramik klassi-scher oder frühhellenistischer Zeit und ein unbemaltes Fragment vom Mündungsrand eines wohl protogeometrischen ge-schlossenen Gefäßes gefunden. Abhub 109. 129–110 Z–110.

Zone I:
Von den bestimmbaren Scherben nachmykenischer Keramik, die in dieser Zone gefunden wurde, sind dreizehn Scherben klassische und/oder frühhellenistische Schwarzfirniskeramik, sechs sind geometrisch und zwei sind Fragmente von Kleeblattmündungen vermutlich protogeometrischer Kannen. Hinzu kommen drei Fragmente großer Dachziegel, de-ren konkave Seite mit violettem Malschlicker überzogen ist. Abhub 100 B/108 B. 103. 104. 105. 107. 112. 113. 113 A. 119. 120–100 B/108 B. 112. 112 B–W. 113 B–113–113 B.

Abriß der wichtigsten Keramikformen und Keramikklassen

Zone IV: Das Erscheinungsbild dieser Zone wird durch unbemalte Keramik, sowohl offene wie geschlossene Formen, geprägt. Grobkeramik ist hier vergleichsweise stark vertreten, Kochtöpfe dagegen unterdurchschnittlich schwach. Kennzeichnend für diese Zone ist also eine relative Armut an Feinkeramik (vgl. *Tab. 21*).

Die verzierte Feinkeramik wird hauptsächlich durch Tassen- und Kylixformen, Sky-phoi (FS 284 A) und Fußnäpfe (FS 304–305) vertreten; Material vom SH III A-Schema ist da-bei verhältnismäßig häufig. Daneben liegt auch einiges vom SH I-/II-Schema vor. Die Tassen sind u. a. FS 211/213, der Vaphiobecher FS 224, die Kylikes FS 256 und FS 265 *(Tab. 3.5)*.

In Zone IV wurden fünf Scherben offener Formen mit monochrom bemaltem Inneren gefunden; von diesen fünf weisen drei Scherben die gleiche Machart auf wie Gefäße der Zone II, ja sie passen sogar an diese Gefäße an. Demnach wären diese drei Scherben als 'Irrläufer' anzusehen, die infolge der Störung in diese Zone hineingeraten sind. Eine weitere Scherbe scheint von einem verhältnismäßig dickwandigen offenen Gefäß vom SH III A-Schema, FS 304 oder Randzone eines Rhyton (?), zu stammen. Die fünfte ist ebenfalls auffallend dickwandig und von einer sorgfältigen Machart, die in allen vier Zonen vorkommt.

Von den geschlossenen Formen sind außer der linearverzierten Miniaturkanne FS 106 (Nr. 42) keine Gefäße genau bestimmbar, so daß keine Form-/Mustertabellen für diese Klasse aufzustellen waren (zum Vorkommen der Muster auf geschlossenen Formen: *Tab. 4*). Ferner wurden außer Wandungsfragmenten und typologisch unempfindlichen Scherben festgestellt: ein monochromer Fuß, möglicherweise eines Vorratstöpfchens, drei linearverzierte Bügelkannenmündungen, zwei linearverzierte Bügelhenkel, sieben linearverzierte Kannen- und Krugmündungen, zwei unbemalte Bügelkannenausgüsse.

Am häufigsten unter den bestimmbaren Scherben von linearverzierten offenen Formen sind Skyphoi (FS 284 A); hier darf vermutet werden, daß es sich um Reste ursprünglich mit Mustern verzierter Gefäße handelt. Es folgen Kelch- und Kylixformen (z. B. FS 254/255); belegt sind ebenfalls FS 305, FS 242. Die Streuung dieser Gefäßart ist in diesem Befund mehrdeutig, da sie nicht häufig genug belegt ist, um eine Feststellung ihrer Normalverteilung zu ermöglichen. Ferner gehört ein fragliches Exemplar von FS 334 hierher *(Tab. 13)*.

Linearverzierte offene Formen mit monochromem Inneren *(Tab. 14)* sind in erster Linie FS 284, wobei hier dieselbe Einschränkung wie im Falle der linearverzierten Skyphoi der Gruppe A gemacht werden muß. Vertreten sind auch FS 281, FS 295 und FS 304. Außer der letztgenannten, sind diese Scherben typologisch jünger als der Fundzusammenhang.

Am häufigsten unter den Scherben von unbemalten offenen Formen sind Scherben nicht genauer bestimmbarer Kylikes; darauf folgen die Knickwandformen FS 267 und FS 295, die sich nur in Ausnahmefällen auseinanderhalten lassen. Den drittgrößten Anteil haben die Kelchtypen vom SH I-/II- bzw. SH III A-Schema FS 263 und 264. Erst an vierter Stelle kommen Scherben der Kylix FS 274; belegt sind auch zwei Scherben von FS 284. Den Rest stellen Kleinformen wie Tassen und Schälchen wie FS 204 *(Tab. 15)*.

Aus Zone IV stammt ferner eine unbemalte Scherbe mit monochromer Bemalung auf der Innenseite und ein Ringfuß vom Verzierungstyp V *(Tab. 16; Taf. 27)*.

Von den monochromen offenen Formen sind FS 284/285 und die RBB, sowie die FS 274/275 in dieser Zone anomal. Das Gleiche gilt wohl ebenfalls für die Knickwandformen, doch läßt sich dieser Eindruck nicht auf quantitativem Wege belegen. Alle anderen Scherben monchromer offener Gefäße stammen von Formen des SH III A-Schema: FS 304, Kelchtypen, FS 270–272, FS 264 usw. *(Tab. 17)*.

Zone III: Wie in Zone IV, herrschen auch hier unbemalte Gefäße sowohl unter den offenen wie unter den geschlossenen Formen vor; Grobkeramik spielt in Zone III eine noch größere Rolle als in Zone IV; sie hat einen Anteil am Zonengesamtbefund der etwa anderthalbmal so groß ist wie in Zone IV. Auch die Kochtöpfe sind in Zone III anderthalbmal so stark vertreten wie dort. Wieder sind es also die unbemalte Keramik und Grobkeramik, die das Bild bestimmen; hauptsächlich kleine Scherben, vor allem Wandungsfragmente, sind erhalten, die keine weiteren diagnostischen Merkmale aufweisen. Zudem erhöht sich dadurch die Gefahr einer Verwechslung mit nichtmykenischer Keramik stark (zur Zusammensetzung dieser Zone *Tab. 21*).

Unter den geschlossenen Formen der Feinkeramik waren bestimmbar: das obere Drittel einer Kanne FS 121, mit FM 58 verziert; eine monochrom bemalte plane Standfläche einer Saugflasche; des weiteren wurden gefunden: linearverzierte Scherben von fünf Kannen- und Krugmündungen, von zwei Bügelkannenausgüssen und von einem Bügelhenkel sowie ein unbemalter Bügelhenkel.

Die typologisch ältere Keramik wird repräsentiert durch einige wenige Fragmente von Formen vom SH IIIA-Schema: FS 6 oder 7, FS 257, FS 265. Von den restlichen Formen ist FS 284 A weitaus am häufigsten; in großem Abstand folgen Kratertypen FS 8 oder 9, FS 281, FS 236 und FS 305, die alle etwa gleich stark vertreten sind *(Tab. 6)*.

Von den Scherben linearverzierter offener Formen überwiegen Fragmente von FS 284 bei weitem; hier läßt es sich genauso wenig wie im Falle der entsprechenden Scherben von Zone IV ausschließen, daß eine unbekannte Anzahl dieser Fragmente tatsächlich von verzierten Skyphoi stammt. Bei der Bestimmung der Scherben wurde ausschließlich vom Erhaltenen ausgegangen. Ebenfalls belegt sind FS 225 oder 226, FS 240 und FS 305 *(Tab. 13)*.

Eine Scherbe einer linearverzierten Knickwandform mit monochrom bemaltem Inneren wurde in dieser Zone gefunden, die höchstwahrscheinlich in diesem Fundzusammenhang intrusiv ist *(Tab. 14)*.

Unter den unbemalten offenen Formen *(Tab. 15)* sind an bestimmbaren Scherben die Knickwandformen FS 267 oder 295 am häufigsten belegt. Darauf folgen in einigem Abstand FS 274 und Fragmente typologisch älterer Formen FS 263 oder 264. Die große Masse der Scherben unbemalter offener Gefäße stammt jedoch von nicht genauer bestimmbaren Tassen- und vor allem Kylixformen.

An unbemalten offenen Formen mit monochromem Inneren wurden in dieser Zone *(Tab. 16)* lediglich zwei Ränder von Kleinformen ohne FS-Bezeichnung festgestellt.

Die wichtigsten bestimmbaren Formen monochromer offener Gefäße sind wieder Keramik vom SH III A-Schema, wie FS 304, oder von Formen wie FS 274 oder 275 sowie FS 284 oder 285, die typologisch jünger wären als ihr Fundzusammenhang (hierzu auch *Tab. 17*).

Zone II: Wie im Falle der beiden oben behandelten Zonen, herrscht auch hier unbemalte Keramik vor. In dieser Zone jedoch überwiegen unter den offenen Formen Gefäße mit monochromem Inneren, bei den geschlossenen Formen stellen linearverzierte Gefäße einen erheblichen Anteil des Inventars *(Tab. 21)*. Bei offenen Gefäßen sind linearverzierte Scherben etwa gleich häufig wie musterverzierte. Im Gegensatz zur Situation in den Zonen III und IV, wo Grobkeramik viel stärker vertreten ist als Kochtöpfe, stellen diese in Zone II ungefähr ein Achtel des gesamten Bestandes mykenischer Keramik, während der Anteil an Grobkeramik sehr gering ist.

Nur sehr wenige Scherben geschlossener Formen der Feinkeramik waren bestimmbar; die meisten lassen sich bestenfalls nur allgemeinen Formengruppen zuweisen. Die einzige gut bestimmbare verzierte Scherbe stammt von der Henkelzone einer kleinen Bügelkanne, vielleicht FS 176 *(Taf. 7,99)* und hat drei FM 18 als Verzierung. Fragmente, zwei Mündungen, ein Fuß, ein Henkel, auf denen lediglich monochrome Bemalung erhalten war, scheinen hauptsächlich von stamnosartigen Vorratstöpfchen (PJ) zu kommen. Am häufigsten unter den linearverzierten Formen sind Mündungen von Kannen, Krügen und Hydrien, darunter sieben FS 121, eine FS 137 und die vollständig erhaltene Schulterzone mit Ausguß und Henkel FS 128 *(Taf. 7,98)*; Bügelkannen sind durch vier Ausgüsse und sechs Henkel vertreten, wobei natürlich unklar ist, inwieweit Henkel und Ausgüsse einander zuzuordnen sind. Saugfläschchen sind durch zwei Ränder belegt; fünf schlecht geglättete Bodenfragmente stammen höchstwahrscheinlich von Alabastra[59]. An unverzierten Formen ließen sich eine kleine Vorratsamphora FS 67 *(Taf. 7,97)* fast vollständig wieder zusammensetzen und vier Ränder von Hydrien oder Kannen feststellen. Amphoren weisen mehrere verschiedene Randtypen auf, und können oben entweder als Kannen oder Hydrien bezeichnet worden sein.

An Grobkeramik waren zwei Ränder geschlossener Formen als FS 121 bzw. FS 137 bestimmbar.

Bei verzierten offenen Formen sind die meisten Scherben mit Mustern bemalt, die entweder typologisch relativ unempfindlich sind, oder nicht notwendig über das Ende der SH IIIB-Stilphase hinausgehen müssen. Die häufigsten Formen sind FS 284, weitaus der größte Anteil, FS 305, FS 236 und FS 258B, sowie nicht genauer bestimmbare Krater- und Tassentypen. Sieben Scherben ließen sich typologisch genauso gut in die SH IIIB- oder IIIC-Stilphase einordnen, lediglich eine als eindeutig vom SH IIIC-Schema bestimmen. Typologisch älter sind Formen vom SH I/II, FS 211/213, FS 224, FS 254, und SH IIIA-Schema *(Tab. 7.10)*.

Linearverzierte offene Formen *(Tab. 13)* sind sehr häufig durch Scherben von FS 284 vertreten, wobei dahingestellt bleiben muß, wie viele verzierte Gefäße ursprünglich an der Gesamtsumme linearverzierter Skyphosfragmente beteiligt sind. Die zweithäufigste bestimmbare Form ist FS 305, danach kommt FS 242; sehr stark vertreten sind ebenfalls Scherben nicht genauer bestimmbarer Kratere und Kylikes. Erwähnenswert sind ferner FS 295, FS 199, FS 215/216, FS 219/220, sowie FS 334 und 335.

Auch unter den linearverzierten offenen Formen mit monochromem Inneren *(Tab. 14)* sind Skyphoi (FS 284) am häufigsten vertreten; allerdings muß auch in diesem Fall dieselbe Einschränkung wie oben geltend gemacht werden. In einigem Abstand folgt dann die Klasse Mono-in Schüssel, die wohl am besten unter der Bezeichnung FS 294 subsumiert werden kann. Belegt sind auch Kratere (FS 281/282), Tassen (u.a. FS 215/216), die Kylixformen FS 274/275, sowie FS 295 und, als typologisch älteres Material, FS 304.

Die große Masse unverzierter offener Formen *(Tab. 15)* stellen nicht genauer bestimmbare Kylix- und Knickwandformen, darunter sind 16 FS 274, sieben FS 295 und drei FS 267 sicher belegt. Es folgen FS 222 mit elf Exemplaren, Kleinformen wie FS 204 und Kelch- oder Fußschalenfragmente.

An unverzierten offenen Formen mit monochromem Inneren ist FS 284 wieder an erster Stelle zu nennen, daneben liegen zwei Kleinformen ohne FS-Bezeichnung vor *(Tab. 16)*.

Die monochromen offenen Formen lassen sich in zwei typologische Gruppen einteilen: Material vom SH IIIC-Schema wird am häufigsten durch FS 284/285 vertreten *(Tab. 17)*, einschließlich FS 284/285 RBB. An zweiter Stelle folgt FS 240; ebenfalls belegt ist FS 215/216.

---

[59] French (1965a) 176 bemerkt, daß die Gefahr einer Verwechselung von Scherben dieser Form mit Böden von Humpen FS 225 oder 226 unter dem Scherbenmaterial aus Mykene gegeben ist, da Böden solcher Formen dort nur sehr schlecht geglättet sind. Diese Beobachtung läßt sich in Tiryns anhand des vorliegenden Materials noch nicht bestätigen.

Keramik vom SH III A-Schema dagegen wird in erster Linie durch FS 304/305 vertreten, daneben auch FS 264.

Zone I: Auffallend am mykenischen Inventar von Zone I ist die Tatsache, daß monochrome und Mono-in offene Formen den Hauptanteil, an Stelle der unverzierten offenen Formen, bilden; sogar die monochromen offenen Formen allein machen so viel vom gesamten keramischen Bestand aus wie in anderen Zonen die unverzierten Scherben. Nur in dieser Zone sind linearverzierte offene Formen häufiger als musterverzierte.

In Zone I ist der Anteil geschlossener Formen der höchste aller vier Zonen, wobei unverzierte und linearverzierte Scherben etwa gleich häufig sind.

Auch in Zone I sind die Kochtöpfe sehr stark vertreten: die Grobkeramik dagegen ist anteilsmäßig fast völlig bedeutungslos *(Tab. 21)*.

An bestimmbaren geschlossenen Formen der musterverzierten Feinkeramik sind je eine FS 58*(Taf. 20,264)* und FS 137*(Taf. 18,265)* zu verzeichnen, ferner zwei Bügelkannenhenkel; monochrom bemalt sind ein Rand- und ein Wandungsfragment von stamnosartigen Vorratstöpfchen (PJ). Am häufigsten unter den linearverzierten Gefäßen sind Ränder von Kannen, Krügen, Hydrien und Amphoren belegt, die sich jedoch nicht genauer unterteilen lassen; ebenfalls sehr häufig sind Fragmente, die sich lediglich allgemein der Gruppe Bügelkanne zuweisen lassen. Allerdings lassen sich FS 121, FS 128 und FS 137 belegen, sowie das Fragment eines Saugfläschchens und ein weiteres von einem Alabastron. Unverzierte Scherben waren zwei Kannen- oder Krugränder und ein Strickhenkel. – Von der Grobkeramik war ein Mündungsfragment einer Kanne oder Hydria bestimmbar.

Unter den verzierten offenen Formen der Feinkeramik besteht die Hauptmenge aus Scherben vom SH III B-Schema und aus typologisch wenig empfindlichem Material. Nur sechs Scherben sind von eindeutigem SH III C-Typus, wobei gerade in dieser Zone die Anzahl anomaler und unkanonischer Muster und Verzierungsschemata sehr groß ist, so daß eine Unterscheidung zwischen Keramikscherben der SH III B- und solchen der SH III C 1- oder III C 2-Stilphasen nicht immer möglich ist. Manche der anomalen Muster scheinen unter den Scherbenfunden der Ausgrabung in Tarsus Entsprechungen zu finden[60].

Unter den typologisch älteren Scherben dieser Zone sind Fragmente vom SH III A-Schema, z.B. FS 257, zu nennen. Die häufigsten Formen sind FS 284, FS 305, FS 240 und FS 281/282 sowie Fragmente nicht genauer bestimmbarer Kratere *(Tab. 8.11)*.

Von den linearverzierten Scherben offener Formen sind Fragmente von Skyphoi (FS 284) und an zweiter Stelle Kratere am häufigsten*(Tab. 13)*, doch ist in beiden Fällen unklar, inwiefern diese Scherben von musterverzierten Gefäßen stammen. Oft belegt sind ebenfalls nicht genauer bestimmbare Tassen- und Knickwandformen, darunter sechs Fragmente von FS 295. Kylikes sind dagegen vergleichsweise schwach vertreten; am häufigsten in dieser Formgruppe sind FS 274/275 belegt. FS 304 und 305, mit insgesamt acht Fragmenten, sind wohl als typologisch älter anzusehen. Belegt sind ebenfalls FS 225/226, FS 215/216, FS 334 und FS 335.

Weitaus am häufigsten unter den linearverzierten Scherben offener Formen mit monochromer Innenseite*(Tab. 14)* sind FS 284/285, einschließlich RBB. An zweiter Stelle folgen

[60] Vgl. French (1975) 58 Abb. 4.5.

nicht genauer bestimmbare Kratere, an dritter Stelle Tassen. Ebenfalls belegt sind FS 274/275 und FS 215 mit ausgespartem Streifen innen knapp unter dem Rand sowie FS 240.

Unter den unverzierten offenen Formen sind Knickwandformen am häufigsten vertreten, wobei lediglich drei (FS 295) sicher bestimmbar waren. Kylixtypen und Tassen folgen, wobei einige wenige Fragmente von FS 266, FS 274 und FS 222 zu verzeichnen sind. FS 284, FS 242 und FS 204/206 wurden ebenfalls festgestellt, sowie FS 263/264, alle wohl typologisch älter als der Fundzusammenhang (Tab. 15).

Unter den unverzierten offenen Formen mit monochromem Inneren (Tab. 16) sind es hauptsächlich Fragmente, die wohl von FS 284/285 stammen, zwei Kraterfragmente, je eine Scherbe von einem Knickwandgefäß und von einer kleinen Gefäßform, wohl Schälchen ohne FS-Bezeichnung.

Die überwiegende Mehrheit bestimmbarer Fragmente monochromer offener Gefäße gehören FS 284/285 und RBB an; die zweithäufigste Form ist FS 274/275. Monochrome Tassen mit einem ausgesparten Streifen innen dicht unter dem Rand (FS 215) folgen an dritter Stelle, danach kommt FS 215/216. Einen großen Anteil des Gesamten bilden nicht genauer bestimmbare Tassen; auch Knickwandformen, darunter FS 240, sind gut vertreten. An bestimmbaren Tassenformen ist nur FS 216 zu nennen. Kratere, FS 281/282, sind ebenfalls belegt.

Ergebnisse zu den geschlossenen Formen

Da sich das Fundmaterial zum größten Teil aus sehr kleinen Fragmenten zusammensetzt, wovon die wenigsten sich aneinander anpassen ließen, konnten nur sehr wenige Gefäße auch nur teilweise wiederhergestellt werden. Lediglich sieben geschlossene Formen konnten so weit rekonstruiert werden, daß eine FS-Bestimmung überhaupt möglich war. Nur bei zwei von diesen ist eine Vorstellung von der Form des ganzen Gefäßes zu gewinnen, da die übrigen fünf nur von der Mündung bis zur Schulterzone erhalten sind; Bauch- und Fußpartien fehlen.

Die große Mehrzahl der Scherben besteht aus Wandungsfragmenten, die nur in Ausnahmefällen Rückschlüsse über ihre genauere Typenzugehörigkeit erlauben. Die Mündungsrand- und Henkelfragmente lassen sich aufgrund des Forschungsstandes bestenfalls allgemeinen Formgruppen, wie z. B. Bügelkanne oder Hydria, zuweisen.

Leider war anhand des Scherbenmaterials aus dem untersuchten Grabungsabschnitt die erhoffte Wechselbeziehung zwischen Randprofiltyp und Randverzierungsschema nicht zu erkennen. Es war kein typenbildender Zusammenhang zwischen Randprofil und Randverzierung festzustellen, sondern allein schon die Morphologie der Randfragmente erwies sich als dermaßen vielfältig, daß sich Randprofile nur in wenigen Ausnahmefällen zu einem Profiltyp zusammenfassen ließen; in der Regel konnten die Ränder lediglich als Einzeltypen eingestuft werden.

Eine mögliche Erklärung für diese Beobachtung bietet die verhältnismäßig geringe Anzahl Scherben, die aus diesem doch sehr begrenzten Grabungsbereich stammt.

Ergebnisse zu den offenen Formen

Auch von den offenen Formen waren nur wenige im Scherbenmaterial zahlreich genug vertreten um eine Unterteilung in Formgruppen zu erlauben, die hier zunächst provisorisch Varianten genannt werden. FS 267 und FS 295, zwei in anderen Fundzusammenhängen anscheinend sehr häufige und wichtige Formen, waren in Abschnitt I A/1 nur in dermaßen stark fragmentiertem Zustand vorhanden, daß sie nur selten auseinanderzuhalten waren. Sie erscheinen daher *(Tab. 2)* z.B. als Mono-in oder linearverzierte Gebrauchskeramik. Im Folgenden wird eine knappe Übersicht der offenen Gefäßformen, geordnet nach dem Verzierungsschema und der wichtigeren in diesem Fundmaterial festgestellten Varianten, gegeben.

FS 236 DR, Punktrandkelle. Zuweisbare Fragmente von FS 236 mit gepunktetem Rand sind nur aus Zone II und III belegt. Morphologische Vergleiche der Punktrandkellenexemplare aus diesen Zonen zeigen, daß im allgemeinen die Wandung bei den FS 236 aus Zone III entweder senkrecht aufsteigt oder dicht unter dem stark ausschwingenden Rand sanft einzieht. In Zone II dagegen ist der Gefäßkörper bei entsprechenden Kellentypen, soweit erhalten, kalottenförmig. Ein Exemplar mit senkrechter Wandungssteigung ist jedoch auch in dieser Zone vorhanden.

Betrachtet man die Fragmentprofile genauer, so lassen sich in Zone III zwei Varianten Punktrandkellen, in Zone II drei unterscheiden, wobei eine Variante (a) beiden Zonen gemeinsam ist.

Die erste Variante von Zone III vertreten die beiden Exemplare Nr. 47 und 48 *(Taf. 3)*: sie weisen beide einen relativ flachen Gefäßkörper mit stark S-förmig geschwungener Wandung und ausschwingendem, gerundeten Rand auf. Um eine leichte Unterscheidung der Varianten zu ermöglichen, verwenden wir im Rahmen dieses Berichts die Kurzformel FS 236 Punktrandkelle Variante a_1. Variante b bezeichnet in Zone III die Kelle Nr. 49 mit tiefem, annähernd zylindrischem Gefäßkörper. Die Wandungssteigung ist fast senkrecht, in der Mitte leicht einziehend. Der Rand ist gerundet.

In Zone II ist die Variante a_1 durch Nr. 108 vertreten. Hinzu kommt eine verwandte Variante (a_2), Nr. 106 und 107, mit flachem, kalottenförmigem Gefäßkörper und ausschwingendem Rand. Eine Variante c stellt Nr. 109 dar, die einen tiefen, ebenfalls kalottenförmigen Gefäßkörper aufweist sowie eine ungewöhnliche Randausbildung; der Rand ist nach außen gerundet, traufartig nach außen gebuchtet und zurückgebogen.

FS 240, Knickwandtasse. Der Formengruppe FS 240 konnten in Zone II sechs Fragmente zugewiesen werden (Nr. 110–115); aus Zone I sind nur drei fragliche Exemplare belegt. Die hier vorhandenen Fragmente lassen sich in zwei Haupttypen unterteilen: der erste Typ – Zone II, Nr. 110–114: Zone I, Nr. 269 (?) – ist im allgemeinen größer, Dm 15–20 cm, am häufigsten 17 cm. Er hat einen scharfen Wandungsknick und weist mehrere verschiedene Randtypen auf. Alle Exemplare dieses Typs, außer dem zweifelhaften Stück Nr. 269, sind monochrom und stammen aus Zone II. Bei den zwei größten Beispielen (Nr. 110.111) ist die Gefäßwandung am Umbruch verdickt.

Der zweite Typ ist klein – Dm 13–14 cm – und hat einen S-förmig geschwungenen Wandungsverlauf ohne ausgeprägten Wandungsknick, Zone II: Nr. 115; Zone I: Nr. 270–271 (?). Der Rand ist gerundet, auch bei den beiden fraglichen Exemplaren Nr. 270–271. – Die Zone maximalen Gefäßdurchmessers liegt bei allen angeführten Exemplaren dieser Gefäßart in Randhöhe.

FS 242, halbkugelige Tasse. Die Scherben, die diesem Typ zugewiesen werden konnten, sind anhand dieses Materials in zwei Varianten zu unterteilen: Rand läuft in einer stetigen Kurve aus – Zone II: Nr. 116–117; Zone I: Nr. 272 (?) – oder der Rand zieht bei konischem Gefäßkörper etwas ein – Zone II: Nr. 118–119; Zone I: Nr. 273. Der Rand dieser Gefäßart ist immer verdickt; er kann gerundet oder nur nach innen gerundet sein. Der Randdurchmesser schwankt zwischen 15 und 18 cm; am häufigsten ist ein Durchmesser von 17 cm. Mit einer Ausnahme, die aus einem Störungsbereich stammen soll, sind alle Fragmente dieses Typs in Zone I und II gefunden worden.

Bei linearverzierten Exemplaren dieses Typs sind zwei Verzierungsschemata beobachtet worden: außen ein Randstreifen, zusätzlich ein waagrechtes Band wenig unterhalb halber Gefäßhöhe; innen ein Randstreifen und paralleles Band dicht darunter – Nr. 118; möglicherweise auch Nr. 116 und 117 (?); zum anderen innen wie außen ein Randstreifen sowie zusätzlich ein waagrechtes Band knapp unterhalb der Gefäßmitte (Nr. 119).

FS 284/285, Skyphos. Am besten definiert von allen mykenischen Gefäßformen ist wohl FS 284 mit den einzelnen Typen[61]; anhand des Scherbenmaterials aus dem hier behandelten Grabungsabschnitt ließen sich morphologisch zahlreiche Varianten unterscheiden. (Anzahl der Typen und Varianten pro Zone *Tab. 22*).

Zone IV:

FS 284A: Nr. 12 *(Taf. 1)* zeigt die typische Umrißführung; der erhaltene Gefäßkörper ist glockenförmig mit der Zone maximalen Gefäßdurchmessers in Randhöhe. Dieser Skyphos hat einen gerundeten, ausschwingenden Rand; die maximale Wandstärke liegt in Randhöhe, nach unten nimmt sie stetig ab.

Zone III:

FS 284A: In dieser Zone weisen Nr. 59 und 61 *(Taf. 4)* einen glockenförmigen Gefäßkörper mit spitz zulaufendem Rand auf; bei beiden Skyphoi liegt die Zone maximaler Wandstärke knapp unterm Rand. In der Formgebung ist Nr. 61 etwas bauchiger als Nr. 59, d.h. die S-Kurve der Wandung ist bei jener stärker ausgeprägt.

Nr. 60 und 62 *(Taf. 4)* dagegen scheinen, soweit erhalten, FS 284A-Varianten mit einem relativ flachen, wohl ebenfalls glockenförmigen Gefäßkörper angehört zu haben; beide weisen einen gerundeten Rand auf. Während bei Nr. 60 die Zone maximaler Wandstärke knapp unter dem Rand liegt, ist sie bei Nr. 62 in der Bauchzone zu finden.

Nr. 63 *(Taf. 4)* unterscheidet sich von den vorhergehenden Exemplaren durch ihre senkrechte Wandsteigung und den oben waagrecht abgestrichenen, nach innen gerundeten Rand.

FS 284 DR: Nr. 64 *(Taf. 4)* stammt von einem FS 284 DR–Typ mit – sofern erhalten – zylindrischem Gefäßoberteil; sein Rand ist spitz zulaufend und leicht ausschwingend. Die Wandstärke der Scherbe ist auf ihre gesamte erhaltene Länge, außer am Rand, einheitlich.

FS 284 B, Mono-in: Jede der beiden Scherben dieses Typs aus Zone III, Nr. 65.66 *(Taf. 4)* scheint, soweit erhalten, eine andere Variante zu vertreten: Nr. 65 weist eine flach geschwungene Wandung mit schwach ausschwingender Randzone und einem oben abgeplatteten Rand auf. Nr. 66 hat dagegen einen gerundeten Rand bei stärker ausschwingender Randzone.

---

[61] Insbesondere Wardle (1973) 311 ff.; ders. (1969) 275 und French (1966) 222; dies. (1967) 170.175.

Zone II:

FS 284 A: Von den Scherben aus Zone II, die diesem Typ zuweisbar wären, ist keine soweit erhalten, daß sie Aufschluß über die Form des Gefäßkörpers geben könnte. Bemerkenswert ist die ausgesprochene Dünnwandigkeit, die bei manchen Exemplaren zu beobachten ist, z. B. Nr. 140 und 142 *(Taf. 10)*, ebenfalls der ungewöhnliche Wandungsverlauf bei Nr. 136.

FS 284 DR: Aus dieser Zone sind fast nur kleine Scherben dieses Typs erhalten, die kaum Auskunft über die Form des Gefäßkörpers geben. Bemerkenswert ist vor allem die in der Regel etwa senkrechte Wandungssteigung und die, verglichen mit den erhaltenen FS 284 A-Exemplaren aus dieser Zone, relativ flache Wandungskurve: vor allem Nr. 144–146 und 148 *(Taf. 10)* sowie Nr. 152 *(Taf. 11)*.

An dieser Stelle sei auch auf Nr. 151 *(Taf. 11)* hingewiesen, die einen gerundeten, ausschwingenden Rand und eine zur Gefäßmitte stark einziehende Wandung mit Wandstärkenmaximum in der Randzone aufweist.

Nr. 153 *(Taf. 11)* gehört ebenfalls zu den wenigen Fragmenten aus Zone II, die genügend Auskunft über die Morphologie des hier behandelten Typs liefern, daß sie an dieser Stelle besonders hervorgehoben zu werden verdienen. Nr. 153 stammt anscheinend von einem Gefäß mit flachem, glockenförmigem Gefäßkörper, einer nach unten ausschwingenden Bauch- und stark einziehenden Fußzone. Der Rand ist nach innen gerundet und stark ausschwingend; die maximale Wandstärke liegt dicht oberhalb des Henkelansatzes.

Nr. 154 *(Taf. 11)* dagegen vertritt eine Variante mit zylindrischem Gefäßkörper und schmaler, weich nach außen abgeknickter Randzone. Der Rand ist gerundet, die Henkel verhältnismäßig hoch angesetzt; d. h. sie schließen nicht direkt an der Fußzone an und setzen ihre Kurve mit deren Unterkante fort, sondern liegen in halber Höhe des erhaltenen Gefäßkörpers.

FS 284 B, Mono-in: In Zone II lassen sich mindestens zwei Varianten dieses Typs feststellen, die sich jedoch in der Gestaltung der Randzone sehr ähneln.

Nr. 155 *(Taf. 11)* hat einen kaum ausschwingenden, nach innen gerundeten Rand, vergleichsweise hochsitzende Henkel und eine hohe, eirunde Fußzone. Der Wandungsverlauf bildet eine flache Kurve und wirkt fast geradlinig; die Wandstärke zeigt kein ausgeprägtes Maximum.

Nr. 156 *(Taf. 11)* weist einen gerundeten, stärker ausschwingenden Rand auf, ihre Wandung ist stärker S-förmig geschwungen als bei Nr. 155 und hat ihre maximale Stärke dicht unterhalb der Randzone.

FS 284 A, Mono-in: Die erhaltenen Fragmente lassen eine große Formenvielfalt erkennen.

Nr. 157 und 160 *(Taf. 11)* sind Scherben mit einem kaum ausschwingenden, gerundeten Rand; bei Nr. 160 jedoch ist die Wandung etwas dünner und stärker geschwungen als bei Nr. 157.

Bei Nr. 158 und 159 *(Taf. 11)* ist die S-Kurve der Wandung viel stärker ausgeprägt als bei den vorigen Exemplaren. Beide Fragmente haben in Vergleich zu den Skyphoi aus Zone IV oder III eine sehr schmale Randzone.

Nr. 161–164 *(Taf. 12)* zeigen diverse Randtypen; Nr. 161 ist nach innen gerundet und verdickt; Nr. 162 ist gerundet und weist eine leichte Verringerung der Wandstärke am Übergang von der Randzone zum Gefäßkörper auf. Nr. 163 hat einen nach außen schräg abgestrichenen Rand, der gegenüber der Gefäßwandung einen drastischen Wandstärkeschwund erfahren hat. Nr. 164 hat einen leicht symmetrisch verdickten, nach außen schräg abgestrichenen und stark ausschwingenden Rand.

FS 284/285, Mono-in: Die Scherben dieser Formen zeigen recht verschiedene Gestaltungsmöglichkeiten: Nr. 166 *(Taf. 12)* stammt von einem verhältnismäßig kleinen Gefäß mit einem nach innen gerundeten Rand und stark S-förmig geschwungener Wandung.

Nr. 168 *(Taf. 12)* dagegen scheint eine senkrechte Wandsteigung und einen wohl zylindrischen Gefäßkörper mit einem stark ausschwingenden, stark nach innen verdickten, gerundeten Rand gehabt zu haben.

Falls Nr. 167 *(Taf. 12)* von einem Skyphos stammt, handelte es sich um eine Kleinform mit kugeligem Gefäßkörper und stark nach außen abgeknicktem, gerundetem Rand.

Zone I:

FS 284A: Nr. 292 *(Taf. 19)* stammt von einem kleinen Exemplar mit einem – soweit erhalten – kugeligen Gefäßkörper und einer schmalen Randzone mit gerundetem, kaum ausschwingenden Rand. Die Zone maximaler Wandstärke liegt in der Randzone.

Nr. 289 und 290 *(Taf. 19)* sind zwei weitere Varianten mit flach geschwungener Wandung. Bei diesen beiden Exemplaren liegt die maximale Wandstärke ebenfalls in der Randzone.

FS 284B, Mono-in: Nr. 295 und 298 *(Taf. 19)* stellen Varianten mit einem kaum ausschwingenden Rand und nur sehr flach geschwungener Wandung; in beiden Fällen liegt das Wandstärkemaximum in der Randzone.

Nr. 296 *(Taf. 19)* hat eine zylindrische Randzone und einen nach innen gerundeten Rand mit einer kurzen, lippenartigen Verdickung außen.

Nr. 297 dagegen weist eine in einer stetigen Kurve stark ausschwingende Randzone auf und hat einen gerundeten Rand.

FS 284A, Mono-in: Auch hier sind mindestens zwei Varianten festzustellen: Nr. 299 *(Taf. 20)*, zum Beispiel, hat einen stark nach innen verdickten Rand und eine ungewöhnliche, oben einziehende Wandungssteigung.

Nr. 301 *(Taf. 20)* hat einen stark ausgeschwungenen, nach außen gerundeten Rand und einen äußerst flach geschwungenen, fast zylindrischen Gefäßkörper.

Die Form von Nr. 302 *(Taf. 20)* muß unabhängig von der Wandungssteigung beurteilt werden, da so wenig vom Rand erhalten ist, daß diese nicht mehr zu ermitteln war. Dennoch sieht man vom Profil her, daß die schmale Randzone etwas ausschwingt und eine deutliche Wandstärkeabnahme gegenüber der Gefäßwandung aufweist; der Rand ist gerundet. Die Henkel sind vergleichsweise hoch angesetzt und liegen oberhalb der Gefäßmitte.

Nr. 305 *(Taf. 20)* ist ein äußerst dünnwandiges Fragment mit ausgeschwungener Randzone und einem gerundeten Rand. Der Wandungsverlauf läßt auf einen flach kalottenförmigen Gefäßkörper schließen, was – in Verbindung mit der extremen Dünnwandigkeit – für FS 284/285 ungewöhnlich wäre. Nach dem Henkelansatz jedoch wäre ein Querhenkel vermutlich zu ergänzen, was wiederum für die Bestimmung als ein Skyphostyp spricht.

Möglicherweise gehört auch Nr. 314 hierher. Da jedoch kein Verzierungsrest außer einem Teil der Bemalung eines Henkelansatzes am unteren Scherbenrand erhalten ist, wurde dieses Fragment den MBB zugeordnet.

MBB: Es ist nicht zu entscheiden, ob Nr. 307 und vor allem 308 *(Taf. 20)* eine MBB-Variante mit halbkugeligem oder kalottenförmigem Gefäßkörper darstellt oder eine Kleinform von

FS 305 ist. Der geringen Größe wegen wurden beide Exemplare FS 284/285 zugeordnet, da der Fuß – der zur Bestimmung ausschlaggebend gewesen wäre – nicht erhalten ist. Profilmorphologisch sind beide Fragmente durchaus mit einer der FS 305-Varianten verwandt.

Von den Fragmenten, die mit einiger Sicherheit als MBB anzusehen sind, weist Nr. 309 *(Taf. 20)* einen eleganten, flach geschwungenen, glockenförmigen Gefäßkörper auf. Der Rand ist gerundet und läuft leicht spitz zu; die Randzone ist ausschwingend. Das Profil zeigt kein ausgeprägtes Wandstärkemaximum.

Nr. 310 ist ein Fragment mit S-förmig geschwungenem Wandungsverlauf und einer stark ausschwingenden Randzone. Der Randdurchmesser ist sehr klein (12–13 cm); die Wandstärke gering. Profilmorphologisch mit diesem Exemplar verwandt zeigt sich Nr. 311 *(Taf. 20)*. Die Gefäßwandung ist extrem dünn (2–2,5 mm) und S-förmig geschwungen. Der Rand ist oben abgeplattet. Anomal für einen MBB wäre das sehr breite (3,2 cm) Band außen (vgl. im Katalog unter Nr. 311).

Nr. 312 *(Taf. 20)* stammt von einem ausgesprochen kleinen, dickwandigen Gefäß mit einem stark ausschwingenden, spitz zulaufenden Rand und weich nach innen geknickter Fußzone. Auch bei diesem Exemplar ist das Band außen breiter als für diese Gefäßart postuliert.

Nr. 313 *(Taf 20)* hat eine annähernd zylindrische, kaum geschwungene Randzone mit gerundetem Rand, der außen zu einer flachen, gerundeten Lippe erweitert ist. Die Wandstärke nimmt von unten zum Rand hin stetig ab.

Nr. 314 *(Taf. 20)* ist ein fragliches Stück, da es nicht zu entscheiden ist, ob es sich hierbei um MBB oder FS 284/285 A, Mono-in handelt. Auf jeden Fall ist die Wandung des Fragments oben einziehend, der Rand gerundet, stark ausschwingend und sichelartig zurückgebogen. Die Gefäßwandung ist am Rand etwas verdickt.

FS 284/285, Mono-in: Anhand des hier behandelten Scherbenmaterials läßt sich diese Klasse weder genauer umreißen noch in Typen unterteilen, da die erhaltenen Scherben nicht allzu zahlreich sind und nur wenige Gefäße rekonstruierbar waren. Das vorhandene Material reicht gerade aus, um für diese Gefäßarten eine morphologische Vielfalt zu belegen.

Nr. 315 und 316 *(Taf. 21)* haben einen annähernd zylindrischen Gefäßkörper, d. h. beinahe senkrechte Wandungssteigung bei geradlinigem Wandungsverlauf. Bei Nr. 315 läuft der nach innen gerundete Rand spitz zu und schwingt kaum spürbar aus; Nr. 316 hat dagegen einen nach außen gerundeten, weich abgeknickten Rand.

Nr. 317–319 *(Taf. 21)* haben einen trichterartigen Gefäßkörper gemeinsam, der sich deutlich von der zylindrischen Form der beiden vorigen Exemplare absetzt. Stark unterschiedlich dagegen ist die Randausbildung. Nr. 317 hat einen gerundeten, weich ausgeknickten Rand; bei Nr. 318 ist der Rand zwar ebenfalls gerundet, doch ist die Gefäßwandung in Rand- und Bauchzone derart nach außen verdickt, daß der Eindruck eines kugeligen Gefäßkörpers mit ausladender Randzone entsteht. Nr. 319 weist einen nach innen gerundeten, weich nach außen abgeknickten Rand auf.

Nr. 320–322 *(Taf. 21)* sind Einzeltypen; es handelt sich hierbei um relativ kleine Gefäße mit sehr verschiedenartiger Randmorphologie. Nr. 320 und 322 ist ein anscheinend glockenförmiger Gefäßkörper gemeinsam; bei Nr. 320 ist der Rand nach innen gerundet und nach außen leicht verdickt; bei Nr. 322 dagegen läuft der Rand spitz zu und die Randzone schwingt aus. Nr. 321 stammt von einem Gefäß mit – soweit erhalten – konischem Oberteil; seine ausladende Randzone zeigt einen gerundeten, leicht zurückgebogenen Rand.

Nr. 323–325 *(Taf. 21)* sind Skyphoi normaler Größe mit einem flach S-förmig geschwungenen Profil und ausschwingender Randzone. Nr. 323 ist äußerst dünnwandig; sein Rand ist nach außen schräg abgestrichen, die Henkel sitzen vergleichsweise hoch.

Ein stark ausgeprägtes S-Profil haben Nr. 326 und 327 *(Taf. 21)*, die ebenfalls eine ausschwingende Randzone aufweisen. Für beide Skyphoi typisch scheint die hohe, konische Fußzone zu sein. Die Wandstärke von Nr. 326 entwickelt sich gleichmäßiger, ebenso ist die Wandungskurve stetiger als bei Nr. 327, dessen Fußzone weich nach innen abgeknickt ist, anstatt in einer gleichmäßigen Kurve in den Gefäßkörper überzugehen.

Bei Nr. 329 *(Taf. 22)* ist unsicher, ob ein kleiner Skyphos mit stark ausschwingendem Rand oder eine Schale wie FS 240 oder eine Tassenart wie FS 231 vorliegt. Der nach außen gerundete Rand bei diesem Stück ist jedenfalls nicht unbedingt typisch für irgend eine der oben erwähnten Formen.

Nr. 330 und 331 *(Taf. 22)* stellen eigentümliche Randtypen dar.

RBB: In der III C-Prüfliste, die von E. French zusammengestellt wurde, ist von einem Deep Bowl, dem FS 284 oder 285 die Rede, der innen monochrom bemalt ist und wenig unter dem Rand innen einen ausgesparten Streifen aufweist. Nach diesem Streifen als kennzeichnendem Merkmal werden diese Gefäße Reserved Band Bowl (RBB) genannt[62]. Schon an dem hier zusammengestellten Material *(Taf. 22)* ist es möglich, mindestens zwei, möglicherweise drei verschiedene Arten von RBB aufgrund der Verzierung ihrer äußeren Oberfläche zu unterscheiden: RBB im eigentlichen Sinne nenne ich hier Gefäße, die außen – soweit erhalten – völlig monochrom bemalt sind; hierher gehören auch jene mit ausgesparten Fußzonen der Ringfußtypen I–V *(Taf. 27)*. Scherben, die wahrscheinlich von Skyphoi stammen und einen ausgesparten Streifen auf monochromem Inneren zeigen, außen jedoch ein breites Band und eine zusätzliche Musterverzierung aufweisen, nenne ich im Folgenden FS 284/285 C. Zwei weitere, Nr. 338 und 344 *(Taf. 22)* haben zwar innen die typische RBB-Verzierung und ein breites Band außen, doch ist zu wenig von ihnen erhalten, um die Entscheidung zu ermöglichen, ob ihre restliche Oberfläche verziert war oder nicht. Um die Möglichkeit offen zu lassen, daß es sich bei diesen Scherben um einen anderen Verzierungstyp handeln kann, wird auf eine eigene Bezeichnung verzichtet.

RBB, Normaltyp: Soweit erhalten, haben Nr. 332–335 *(Taf. 22)* alle einen zylindrischen Gefäßkörper mit ausladendem Rand unterschiedlicher Ausbildung gemeinsam.

Nr. 336 *(Taf. 22)* ist eine Kleinform; vom Randtyp her wäre FS 284 oder 285 als Bestimmung wahrscheinlich, da Skyphoi von ungewöhnlich kleinem Randdurchmesser unter Gefäßen von SH III C-Schema des öfteren zu beobachten sind[63]. Andererseits wäre nicht auszuschließen, daß es sich hierbei um eine Tasse handeln kann; doch hat die Bestimmung als Skyphos größere Wahrscheinlichkeit für sich. Der Gefäßkörper scheint zylindrisch gewesen zu sein und hat einen nur sehr schwach ausschwingenden, gerundeten Rand.

Nr. 337 *(Taf. 22)* dagegen, zeichnet sich durch eine stark ausschwingende Randzone aus (vgl. Nr. 339–340 [FS 284/285 C], sowie Nr. 338: *Taf. 22*).

---

[62] Wardle (1973) 334f.
[63] Vgl. Wace (1921–23) 33 Abb. 9,a.e.f Taf. 11, m.n. Vergleichbare Keramik ist auch in den Tirynther Syringes vertreten.

Nr. 341 *(Taf. 22)* ist ein Gefäß mit kalottenförmigem oder eirundem Körper und einer breiten, abgesetzten, ausladenden Randzone (vgl. Nr. 342).

Nr. 343 *(Taf. 22)* steht unter den RBB-Randtypen vereinzelt da und scheint morphologisch eher mit FS 284A-Profilen vergleichbar zu sein. Die erhaltene Wandung ist flach S-förmig geschwungen.

Einzeltypen sind auch Nr. 345 und 346 *(Taf. 22)*. Zu Nr. 345 ist die Wandsteigung nicht zu ermitteln, so daß kein unmittelbares Urteil über die Formgebung des Gefäßkörpers möglich ist, doch zeigt der Umriß des RBB (?) Ähnlichkeit mit der Form von Nr. 341. Hier ist die Randzone jedoch nicht abgesetzt, sondern weich nach außen abgeknickt; die Scherbe ist ferner von geringerer und gleichmäßiger entwickelter Wandstärke als Nr. 341. Bei Nr. 346 ist zu fragen, ob es sich um ein Fragment eines verzogenen Gefäßes handelt oder um eine Versetzung des maximalen Gefäßdurchmessers aus der Randzone in den Gefäßkörper. Die Wandung ist – soweit erhalten – scharf S-förmig geschwungen.

FS 284/285 C: Nr. 340 *(Taf. 22)* ist bemerkenswert wegen der stark ausschwingenden Randzone; profilmorphologisch ähnlich wäre auch Nr. 339 *(Taf. 22)*, doch läßt sich diese Scherbe nicht gut beurteilen, da ihre Wandungssteigung nicht zu ermitteln ist.

Nr. 342 *(Taf. 22)* weist – wie Nr. 341 – eine breite, abgesetzte und ausladende Randzone auf. Die Form des Gefäßkörpers läßt sich nicht genau bestimmen, doch wäre nach dem Erhaltenen eine eirunde Bauchzone zu vermuten. Die Wandstärke bei Nr. 342 ist auch einheitlich ohne jede Verdickung, jedoch ist die Randzone schärfer abgesetzt als bei Nr. 341.

Sonstige Skyphoi: Nr. 338 weist eine ausgeschwungene Randzone bei vermutlich konischem Gefäßkörper auf. – Nr. 344 dagegen hat eine S-förmig geschwungene Wandung.

Linearverziert: Nr. 347 *(Taf. 23)* scheint, wie Nr. 341 und 342, eine abgesetzte Randzone, jedoch einen kalottenförmigen Gefäßkörper gehabt zu haben. Es ist unsicher, ob das Gefäß verzogen war, oder so breit und flach war, wie der ermittelte Durchmesser denken läßt. In Gegensatz zu den beiden erwähnten Fragmenten, hat dieses einen spitz zulaufenden Rand.

Linearverziert, Mono-in: Nr. 348 hat einen glockenförmigen Gefäßkörper und wird wohl von einem Skyphos mit senkrechten Henkeln stammen[64]. Bemerkenswert ist diese Scherbe vor allem wegen des eingeritzten Zeichens in Form eines auf den Kopf gestellten T auf dem unteren Henkelansatz.

FS 305: Aufgrund der Form des Gefäßkörpers lassen sich mindestens drei Typen dieser Gefäßart im hier vorgelegten Material unterscheiden: mit halbkugeligem Gefäßkörper Nr. 169 und 170 *(Taf. 12,* Zone II); Nr. 68 *(Taf. 5,* Zone III), Nr. 171 und 172 *(Taf. 12,* Zone II) mit einer schwenkerartig am Rand leicht einziehender Form; und Nr. 69 *(Taf. 5,* Zone III), 173–175 *(Taf. 12,* Zone II) sowie vielleicht Nr. 349 *(Taf. 23,* Zone I) mit einem zylindrischen Gefäßkörper. – Allen Typen gemeinsam ist die Randausbildung mit abgesetzter Lippe, die im Falle von Nr. 349 einen viereckigen Querschnitt aufweist.

In Verbindung mit den morphologischen Krieterien gilt als diagnostisches Verzierungsschema für diese Form: Randstreifen innen, Lippenstreifen mit zusätzlichem Band außen; in Bauchhöhe, drei breite Bänder außen, zwei in entsprechender Höhe innen, oder zwei Bänder außen, eines innen[65].

---

[64] Vgl. French (1967) 163 Nr. 49–52; 167 Nr. 112; 170. Möglich wäre auch eine Art Fußschale wie S. Iakovides, Perati (1970) Taf. 54,6 Nr. 502 oder Wace (1921–23) Taf. 11,a–e.

[65] French (1965a) 177; dies. (1966) 222, vor allem aber Wardle (1973) 318.

Einige Ringfußtypen offener Formen: Das zur Verfügung stehende Material ist zahlenmäßig zu gering, um eine Normalverteilung aufzuweisen – außer im Falle der allgemeinen Klasse von Verzierungstypen *(Tab. 2, Taf. 27)* –, so daß kein Zusammenhang zwischen Fundlage und dem Aufkommen gewisser typologischer Merkmale nachzuweisen ist.

Es wurde versucht, bei den Ringfußverzierungstypen I bis IV, mit monochromer Bemalung innen, die Streuung von Exemplaren mit einem ausgesparten Punkt auf der Bodenmitte innen zu klären; das Vorkommen von Ringfüßen mit einer Spirale, statt konzentrischer Kreise, als Bodenverzierung innen wurde ebenfalls notiert.

Bei einer dermaßen kleinen Gesamtanzahl von sicher bestimmbaren Exemplaren dieser beiden Verzierungsvarianten, wie sie hier verzeichnet ist[66], fällt die Auswirkung der Störungen im Befund zu sehr ins Gewicht, als daß eine zuverlässige Angabe zum Aufkommen oder zur Streuung dieser Merkmale möglich wäre. An dieser Stelle kann lediglich bemerkt werden, daß alle Ringfüße der Verzierungstypen I–IV mit einem ausgesparten Punkt in der Bodenmitte – mit einer Ausnahme in Zone II – aus Zone I stammen; von sieben sicher bestimmbaren Ringfüßen mit einer Spirale als innere Bodenverzierung wurden vier in Zone I, zwei in Zone II und eine in Zone IV gefunden.

Zu den Mustern

Da bestimmbare Scherben eine kleine Minderheit des Gesamtbestandes an mykenischer Keramik dieses Grabungsabschnitts ausmachen und nur vereinzelte Gefäße, ob im Original oder zeichnerisch, zu rekonstruieren waren, kann hier keine zusammenfassende Darstellung der Verwendung und Syntax von Mustern auf verzierter Keramik der einzelnen Zonen geboten werden; stattdessen sei auf eine Übersicht über das Vorkommen der einzelnen Muster auf bestimmbaren Formen und über die Streuung der bestimmbaren Muster in den vier mykenischen Keramikzonen hingewiesen *(Tab. 4.12)*.

Zur Häufigkeit der Leitformen

Ein Blick auf *Tab. 2* führt zur bedrückenden Feststellung, daß die statistische Basis an Material, das zur Einstufung eines Zoneninhalts ins bestehende Schema der Stilphasen mykenischer Keramik dient, anteilsmäßig sehr schmal ist. Wenn die Häufigkeit mancher Klassen verhältnismäßig groß auszufallen scheint, so wird dies allein durch die Tatsache bedingt, daß die Prozentanteile auf der Basis 100% = Anzahl der bestimmbaren offenen bzw. geschlossenen Formen pro Zone errechnet wurde. Berechnet man die Häufigkeit der einzelnen Klassen gegen die Gesamtzahl mykenischer Scherben pro Zone, so ergibt sich allerdings ein anderes Bild: keine Leitklasse belegt mehr als 1,65%, die Mehrheit hat weniger als 1%. In Zone I ist RBB mit 1,65% die häufigste Klasse; alle Leitklassen der Zone I zusammengenommen jedoch, machen lediglich 6,25% der mykenischen Scherben dieser Zone aus. In

---

[66] Insgesamt wurden 14 Ringfüße mit monochromem Inneren und ausgespartem Punkt innen festgestellt, ferner insgesamt 7 Ringfüße mit einer Spirale auf der Bodenmitte innen.

Zone II hat MBB mit 0,5 % der mykenischen Fragmente die höchste Beteiligung, alle Leit-klassen der Zone II zusammen auf der gleichen Basis gerechnet, erst 3,4 %. Die entsprechen-den Anteile für Zone III sind 0,87 %, häufigste Klasse: FS 274 unbemalt, und 1,6 % – alle Leitklassen zusammen –; für Zone IV, 0,9 % und 1,4 %. Die Betrachtung dieser Ziffern legt den Schluß nahe, daß der Inhalt einer Zone, ggf. einer Schicht, methodisch anders zu bear-beiten wäre als ein Hausinventar oder die Keramik eines Grabes. Aus eben dieser Überle-gung heraus ist der Versuch unternommen worden, im Rahmen dieser Veröffentlichung durch eingehende und ausführliche Überprüfung des Sachverhalts und der methodischen Voraussetzungen einer derartigen Aufgabe gerecht zu werden.

Robert Avila

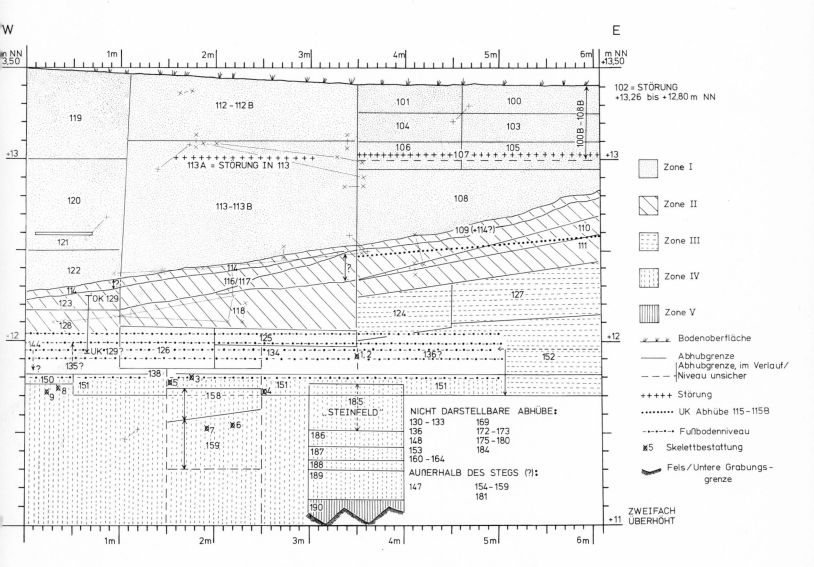

Tab. 1 Schematischer Plan zu den Abhüben und Zonen.
Die durch Linien verbundenen Kreuze geben die »stratigraphische« Lage von einander anpassenden Scherben
wieder.

Leitformen / Typ:	FS 274 unverziert	FS 284	Dotted Rim FS 236	Dotted Rim FS 284	(b) FS 240 (alle verz.-Schemata)	(c) Gebrauchskeramik Mono-In	MBB	(c) FS 284/285 Mono	Gebrauchskeramik linearverziert	FS 275 linearverziert, Mono-In	„Hollow Lip"	Ringfüße Verzierungstypen (Mono-In) Taf. 27 — Typ I	Typ V	Typ II	Typ III	Typ IV	RBB	Henkel mit Achter-Schleifenverz. (Geschl. Formen)
ZONE I (a) Anteil (%)	$0,^{32}$	$0,^{16}$		$0,^{32}$	$0,^{65}$	$0,^{32}$	$6,^{5}$	$6,^{5}$	$1,^{3}$	$0,^{48}$	24	$0,^{97}$	$2,^{6}$	$0,^{65}$	$0,^{48}$	$0,^{48}$	$9,^{1}$	$8,^{8}$
Anzahl	2	1		2	4	2	39	40	8	3	16	6	16	4	3	3	56	6
ZONE II Anteil (%)	$2,^{4}$	$2,^{4}$	$0,^{56}$	$1,^{8}$	$1,^{4}$	$0,^{84}$	$2,^{5}$	$0,^{84}$	$0,^{14}$	$0,^{28}$	$12,^{1}$	$0,^{14}$	$1,^{1}$					
Anzahl	17	17	4	13	10	6	18	6	1	2	9	1	8					
ZONE III Anteil (%)	$5,^{5}$	$2,^{3}$	$1,^{4}$	$0,^{9}$														
Anzahl	12	5	3	2														
ZONE IV Anteil (%)	$3,^{5}$	$2,^{2}$					$(0,^{9})$										$(0,^{9})$	
Anzahl	8	5					(2)										(2)	
Summe	39	28	7	17	14	8	57	46	9	5	25	7	24	4	3	3	58	6

Tab. 2 Anteilstatistik der ermittelten Leitklassen aus Zone I–IV.

a) Die Anteilstatistik wurde auf der Basis 100 % = der Anzahl bestimmbarer offener bzw. geschlossener Formen der jeweiligen Zone berechnet. b) Es wurden nur Ränder in die Tabelle aufgenommen, und zwar solche, die mindestens bis zum Wandungsknick erhalten sind, ohne Berücksichtigung des Verzierungsschemas. c) Es sind dies Knickwandformen (FS 267 und FS 295), sämtliches nur sehr kleine, dünnwandige Scherben, fast alle Wandungsfragmente, und deshalb hier nicht abgebildet.

	(a) $\dfrac{\text{FS } 284_V}{\text{Gesamtanzahl}_{VO}}$		(b) $\dfrac{\text{FS } 284_{Bem}}{\text{Gesamtanzahl}_{BemO}}$		(c) $\dfrac{\text{Kylikes}_{Ges}}{\text{Gesamtanzahl}_{O}}$	
	Anteil (%)	Anzahl	Anteil (%)	Anzahl	Anteil (%)	Anzahl
ZONE I	44 %	(35)	58 %	(281)	11 %	(67)
ZONE II	61 %	(106)	62 %	(199)	16 %	(114)
ZONE III	43 %	(24)	62 %	(56)	22 %	(49)
ZONE IV	32 %	(8)	34 %	(26)	26 %	(61)

Tab. 3 Anteile von Kylix- und Skyphostypen der Zonen I–IV.

In jeder senkrechten Spalte l. der Anteil der Skyphoi bzw. Kylikes an bestimmbaren offenen Formen eines jeweiligen Verzierungsschemas, r. die Anzahl Skyphoi bzw. Kylikes, die dieser Rechnung zugrunde liegt: a) Prozentanteil verzierter Skyphoi (FS 284) an der Gesamtzahl sämtlicher verzierter offener Formen. b) Prozentanteil bemalter Skyphoi (FS 284) an der Gesamtzahl sämtlicher bemalter offenen Formen. c) Prozentanteil sämtlicher Kylikes, ohne Berücksichtigung des Verzierungsschemas, an der Gesamtzahl sämtlicher offenen Formen, ohne Berücksichtigung des Verzierungsschemas.

FM:	Tricurved Arch 62	Papyrus 11	Stemmed Spirals 51	Horse 2	Multiple Stem (and Tongue) 19	Sea Anemone 27	Running Spiral 46	Foliate Band 64	Scale Pattern 70	Pendant 38	Antithetic Spirals 50	Lozenge 73	Spiralenrest	Mycenaean-III Flower 18	Joining Semicircles 42	Quirk 48	Circle(s) 41	Panelled Pattern 75	Isolated (concentric) Semicircles 43	Wavy Line 53	Parallel Chevrons 58	Zigzag 61	Tassel 72
ZONE I Anzahl										1	1	1 (b)	4 (c)	1	1 (d)	4 (f)			1	6	1	5 (h)	6
ZONE II Anzahl					1?	1	1	1	1	4				2	1 (e)		1	1	1	3	2	1	1
ZONE III Anzahl		1?	1?														1?	1	(1) (g)	2			
ZONE IV Anzahl	1? (a)																				1	1	1

Tab. 4 Übersicht über das Vorkommen von Mustern auf geschlossenen Formen der Zonen I–IV.

a) Oder FM 67 (Curved Stripes)? b) Mit Nebenmuster FM 45 (U-Pattern). c) Davon zwei mit Nebenmuster FM 53 (Wavy Line). d) Mit Nebenmuster FM 61 (Zigzag). e) Mit Nebenmuster FM 48 (Quirk). f) Davon eins mit Nebenmuster FM 61 (Zigzag). g) FM 43 (Isolated Semicircles) ist auf diesem Exemplar ein Nebenmuster. h) Eines mit Nebenmuster FM 19 (Multiple Stem).

FS	Scale Pattern 70	Running Spiral 46	Stipple 77	Cuttlefish 21	Spiralenrest	Sea Anemone 27	Parallel Chevrons 58	Triglyph + Haff Rosette 74	Panelled Pattern 75	Panelled Pattern 75	Panelled Pattern 75	Panelled Pattern 75 (b)	FS: Summe	FS: Häufigkeit (%)
Nebenmuster (a):							Parallel Chevrons 58		Stemmed Spiral 51	Concentric Semicircles 43		Panelled Pattern 75		
Typologisch SH I–II													1	5,55
FS 211	1												1	5,55
Typologisch SH IIA													1	5,55
FS 254		1											1	5,55
Typologisch SH II–IIIA													3	16,6
FS 211/213			1										1	5,55
FS 304 (?)			1										1	5,55
FS 224			1										1	5,55
Typologisch SH IIIA													2	11,1
FS 265 (?)				1									1	5,55
FS 256 (?)					1								1	5,55
Typologisch SH IIIB													11	61
FS 284		1				1	1	1	1		2	1	8	44,4
FS 284/305		1											1	5,55
FS 7 (?)					1								1	5,55
FS 305 (?)										1			1	5,55
3-Splash													5	
5-/6-Slash													1	
FM: Summe	1	3	3	1	2	1	1	1	1	1	2	(1)		
FM: Häufigkeit (%)	5,9	17,7	17,7	5,9	11,8	5,9	5,9	5,9	5,9	5,9	11,8			

Tab. 5 FM/FS, offene Formen der Zone IV.

a) Unsicher, ob Haupt- oder Nebenmuster. b) Häufigkeiten von Nebenmustern werden nicht berechnet.

Tab. 6 FM/FS, offene Formen der Zone III.

FS	(a) Lily 9 (Haupt)	(b) MYC. III Flower 18	(b) Parallel Chevrons? 58?	(b) Whorl-Shell 23	(b) Dotted Rim	(c) Isolated Semicircles 43	(c) Isolated Semicircles 43	(c) Antithetic/Stemmed Spiral? 50?/51?	(c) Stemmed Spiral? 51?	(c) Stemmed Spiral? 51?	(c) Spiralenrest	(c) Wavy Line 53	(c) Parallel Chevrons 58	(c) Parallel Chevrons 58	(c) Zigzag 61	(c) Isolated Semicircles 43 / Paneled Pattern 75	(c) Paneled Pattern 75	(c) Paneled Pattern 75 / Paneled Pattern 75	(c) Paneled Pattern 75	(c) Sea Anemone 27	(c) Dotted Rim	FS: Summe	FS: Häufigkeit (%)
Typologisch SH IIIA	1																					3	7,7
FS 6/7?	1																					1	2,6
FS 257		1																				1	2,6
FS 265			1																			1	2,6
Typologisch SH IIIB																						32	83,2
FS 9 (?)				1																		1	2,6
FS 8/9 (?)				1																		1	2,6
FS 236					3																	3	7,7
FS 305						1	1						1									3	7,7
FS 284								1	1	1	1	1				1	3	7	3			19	48,7
FS 284/305														1								1	2,6
FS 257/258 B														1								1	2,6
FS 305 (?)												1				1						2	5,1
FS 281															1							1	2,6
Typologisch SH IIIB:1–2																				2	2	4	10,2
FS 284 (?)																				2		2	5,1
FS 284																					2	2	5,1
Ringfuß, Spirale in.																					1		
3-Splash																					9		
FM: Summe (d)	1	1	1	2	(3)	1	(1)	1	1	(1)	1	2	1	2	2	2	3	(7)	3	2	(2)		
FM: Häufigkeit (%)	4,17	4,17	4,17	8,35	–	4,17	–	4,17	4,17	–	4,17	8,35	4,17	8,35	8,35	8,35	12,5	–	12,5	8,35	–		

a) vgl. FM 9,7 oder FM 9,9. b) Senkrechte Whorl-Shell. c) Unsicher, ob Haupt- oder Nebenmuster. d) Nebenmuster erscheinen in der Endsumme; ihre Häufigkeit wird jedoch nicht berechnet.

ZONE II

Offene Formen,
innen linearverziert
oder
unbemalt

Column key (left→right): **(a)** = Unsicher, ob Haupt- oder Nebenmuster; each column is given as *Haupt-/Nebenmuster name — FM/FS number*. Columns marked **(N)** are Nebenmuster only (Summe in brackets, Häufigkeit not calculated).

FS \ FM	Foliate Band 64 (N)	Lily 9	Parallel Chevrons 58	Stipple 77	Concentric Circles 41 (N)	Cuttlefish 21	Tricurved Arch 62	Parallel Chevrons 58	Tricurved Arch 62	Whorl-Shell 23	Whorl-Shell 23	Stag 5	Dotted Rim 41 (N)	Concentric Circles 41 (N)	Scale Triangle 42	Joining Semicircles 42	Isolated Semicircles 43 (N)	Running Spiral 46	Antithetic Spirals 50	Antithetic Spirals 50	Antithetic/Stemmed Spirals 50/51?	Stemmed Spiral 51	Stemmed Spiral 51	Parallel Chevrons 58	Triglyph + Half-Rosette 74	Panelled Pattern 75	Panelled Pattern 75 (N)	Quirk 48	Sea Anemone 27	Antithetic/Stemmed Spiral? 50/51	Dotted Rim 50/51 (N)	(—)	Spiralenrest	Wavy Line 53	Lozenge 73	Lozenge 73 (N)	FS: Summe
Typologisch SH I–II																																					1
FS 211/213		1																																			1
Typologisch SH II																																					4
FS 254 (?)			1	1																																	2
FS 224				2																																	2
Typologisch SH IIIA																																					4
Krater (FS 7?)						1																															1
FS 213/219? (h)							1																														1
FS 218/219							1																														1
FS 225? (h)							1																														1
Typologisch SH IIIA₂																																					2
FS 257								1	1																												2
Typologisch SH IIIA–B																																					2
Schälchen (j)							1																														1
FS 304/305									1																												1
Typologisch SH IIIA₂1–B																																					5
FS 7/281										1	1																										2
FS 258 B (?)										3																											3
Typologisch SH IIIB																																					56
FS 8/9												1																									1
FS 236													4																					1			5
FS 305															1	1		3	1							1	1										8
FS 284			4													1			2	1	2	1	1	3	1	4	8	9									37
FS 284/305																		1																			1
FS 9 (?)																									1												1
FS 295																							1														1
Schälchen (j)																			1		1																2
Typologisch SH IIIB:1																																					1
FS 258 A																													1								1
Typologisch SH IIIB:1–2																																					17
FS 284 (?)																												1									1
FS 284																												2			13				1		16
Typologisch SH IIIB–C																																					7
FS 284																			1	1				1						1		1					5
Schälchen (j)																																	1				1
Krater																																			1		1
Typologisch SH IIIC																																					1
FS 322																									1												1
Linearverziert außen, Spirale innen:																																					4
Linearverziert außen, Spirale innen:																																					1
3-Splash																																					26
6-Slash																																					1
FM: Summe (k)	(1)	1	5	5	(1)	1	1	1	1	4	1	1	(4)	(1)	1	2	(4)	4	2	3	1	1	3	2	2	5	(9)	10	1	3	(13)	1	1	2	1	(1)	
FM: Häufigkeit (%)	–	1,5	7,6	7,6	–	1,5	1,5	1,5	1,5	6	1,5	1,5	–	–	1,5	3	–	6	3	4,6	1,5	1,5	4,6	3	3	7,6	–	15,2	1,5	4,6	–	1,5	1,5	3	1,5	–	

Tab. 7 FM/FS, offene Formen der Zone II.

a) Unsicher, ob Haupt- oder Nebenmuster. b) FM 23 senkrecht. c) FM 23 schräg. d) Zu wenig vom Muster erhalten, um eine Entscheidung zu ermöglichen. e) Bei FS 295, Muster in weißer Farbe auf Firnisband innen. f) Senkrecht auf Kylixstiel. g) Bei FS 236, dem Griffrücken entlang. h) Nicht mit Sicherheit zu bestimmen. j) Kleinform ohne FS-Bezeichnung = misc. bowl. k) Obwohl die Summe von Nebenmustern angegeben ihre Häufigkeit nicht berechnet.

FS \ FM (Nebenmuster / Haupt-)	Stipple 77	Cuttle-Fish? 21?	N-Pattern 60	Rock Pattern I 32	Sea Anemone 27	Spiralenrest	Scale Pattern 70	Quirk 48	Antithetic Spirals 50	Stemmed Spiral? 51?	Parallel Chevrons 58	Panelled Pattern 75	Panelled Pattern 75 (a)	Wavy Line 53	Running Spiral 46	Sea Anemone 27	Zigzag 61? (a)	Dotted Rim (a)	FS: Summe	FS: Häufigkeit (%)
Typologisch SH II−IIIA:2																			1	3
FS 207/237	1																		1	3
Typologisch SH IIIA:2																			1	3
FS 257		1																	1	3
Typologisch SH IIIA:2−B																			5	15
FS 213/214			1																1	3
FS 214				1															1	3
FS 257					1	1													2	6
Krater							1												1	3
Typologisch IIIB																			18	54
FS 236								1											1	3
FS 284									1	1	3	3	3						11	32,4
FS 284/220														1					1	3
FS 284/Tasse			1																1	3
FS 305													1		2				3	8,6
FS 334												1							1	3
Typologisch SH IIIB:1−2																			3	8,6
FS 284															1	2			3	8,6
Typologisch SH IIIC																			6	18
FS 240														2					2	6
FS 281/282									1	1									2	6
Krater									1						1				2	6
Linearverziert außen, Spirale innen:																		2		
Unverziert außen, Spirale innen:																		2		
Unverziert außen, Linearverziert innen:																		2		
3-Splash																		17		
3-Splash Henkel ohne Wandungsfragment																		9		
5-/6-Slash																		3		
FM: Summe (b)	1	1	2	1	1	1	1	1	3	2	3	4	(3)	1	3	3	1	(2)		
FM: Häufigkeit (%)	3,4	3,4	6,9	3,4	3,4	3,4	3,4	3,4	10,3	6,9	10,3	13,8	—	3,4	10,3	10,3	3,4	—		

Tab. 8 FM/FS, offene Formen der Zone I.

a) Unsicher ob Haupt- oder Nebenmuster. b) Obwohl die Summe von Nebenmustern angegeben wird, wird ihre Häufigkeit nicht berechnet.

74

	Stipple 77	Panelled Pattern 75	Scale Pattern 70	Parallel Chevrons 58	Running Spiral 46	Sea Anemone 27	Whorl-Shell 23	Cuttlefish 21	Spiralrest	Triglyph and Half-Rosette 74	Lily 9	Dotted Rim FS 236	Dotted Rim FS 284	Foliate Band 64	Zigzag 61	Wavy Line 53	Quirk 48	Rock Pattern I 32	Tricurved Arch 62	Isolated (Concentric) Semicircles 43	Circles 41	N-Pattern 60	Stemmed Spirals 51	Antithetic Spirals 50	Trefoil Rock-Work 29	Multiple Stem (and Tongue) 19	Papyrus 11	Lozenge 73	Joining Semicircles 42	Pendant 38	Stag 5	Arcade Pattern 66	Mycenaean-III Flower 18	Tassel 72	Diaper Net 57	Rosette 17
ZONE I Anteil (%) / Anzahl	4,1 / 2	18,4 / 9 (h)	2 / 1	6,3 / 3	8,2 / 4	4,1 / 2 (f)	4,1 / 2	2 / 1	10 / 5				4,1 / 2	2 / 1	2 / 1	8,2 / 4	2 / 1	2 / 1				4,1 / 2	4,1 / 2	6,3 / 3	2 / 1	2 / 1	2 / 1							6 / 2? (b)	9,1 / 3	3 / 1 (a)
ZONE II Anteil (%) / Anzahl	4,8 / 6	22 / 28 (i)	0,8 / 1 (g)	7,2 / 9	3,2 / 4	2,4 / 3	5,6 / 7	1,6 / 2	4,8 / 6	1,6 / 2	1,6 / 2?	2,4 / 3	10,6 / 13	1,6 / 2		4,8 / 6	2,4 / 3		1,6 / 2	1,6 / (5) (d)	1,6 / 2	0,8 / 1	3,2 / 4	3,2 / 4	1,6 / 2	0,8 / 1	0,8 / 1	2,4 / 3	2,4 / 3	0,8 / 1 (c)	0,8 / 1					
ZONE III Anteil (%) / Anzahl	3,4 / 2	27,6 / 16 (k)		6,9 / 4		5,2 / 3	8,6 / 5	1,7 / 1?	13,8 / 8	1,7 / 1	1,7 / 1	5,2 / 3	3,4 / 2	1,7 / 1	1,7 / 1	1,7 / 1	1,7 / 1	1,7 / 1	3,4 / 2	5,2 / 3 (e)	1,7 / 1											1,7 / 1?	1,7 / 1			
ZONE IV Anteil (%) / Anzahl	9,1 / 3	18,2 / 6 (l)	6 / 2		12,1 / 4	6 / 2 (e)	6 / 2 (a)	3 / 1	12,1 / 4		3 / 1?																									
SUMME	13	59	4	17	12	10	16	5	23	3	4?	6	17	4	2	11	5	2	4	8	3	3	6	7	3	2	2	3	3	1	1	1?	1	2?	3	1

Tab. 9 Übersicht über das Vorkommen von Mustern auf offenen Formen der Zonen I–IV.

a) Unsicher, ob Haupt- oder Nebenmuster. b) Bestimmung unsicher. c) Mit Nebenmuster FM 43 (Isolated Semicircles). d) Viermal als Nebenmuster, einmal unsicher, ob Haupt- oder Nebenmuster. e) Einmal als Nebenmuster. f) Einmal mit Nebenmuster FM 61 (Zigzag). g) Mit Nebenmuster FM 58 (Parallel Chevrons). h) Hauptmuster: 5; Nebenmuster: 3; nicht zu entscheiden: 1. i) Hauptmuster: 5; Nebenmuster: 10; nicht zu entscheiden: 13. k) Hauptmuster: 5, davon 2 mit Nebenmuster FM 43; Nebenmuster: 7; nicht zu entscheiden: 4. l) 2 mit Nebenmuster FM 43, 1 mit Nebenmuster FM 51 (Stemmed Spiral).

FM (Nebenmuster) →	Indet. Animal?	Sea Anemone 27	Punkt: Scale Triangle 42	Concentric Semicircles 43	Quirk 48	Isolated Spiral 52	Spiralrest	Concentric Semicircles 43: Tricurved Arch 62	41 plus 43: Panelled Pattern 75	Lozenge 73: Antithetic Spirals 50	Antithetic Spirals 50	Antithetic/Stemmed Spirals? 50/51?	Stemmed Spiral 51	Chequer 56	Spirale: Tricurved Arch 62	Tricurved Arch 62	Lozenge? 73?	Panelled Pattern 75: Panelled Pattern 75	Panelled Pattern 75	Panelled Pattern 75 (a)	Isolated Spiral 52	Wavy Line 53	N-Pattern 60	Zigzag 61	FS: Summe	FS: Häufigkeit
FS	8 (a)	27 (a)	42	43	48	52		62	75	50	50	50/51?	51	56	62	62	73?	75 (a)	75	75	52	53	60	61		
Typologisch SH IIIB:2	1	1	1	1	1	1	1	1	1																9	18
FS 284, Gruppe B	1	1	1	1	1	1	1	1	1																9	18
Typologisch SH IIIB:2-C					1		4	1	1	1	5	2	1	1	1	1	1 (b)	1		1					21	42
FS 284					1		4	1	1	1	5	2	1	1	1	1	1 (b)	1		1					21	42
Typologisch SH IIIC										6	1	1	2	1			1	1	1	1	1	2	1	1	20	40
Krater														1											1	2
Krateriskos																						1			1	2
FS 284, Gruppe A							1 (c)			6		1	2					1	1	1	1	1	1	1	16	32
FS 284/285										1	1						1								2	4
Henkel																										
3-Splash, Mono-In																								8		
FM: Summe	1	1	1	(1)	2	1	6	1	1	12	1	3	3	2	1	1	1	2	(2)	2	1	2	1	1		
FM: Häufigkeit (%)	2,1	2,1	2,1	—	4,3	2,1	12,8	2,1	2,1	25,6	2,1	6,4	6,4	4,3	2,1	2,1	2,1	4,3	—	4,3	2,1	4,3	2,1	2,1		

Tab. 10 FM/FS, offene Formen mit monochromem Inneren der Zone II.

a) Unsicher, ob Haupt- oder Nebenmuster. b) Möglicherweise eine Tasse. c) In Frage käme auch FS 240 oder eine Tassenform.

(a)

Tab. 11 — FM/FS, offene Formen mit monochromem Inneren der Zone I.

FS \ FM	Isolated Spiral? 52?	Spiralenrest	Panelled Pattern 75	Antithetic Spirals 50	(Trefoil Rock-Work 29?)	Running Spiral 46	Stemmed Spiral 51	Zigzag 61	Tricurved Arch 62	(Panelled Pattern 75)	Parallel Chevrons 58	FS: Summe	FS: Häufigkeit (%)
Typologisch SH IIIB:2												3	16,7
FS 284, Gruppe B	1	1	1									3	16,7
Typologisch SH IIIC:1												15	83,3
Krater				1								1	5,5
FS 284, Gruppe A		2			1	3	1	2	2	2 (b)		13	72,3
FS 322											1	1	5,5
Henkel													
3-Splash, Mono-In												11	–
5-/6-Slash, Mono-In (c)												2	–
FM: Summe	1	3	1	1	1	3	1	2	2	2	1	–	
FM: Häufigkeit (%)	5,9	17,7	5,9	5,9		17,7	5,9	11,8	11,8	11,8	5,9	–	

a) Unsicher, ob Haupt- oder Nebenmuster. b) Ein Exemplar hiervon könnte auch eine Tassenform sein.
c) Darunter ein sehr großer Querhenkel mit bis 10 Tupferchen (slashes): FS 281/282?

		Indeterminable Animal? 8?	Whorl-Shell 23	Rock Pattern II 33	Joining Semicircles 42	Chequers 56	N-Pattern 60	Lozenge 73	Man 1	Bird 7	Grass/Reed? 16?	Rosette 17	Trefoil Rock-Work 29	Double/Triple Spiral 47	Parallel Chevrons 58	Sea Anemone 27	Antithetic Spirals 50	Stemmed Spirals 51	Isolated Spiral 52	Wavy Line 53	Zigzag 61	Tricurved Arch 62	Spiralenrest	Running Spiral 46	Panelled Pattern 75	Quirk 48	Isolated (Concentric) Semicircles 43
ZONE I	Anzahl								1 (a)	1	1	1	1 (b)	1	2	1 (c)	4	1	3	3 (d)	2	3 (e)	8	3	5 (g)		
ZONE II	Anzahl	1	1?	1?	1	2	1	1?								1?	14	3	2	1	1	3 (f)	9		7 (h)	2	1 (b)
ZONE III	Anzahl																							1	1?	1	2
ZONE IV	Anzahl																										1

Tab. 12 — Übersicht über das Vorkommen von Mustern auf offenen Formen mit monochromem Inneren der Zonen I–IV.

a) Mit FM 39 (Chariot). b) Nebenmuster. c) Mit FM 73 (Lozenge) als Zentrum. d) Nebenmuster. e) Je einmal mit Nebenmuster FM 41 (Circle), FM 29 (Trefoil Rockwork) und nicht näher bestimmbarer Spirale. f) 1 Nebenmuster FM 43 (Isolated Semicircles), eine nicht genauer bestimmbare Spirale als Nebenmuster. g) Drei Nebenmuster, eins unsicher, ob Haupt- oder Nebenmuster. h) Dreimal als Hauptmuster, davon einmal mit FM 41 (Circle) und FM 43 (Concentric Semicircles) als Nebenmuster; zweimal als Nebenmuster. In zwei Fällen unsicher, ob Haupt- oder Nebenmuster.

FS:	199	215/216	219/220	220	225/226	240	242	254/255	255	257	267/295	274/275	284	295	304	304/305	305	334	335	Goblet/Kylix	Kylix	Kylix/Tasse	Tasse	Knickwand-formen	Krater	Kleinformen ohne FS-Bezeichnung	Summe
Häufigkeit der Formen in Promille (Rechenschieber-genauigkeit) Zone I	1,4	3,2		1,6	3,2						8	4,8	21	9,7	3,2	3,2	6,4	1,6	1,6		3,2	1,6	11,3	9,7	16	8	
Zone II	1,4	1,4	2,8				7		1,4	1,4			54	4,2	1,4		15,3	2,8	1,4		8,4			2,8	16,8	12,5	
Zone III					4,6	4,6							50,3				4,6				9,2				13,7		
Zone IV							4,3	4,3		4,3			39				8,6	4,3		4,3	13			4,3	8,6	8,6	
Zone I — FS: Summe	1	2		1	2						5	3	13	6	2	2	4	1	1		2	1	7	6	10	5	73
Zone I — Ränder		2		1	2						5	2	7	3	1		4	1	1				7		9	5	
Zone I — Basen													5			2					2						
Zone I — Henkel														3								1					
Zone I — Wandungsfragmente	1											1	1		1									6	1		
Zone II — FS: Summe	1	1	2						1	1		1	39	3	1	2	11	2	1		6			2	12	9	97
Zone II — Ränder		1	2						1	1			16				5	2	1						1	9	
Zone II — Basen													13			2	3				2						
Zone II — Henkel														3	1												
Zone II — Wandungsfragmente	1											1	10				3				4			2	11		
Zone III — FS: Summe					1	1							11				1				2				3	3	19
Zone III — Ränder					1								6												3	3	
Zone III — Basen													3				1				2						
Zone III — Henkel						1																					
Zone III — Wandungsfragmente													2														
Zone IV — FS: Summe							5	1		1			9				2	1		1	3			1	2	2	22
Zone IV — Ränder							5			1			2				1	1			2					2	
Zone IV — Basen								1					5				1			1	1						
Zone IV — Henkel																											
Zone IV — Wandungsfragmente													2											1	2		

Tab. 13 Bestimmbare offene Formen mit Linearverzierung der Zonen I–IV.

	FS:	215 RB	215/216	240	267/295	274/275	281	281/282	284	284/Tasse	284/285	284/285 RB	295	304	304/305	Tasse	Krater	Knickwand-Formen	Mono-In Schüssel	Kleinformen ohne FS-Bezeichnung	Summe
Häufigkeit der Formen in Promille (Rechenschiebergenauigkeit)	Zone I	3,2		1,6		3,2		4,8			87	3,2			1,6	8	8	3,2	11,3	1,6	
	Zone II		2,8			2,8		4,2	40,3	2,8			1,4	1,4		4,2	1,4		11,1	5,6	
	Zone III				4,6																
	Zone IV						4,3		17,3				4,3	4,3							
Zone I	FS: Summe	2		1		2		3			54	2			1	5	5	2	7	1	85
	Ränder	2		1				1			34	2				4	1	2	7	1	
	Basen							2			15				1	1					
	Henkel																				
	Wandungsfragmente					2					5						4				
Zone II	FS: Summe		2			2		3	29	2			1	1		3	1		8	4	56
	Ränder		2			2			12	2			1	1		3	1		8	4	
	Basen							3	17												
	Henkel																				
	Wandungsfragmente																				
Zone III	FS: Summe				1																1
	Ränder				1																
	Basen																				
	Henkel																				
	Wandungsfragmente																				
Zone IV	FS: Summe						1		4				1	1							7
	Ränder								1				1								
	Basen						1		3												
	Henkel																				
	Wandungsfragmente													1							

Tab. 14 Bestimmbare offene Formen mit Linearverzierung und monochromem Inneren der Zonen I–IV.

Tab. 15 Bestimmbare offene Formen, unbemalt, der Zonen I–IV.

Häufigkeiten der Formen in Promille (Rechenschiebergenauigkeit), FS-Form je Zone (I–IV) mit Summe / Ränder / Basen / Henkel / Wandungsfragmente.

(Die ursprünglich hochformatige, um 90° gedrehte Tabelle ist zur Lesbarkeit transponiert: Zeilen = FS-Formen, Spalten = Promille je Zone sowie Zählwerte je Zone.)

Abkürzungen: ‰ = Promille (I–IV = Zone I–IV); S = Summe, R = Ränder, B = Basen, H = Henkel, W = Wandungsfragmente.

FS	‰I	‰II	‰III	‰IV	I:S	I:R	I:B	I:H	I:W	II:S	II:R	II:B	II:H	II:W	III:S	III:R	III:B	III:H	III:W	IV:S	IV:R	IV:B	IV:H	IV:W
121?	1,4				1		1																	
204	5,6			13		4	4													3	3			
204/206	4,2				3	3																		
204/222	1,4			4,3	1	1														1	1			
204/274	2,8			4,3	2	2														1	1			
204/295	9,7	8,4			6		6			6		6												
206	4,8				3	3																		
211–213?				4,3																1	1			
214/215	1,4				1	1																		
215/216	3,2				2	2																		
220		2,8								2	2													
221		1,4								1	1													
222	6,4	15,3		13	4	3	1			11	11									3	3			
225/226		3,4	13,7							1	1				3	2	1							
236		4,2								3	2		1											
237	3,2	1,4			2	2				1	1													
242	4,8	1,4			3	3				1	1													
263/264	8	11,1	32	56,2	5	5				8	4		4		7	4		3		13	8	4	1	
264	1,4	4,6		4,3	1	1				1	1									1	1			
266	3,2				2	2																		
267		4,2	4,6	4,3						3	2		1		1	1				1	1			
267/295	27,4	90	146	113	17	17				65	65				32	31		1		26	26			
274	6,4	22,2	55	34,6	4	3	1			16	16				12	12				8	8			
284	6,4	1,4	9,2	8,6	4	3		1		1			1		2			2		2		2		
295	4,8	9,7		13	3	2		1		7	4		3							3	2		1	
294	3,2	4,6			2	2				1	1													
295/301				4,3																1	1			
301	1,4									1	1													
304/305	3,2				2	2																		
305/Kylix	4,8				3		3																	
312/321a?	1,4									1			1											
335	1,6			4,3	1	1														1	1			
Kylix	50	108	132,6	195,8	31		19		12	78		43		35	29		23		6	45		17		28
Kylix/Tasse	12,9	11,1	36,6	8,6	8			8		8			8		8			8		2	1		1	
Tasse	8	9,7	27,4	34,6	5	5				7	7				6	6				8	1		7	
Goblet/Stemmed Bowl	14,5	22,2		26	9			8	1	16			11	5	6					6			5	1
Krater		1,4								1	1									2				2
Knickwand-Formen	9,7	38,8	18,3	17,3	6	1			5	28	2			26	4	2			2	4				4
Mug/Conical Krater		2,8								2		2												
Schüsseln (FS 293 ff.?)		2,8								2	2													
Hochgezogene Bandhenkel	3,2				2			2																
Kleinformen ohne FS-Bezeichnung	24,2	57	100	113	15	15				41	41				22	21	1			26	22	4		
FS: Summe					**137**					**314**					**128**					**156**				

80

FS:	284	284/285	Krater	Knickwand-formen	Kleinformen ohne FS-Bezeichnung
Häufigkeit der Formen in Promille: (Rechenschiebergenauigkeit) — Zone I		$27{,}^4$	$3{,}^2$	$1{,}^6$	$1{,}^6$
Zone II	7				$2{,}^8$
Zone III					$9{,}^2$
Zone IV	$4{,}^3$				
ZONE I — FS: Summe	—	17	2	1	1
Ränder					1
Basen		16			
Wandungsfragmente		1	2	1	
ZONE II — FS: Summe	5				2
Ränder					1
Basen	4				1
Wandungsfragmente	1				
ZONE III — FS: Summe					2
Ränder					2
ZONE IV — FS: Summe	1				
Basen	1				

Tab. 16 Bestimmbare offene Formen; unverziert, mit monochromem Inneren, außen unbemalt, der Zonen I–IV.

(a)

FS:	199	215 RB	215/216	216	220/266	226?	240	240/284	264	264/304	269	270–272	274/275	281/282	284	284/285	284/285 RB	304/305	304/Goblet	Goblet	Kylix	Kylix/Tasse	Tasse	Krater	Knickwandformen	Schüssel (FS 295?)	Hochgezogene Bandhenkel	Kleinformen ohne FS-Bezeichnung	Summe
Häufigkeit der Formen in Promille (Rechenschiebergenauigkeit) — Zone I		11,3	9,7	4,8	1,6	1,6	1,6				1,6		21	1,6		184	71	3,2		1,6	4,8	1,6	8	3,2	9,7				
Zone II			2,8				16,7	1,4	4,2	1,4						25	1,4	11,1		5,6					4,2	1,4	1,4	4,2	
Zone III	4,6												9,2					9,2	4,6	4,6								9,2	
Zone IV							4,3		4,3	13		4,3	4,3		17,3	4,6	8,6	8,6		8,6			4,3		4,3			4,3	
ZONE I — FS: Summe	7	7	6	3	1	1	4				1		13	1		114	44	2		1	3	1	5	2	6				215
Ränder	7	7	6	3	1	1	1				1		12			40	44	1			1	1	4	2					
Basen														1		18		1			2		1						
Henkel																47				1									
Wandungsfragmente							3						1			9									6				
ZONE II — FS: Summe							12	1	3	1			1			18	1	8	1	4	3				3	1		3	58
Ränder							10	1	3	1						8	1	7	1	2						1		3	
Basen																1													
Henkel																9				2									
Wandungsfragmente							2						1					1			3				3				
ZONE III — FS: Summe										1		1	1			1		2	1	2								2	10
Ränder										1						1		1	1									2	
Basen										1		1	1					1	1										
Henkel																				1									
Wandungsfragmente	1																												
ZONE IV — FS: Summe							1		1	3		1	1		4		2	2		2			1		1			1	20
Ränder									1	1					2		2	1					1					1	
Basen										1		1			1					1									
Henkel															1					1									
Wandungsfragmente							1			1			1					1?							1				

Tab. 17   Bestimmbare offene Formen, monochrom, der Zonen I–IV.

a) Einiges, was als FS 284/285 hier aufgeführt wird z. B. Henkel, Füße, Wandungsfragment, kann ebensogut FS 284/285 RBB sein.

	Typ	Geschl. Formen (Ränder)	Geschlossene Formen	Offene Formen	Offene Formen In. linearverziert/unbemalt	Offene Formen Mono-In	Geschl. Verziert	Geschl. Linearverziert	Geschl. Unverziert	In. lin. o. unbemalt Verziert	In. lin. o. unbemalt Linearverziert	In. lin. o. unbemalt Unverziert	Monochrom	Mono-In Verziert	Mono-In Linearverziert	Mono-In Unverziert	In. lin. o. unbemalt Verziert	In. lin. o. unbemalt Linearverziert	In. lin. o. unbemalt Unverziert	Monochrom	Mono-In Verziert	Mono-In Linearverziert	Mono-In Unverziert
ZONE I	Anteil (%)	2,2	35,8	51,5	41,4	58,6	11	44,2	42,7	8	12,2	50,7	33	5,2	12,2	8,4	19,4	29,6	50,7	56,5	8,9	20,8	14,2
	Anzahl	73	1201	1743	719	1024	133	535	517	140	213	366	576	91	212	145	140	213	366	576	91	212	145
ZONE II	Anteil (%)	1,8	33,6	50,5	73,5	26,5	7,6	35,7	56	12,8	13	65	8,3	6,1	6,5	5,7	17,6	17,7	65	31,2	23,9	24,4	21,4
	Anzahl	60	1121	1691	1241	450	85	399	627	218	219	804	141	103	110	96	218	219	804	141	103	110	96
ZONE III	Anteil (%)	1,7	31,2	44,2	89,1	10,9	4,9	31,6	62,7	18,2	7,1	71,5	6,6	2,3	–	1,2	20,4	8	71,5	60,5	21,2	7,6	10,6
	Anzahl	23	427	604	538	66	21	135	268	110	43	385	40	14	5	7	110	43	385	40	14	5	7
ZONE IV	Anteil (%)	1,3	27,8	55,5	85,5	14,5	10,9	23,4	65,7	13,3	9,4	73,5	7,6	1,2	3,9	1,8	15,5	11,1	73,5	53	21,2	27,8	12,5
	Anzahl	12	248	497	425	72	27	58	163	66	47	312	38	6	19	9	66	47	312	38	6	19	9
Bezugsgröße		In % aller Mykenischen Scherben		In % aller offenen Formen	In % aller offenen Formen	In % aller offenen Formen	In % aller geschlossenen Formen			In % aller offenen Formen							In % offener Formen, innen linearverziert oder unbemalt			In % offener Formen, Mono-In			

Tab. 18 Häufigkeiten von Keramikklassen der Zonen I–IV.

	Ränder	Basen	Henkel	Wandungs-fragmente	Summe	Anteil (in Prozent aller Mykenischen Scherben)
ZONE I	38	14	28	316	396	11,7%
ZONE II	34	13	20	335	402	12,0%
ZONE III	4	7	5	76	92	6,7%
ZONE IV	12	1	5	23	42	4,7%

Tab. 19 Kochtöpfe der Zonen I–IV.

FS \ FM	Haupt-	Stipple 77	Quirk 48	Spiralenrest	Running Spiral 46	Foliate Band 64	Myc. III Flower 18	Whorl-Shell 23	Bivalve Shell 25	Antithetic Spirals 50?	Triglyph + Half-Rosette 74	Panelled Pattern 75	FS: Summe	FS: Häufigkeit (%)
Typologisch SH II													1	7,15
FS 224		1											1	7,15
Typologisch SH IIIA													2	14,3
FS 213			1										1	7,15
FS 254/255				1									1	7,15
Typologisch SH IIIA$_2$–B													3	21,4
FS 225?					1								1	7,15
Schälchen (d)					2								2	14,3
Typologisch SH IIIB													7	50
FS 305 (?)						1		1					2	14,3
FS 258B (?)							1						1	7,15
FS 295								1					1	7,15
FS 284										1	1	1	3	21,4
Typologisch SH IIIB–C													1	7,15
FS 284										1			1	7,15
Henkel														
3-Splash													5	—
FM: Summe		1	1	1	1	2	1	1	1	1	2	1	1	5
FM: Häufigkeit (%)		7,7	7,7	7,7	7,7	15,4	7,7	7,7	7,7	—	15,4	7,7	7,7	—

Tab. 20 FM/FS, offene Formen der Skelettbefunde.

a) Unsicher, ob Haupt- oder Nebenmuster, alle beide nur erhalten auf der Lippenoberkante. b) Nicht zu bestimmen, ob senkrecht. c) Unsicher ob Haupt- oder Nebenmuster. d) Kleinformen ohne FS-Bezeichnung = misc. bowl.

Tab. 21 Gesamtstatistik aller Zonen und Bestandsaufnahme der mykenischen Keramik.

Gesamtstatistik (a / b)

		Scherbenanzahl (Endsumme) (a)	Nicht bestimmbar	Vormykenisch	Nachmykenisch	Mykenisch (gesamt)
ZONE I	Anteil (%)	4080	4,3	10,9	–	83
	Anzahl		175	443	32	3378
ZONE II	Anteil (%)	4309	5,1	16,8	–	77,5
	Anzahl		221	726	6	3343
ZONE III	Anteil (%)	2040	5,6	26,8	–	67,2
	Anzahl		113	546	5	1371
ZONE IV	Anteil (%)	1513	7,6	33,2	–	59
	Anzahl		114	502	4	892
ZONE V	Anteil (%)	6		100		
	Anzahl			6		
SK	Anteil (%)	684	5	31,6	–	62
	Anzahl		34	216	5	424
SONSTIGE	Anteil (%)	225	9,8	35,5	–	54
	Anzahl		22	80		122
SUMME	Anzahl	12857	679	2519	52	9530

Die Mykenische Keramik (vgl. Tabelle 18)

		Mykenisch (gesamt)	Geschl. Gesamt (c)	Verziert	Mono (erhalten)	Linearverziert	Unverziert	Gesamt (d)	Innen linearverziert/unbemalt (gesamt)	Mono-In (gesamt)	Monochrom	Verziert In. linear./unbemalt	Verziert Mono-In	Linear In. linear./unbemalt	Linear Mono-In	Unverz. Innen unbemalt	Unverz. Mono-In	Grobkeramik	Kochtöpfe	Handgemacht	Holzgeglättet	Strichpolierte Keramik (a)	Miniaturgefäße (a)	Deckel (a)	Idole	Ziegel (a)	Mykenisch sonst nicht bestimmbar
ZONE I	Anteil (%)		35,8	3,9	–	15,8	15,3	51,5	21,3	30,4	17	4,1	2,7	6,3	6,3	10,8	4,3	–	11,7	–	–	–	–	–	–	–	–
	Anzahl	3378	1201	133	16	535	517	1743	719	1024	576	140	91	213	212	366	145	7	396	11	1	49	5	3	10	3	9
ZONE II	Anteil (%)		33,6	2,5	–	11,9	18,8	50,5	37,2	13,5	4,2	6,5	3,1	6,5	3,3	24,2	2,9	2,5	12	–	–	–	–	–	–	–	–
	Anzahl	3343	1121	85	10	399	627	1691	1241	450	141	218	103	219	110	804	96	86	402	25	–	11	8	3	8	2	10
ZONE III	Anteil (%)		31,2	1,5	–	9,8	19,6	44,2	39,3	4,8	2,9	8	1	3,1	–	28,1	–	14,7	6,7	1	–	–	–	–	–	–	2
	Anzahl	1371	427	21	3	135	268	604	538	66	40	110	14	43	5	385	7	202	92	14	2	1?	2	–	2	4	28
ZONE IV	Anteil (%)		27,8	3	–	6,5	18,3	55,5	47,5	8	4,3	7,4	–	5,3	2,1	35	1	10,8	4,7	–	–	–	–	–	–	–	–
	Anzahl	892	248	27	–	58	163	497	425	72	38	66	6	47	19	312	9	96	42	3	1	1?	1	2	2	4	1
ZONE V	Anteil (%)																										
	Anzahl																										
SK	Anteil (%)		29,2	1,6	–	9,9	17,4	52	43,2	8,7	3,6	5,2	3,1	6,8	1,2	31,2	–	11,8	6,8	–	–	–	–	–	–	–	–
	Anzahl	424	124	7	1	42	74	220	183	37	15	22	13	29	5	132	4	50	29	1	–	3	–	–	–	–	–
SONSTIGE	Anteil (%)		29,5	4,1	–	10,7	13,9	51	46,7	4,1	1,6	9	–	3,2	–	34,5	1,6	–	15,6	3,2	–	–	–	–	–	–	–
	Anzahl	122	36	5	1	13	17	62	57	5	2	11	–	4	–	42	2	–	19	4	1	–	–	–	–	1	–
SUMME	Anzahl	9530	3157	278	31	1182	1666	4817	3163	1654	812	567	228	555	351	2041	263	441	980	58	5	(65)	16	8	24	12	48

a) Miniaturgefäße und Deckel werden getrennt aufgeführt, sind jedoch unter ihrem jeweiligen Verzierungsschema mit den restlichen Scherben nochmals mitgezählt worden. Strichpolierte Keramik wird hier aufgeführt, da sie in mykenischen Fundzusammenhang vorkommt; da sie jedoch keine mykenische Keramikgattung darstellt, erscheint sie sonst nur in der Endsumme der Gesamtstatistik. Analog wurde mit den Ziegeln verfahren. b) In den Spalten: Nicht bestimmbar, Vormykenisch, Mykenisch und Nachmykenisch galt als Basis (100%) die Gesamtzahl aller Scherben der jeweiligen Zone. c) In dieser Tabelle wird auf der Basis 100% = der Gesamtzahl aller mykenischen Scherben der jeweiligen Zone gerechnet. d) Nur monochrom außen: Zone III – 2 Scherben, Zone II – 1 Scherbe, Zone I – 1 Scherbe. e) Die Bezeichnungen Offene bzw. Geschlossene Formen beziehen sich ausschließlich auf Scherben der Fein- und unbemalten Gebrauchskeramik.

(a)	FS 284A	FS 284B Mono-In	FS 284 DR	„MBB"	FS 284A Mono-In	FS 284/285 Mono	„RBB"	FS 284/285 C
ZONE I	2	3		5	4	6	5	2
ZONE II		2	3	1?	2	2		
ZONE III	3	2	1					
ZONE IV	1							

Tab. 22 FS 284–285 Varianten.

a) nur Randtypen; nicht in Tab. aufgenommen 347 (linearverziert); 348 (linearverziert, Mono-in), 338.344 (Zugehörigkeit unklar).

D. ZUSAMMENFASSUNG:
ZUR GESCHICHTE DES AREALS VON BAU 2

Die baugeschichtlichen Beobachtungen, der Grabungsbefund und die Bestimmung bzw. Interpretation der Keramikfunde geben eine Vorstellung von der Abfolge der Ereignisse in dem untersuchten Gebiet. In absoluten Grenzen läßt sich die relative Chronologie des Geländes, des Mauerwerks, der Fußböden und der Verschüttung gewinnen. Diese Ergebnisse bieten eine Parallelität zu den Ergebnissen im Bereich der Bauten 3 und 4[67]. Darüber hinaus zeigt die stratigraphische Verbindung der beiden Grabungsareale, daß die Geschichte dieser Bauten eine Einheit bildet. Eine absolut-chronologische Präzisierung der einzelnen Phasen erscheint allerdings nicht möglich, da sich die Chronologie auf keramische Befunde stützt, die weder vom Stil her noch durch die quantitative Auswertung eine engere Eingrenzung als ungefähr 30 Jahre ermöglichen. Zum Folgenden vgl. bes. o. S. 13 f., 15.

Nach Fertigstellung der westlichen Unterburgmauer im Bereich der Brunnengänge war das felsige Gelände zwischen den beiden Eingängen entlang dem Fuß der Mauer durch eine planvolle Auffüllung begehbar gemacht worden. Dieser Streifen, zu dem wahrscheinlich der Lehmboden des Baues 2a gehört, ist die keramische Zone IV, die innerhalb der Phase SH IIIB entstand und nicht später als SH III B 1 anzusetzen ist. Mit Sicherheit fällt der Mauerbau in diese Zeit und wir gewinnen einen terminus post quem für die Errichtung von Bau 2a, dessen Anlage auf der genannten Planierung erfolgte. Die Zerstörung des Baues 2a und der Umbau zu Bau 2a/b ist durch den Befund der Keramikzone III, Schutt über dem zerstörten Bau, allgemein in die Furumark'sche Phase SH III B zu setzen; sie kann jedoch mit Rücksicht auf die Zeitstellung des Baues 2a nicht gut in den Anfang dieser Phase gehören. Da Bau 2b in gleicher Weise wie der Bau 3 durch die Abrundung einer Ecke Rücksicht auf den von Osten zwischen den beiden Bauten zum Eingang des nördlichen Brunnenganges führenden Weg nimmt, vermögen wir den Umbau von 2a zu 2b und die Errichtung von Bau 3 als Teile der gleichen architektonischen Konzeption zu erkennen. Ein unmittelbarer Beweis für die Gleichzeitigkeit ihrer Errichtung ist damit nicht erbracht. Es ist jedoch klar, daß sie beide in die Mitte oder an das Ende der Phase SH IIIB zu setzen sind, denn der Mauerbau, die Errich-

[67] Tiryns VIII 94 ff.

tung des Baues 2a und dessen Zerstörung erfolgten früher als der Umbau zu 2b, andererseits sind sämtliche Bauarbeiten in die Phase SH III B datierbar; über den Zeitansatz von Bau 3 in die vorgerückte SH III B-Phase ist bereits berichtet worden[68]. Der Umstand, daß beiden Bauten, dem Umbau 2b und Bau 3, eine mit Brandresten angereicherte Schicht unmittelbar vorauf liegt, die sich als der gleiche „Katastrophenhorizont" zu erkennen gibt, spricht deutlich genug für eine äußerst enge zeitliche Zusammengehörigkeit beider Bauten.

Die Schuttmasse, welche die Zerstörung der beiden Bauten 2a/b und 3 zeitlich festlegt, ist stratigraphisch ein und dieselbe. Mit größerer Sicherheit als die keramische Zone III, welche für die Datierung dieses Schuttes heranzuziehen ist, führte die Datierung des über Bau 3 untersuchten Abschnittes in die „vorgerückte SH III B-Periode" (SH III B 2)[69]. Die stark aschig einsetzende Ablagerung, welche über dem eigentlichen Zerstörungsschutt des Baues 2a/b lag, wird durch die keramischen Zone II erfaßt. Sie ist bei beiden Bauten durch Keramik der Phase SH III C 1 bestimmt[70].

Das Stück eines Keramik-Kieselbodens östlich von Bau 2 gehört in die Zeit der Benutzung von Bau 2a/b. Er war nach dessen Aufgabe nicht mehr in Benutzung. Auch die Tatsache, daß Bau 2 keinen Nachfolgerbau hatte, hingegen der Schutt im Bereich zwischen den Brunnengängen bis weit den Hang hinauf anstieg, deutet auf eine Vernachlässigung dieses im Hinblick auf die Wasserversorgung wichtigen Areals.

Über die Zweckbestimmung des Baues 2a und 2b sind nur Vermutungen möglich. Seine Lage zwischen den Eingängen zu den Brunnengängen, die für den Bau 2a/b nachgewiesenen Eingänge im Norden und Süden, die Beibehaltung des Gebäudes nach der Zerstörung von Bau 2a, wenn auch mit verändertem Grundriß, deuten auf eine enge funktionale Beziehung zur Wasserversorgung. Als Abstellplatz für Gefäße kommt der Bau schwerlich in Frage, da nicht nur entsprechende Keramikfunde fehlen, sondern vor allem ein Plattenpflaster zu erwarten wäre, wie es in Resten z. B. bei Bau 3 nachgewiesen ist[71]. Eher dürfen wir vermuten, daß der Bau für eine Wachtmannschaft bestimmt war, welche die Zugänge zu dieser lebenswichtigen Anlage kontrollierte und vielleicht auch für die Reinhaltung des Gebietes zuständig war. Eine kultische Bedeutung des Baues wird dadurch nicht völlig ausgeschlossen, wenngleich entsprechende Zeugnisse fehlen.

Die Zeitstellung der Gräber läßt sich stratigraphisch nicht exakt fassen. Oben ist gezeigt worden, daß ihre Anlage erst nach der Zerstörung des Baues 2 denkbar ist. In Übereinstimmung damit steht die Beurteilung der 1965 gefundenen Gräber, die nach der einfachen Art der Bestattung und der stratigraphischen Situation Teile derselben Nekropole sind. Das Problem besteht in ihrem örtlichen und zeitlichen Verhältnis zu der SH III C 1 – Besiedlung der Unterburg.

Peter Grossmann   Jörg Schäfer

---

[68] Tiryns VIII 94f.: später als der Mauerbau und Bau 4.
[69] ebd. 95.
[70] ebd. 60.95.
[71] Tiryns V 53.

E. ZUM SCHICHTBEFUND
(Beil. 1,1)

Die stratigraphische Ausgangssituation der Grabung im Areal von Bau 2, 1971, wird durch die Schichtabfolgen der Kampagnen 1965 und 1968 gekennzeichnet:

Die den Südteil des Baues 2 einbeziehende Grabenwand I/1 Nord ist in der Veröffentlichung der Kampagne 1965 vorgestellt[72]. Bisher nicht veröffentlicht wurde die im gleichen Jahr hergestellte Aufnahme der südlichen Grabenwand von II/1, die durch den westlichen Teil der Nordwand von Bau 2 verläuft. Da die Grabung im Bereich von Bau 2 inzwischen abgeschlossen ist, scheint es uns gerechtfertigt, nunmehr auch diesen Befund sowie die östliche Fortsetzung desselben nach der Aufnahme des Jahres 1968[73] vorzulegen. Durch den Anschluß der südlichen Grabenwand II/2, wiederum nach Aufnahme des Jahres 1965[74], kann schließlich der bisherige Schichtbefund entlang dieser Ostwestlinie bis etwa zur Mitte der Längsachse der Unterburg vorgeführt werden. Auf diese Weise wird die Ausdehnung der großen spätmykenischen Schuttschicht „Z" verdeutlicht. Außerdem zeigt sich, daß von dieser, in der Phase SH III B anzusetzenden Verschüttung, auch ein Bau wenige Meter östlich von Bau 3 im Grabungsabschnitt II/2 betroffen wurde. Der bisher an einigen Stellen erreichte Fels erlaubt es, das ursprüngliche Gefälle auf der Westseite des Burgfelsens auf etwa 1:6 = 17% zu bestimmen.

Peter Grossmann   Jörg Schäfer

---

[72] Tiryns V Beil. 12 (Mitte), Grundriß Beil. 11 (unten).
[73] Tiryns VIII Beil. 6 (Grundriß), Beil. 7,1 (Nordsüdprofil).
[74] Tiryns V 63f.

PETER GROSSMANN – HEINER KNELL – EBERHARD SLENCZKA
WALTER VOIGTLÄNDER

GRABUNGEN IN DEN QUADRANTEN IV 2. V. VI 2

A. DIE ERGEBNISSE IN DEN QUADRANTEN IV 2 UND IM NÖRDLICHEN TEIL DES QUADRANTEN V 2

Einleitung

Zu den im Sommer 1971 in Tiryns auf der Unterburg durchgeführten Grabungen werden hiermit zwei Teilberichte vorgelegt[1]. Das Grabungsareal *(Taf. 41,1; Abb. 1)* liegt in der Westhälfte der Unterburg und schließt vor allem südlich an das Gebiet vorangegangener Grabungen an[2].

Teil A beschränkt sich auf das Gebiet nördlich, nordöstlich und östlich von Bau 1, d. h. auf den Quadranten IV 2 und den nördlichen Abschnitt des Quadranten V 2. Teil B bezieht sich auf den übrigen Quadranten V 2 und den Quadranten VI 2.

Mit Beginn der Grabung wurden die Grabungsquadranten entsprechend dem von P. Grossmann 1968 vermessenen Koordinatennetz ausgelegt[3]. Die Grabungskanten verlaufen nordsüdlich bzw. ostwestlich und damit annähernd diagonal zur Bebauungsrichtung. Zugleich war eine neue Bezeichnung der Quadranten notwendig. – Erschwerend wirkten sich die alten Sondagen III und IV sowie ein Suchgraben entlang der Nordfassade von Bau 1 aus, die H. Dragendorff kurz vor dem 1. Weltkrieg angelegt hatte, zumal diese Arbeiten nur unzureichend belegt sind[4]. Gleichwohl war es möglich, solche Lücken durch die Ergebnisse der Grabung weitgehend zu schließen bzw. zu überbrücken.

Ziel der Grabung war es, zum einen die westliche Bebauungsgrenze in frühhelladischer Zeit festzustellen, zum anderen galt es nach einem Anschluß späthelladischer Fundschichten

---

[1] Die Grabung begann am 28. 7. 1971 und wurde am 21. 9. 1971 beendet. Die Grabungsleitung lag in Händen von U. Jantzen, örtlicher Grabungsleiter war J. Schäfer. Die Verf. dieser seit 1974 abgeschlossenen Berichte waren für jene Bereiche in der Grabung verantwortlich, über deren Ergebnisse hier berichtet wird. Die architektonischen Befunde werden von P. Grossmann besprochen, dem bei den zeichnerischen Aufnahmen im Gelände H. Klug assistierte. Soweit architektonische Befunde hier erwähnt werden, bezieht sich dies auf die Beschreibung der Horizonte und Siedlungsabfolgen.
  Die in beiden Texten und in den Abbildungen verwendeten Nrn. der Steinmauern und Pflaster entsprechen keiner systematischen Numerierung, sondern dienen als vorläufige Bezeichnungen. P. Heinz und T. Tsimas werden fotografische Aufnahmen im Gelände und im Fundmagazin, I. Voigtländer – v. Reckow die Restaurierung sowie die zeichnerischen Aufnahmen der Gefäße verdankt. Die Vorlagen zu Beil. 4,2–5 fertigte Dipl.-Ing. K. Stange, Darmstadt.
[2] U. Jantzen, u. a., AA 1968, 369 ff.; AA 1969, 1 ff.; P. Grossmann, J. Schäfer, AAA 2, 1969, 344 ff.; Tiryns V Beil. 10.11.
[3] Tiryns V 42 Beil. 9.
[4] H. Dragendorff, AA 1914, 133 ff.; Jantzen u. a., AA 1969, 2 Abb. 1; Tiryns V Beil. 9.

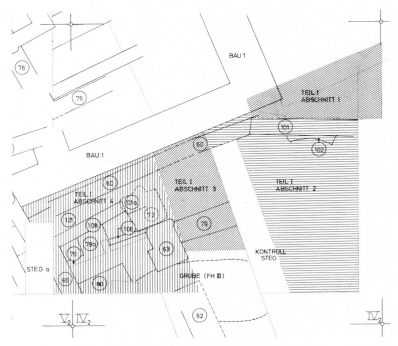

Abb. 1   Schema der Grabungsschnitte 1–4

nahe Bau 1 an zeitgleiche Schichten aus schon früher geöffneten Grabungsabschnitten nördlich Bau 1 zu suchen[5]. Darüber hinaus sollten vor allem Aufschlüsse zur Topographie und Geschichte der Unterburg in späthelladischer Zeit gewonnen werden.

Da in beiden Grabungsabschnitten nachmykenisches Fundmaterial spärlich blieb, früh- und späthelladisches dagegen um so dichter belegt ist, konzentrierte sich die Auswertung der Siedlungsreste und Einzelfunde einerseits auf die Zeitspanne von der FH II-Periode bis zur SH III B-Periode (Teil A), andererseits auf die Zeitspanne von der Zeit der Zerstörung von Bau 1[6] bis zu einer Entsiedlung der Unterburg in späthelladischer Zeit (Teil B).

Teil A

Das Grabungsgebiet liegt östlich Bau 1 und östlich des Erdprofils, auf dessen Westseite der Zugangsbereich zu den beiden Brunnengängen z. T. bis auf den Fels freigelegt ist.

Im Norden begrenzt der Trennsteg zwischen den Quadranten III 2 und IV 2, im Osten der Trennsteg zwischen den Quadranten IV 2 und IV 3 und im Süden Steg a im Quadranten V 2 das Areal *(Beil. 4,1; Abb. 1)*.

[5] Darüber hinaus wurde innerhalb der Quadranten IV 2 und V 2 die Ostmauer von Bau 1 freigelegt, nachdem hier bereits ältere Grabungen stattgefunden hatten. Eine Aussage zum archäologischen Befund erübrigt sich, da die nur noch geringen Erdzonen über dieser Mauer durch Bewuchs und Witterung völlig gestört waren.

[6] Die unmittelbar im Anschluß an die Grabung 1971 skizzierte Abfolge der Siedlungsphasen (Voigtländer AAA 4, 1971, 398 ff.) hat sich auch nach Auswertung der Funde bestätigt. Die dort nur als frühhelladisch bezeichneten Phasen 1, 2 und 3 sind nunmehr als FH II-Phasen gesichert. Zum Bau 1: Jantzen u. a. AA 1969, 2; Grossmann, Schäfer, AAA 2, 1969, 346; Tiryns V 72 ff.; Voigtländer a. O. 401 Anm. 10.

Abschnitt 1 der Grabung liegt nördlich des Suchgrabens, den Dragendorff vor der Nordfassade von Bau 1 hatte ausheben lassen und der noch in das Grabungsgebiet einschnitt. Die Grabungsabschnitte 2, 3 und 4 sind durch die Sondage IV bestimmt, die Dragendorff von der Ostseite der Unterburg bis hin zu Bau 1 angelegt hatte. Abschnitt 2 liegt nördlich dieser Sondage, Abschnitt 3 innerhalb und Abschnitt 4 südlich derselben[7].

Übereinstimmende Ergebnisse aus den getrennt untersuchten Grabungsabschnitten sind im Text zusammen dargestellt. Der Text beginnt mit einer Beschreibung der Schichten und ihrer Abfolge in den Grabungsabschnitten 1, 2 und 4[8]. Es folgt die Beschreibung der Siedlungs- und Zerstörungshorizonte in den Grabungsabschnitten 1 bis 4. Nach Bemerkungen zum Befund im Abschnitt 3, Sondage IV, und zu vier Bestattungen im Abschnitt 4 schließt der Katalog mit der kurzen Diskussion der Funde an. Abschließend sind die Ergebnisse zusammengefaßt.

1. Stratigraphie

Östlich und nordöstlich von Bau 1 sowie nördlich und südlich des Alten Grabens IV lag die Oberkante des Terrains bei 17,13 bis 16,83 m NN. Unter einer ungleich hohen, stellenweise 0,50 m mächtigen Zone älteren Grabungsschuttes folgt Schicht 1. Sie reicht beidseits des Grabens IV, d. h. in den Abschnitten 1, 2 und 4 auf unterschiedlich dichte Steinlagen. Die Erde dieser Schicht ist lehmig, von brauner bis grauer Farbe und hat eine nach unten zunehmend dichtere Konsistenz. In ihrem oberen Bereich ist die Schicht stärker mit Wurzeln und Knollen durchsetzt. Die nachantiken, griechischen, spät- und frühhelladischen Funde zeigen an, daß Schicht 1 insbesondere auch durch die langjährige Tätigkeit des Pfluges durchwühlt wurde. Die Oberkante der genannten Steinlagen ist unregelmäßig, fällt jedoch insgesamt von Süden nach Norden (Taf. 43,3). Im Bereich des Steges a (Beil. 4,1) wurde die Oberkante bei 15,92 m NN, nördlich desselben bei 15,79–15,76 m NN, nördlich des Grabens IV bei 15,83–15,80 m bzw. 15,62 m NN gemessen. Die Steine liegen stellenweise sehr dicht nebeneinander in festem, gelbem Lehm.

Unter den Steinlagen folgt Schicht 2. Kennzeichnend ist für sie ihre hellgelbe, lehmige Erde, die dicht über einzelnen Bruchsteinsockeln in eine graue bis hellgraue Zone übergeht. Schicht 2 reicht im Abschnitt 4 bis auf 15,40–15,30 m, im Abschnitt 2 bis auf 15,25–15,16 m NN hinab, fällt folglich ebenfalls von Süden nach Norden. Ihre Unterkante ist nicht genauer zu bestimmen, da erneut einzelne Steinlagen von unterschiedlicher Mächtigkeit z. T. in ältere Ablagerungen eingedrückt sind.

Neben Vasenscherben belegt vor allem das große Fragment eines Dachziegels, daß Schicht 2 in spätklassischer Zeit entstanden ist. Es steckte verkantet in einem kleinen Steinhaufen im Niveau von 15,40–15,30 m NN (Taf. 43,2).

---

[7] Anm. 4.

[8] Eine Konkordanz zwischen den insgesamt 10 festgestellten Schichten mit jenen aus den Grabungen nördlich Bau 1 (Tiryns V 45 ff. 57 ff. 77 ff.) ist bisher noch nicht möglich. Soweit in den Teilen A und B des hier vorgelegten Berichtes Schichten dieselben Siegel tragen, handelt es sich auch um die gleichen Schichten.

Nur im südlichsten Bereich des Grabungsabschnittes 4 ist eine Erdzone zwischen 14,30–14,17m NN als Rest von Schicht 3 anzusprechen. Sie ließ sich jedoch weder durch Erdfärbung noch durch besondere Einschlüsse von Schicht 2 oder der unter ihr anstehenden Schicht 4 unterscheiden. In den anderen Abschnitten des hier besprochenen Grabungsgebiets ist Schicht 3 als Erdzone nicht nachzuweisen. Jedoch kam in den Abschnitten 4, 2 und 1 Material zutage, das in die Zeit der Funde aus der im südlichen Grabungsgebiet festgestellten Schicht 3 einzuordnen ist[8a]. Vasenfragmente im Abschnitt 2 aus dem Grenzbereich zwischen Schicht 2 und Schicht 6 (ab 15,16m NN) legen die Annahme nahe, daß in der Zeit von Schicht 3 die Oberfläche der erheblich älteren Schicht 6 noch sichtbar und begehbar war. Funde aus Abschnitt 1 wurden 2–3m nördlich von Bau 1 in einem vergleichsweise tiefen Erdniveau (13,76–13,26m NN) geborgen und belegen, daß in diesem Bereich in antiker Zeit, d.h. auch noch in der Zeit von Schicht 3, ein Geländesprung von 1,90m (15,16–13,26m NN) vorhanden war.

Schicht 4 ist nur im Abschnitt 4 deutlich zu erkennen. Ihre lehmige, hellgelbe und sehr feine Erde ist dicht, fest und frei von Steinen. Sie folgt im südlichsten Teil des Abschnittes 4 unter der als Schicht 3 angesprochenen Erdzone; in den übrigen Teilen dieses Grabungsabschnittes wird sie von Schicht 2 überlagert. Schicht 4 steht auf einem 0,60m breiten Streifen östlich Mauer 60 *(Beil. 4,1)* stellenweise von 14,90–15,30m NN hoch an; dagegen ist sie am Ostrand des Grabungsabschnittes nicht mehr vorhanden. Hier liegt Schicht 2 unmittelbar auf älteren Siedlungsresten auf. Die Funde aus Schicht 4 gehören in die Zeit der 2. Phase der SH III C 1-Stilstufe.

Anpassungen von Scherben aus dem Abschnitt 4 an solche aus Schicht 5 unter dem Hanghaus[9] belegen, daß vom Hanghausbereich über Abschnitt 4 und vermutlich auch über Abschnitt 3 hinweg bis hin zu Abschnitt 2 ein durchgehender Horizont in der Zeit von Schicht 5 vorhanden war.

Nur im Abschnitt 2 läßt sich Schicht 6 nachweisen. Ihre lehmige, stellenweise gelbe, meist jedoch braune und nahe der Grabungssohle graue Erde ist durch größere Anhäufungen von verbackenen Kalksteinsplittern und Lehmziegeln sowie verkanteten Bruchsteinen durchsetzt. Hierbei handelt es sich offensichtlich um Schuttanteile, die mit der übrigen Erde in antiker Zeit zur Aufhöhung und Einebnung des Geländes dienten. Die Oberkante von Schicht 6 liegt näherungsweise bei 15,16m NN, die Unterkante ist vermutlich nahe der Grabungssohle (14,70m NN) anzunehmen. Die datierenden Scherben aus Schicht 6 gehören in die Übergangsphase von SH III B 2 nach SH III C 1.

Im Abschnitt 4 ist Schicht 7 festgestellt worden. Ihre Oberkante bilden am Ostrand des Abschnittes faustgroße Steine in gelbem Lehm (14,35m NN), die hier unmittelbar unter der nachmykenischen Schicht 2 liegen. Bereits 1,0m westlich ist die Oberkante durch einen Fuchsbaugang zerstört, läßt sich aber am Westrand des Abschnittes bei 14,90–15,00m NN, d.h. unter Schicht 4 wieder erkennen. Die Oberkante von Schicht 7 fällt demnach von Osten nach Westen und wird im Osten von Schicht 2, im Westen auch von Schicht 4 überlagert. Ihre Unterkante liegt am Ostrand des Abschnittes 4 bei 15,28–15,23m NN, reicht jedoch im mittleren Teil bis ca. 14,00m NN hinab. Dieser Niveauunterschied erklärt sich durch die

[8a] S. 119.
[9] S. 140, Gruppe V Nr. 116.

Tatsache, daß im Osten frühhelladische Baureste hochanstehen, deren westliche Teile tief zerstört waren, bevor Schicht 7 entstand.

Im Westen wird Schicht 7 von Mauer 121 gehalten *(Beil. 4, 1)*, staut sich von deren Unterkante (ca. 14,10 m NN) bis zu ihrer ungleichmäßig erhaltenen Oberkante (14,92–14,64 m NN) auf und ist noch über diese Bruchsteinmauer nach Westen geflossen.

Die unterschiedlich gefärbte, z. T. dichte, z. T. recht lockere Erde und die zahlreichen früh- und späthelladischen Funde aus allen Niveauzonen in Schicht 7 belegen, daß es sich hier erneut um eine Auffüllung handelt, die z. T. aus erheblich älterem Siedlungsschutt bestand. Die Unterkante von Schicht 7 am Ostrand des Abschnittes 4 bestimmt der schmale Streifen eines Lehmbodens im Niveau von 15,28–15,23 m NN. Dieser Boden gibt hiermit die ursprünglich sicher horizontale Oberkante von Schicht 7, d. h. der Anschüttung aus späthelladischer Zeit an. Die datierenden Funde aus Schicht 7 sind in die ältere und in die entwikkelte SH III B-Stufe, nicht aber in die Übergangsphase von SH III B 2 nach SH III C 1 einzuordnen.

Nördlich der Mauer 80 und östlich von Mauer 63, fand sich dicht am Ostrand des Abschnittes 4 eine stark aschehaltige Zone, die hier als S c h i c h t 8 bezeichnet wird. Ihre Oberkante liegt bei 15,23 m NN. Diese Zone reichte stellenweise bis auf eine Lehmziegellage im Niveau von 14,57–14,51 m NN hinab[10] und setzte sich auch unter Mauer 62 fort[10]. Es handelt sich hierbei um die Füllung einer in etwa wannenförmigen und nordsüd-gerichteten Grube von ca. 4 m Länge und 2 m Breite. Sie beginnt an der Stirnseite der Mauer 80 und zeichnet sich auch noch am Nordrand des Grabens IV ab[11]. Die Funde aus der Grube sind auffallend homogen und nicht jünger als in die FH III-Periode bzw. Lerna IV-Stufe einzuordnen.

Unmittelbar unter dem schon erwähnten Bodenrest folgt S c h i c h t 9. Ihre Lehmerde ist intensiv rot bis ockerfarben und stellenweise von sehr dichter und fester Konsistenz. Schicht 9 ist entlang des Ostrandes von Abschnitt 4 auf einem Streifen von ca. 1,20 m zu erkennen und wird am Südrand des Abschnittes von Mauer 66 überbaut. Westlich des Streifens fiel diese Schicht bereits vor dem Entstehen von Schicht 7 und der Errichtung der Mauer 66 stark nach Westen ab. Ihre Westgrenze ist jedoch wegen der erwähnten Störung durch einen Fuchsbau nicht mehr zu erkennen. Schicht 9 liegt am Ostrand des Abschnittes 4 auf den Resten der aufgehenden Lehmziegelwand über Sockel 80 auf und reicht westlich und nordwestlich des Sockels bis in ein Niveau von 14,51 m NN hinab. Schicht 9 ist zum größten Teil als Rest der nach Westen und Nordwesten gestürzten Lehmziegelwand über Sockel 80 zu deuten. Im Nordwesten staute sich die Schicht gegen Mauer 63, die mit 80 zusammen einen Durchgang bildet. In diesem Bereich überdeckte Schicht 9 große Fragmente verstürzter Pithoi aus frühhelladischer Zeit, die auf einer Lehmziegellage im Niveau von 14,51 m NN lagen *(Taf. 44, 1)*. Diese Lehmziegellage bezeichnet die Unterkante von Schicht 9.

Ca. 0,10 m unter der Lehmziegellage, die im Niveau von 14,51 m NN die Unterkante der Schichten 8 und 9 bestimmt, verläuft horizontal ein fingerbreites Aschenband ca. 0,20 m über der Oberkante des Steinsockels 79. Dieses Aschenband ist wahrscheinlich als Einschluß innerhalb der in Resten noch erhaltenen, aufgehenden Lehmziegelwand auf 79 zu deuten. Falls dies zutrifft, ist die Lehmziegellage unter Schicht 9 noch der Zeit von 79 zuzurechnen

---

[10] Anm. 22.
[11] Innerhalb der alten Sondage IV hatte demnach Dragendorff die oberen Zonen der Grube bereits abgetragen.

und diente dann in jüngerer Zeit als Gehniveau oder Boden, ist jedoch nicht als eigentliche Zerstörungsschicht von 79 zu bezeichnen. Diese konnte nur westlich Mauer 63 unter Mauer 72 als Schicht 10 festgestellt werden, deren Erde lehmig, gelbbraun und mit Einschlüssen kleiner, grauer Kreideteile durchsetzt ist.

Die Oberkante von Schicht 10 war durch die sehr unregelmäßige Unterkante der Mauer 72 nur näherungsweise zwischen 14,50–14,30 m NN zu ermitteln. Dagegen ist ihre Unterkante bei 14,09 m NN gesichert, da zwei von Schicht 10 überdeckte Gefäße hier zutage kamen (Taf. 44,2). Die Vasen 5 (10) und 6 (10) lagen auf dem Gehhorizont zu Mauer 79 und sind in die frühhelladische Periode II zu datieren.

Dieser Gehhorizont bezeichnet zugleich die Oberkante von Schicht 11, die im Nordteil des 4. Abschnitts 0,31 m und im Südteil 0,22 m hoch anstand. Ihre grünlich-beige gefärbte Erde hat insgesamt eine geringere Dichte als die Erde der Schicht 10. Schicht 11 hat sich unter Sockel 79 und auf Sockel 106 sowie westlich von beiden bis in ein Niveau von 13,80–13,78 m NN abgelagert. In diesem Niveau wurde die Oberkante einer noch älteren Schicht erreicht, deren Lehmerde im nördlichen Bereich des Abschnittes 4 fleckig gelb und im südlichen Teil fleckig weiß war. Es handelt sich um den Gehhorizont zu Sockel 106, dessen Unterkante noch nicht freigelegt wurde. Auf diesem Gehhorizont standen die drei ebenfalls in die FH II-Periode zu datierenden Gefäße 1 (11), 3 (11) und 4 (11) (Taf. 44,3).

2. Siedlungs- und Zerstörungshorizonte
(Beil. 1,3; 4,1; Abb. 1)

Ho A: FH II Phase 1

Im Abschnitt 4 des Grabungsgebietes wurde der westliche Rand der Steinmauer 106 ausgegraben. Er verläuft ungefähr parallel zum Berghang, der von Osten nach Westen fällt. Die Mauer, deren Oberkante bei 13,86 m NN liegt, setzt sich unter den jüngeren Steinmauern 79a sowie 79 fort. Sie war insgesamt nur auf einer Strecke von 1,30 m freigelegt[12]. Gegen ihren Westrand stößt im Niveau von 13,80–13,78 m NN ein Lehmboden an, den im Süden 79a mit Gewißheit und im Westen 108 wahrscheinlich überbaut.

Auf diesem Lehmboden stand die mit Urfirnis innen und außen monochrom überzogene, kleine hochwandige Schale Nr. 1 (11) mit geknicktem Rand verkantet gegen Mauer 106 gelehnt. Ein Meter nördlich lag im gleichen Niveau die Pyxis Nr. 4 (11) auf dem großen Fragment der flachen Schale Nr. 3 (11) (Taf. 44,3). Diese Gefäße[12a] gehören zum Inventar eines Raumes, von dem vorerst nur Mauer 106 und der Lehmboden bekannt sind.

Die auf Mauer 106, den Gefäßen und dem Lehmboden abgelagerte Schicht 11 wies keine Brandreste auf. Allerdings ist der Fundbereich zu klein, um zu entscheiden, ob dieser Bauteil durch Brand zerstört oder aus unbekannten Gründen nur aufgegeben und allmählich verschüttet wurde.

---

[12] In den Grabungsabschnitten 3 und 4 wurde nach Abschluß der Grabung 1971 feinkörniger Sand bis in ein Niveau von ca. 15,50 m NN eingefüllt, um die präparierten Befunde vor Auswaschung durch Regengüsse zu schützen.
[12a] S. 102 f.

Ho B: FH II Phase 2

Im Abschnitt 4 ist die zur älteren Mauer 106 gering divergierende Mauer 79 auf Schicht 11 gegründet. 79 läßt sich nach Süden bis zum Steg a und nach Norden unter dem jüngeren Sockel 63 hindurch bis zum Nordrand des alten Grabens IV[12b] verfolgen. Im Abschnitt 3 wurde seine Oberkante vollständig, im Abschnitt 4 dagegen nur ein ca. 0,15–0,20m breiter Streifen derselben aufgedeckt (Taf. 45,2), die im Abschnitt 3 bis in ein Niveau von 14,60–14,43m, im Abschnitt 4 bis 14,40–14,23m NN hoch erhalten ist. Ca. 0,75m nördlich von Steg a stößt die 0,90m breite Steinmauer 79a gegen den Westrand von 79. Beide Sockel sind im Bereich der Anschlußstelle gleich hoch (14,24m NN) und gehören ohne Zweifel zusammen zu einem Bauwerk, zumal beide von Resten derselben Lehmziegellage überdeckt werden(Taf. 45,1). Im Westen trifft die nur 0,75m lange Mauer 79a auf 108, die hangparallel verläuft und gering zu 79 divergiert. Die Oberkante von 108 wurde zwischen 13,96–14,14m NN gemessen und ist somit insgesamt 0,10–0,28m tiefer erhalten als die Oberkante von 79a. Trotzdem ist der bauliche Zusammenhang von 108 und 79a evident. Die tiefere Gründung von Sockel 108 sowie seine tiefere Zerstörung erklären sich aus seiner Lage am Hang[13].

Die drei Sockel trugen ein System von zwei zueinander divergierenden, hangparallelen Langwänden aus Lehmziegeln (79.108) mit einem breiten Querriegel (79a) (Taf. 46,1). Im Vorbericht über die Grabung 1971 habe ich dieses Mauersystem als Rest einer Hangstütz- bzw. Befestigungsmauer angesprochen[14]. Als sicher kann gelten, daß dieses aufgedeckte Mauersystem[15] auch wegen der extremen Hangsituation gebaut wurde. Es bot insgesamt den von Osten nach Westen wirkenden Schubkräften günstigeren Widerstand als eine einfache Mauer. Immerhin ist für diese Anlage südlich des Querriegels 79a eine Gesamtstärke von mehr als 2 Metern anzunehmen, da hier der Raum zwischen 79 und 108 kaum als Nutzraum gedient haben kann[16]. Falls die hier beschriebenen Reste zu keiner Befestigungsmauer gehören sollten, sind sie einem aufwendigen frühhelladischen Bauwerk an einer sehr exponierten Lage auf der Unterburg zuzuordnen[17].

Westlich Mauer 63 und östlich 121a, im Grenzbereich zwischen Abschnitt 3 (Alter Graben IV) und Abschnitt 4 kamen im Niveau von 14,12–14,09m NN und 0,30m westlich 79 die nur durch Erddruck gebrochene FH II-Schale 5 (10) sowie das kleine Schöpfgefäß 6 (10) zutage(Taf. 44,2). Die Gefäße lagen 0,11m tiefer als die Oberkante von Mauer 79 und 0,06m höher als deren Unterkante in diesem Bereich. Nach Auswertung aller Beobachtungen wurden beide Gefäße vor der Errichtung der Mauer 121a und nach dem Bau der Mauer 79 an diese Stelle gebracht.

[12b] Bis zur Südkante des Kontrollsteges (Beil. 4,1).

[13] Da Mauer 108 weder zeitgleich mit Mauer 106 – stratigraphische Gründe – noch zeitgleich mit der sie überbauenden Mauer 121 sein kann, ist erwiesen, daß 108 in jene Bauphase gehört, die auf die ältere, durch Mauer 106 belegte folgt und der jüngeren, durch 121 gesicherten vorausgeht, d.h. der durch die Mauer 79 und 79a gesicherten Bauphase zuzuordnen ist.

[14] Verf., AAA 4, 1971, 402.

[15] Im Grabungsabschnitt 3 sind Teile des Mauersystems in einer unbekannten Zeit abgetragen worden (s. Anm. 26). Der Nachweis, daß sich diese Anlage auch nach Norden über Abschnitt 3 hinaus fortsetzt, ist 1972 erbracht worden (Verf., AAA 6, 1973, 29f.).

[16] Dieses Maß ist zu bestimmen aus der im Abschnitt 3 festgestellten Breite von 79, dem lichten Maß zwischen 79 und 108 südlich 79a im Abschnitt 4 und der bisher bekannten Breite von 108: 0,80 + 0,60 + 0,35 + × = 1,75m + ×. Da für 108 zumindest die Breite von 79 anzunehmen ist, betrug die Mauerbreite: 0,80 + 0,60 + 0,80 = 2,20m.

[17] Verf., AAA 6, 1973, 28f. Abb. 1b.2.

Die Erdzone unter den Gefäßen ließ sich nicht von der darunter folgenden Schicht 11 differenzieren und war auch nicht als festgetretene Lehmoberfläche zu erkennen. Sicher ist jedoch, daß beide Gefäße, insbesondere aber die dünnwandige Schale, nicht als Teil einer Auffüllung hierher gerieten. Vielmehr belegt die Fundsituation der Gefäße, daß diese hier abgestellt waren, bevor Schicht 10 sie verdeckte[18]. So ist die Erdzone, auf der die beiden Vasen standen, als Gehniveau des Mauersystems 79/79a/108 zu deuten. Deshalb war der Raum zwischen den Mauern nördlich 79a wahrscheinlich begehbar und die beiden Gefäße gehören zum Inventar dieses Raumes[19].

Ho C: FH II Phase 3

Im Grenzbereich zwischen Abschnitt 3 und 4 überbaut 63 die Mauer 79. Ihre Oberkante zwischen 14,75–15,07m NN entspricht jener der Mauer 80 (15,00–14,99m NN). Aus der Tatsache, daß Mauer 63 die Langwand 79 überbaut, geht zweifelsfrei hervor, daß 63 und auch 80 jünger sind als das Mauersystem 79/79a/108. Dies bestätigt zudem die unregelmäßige Ziegellage, in die die untersten Steine von 80 und 63 eingedrückt sind und die den Steinsockel 79 innerhalb des Abschnittes 4 überdeckt. Die Oberseite der Lehmziegellage wurde bei 14,51m NN gemessen und gibt das ungefähre Bodenniveau zu 63 und 80 an *(Taf. 45,2)*. Die westliche Gegenwand zu 63 und 80 ist im Bereich oder in Teilen von Mauer 121 zu suchen. 121 divergiert gering zur Ostmauer von Bau 1 und bildet ca. 6,0m südlich der Nordostecke des Baus 1 mit 121a eine auf der Innenseite gut erhaltene Ecke *(Taf. 46,1.2)*. Es ist deutlich zu erkennen, daß die Steine von 121a über die Nordsüdflucht von 121 hinaus nach Osten verlegt sind. Hieraus ergibt sich eine Gleichzeitigkeit der Mauern 121 und 121a im Bereich der Ecke.

Die östlichen Steine der Mauer 121a sind gestaffelt übereinander verlegt und gegen Erde versetzt. Der obere Stein ragt weiter nach Osten vor als die beiden unteren *(Taf. 46,2)*. Im Erdreich östlich dieser Mauersteine lagen auf Höhe der Unterkante von 121a die beiden Gefäße 5 (10) und 6 (10) aus dem Horizont Ho B.

Mauer 121a setzte sich deshalb nicht weiter nach Osten fort, als sie heute erhalten ist. Da zudem die Westseite von Mauer 63 einer Stirnseite entsprechen kann, ist die Fundamentlücke zwischen 63 und 121a im Bereich über den beiden älteren Gefäßen kaum durch Zerstörung bzw. Steinraub entstanden. Da eine Fundamentbrücke aus jüngerer Zeit den Sockel 121a z.T. und den Zugang vollständig überbaut *(Taf. 44,1)*, ist zweifelsfrei erwiesen, daß die Mauern 63 und 121a und dann auch 121 zu einem Bauwerk aus einer älteren Bauperiode gehören, die dem Errichten der Fundamentbrücke vorausgehen muß[20].

Somit ist für die Zeit von Ho C ein Raum anzunehmen, der von Osten her einen gesicherten Zugang zwischen den Mauern 80 und 63 hatte, im Norden zwischen den Mauern 63 und 121a unverschlossen und im Westen durch Mauer 121 begrenzt war.

---

[18] Auszuschließen ist zudem, daß die beiden Gefäße erst in der nächst jüngeren Bauperiode als Grubenopfer o. ä. hier eingebracht wurden. Denn der jüngere Sockel 121a aus dem Horizont Ho C ist gegen eine ältere Endzone gebaut, in der die besagten Gefäße lagen.

[19] Im NO-Winkel von 79 und 79a *(Taf. 45,1; 46,1)* lag verkantet ein allseitig bearbeiteter Kalksteinquader (ca. 0,30 × 0,20 × 0,20m). Die Bedeutung dieses Steins ist mir unklar. Jedoch ist er kaum als Werkstück der nur in Bruchsteinen und Lehmziegelresten erhaltenen Architektur zu deuten. Falls er ein Gebrauchsgegenstand war, so weist er ebenfalls auf einen begehbaren Nutzraum zwischen den genannten Sockeln hin.

[20] Jedoch ist die Wiederverwendung insbesondere von 121 in der Zeit der Fundamentbrücke durch Fundmaterial gesichert (S. 98).

Insbesondere die großen von Schicht 9 verdeckten Pithoifragmente 8 (9) bis 12 (9) zwischen 80 und 63 *(Taf. 44,1)* datieren auch diesen Raum noch in frühhelladische Zeit.

Ho D: FH III

Die mit Schicht 8 gefüllte Grube nordöstlich des Raumes mit den Pithoi ist nach Aufgabe dieses Raumes angelegt worden, da Schicht 8 seinen Ostzugang versperrte. Sinn und Zweck der Grube bleiben vorerst unklar. Deutlich ist nur, daß Schicht 8 aus intensiv mit Asche durchsetzter Erde besteht. Ein auch durch Baureste belegter Siedlungshorizont aus der Zeit der datierenden Grubenfunde 14 (8) – 17 (8)[20a] ist nicht festgestellt worden.

Ho E: SH III B Phase 1

Mehrere Steinsockel sind einem Bauwerk, Bau 5, zuzuweisen, das unter Verwendung frühhelladischer Gebäudereste östlich Bau 1 erbaut wurde und dessen nordwestlicher Teil im Abschnitt 4 des Grabungsgebietes aufgedeckt werden konnte.

An keiner Stelle wurde eine stratigraphische Situation vorgefunden, in der eine Schicht zwei oder mehrere Steinmauern von Bau 5 verbunden und datiert hätte. Zudem waren durch vier Bestattungen sowie durch die mehrfach erwähnte Störung die durch die Hangsituation ohnehin schwierige Schichtenabfolge beeinträchtigt. Auf Grund der vorgegebenen Situation gelang es deshalb nicht, jeden einzelnen Teil des Baus 5 zu datieren. Nur über die Interpretation des Gesamtbefundes ist von den durch Funde datierten einzelnen Bauteilen auf die Zeitstellung des ganzen Bauwerkes zu schließen. Entscheidende Bedeutung kommt für das Verständnis des Befundes dem Fundament 72 zu *(Taf. 44,1)*. Es überbaut die Fundamentlücke zwischen den älteren Mauern 121a und 63 aus dem frühhelladischen Horizont Ho C, liegt z. T. auf 121a auf und stößt gegen 63 an. Scherben aus 72 sind in die SH III B-Periode zu datieren und somit zeitgleich mit den datierenden Funden einer Aufschüttung (Schicht 7), die südlich von 72 und entlang Mauer 121 angetroffen wurde. Mit dem Verlegen von 72 wurde die aus Ho C vorgegebene Bauflucht wieder aufgenommen und ein von der Ecke 121/121a bis einschließlich Mauer 63 durchgehendes Fundament von 1,25 m Breite geschaffen.

Nahezu rechtwinklig zu diesem verläuft Mauer 121. Ihre Oberkante steht zwischen 14,92–14,64 m NN hoch an. Schicht 7 östlich Mauer 121 reicht stellenweise bis zu deren unterster Steinlage hinab. Da Schicht 9 aus der Zeit des Ho C ein starkes Gefälle von Osten nach Westen aufwies und im Bereich der Mauer 121 nicht mehr angetroffen wurde, ist zu folgern, daß diese Schicht mit großen Teilen von 121 nach Westen abgeglitten war, bevor in der Zeit des Horizontes Ho E hier erneut eine Auffüllung das steil abfallende Terrain ausglich. Deshalb ist auch anzunehmen, daß nur noch die von 121 und 121a gebildete Ecke *(Taf. 45,2; 46,1)* Bausubstanz aus dem frühhelladischen Ho C darstellt, dagegen die übrigen Bruchsteinlagen von 121 erst dem späthelladischen Ho E zuzurechnen sind und unmittelbar vor dem Einbringen von Schicht 7 verlegt wurden[21].

[20a] S. 105 f.

[21] Wollte man Mauer 121 insgesamt dem Horizont Ho C zuordnen, so müßte angenommen werden, daß 121 an exponierter Hanglage bis zur Errichtung von Bau 1 – ca. 800 Jahre lang – hoch erhalten blieb. Außerdem müßten ohne erkennbaren Grund östlich 121 Schichten bis zu dessen Fundamentsohle abgetragen worden sein. Und schließlich müßte diese Stelle ebenfalls ohne erkennbaren Grund in der SH-Zeit wieder aufgeschüttet worden sein. Nur wenn – wie auch beim Nordfundament – auch hier die ältere Bausubstanz wiederverwendet und in der Zeit des Horizontes Ho E ergänzt und stellenweise erneuert wurde, ist auch die stratigraphische Situation zu verstehen: östlich der erneuerten Mauer 121 wurde das Gelände aufgeschüttet. Diese Aufschüttung wurde im Westen von 121 gehalten.

Die ursprüngliche Höhe der Mauer 121 und 121 a/72/63 ist nährungsweise durch einen Lehmbodenrest zu bestimmen, der am Ostrand des Grabungsabschnittes 4 ca. 1,50 m östlich Mauer 66 präpariert wurde und der unmittelbar auf der frühhelladischen Zerstörungsschicht 9 auflag. Seine Oberfläche (15,28–15,23 m NN) wies zahlreiche Haarrisse auf. Die ursprüngliche Höhe der Sockel ist zumindest gering über besagtem Bodenniveau, das heißt bis ca. 15,40 m NN zu ergänzen. Dieses erschlossene Oberflächenniveau der Steinsockel entspricht sehr gut jenem von 66 (15,47–15,35 m NN), der vermutlich die Südwand des freigelegten Raumes von Bau 5 trug[22].

Neben zahlreichen FH II-Scherben und wenigen neolithischen Streufunden ist das Material aus Schicht 7, Horizont E, in die Zeitspanne von SH III A 2–SH III B, nicht jedoch der Übergangsphase von SH III B 2 nach SH III C 1 zu datieren.

Es gelang nicht, Schicht 7 von einer die Zerstörung des Baus 5 datierenden Schicht zu trennen. Diese Zerstörungsschicht ist zusammen mit den höheren Lagen der Schicht 7 über Mauer 121 hinweg nach Westen abgeglitten, bevor das Sockelgeschoß des großen Baus 1 unmittelbar westlich Bau 5 errichtet wurde[23].

So ist aus Schicht 7 nur ein terminus für die Bauperiode im Ho E zu gewinnen, nicht aber die Aufgabe des Baus 5 genauer zu bestimmen: nach den älteren datierenden Funden setzte die Bauperiode bald nach der SH III A 2-Periode ein und wurde in der SH III B-Periode abgeschlossen.

Ho F: SH III B Phase 2

Auch nach Auswertung der Keramik aus dem Grabungsabschnitt 2 nördlich des Alten Grabens IV ist deutlich, daß unterhalb 15,16 m NN bis auf die Grabungssohle (14,72–14,70 m NN) mit Schicht 6 eine Aufschüttung aus der Übergangszeit von SH III B 2 nach SH III C 1 angetroffen wurde.

Allerdings trifft diese Deutung im nördlichen Bereich des Abschnittes nur eingeschränkt zu, da sich dort zwischen 14,95–14,70 m NN verhältnismäßig wenige späthelladische, dagegen überwiegend frühhelladische Scherben fanden. Entweder standen ältere Schichten in diesem nördlichen Bereich höher als im südlichen an oder es handelt sich um den begrenzten Teil der späthelladischen Anschüttung mit besonders zahlreichen frühhelladischen Scherben[24]. Dagegen kamen im südlichen Bereich des Grabungsabschnittes 2, insbesondere nahe des Kontrollsteges zwischen Abschnitt 2 und 3 (= Alter Graben IV), späthelladische Scherben noch unmittelbar auf der Grabungssohle (14,72–14,70 m NN) zutage.

---

[22] Bei der Reinigung der Erdprofile in der Sondage IV unmittelbar östlich des hier beschriebenen Grabungsgebietes kamen die Reste von Mauer 62 zutage. Sie ist im Westen auf Schicht 8 (= FH III-Grube) gegründet und war von Schicht 2 überdeckt. Eine Datierung des Sockels durch stratigrafische Befunde gelang nicht. Andererseits ist festzustellen, daß 62 parallel zu 66 verläuft und außerdem in der Baulinie von 121 a/72/63 liegt. Wenngleich nicht Teil des freigelegten Raumes von Bau 5, so ist 62 doch derselben Anlage zuzurechnen (Verf., AAA 6, 1973, 31 Abb. 4,32; 5.6).

[23] Bei der Errichtung von Bau 1, der nach der Burgmauer ausgerichtet ist und schon deshalb zu Bau 5 divergiert, sind die älteren Schichten unmittelbar westlich Bau 5 abgetragen worden. Wahrscheinlich bestimmte die NW-Ecke von Bau 5 die OW-Ausdehnung von Bau 1. Der zwischen beiden Anlagen verbleibende keilförmige Raum wurde nach der Errichtung des Sockelgeschosses von Bau 1 zugeschüttet. Es ist dies die in Teil B beschriebene „Baugrube", über der sich Schicht 5 abgelagert hat. Aus den Funden der „Baugrube" ist nur ein terminus ante quem für die Zerstörung von Bau 5 abzuleiten; vgl. S. 121.

[24] Auch 1972 war die Grenze zwischen der SH III B-Schicht 6 und einer F II-Zerstörungsschicht nicht genauer zu bestimmen, da die ältere Schicht je nach Erhaltungshöhe zeitgleicher Steinsockel ganz unregelmäßig hoch anstand.

Nach Westen begrenzt Mauer 102 *(Taf. 41,2; 43,1)* und vermutlich[25] die Ostwand von Bau 1 diese Anschüttung. Falls die Anschüttung und das Verlegen von 102 zusammen mit der Errichtung von Bau 1 erfolgten, geben Funde aus der Anschüttung, d.h. aus Schicht 6 einen Hinweis für die Bauzeit von Bau 1. Die datierenden Scherben entsprechen den unten im Teilbericht B beschriebenen jüngsten Funden aus der „Baugrube" zwischen Bau 1 und Bau 5. Sie sind frühestens an den Übergang von SH III B 2 nach SH III C 1 einzuordnen.

Ho G: SH III C 1 Phase 1

Die in Teil II des Grabungsberichtes genannte Planierung (Schicht 5) bald nach der Zerstörung des Baus 1 konnte in dem hier besprochenen Grabungsbericht nicht belegt werden. Vermutlich war durch den Schutthang über Bau 5 und durch die Anschüttung nordöstlich Bau 1 aus der Zeit des Baus 1 bereits ein ausreichend ebenes Terrain entstanden.

Ho H: SH III C 1 Phase 2

Die Mauer 60 verläuft parallel zur Ostwand des Baus 1 und überbaut z.T. Mauer 121 und die schmale Zone zwischen Bau 1 und Bau 5 *(Taf. 45,2; 46,1)*. 60 beginnt bei Steg a und endet ca. 1,0m südlich der NO-Ecke von Bau 1. Ihre Oberkante ist im Süden bis 15,23m, im Norden bis 15,00m NN erhalten, ihre Unterkante treppt sich ungleichmäßig von Süden (14,92m NN) nach Norden (14,49m NN) ab.

Östlich von 60 stand Schicht 4 stellenweise bis zu ihrer Oberkante an. Diese Schicht folgt mit ihrer Unterkante der nach Osten ansteigenden Schicht 7. Dagegen ist ihre Oberkante nur gering von Osten nach Westen geneigt. Aus diesem Befund geht eindeutig hervor, daß Schicht 4 durch 60 gehalten wird; deshalb kann die Errichtung von 60 nicht jünger datiert werden als die jüngsten Funde aus Schicht 4, zumal ein Eingraben von 60 in Schicht 4 nicht beobachtet wurde.

5,50m südlich der NO-Ecke von Bau 1 kamen östlich 60 aus Schicht 4 mehrere Skyphoifragmente im Niveau von 15,15–15,00m NN zutage. Einige Scherben des bereits früher veröffentlichten Skyphos 97 (4) lehnten gegen Mauer 60. Alle diese Funde sind nach Technik und Malstil in die Stilstufe 2 der SH III C 1-Phase zu datieren, wie diese in Teil B des Grabungsberichtes definiert ist. Im Abschnitt 3 (Alter Graben IV) war Mauer 60 infolge langen Freiliegens weitgehend zerstört. Auf ca. 1,50 m wurden hier ihre Reste abgetragen und in mehreren Abhüben von 14,64m (= UK Mauer 60) bis in ein Niveau von 13,90m NN gegraben[26].

Eindeutig ließ sich erkennen, daß 60 auf einer späthelladischen Aufschüttung stand, in der zahlreiche frühhelladische, aber bis 13,90m NN auch späthelladische SH III B-Vasenscherben lagen[27]. Die beiden Fragmente des Kraters 115 aus der Spätphase SH III B 2 sind die

---

[25] Da Mauer 60 dicht an Bau 1 vorbeiführt und wohl auf dieser Anschüttung gegründet ist, ist dies vorerst nicht zu beweisen (s. Anm. 28).

[26] In 13,90m NN kam eine kleine Steinsetzung zutage, deren Zweckbestimmung nicht geklärt werden konnte. Es ist denkbar, daß sie als Rest zum Mauersystem 79/79a/108 gehört, zumal sie in der nördlichen Verlängerung von 108 liegt.

[27] 13,90–14,24m NN : 1 × SH III;   14,24–14,34m NN : 10 × SH III;   14,34–14,54m NN : 30 × SH III; 14,54–14,64m NN : 4 × SH III.

jüngsten unter 60 geborgenen Funde[28]. So ist nach den stratifizierten Funden Mauer 60 frühestens in der 1., spätestens in der 2., auf die Zerstörung von Bau 1 folgenden Siedlungsphase verlegt worden. Wahrscheinlicher ist aber ihre Errichtung in der 2. Siedlungsphase, da 60 gegenüber der einzigen Mauer aus der 1. Siedlungsphase erheblich höher fundamentiert ist, obgleich beide im Abstand von nur 1,0 m über den gleichen älteren Bauresten gegründet sind[29].

Ho J: SH III C 1 Phase 3

Im Grabungsabschnitt 2 bildet Mauer 101 zusammen mit 60 östlich Bau 1 einen stumpfen, nach Osten geöffneten Winkel *(Taf. 43,1)*. Da sich 60 ursprünglich weiter nach Norden fortsetzte, ist 101 später errichtet worden.

Mauer 101 nimmt die Richtung der älteren, vermutlich als Randbefestigung verlegten Mauer 102 auf und ist bis zum Nordrand des Abschnittes 2 zu verfolgen *(Taf. 41,2)*.

Eine 101 datierende Schicht wurde nicht freigelegt. Im Abschnitt zur Stratigraphie ist dargelegt, daß zwar Funde vor allem aus der Zeit der 3. Stilstufe der SH III C 1-Phase östlich und westlich 101, d.h. in den Grabungsabschnitten 1 und 2, geborgen wurden, aber keine SH III C 1-Schichten präpariert werden konnten. Nach der relativen Zeitstellung von 101 zu 60 ist 101 wahrscheinlich der 3. Siedlungsphase zuzuordnen, in der südlich des hier besprochenen Grabungsgebietes noch eine rege Bautätigkeit herrschte. In diese Zeit weist auch die Schulter der Kanne 105 (3) (s.u. 5.b), die östlich 101 im Grenzbereich zwischen Schicht 6 und Schicht 2 zutage kam. Deshalb war die Oberfläche der älteren Anschüttung (Schicht 6) östlich Mauer 101 noch in der Zeit der 3. Stilstufe der SH III C 1-Phase begehbar.

Als einziger Hinweis auf eine Bautätigkeit nördlich Bau 1 könnte eine Lehmziegellage gelten, die unmittelbar nördlich des Grabens, den Dragendorff entlang der Nordfassade des Baus 1 hatte anlegen lassen, im Niveau von 14,36 m NN präpariert wurde. Die Lehmziegel sind entweder als Rest eines Bodens oder als der horizontal abgelagerte Teil einer umgestürzten Lehmziegelwand zu deuten. Funde aus den Lehmziegeln bzw. aus ihrer unmittelbaren Nachbarschaft sind frühestens der 2. Stilstufe zuzuordnen (101[3]) oder mit Sicherheit in die 3. Stilstufe der SH III C 1-Phase zu datieren (102[3], 104[3]).

Wenngleich Mauer 101 durch die genannten Funde nicht unmittelbar datiert wird, so ist durch diese und der aus dem architektonischen Befund zu erschließenden Tatsache, daß 101 jünger als Mauer 60 ist, gesichert, daß auch noch nördlich Bau 1 in einer 3. Siedlungsphase während der SH III C 1-Zeit sporadisch gebaut und das Gelände als Siedlungsterrain genutzt wurde.

3. Der Befund im Alten Graben IV (= Abschnitt 3)

In einer ca. 3 × 3 m großen Sondage wurde bis auf den Fels gegraben, der von Westen nach Osten von 13,40–13,50 m bis 13,87–13,99 m NN ansteigt. Ziel der Untersuchung war

---

[28] Zum Krater S. 115 f. Die Erdzone unter 60 konnte weder Schicht 7 noch Schicht 6 eindeutig zugeordnet werden. Ein Anschluß war im Osten durch ältere Grabungen zerstört, im Westen steht das Sockelgeschoß von Bau 1 dicht und hoch an. Denkbar ist auch, daß es sich um Reste von Schicht 5 handelt, die als Planierungsmasse nach Aufgabe des Baus 1 südlich des hier beschriebenen Grabungsgebietes festgestellt wurde (S. 120).

[29] S. 122 (Mauer 64).

es, die Höhe und südliche Grenze der nördlich des Grabens IV erkannten Auffüllung aus der Zeit des späthelladischen Horizontes Ho F festzustellen.

Im Westen begrenzte die Mauer 60 und nach Abtragen derselben die erwähnte Steinsetzung im Niveau von 13,90 m[30] die Sondage; im Süden bildeten Baureste aus den Horizonten Ho C und Ho E, im Norden der ebenfalls schon genannte Kontrollsteg die Grenzen; im Osten verläuft die Schnittkante nordsüdlich und parallel zum Hauptprofil des ganzen Grabungsgebietes.

Nach Auswertung aller Beobachtungen während der Ausgrabung und aller Keramikfunde ist es wahrscheinlich, daß bereits Dragendorff hier bis auf den Fels sondiert hatte. Hierauf verweisen schon 2 nachmykenische Scherben aus einem Niveau von 13,89–13,80 m bzw. 13,60–13,55 m NN, falls diese kleinen Scherben nicht durch Regenwasser in diese tiefen Zonen eingeschwemmt wurden. Sicherer belegen dies die Fragmente von zwei anderen Gefäßen. Der Skyphos 116 kam westlich der die Sondage teilenden Mauer 79 im Niveau von 14,43–14,30 m NN, eine Scherbe des Kannenfragmentes 105 (3) östlich 79 unmittelbar auf dem Fels zutage. Beide Fundniveaus liegen erheblich unterhalb der Sohle von Mauer 60 aus dem Horizont Ho H. Beide Vasen sind jedoch deutlich jünger als die die Mauer 60 näherungsweise datierenden Funde. Da das große Skyphosfragment kaum durch Regenwasser in die dichte Erde eingeschwemmt sein kann, ist aus dem Befund zu schließen, daß es nach einer älteren Sondierung mit der wieder eingefüllten Erde an seine Fundstelle geriet.

Die erwähnte Kannenscherbe gehört zur Kannenschulter 105 (3) aus Abschnitt 2 nördlich des Grabens IV. Deshalb ist die eingefüllte Erde zuvor in unmittelbarer Nähe, wahrscheinlich aus dem Graben selbst ausgehoben worden.

Demnach sind die Funde aus der Sondage stratigraphisch ohne Wert. Insgesamt läßt sich feststellen, daß östlich der Mauer 79 fast ausschließlich frühhelladische Funde zutage kamen, die in dichter, z.T. gelber oder intensiv roter Lehmerde lagen. Vermutlich beschränkte sich die Sondierung durch Dragendorff östlich 79 auf einem schmalen Streifen entlang der Mauer. Dagegen wurden die Schichten westlich 79 bis hin zur Mauer 60 auf ganzer Grabenbreite abgetragen.

4. Bestattungen

1: Westlich Mauer 62 und über Mauer 63 lag das Skelett eines Mannes in Hockstellung. Der Schädel fehlte, der Oberkörper zeigte nach Westen. Sohle der Skelettgrube: 15,30 m NN. Keine Beigaben. Unter der Skelettgrube beginnt die frühhelladische Schicht 9, auf dem Skelett lag die nachmykenische Schicht 2.

2: Unmittelbar neben dem Ostrand der Mauer 66 lag das Skelett eines etwa zwei Jahre alten Kindes in Hockstellung. Die Unterbeine fehlten. Der Oberkörper und Kopf waren nach Nordwesten gebettet. Sohle der Skelettgrube: 14,78 m NN. Keine Beigaben. Neben dem Kinderschädel lag ein Stein, der ursprünglich eine Lücke in Mauer 66 verschloß.

---

[30] Anm. 26.

3: Westlich der Mauer 66 und z. T. auf Mauer 121 lag das Skelett eines Mannes (?) in Hockstellung. Zahlreiche Knochen des Oberkörpers fehlten. Der Kopf wies nach Osten. Sohle der Skelettgrube: 14,62m NN (Osten), 14,54m NN (Westen). Der Tote war abgedeckt mit großen Scherben des unbemalten geschlossenen Gefäßes 111. Auf der Sohle der Grube lagen die Scherben 109 und 110.

4: Östlich Mauer 121, ca. 1,50m nördlich von der Bestattung 3 entfernt, lag der Rest eines menschlichen Schädels. Alle übrigen Skelettreste fehlten. Keine Beigaben. Drei hochkant gestellte, hintereinander aufgereihte Steine, von denen der westliche z. T. auf Mauer 121 auflag, gehörten vermutlich zu diesem Grab. Der Skelettrest lag in einem Niveau von 14,60–14,50m NN, was in etwa der Unterkante der genannten, 1,20m langen Steinzeile entspricht. Unter der Skelettgrube stand die späthelladische Schicht 7 an, über der Grube lag Schicht 4.

Nur die Bestattung 3 ist durch Vasenscherben in die SH III C1-Phase zu datieren. Da durch 2 und 4 die Mauern 66 und 121 beeinträchtigt wurden, ist gesichert, daß Bau 5 damals bereits zerstört war. Bei 1 ist dieses nur zu vermuten. Falls durch 3 ein terminus auch für die anderen Bestattungen abgeleitet werden kann, so entstand diese kleine Begräbnisstätte nach Aufgabe des Baues 5 und wahrscheinlich erst in der Zeit der 2. und 3. Siedlungsphase nach der Zerstörung des Baues 1[31].

5. Funde

Die im Katalog beschriebenen Gefäße sind nach ihren Fundzusammenhängen und in einer chronologischen Reihenfolge geordnet, jedoch durchlaufend numeriert. Die in Klammern hinter einer Katalognummer gesetzte Zahl bezeichnet die Fundschicht eines stratifizierten Stückes. Die abgebildeten Stücke sind jeweils durch ihre Katalognummern gekennzeichnet. Der Katalog ist in zwei Teile gegliedert.

a: Beschreibung und Diskussion der frühhelladischen Funde aus den Schichten 11, 10, 9 und 8 und des unstratifizierten Materials aus den Grabungsabschnitten 2 und 3.

b: Beschreibung und Diskussion der späthelladischen Funde aus den Schichten 7, 6, 4 und 3, aus der Bestattungsgrube 3 sowie unstratifizierter Stücke aus den Grabungsabschnitten 1 und 3.

a. Die frühhelladischen Funde

Schicht 11

1 (11) *Taf. 30. 52* Schale mit Knickrand. Rand/Wandung/Standring. 6 anpassende Scherben. Ton: hart gebrannt mit weißen Einsprengseln gemagert. Firnis: schwarz-braun, z. T. metallisch glänzend. Innen und außen monochrom, jedoch innen ganz und außen am Rand dunkler als auf der übrigen Gefäßfläche eingefärbt. Der kräftige nach innen eingebogene und innen gering verdickte Rand bildet am Übergang zur Wandung einen Knick. H 6,7cm; Max. Dm 10,8cm; Fdm 3,5cm. FH II

---

[31] Die im Vorbericht (Verf., AAA 4, 1971, 402f.) vorgeschlagene Datierung ist für 3 sicher, für die Bestattungen 1, 2 und 4 vermutlich zu korrigieren.

2 (11) *Taf. 52* Schale. Rand/Wandung. 3 anpassende Scherben. Ton: beige, gemagert; Firnis: dunkelgrau. Innen monochrom, außen unbemalt. Innen Politurstriche. FH II

3 (11) *Taf. 29.52* Schale. Rand/Wandung/Standfläche. 3 anpassende Scherben. Ton: rötlich-beige; Firnis, rot-braun, dünnflüssig aufgetragen. Innen breiter, z. T. verwischter, außen schmalerer Randstreifen mit Farbpunkt. Rand nach innen eingezogen, Wandungsprofil wellig, Standfläche gering aufgewölbt. H 5,8 cm; Max. Dm 21,1 cm; Fdm 4,0 cm. FH II

4 (11) *Taf. 28.52* Pyxis. Bis auf wenige Fehlstellen aus zahlreichen, z. T. horizontal gesplitterten Scherben restauriert. Ton: ocker; Firnis: braun bis schwarz-braun. Auf der Außenseite war das Gefäß ehemals vollständig monochrom bemalt. Sehr niedriger Kragen. An der Peripherie des diskoiden Gefäßkörpers ein gering plastisch abgesetzter, umlaufender Steg, der sich zu zwei großen, etwa gegenüberliegenden Henkeln verbreitert. Die Enden der horizontal auf Höhe des Steges angeformten Henkel sind verdickt und jeweils vertikal durchbohrt. Die Standfläche ist eben. H 6,8 cm; Max. Dm 12,4 cm; Dm des Kragens 3,0 cm; Fdm 4,0 cm. FH II

Da die 4 nicht auf der Drehscheibe geformten Gefäße 1 (11)–4 (11) aus Schicht 11 auch aus Tiryns bekannte Gefäßtypen der FH II-Periode repräsentieren[32], ist auf eine Diskussion verzichtet.

Schicht 10

5 (10) *Taf. 29.53* Schale. 6 Scherben; bis auf einen fehlenden Splitter am Rand vollständig. Ton: kräftig rot, hart gebrannt; Firnis: rotbraun. Innen breiter, außen schmalerer Firnisstreifen am Rand. Die Form des Gefäßes entspricht 3 (11). H 4,8 cm; Max. Dm 15,8 cm; Fdm ca. 3,0 cm. FH II

6 (10) *Taf. 28.53* Schöpfgefäß. Vollständig bis auf den über dem Rand geführten Henkel. Von diesem beide Ansätze auf der Wandung und auf dem Rand erhalten. Die unterste Zone des konisch verjüngten Gefäßkörpers keilförmig bestoßen. Ton: beige, hart gebrannt, mehlige Oberfläche. Innen grob verstrichen. Kein Farbrest. Erh. H 15,5 cm; Max. Dm 8,3 cm; Mdm 5,1 cm. FH II

7 (10) *Taf. 53* Schnabeltasse. Rand/Wandung/Standring. Ausguß mit Henkel sowie Teile der Wandung fehlen. Ton: rötlich, hart gebrannt, dünnwandig; Firnis: rotbraun. Innen und außen monochrom. Hoher Standring. Erh. H 16,4 cm; Fdm 5,0 cm. FH II

Von den typengleichen Schalen aus Schicht 10 entspricht 5 (10), wenngleich in den Abmessungen kleiner, in den Proportionen, der Dekoration, Profilbildung und Brenntechnik weitgehend der älteren Schale 3 (11). Diese Übereinstimmung beider Gefäße erstaunt, da zwischen der Aufgabe des Hauses im Horizont Ho A und der Errichtung des Bauwerkes im Horizont Ho B eine größere Zeitspanne zu erwägen ist, soweit sich dieses aus der Höhe von Schicht 11 über Mauer 106 und unter der breiten Mauer 79 ablesen läßt.

Die Schale 5 (10) datiert auch das Schöpfgefäß 6 (10) in die FH II-Periode, zu dem sich aus Tiryns bisher kein Parallelstück fand. Nur vergleichbar ist ein von K. Müller als altertümlich beschriebenes, kleines Gefäß mit Schlaufenhenkel, konisch nach unten verjüngter Wandung und kleiner Standfläche[33]. Der Typus der Schnabeltasse 7 (10) ist bekannt und für die FH II-Periode gesichert[34]. 7 (10) ist bei weitem das größte Fragment der zahlreichen

[32] Zu 1 (11): Tiryns IV Taf. 7,6 ff.; Tiryns V 29 Abb. 1,5 f., 83 Abb. 5,1–18 Taf. 40,1.2; Tiryns VI 4 Abb. 2 Taf. 4,1,81 Anm. 9. Zu 3 (11): Tiryns IV Taf. 7,2 f.; Tiryns V 29 Abb. 1,7–9.18; Tiryns VI 5 Abb. 3,17. Zu 4 (11): Tiryns IV Taf. 12,1.4; Tiryns VI 13 Abb. 2.

[33] Tiryns IV 36 f. Abb. 33.

[34] Soweit die Scherben von 7 (10) im unmittelbaren Bereich von 5 (10) und 6 (10) lagen, ist 7 (10) Schicht 10 zuzuordnen. Einzelne anpassende Scherben der Schnabeltasse kommen jedoch auch aus einem stratigrafisch unsicheren Zusammenhang (Störung).

Schnabeltassen aus den Grabungsabschnitten 2, 3 und 4. Schon deshalb ist es mit großer Wahrscheinlichkeit einem Gefäß des Inventars zuzuordnen, zu dem auch die weitgehend vollständigen Gefäße 5 (10) und 6 (10) gehören.

Schicht 9

8 (9) *Taf. 54* Pithos. Wandung. 4 anpassende Scherben. Ton: rötlich-beige, grob. Kein Farbrest. Auf einem umlaufenden Streifen ein Fries aus 4- bis 6fachen konzentrischen Kreisen in zwei Reihen. In den Zwickeln zwischen beiden Reihen Kreuze, kleine Kreise, sowie Kreise mit Punkten in den Viertelfeldern: Siegelabrollung? Nach Anbringen des Kreisfrieses ist das Ornamentband durch Glättung der Wandung gering beschnitten worden. FH II

9 (9) *Taf. 54* Pithos. Rand/Wandung/Henkelansatz. 3 Fragmente aus 11 Scherben. Ton: beige, grob; Firnis: braun, verrieben. Unter dem kräftig ausgeformten Rand zwei am erhaltenen Henkelansatz beginnende, ungefähr horizontal geführte „Plätzchen"-Bänder. FH II

10 (9) *Taf. 55* Pithos. Rand/Wandung/Henkel. (Ein ausgewölbter Boden könnte zu diesem oder zu Pithos 11 [9] gehören). Sekundär verbrannt; deshalb ist das Randprofil verzogen sowie der glänzende Firnis schwarz eingefärbt. Unter dem scharf abgesetzten Rand ein umlaufendes „Plätzchen"-Band. Seitlich des Henkels beginnen drei entsprechende Bänder, von denen die beiden oberen horizontal angelegt sind und das dritte schräg nach unten geführt ist. FH II

10a(9) *Taf. 55* Pithos. Wandung. 6 anpassende Scherben. Ton: beige, grob; Firnis: schwarz. Auf der Wandung 6 umlaufende „Plätzchen"-Bänder. Die drei unteren folgen in dichtem, die drei oberen im weiteren Abstand übereinander. Ein Band ist von einem umlaufenden Firnisstreifen begleitet und zur Hälfte übermalt. Die Zugehörigkeit von 10a (9) zu 10 (9) ist wahrscheinlich. FH II

11 (9) *Taf. 56* Pithos. Rand/Wandung/Henkel. Insgesamt über 100 Scherben. Bezüglich des Bodens s. o. 10 (9). Ton: rötlich, sehr hart gebrannt, gemagert; Firnis: weiß-rot bis dunkelbraun. Rand und Wandung auf dem abgebildeten Fragment monochrom bemalt. (Sicher zugehörende Fragmente belegen, daß das untere Drittel des Pithos unbemalt war.) Unter dem kräftig ausgeformten Rand ein umlaufendes „Plätzchen"-Band; seitlich des Henkels jeweils zwei entsprechende Reliefbänder. FH II

12 (9) *Taf. 56* Pithos. Rand/Wandung. Ton: beige; Firnis: rotbraun. Unter dem breiten Rand umlaufendes „Plätzchen"-Band, darunter ein profilierter, breiter, umlaufender Streifen mit dichten, in den Ton eingedrückten Zickzackfolgen. Die Zonen unter und über dem profilierten Streifen sind monochrom mit Firnis überzogen. FH II

Da kein Fund aus Schicht 9 eindeutig nach der FH II-Periode entstand[35], sind auch die Pithoi 8 (9) bis 12 (9) noch in diese Zeit zu datieren. Zu 10 (9) und 10a (9) ist ein Vergleichsstück aus Eutresis zu nennen[36], zu den übrigen Pithoi kann auf bekannte Funde aus Tiryns und Lerna verwiesen werden[37].

Schicht 8 (Grube)

13 (8) *Taf. 56* Pithos. Wandung. Sekundär verbrannt; Firnis: grau-braun, z. T. verrieben. Unter einem umlaufenden „Plätzchen"-Band profilierter Streifen mit dichter Folge von Doppelspiralen in zwei Reihen sowie eine umlaufende (?) Doppellinie. Siegelabrollung? FH II

---

[35] Mit Ausnahme weniger Scherben eines geschlossenen Gefäßes mit breitem Bogendekor (ähnlich Tiryns IV Taf. 11 Nr. 2) ließen sich die übrigen nicht katalogisierten Gefäßscherben zu keinen größeren Fragmenten zusammensetzen. Die großen Pithoifragmente belegen, daß vor der Zerstörung des Raumes hier mehrere Pithoi standen, deren heute verlorenen Teile vermutlich nach Westen hangabwärts geglitten waren, bevor der Raumbereich in späthellad. Zeit überbaut wurde.

[36] Eutresis 112 Abb. 148 Taf. 3,1.

[37] Zu 8 (9): Tiryns IV Taf. 12,12; Heath-Wiencke, Hesperia 39, 1970, 97f. Taf. 27, S89 (207–213).

Zu 9 (9) und 11 (9): Tiryns IV Taf. 15,1; 18,9.

Zu 12 (9): ebenda Taf. 16,10.11; Heath-Wiencke, Hesperia 39, 1970, 101 Taf. 29, S104 (251), 102f. Taf. 30, S118 (270).

14 (8) *Taf. 28* Krater. Rand/Wandung. 2 Fragmente aus 4 Scherben. Ton: grau, recht dicht; Firnis: braun. Innen und außen monochrom. Sehr glatte, an einigen Stellen nachpolierte Oberfläche. Erh. H 9,0 cm; Mdm 18,1 cm. FH III

15 (8) *Taf. 28* Krater. Rand/Wandung. Ton: grau; Firnis: grau. Innen und außen monochrom, glatt. Poliert? Erh. H 5,1 cm; Mdm 20,0 cm. FH III

16 (8) *Taf. 28* Offenes Gefäß. Rand/Wandung. Ton: braun, gemagert. Firnis: braun bis rotschwarz. Innen und außen monochrom. Die sehr ungleichmäßige Oberfläche ist poliert. FH III

17 (8) *Taf. 28* Offenes Gefäß. Rand/Wandung oder Rand/Hals. Ton: rötlich-braun; Firnis: grau. Innen und außen monochrom. Erh. H 4,7 cm; Mdm 29,7 cm. FH III

Der Pithos 13 (8), dessen Spiraldekor in der FH II-Periode bekannt war[38], bestimmt mit wenigen Schnabeltassenfragmenten den terminus post quem für die Anlage der Grube und für die Gefäße 14 (8)–17 (8) aus der Grubenfüllung. Zwei nicht katalogisierte Fragmente[39] aus Schicht 8 sind durch Vergleichsstücke aus Tiryns[40] in die FH III-Periode zu datieren. Jedoch bleibt es vorerst noch eine unbeantwortete Frage, inwieweit aus der Tatsache, daß die so zahlreichen FH III-Vasen mit geometrischen Mustern von der Unterburg[41] in der Grube vergleichsweise selten vorkommen, eine Datierung der dagegen zahlreichen monochromen und polierten Gefäße aus der Grube in etwas jüngere Zeit zu erwägen ist.

Unstratifiziert

18 *Taf. 28* Teller. Rand/Wandung. Ton: rötlich, hart. Am Rand Brandspur. Kein Farbrest. Max. Dm 19,9 cm. FH II

19 *Taf. 28* Teller. Rand/Wandung. Ton: weißlich. Auf dem Rand Firnisstreifen. Max. Dm 20,0 cm. FH II

20 *Taf. 28* Teller. Rand/Wandung. Ton: weißlich. Kein Farbrest. Max. Dm 16,2 cm. FH II

21 *Taf. 28* Teller. Rand/Wandung. Ton: rötlich. Auf dem Rand Firnisstreifen. Innen auf der Wandung breite Farbspuren. Max. Dm 18,1 cm. FH II

22 *Taf. 28* Teller. Rand/Wandung. Ton: rötlich, hart. Auf dem Rand Firnisstreifen. Max. Dm 18,0 cm. FH II

23 *Taf. 28* Teller oder Schale. Rand/Wandung. Ton: weißlich. Kein Farbrest. Max. Dm 20,2 cm. FH II

24 *Taf. 28* Schale. Rand/Wandung. Ton: rötlich. Auf dem Rand breiter Firnisstreifen. Außen Politurstriche? Max. Dm 18,1 cm. FH II

25 *Taf. 28.57* Schale. Rand/Wandung/Standfläche. 4 anpassende Scherben. Ton: rötlich bis gelblich. Kein Farbrest. Auf der Wandung zwei eingedrückte Linien. Max. Dm 14,0 cm; H 4,7 cm; Fdm 3,3 cm. FH II

26 *Taf. 28* Schale. Rand/Wandung. 2 anpassende Scherben. Ton: rötlich, hart. Auf dem Rand schmaler Firnisstreifen. Max. Dm 26,1 cm. FH II

27 *Taf. 28* Schale. Rand/Wandung. Ton: beige. Innen rot monochrom, außen Firnisstreifen am Rand. Max. Dm 16,9 cm. FH II

---

[38] Tiryns IV Taf. 17,2.

[39] 1972 wurden im Nordteil der Grube weitere Fragmente von FH III-Gefäßen geborgen. Zusammen mit den Funden von 1971 wird das Grubeninventar vom Vf. gesondert vorgelegt werden.

[40] Tiryns VI 21 Taf. 7,157; 22 Taf. 7,77.

[41] Tiryns VI 16 ff.

28   *Taf. 28* Schale. Rand/Wandung. Ton: beige-grau. Innen und außen hell bis dunkelgrau poliert. Max. Dm 18,2 cm. FH II

29   *Taf. 28* Schale. Rand/Wandung. Ton: beige. Innen monochrom, außen Firnisstreifen auf dem Rand. Max. Dm 15,0 cm. FH II

30   *Taf. 28* Schale. Rand/Wandung. Ton: rötlich-beige. Firnisstreifen auf dem Rand, der sich innen als breiter, außen als schmaler Streifen fortsetzt. Max. Dm 13,3 cm. FH II

31   *Taf. 29* Schale. Rand/Wandung/Boden. 3 anpassende Scherben. Ton: beige. Kein Farbrest. Max. Dm 15,0 cm; H 4,8 cm. FH II

32   *Taf. 29* Schale. Rand/Wandung. 2 anpassende Scherben. Sekundär verbrannt. Innen schmaler, außen breiter Firnisstreifen am Rand. Max. Dm 21,1 cm. FH II

33   *Taf. 29* Schale. Rand/Wandung. Ton: beige, weich. Kein Farbrest. Max. Dm 14,8 cm. FH II

34   *Taf. 29* Schale. Rand/Wandung. Ton: rötlich. Innen und außen gleich breiter Randstreifen. Max. Dm 16,3 cm. FH II

35   *Taf. 29* Schale. Rand/Wandung. 3 Einzelscherben. Ton: hellgelb-weißlich mit Einsprengseln. Innen und außen goldbraun bis grauschwarz, poliert. Max. Dm 19,5–20,0 cm. FH II

36   *Taf. 29* Schale. Rand/Wandung. Ton: beige, hart. Innen schmaler, außen breiter Randstreifen. Max. Dm 16,1 cm. FH II

37   *Taf. 29* Schale. Rand/Wandung. Ton: rötlich, weich. Kein Farbrest. Max. Dm 14,6 cm. FH II

38   *Taf. 29* Schale. Rand/Wandung. Ton: hellgelb mit Einsprengseln. Innen und außen goldbraun bis grauschwarz, poliert (ähnlich Nr. 20). Max. Dm 18,2 cm. FH II

39   *Taf. 29* Schale. Rand/Wandung. 4 anpassende Scherben. Ton: beige-grau. Kein Farbrest. Max. Dm 15,1 cm. FH II

40   *Taf. 29.57* Schale. Rand/Wandung/Standring. 2 Fragmente aus 7 Scherben. Ton: innen grünlich-grau, außen gelblich. Kein Farbrest. Max. Dm 14,7 cm; H 6,1 cm; Fdm 3,7 cm. FH II

41   *Taf. 29* Schale. Rand/Wandung. Ton: beige-grau. Innen Oberfläche poliert. Max. Dm 18,1 cm. FH II

42   *Taf. 29* Schale. Rand/Wandung. Ton: beige-grau. Oberfläche poliert. Max. Dm 14,4 cm. FH II

43   *Taf. 29* Schale. Rand/Wandung. 2 anpassende Scherben. Sekundär verbrannt? Max. Dm 13,5 cm. FH II

44   *Taf. 29* Schale. Rand/Wandung. 3 anpassende Scherben. Ton: beige. Innen und außen schmale Randstreifen. Max. Dm 14,3 cm. FH II

45   *Taf. 29* Schale. Rand/Wandung. Ton: beige, weich. Kein Farbrest. Max. Dm 14,2 cm. FH II

46   *Taf. 29* Schale. Rand/Wandung. Ton: beige, rissig, weich. Innen schmaler, außen breiter Randstreifen. Max. Dm 17,4 cm. FH II

47   *Taf. 29* Schale. Rand/Wandung. Ton: beige. Kein Farbrest. Max. Dm 15,7 cm. FH II

48   *Taf. 29* Schale. Rand/Wandung. Sekundär verbrannt? Innen monochrom, außen breiterer Randstreifen. Max. Dm 11,4 cm. FH II

49   *Taf. 29* Schale. Rand/Wandung. 4 z. T. anpassende Scherben. Ton: rötlich, weich. Innen breiterer Randstreifen als außen. Max. Dm 16,1 cm. FH II

50   *Taf. 29* Schale. Rand/Wandung. 2 anpassende Scherben. Sekundäre Brandspuren? Kein Farbrest. Max. Dm 14,4 cm. FH II

51   *Taf. 29* Schale. Rand/Wandung. Ton: rötlich. Innen und außen je ein schmaler Randstreifen. Max. Dm 16,3 cm. FH II

52   *Taf. 29* Schale. Rand/Wandung. 2 Fragmente aus insgesamt 8 Scherben. Ton: hellgelb mit Einsprengseln. Innen und außen gelbbraun bis dunkelgrau, poliert. Max. Dm 16,3 cm. FH II

53   *Taf. 30* Schale. Rand/Wandung. 2 Fragmente aus 6 Scherben. Ton: beige. Außen breiter Randstreifen. Max. DM 15,3 cm. FH II

54   *Taf. 30* Schale. Rand/Wandung. 2 anpassende Scherben. Ton: beige-rötlich. Innen breiter, außen schmaler Randstreifen. Max. Dm 15,8 cm. FH II

55   *Taf. 30* Schale. Rand/Wandung. Ton: beige. Innen monochrom, außen schmaler Randstreifen. Max. Dm 15,2 cm. FH II

56   *Taf. 30.57* Schale. Rand/Wandung/Standring. 5 anpassende Scherben. Ton: rot, gemagert. Am Rand innen ein breiter, außen schmaler Streifen. Innen auf dem Boden dicker Punkt. Max. Dm 13,9 cm; H 5,3 cm; Fdm 3,4 cm. FH II

57   *Taf. 30.57* Schale. Rand/Wandung/Standring. 15 anpassende Scherben. Ton: gemagert, Oberfläche: glänzend. Innen und außen am Rand gelblich nach unten zunehmend metallisch grau. Politurstriche. Max. Dm 14,3 cm; H 6,2 cm; Fdm 3,8 cm. FH II

58   *Taf. 30.58* Schale. Rand/Wandung/Standring. 19 Scherben. Ton: hart mit weißen Einsprengseln. Innen und außen monochrom. Max. Dm 13,9 cm; H 7,7 cm; Fdm 4,0 cm. FH II

59   *Taf. 30.58* Schale. Rand/Wandung/Standring. 14 Scherben. Ton: hart, mit Einsprengseln. Innen und außen monochrom. Max. Dm 13,0 cm; H 9,0 cm; Fdm 3,9 cm. FH II

60   *Taf. 30.58* Schale. Rand/Wandung/Standring. 6 anpassende Scherben. Ton: beige, hart gebrannt, gemagert. Innen und außen rot monochrom mit außen blauschwarzem Randstreifen. Max. Dm 15,6 cm; H 9,1 cm; Fdm 5,3 cm. FH II

61   *Taf. 30.58* Schale. Rand/Wandung/Boden. 2 anpassende Scherben. Ton: beige. Innen rotbraun, außen grau monochrom, sehr dünnwandig, glatte Oberfläche. Max. Dm 1,9 cm; H 4,8 cm. FH II

62   *Taf. 30* Schale. Rand/Wandung. Ton: beige; Firnis: braun. Innen breiter, außen schmalerer Randstreifen. Max. Dm 16,0 cm. FH II

Die flachen Teller und die niedrigen sowie die steilwandigen Schalen (18–60) kommen alle aus den Grabungsabschnitten 2 und 3 und sind unstratifiziert. Zusammen mit den stratifizierten Stücken bilden diese kleinen nicht auf der Drehscheibe geformten Gefäße eine Kollektion, die die Variationsbreite von eigentlich nur einem Vasentypus aus der FH II-Periode illustriert.

Mit der gewählten Reihenfolge der katalogisierten Stücke ist keine relative Zeitstellung der einzelnen Formenvarianten beabsichtigt. Vielmehr soll die auch auf den *Tafeln 28–30* beibehaltene, durch die stratifizierten Vasen des gleichen Typus noch ergänzte Folge zeigen, wie von den flachen Tellern über die niedrigen Schalen mit mäßiger und stärker ausgewölbter Wandung zu den steilwandigen Exemplaren zahlreiche Zwischenformen möglich sind[42].

[42] Anm. 32. Tiryns V 22 f.; Caskey, Hesperia 23, 1954 Taf. 9,a; ders., Hesperia 26, 1957 Taf. 42,f.; ders., Hesperia 29, 1960, 291 Abb. 1,A–E.

Im allgemeinen herrscht bei den flachen Gefäßen ein gelblicher, oft grober, bei den niedrigen Schalen ein meist rötlicher, härter gebrannter und bei den steilwandigen Gefäßen ein überwiegend sehr hart gebrannter, mit Quarzeinsprengseln gemagerter Ton vor. Die flachen Teller und die Schalen mit ausgewölbter Wandung sind bisweilen unbemalt oder haben einen Randstreifen aus mattem Firnis. Sehr selten ist die monochrome Ausmalung der Innenseite (27, 29) und als Ausnahme kann der Dekorrest auf dem Teller 21 *(Taf. 28)* gelten.

Die hochwandigen Gefäße lassen oft einen glänzenden Firnis erkennen, der im allgemeinen die Innenseite monochrom und entweder die Außenseite ebenfalls vollständig oder nur deren obere Hälfte überzieht (1 [11]). Seltener sind auf einer „ledernen" Oberfläche gelblichen Tons Politurstriche erhalten. Die glatte Innenseite eines solchen Gefäßes (57) ist vom Rand zum Boden grau bis schwarzgrau eingefärbt.

Soweit nachweisbar, gehörten zu den flachen Tellern und niedrigen Schalen meist plane Standflächen. Dagegen scheint für die steilwandigen Exemplare der Standring kanonisch zu sein. Die einfachsten Randbildungen lassen sich an den Tellern und einigen niedrigen Schalen erkennen. Der überwiegende Teil der niedrigen Schalen zeigt einen mehr oder weniger stark nach innen eingezogenen Rand. Hier gliedern sich auch die beiden stratifizierten Stücke 3 (11) und 5 (10) aus den Horizonten Ho A und Ho B ein. Die Gefäße 35–48 lassen eine zunehmend ausgeprägtere Bildung des Randes erkennen, die schließlich zu einer Gliederung des Gefäßes in eine Rand- und in eine Wandlungszone führt (58, 59). Hier ist auch die stratifizierte Schale 1 (11) aus dem Horizont Ho A einzuordnen. Auf diesen Vasen ist der Rand auf der Außenseite eingewölbt und bildet am Übergang zur Wandung einen deutlichen, wenn auch durch keinen Grat betonten Knick.

An Nr. 60 sind diese Formendetails besonders klar zu erkennen, wenngleich das Gefäß als Sonderform gelten kann. Der Rand ist durch eine profilierte Leiste von der Wandung abgesetzt und hat eine kräftig ausgeformte Lippe. Zu dieser sehr ausgeprägten, an Metallformen erinnernden Bildung des Randes steht der ein wenig derbe Standring in Kontrast. Innerhalb der ganzen Gefäßgruppe sind die kräftig rot-monochrome Bemalung der Innenseite und der außen blauschwarz abgesetzte Rand der Schale 60 ungewöhnlich.

Als Sonderform ist auch das kleine, halbkugelige Schälchen 61 zu sehen. Das sehr dünnwandige Gefäß ist beidseits monochrom mit einem Firnis überzogen, der nur jenem auf der Schnabeltasse 7 (10) *(Taf. 53)* entspricht. Schon deshalb ist 61 auch in die FH II-Periode zu datieren[43]. Bereits auf die nachfolgende Gruppe der Schüsseln (63–71) verweist das Gefäß 62 mit seiner steilen, nach innen geneigten Wandung und der verdickten Lippe des Randes.

63   *Taf. 30* Schüssel. Rand/Wandung. Ton: gemagert, großporig. Schmaler Farbstreifen auf der Innenseite des Randes mit verdickter Lippe. Max. Dm 26,0 cm. FH II

64   *Taf. 30* Schüssel. Rand/Wandung. 2 anpassende Scherben. Ton: gemagert, weich. Am Rand mit kräftig verdickter Lippe innen breiter, außen schmalerer Streifen aus dünn aufgetragenem, braunem Firnis. Max. Dm 30,0 cm. FH II

65   *Taf. 30* Schüssel. Rand/Wandung. Ton: beige, hart. Am Rand mit verdickter Lippe innen breiterer, außen schmalerer Streifen aus braunem Firnis. Max. Dm 30,0 cm. FH II

---

[43] Tiryns V 30 Abb. 2,19.

66 *Taf. 30* Schüssel. Rand/Wandung. Ton: gemagert, beige. Außen unter dem kräftig ausladenden Rand ein Fries aus annähernd rechteckigen Elementen. Über dem Randprofil und Fries breiter Firnisstreifen. Max. Dm 33,4 cm. FH II

67 *Taf. 30* Kalathos. Rand/Wandung. Ton: ocker, weich mit großen Einsprengseln. Außen unter der gering verdickten Lippe des Randes ein „Plätzchenfries". Knapp unter der Oberkante des Randes und über dem Fries ein Streifen aus streifigem, dünn aufgetragenem Firnis. Max. Dm 28,2 cm. FH II

68 *Taf. 30* Schüssel. Rand/Wandung. Ton: sehr grob, beige. Kein Farbrest. Hochsitzender „Plätzchenfries" auf der Außenseite des Randes. Max. Dm 28,0 cm. FH II

69 *Taf. 31* Schüssel. Rand/Wandung. Sekundär verbrannt. Rand kräftig nach innen gezogen. „Plätzchenfries" außen. Max. Dm 30,0 cm. FH II

70 *Taf. 31* Schüssel. Rand/Wandung. Ton: beige, gemagert. Innen und außen auf dem Rand Firnisstreifen. „Plätzchenfries" außen unter dem Rand mit mäßig verdickter Lippe. Max. Dm 34,0 cm. FH II

71 *Taf. 31* Schüssel. Rand/Wandung. Ton: grünlich. Innen breiter, außen schmaler Firnisstreifen am Rand. Außen knapp unter dem nach innen verdickten Rand ein „Plätzchenfries" Max. Dm 34,6 cm. FH II

Die Schüsseln 63–66 und 68–71 sowie der Kalathos 67 kommen aus dem Grabungsabschnitt 2 und sind unstratifiziert. Sie gehören alle – auch 67 mit der trichterförmigen Wandung – zu der auch in Tiryns vielfach belegten Gruppe großer Gefäße aus der FH II-Periode[44].

b. Die späthelladischen Funde

Schicht 7

72 (7) *Taf. 59* Tasse, Rand mit Henkel. Ton: hellbeige; Firnis: rot bis rotbraun. Innen monochrom; am Rand breite Farbpartien (rock pattern?); auf dem oberen Teil des Henkels flüchtige Bemalung. SH III A 2

73 (7) *Taf. 59* Kylix. Wandung. 2 anpassende Scherben. Ton: beige-sandfarben; Firnis: rot mit aufgesetzter weißer Bemalung. Außen Reste eines Oktopodenkopfes mit flüchtiger Umrandung der großen Augen durch Punktkreise und Kreislinie sowie Reste von zwei Oktopodenarmen. SH III A 2

74 (7) *Taf. 59* Kylix. Wandung. Ton: grünlich, sehr glatt. Firnis: braun, dünn aufgetragen. Außen Reste von 3 Linien (wahrscheinlich von Muschelmotiven), die z. T. vier nahe des Ständeransatzes umlaufende Linien überschneiden. SH III B 1

75 (7) *Taf. 59* Skyphos. Rand/Wandung. Ton: beige, Firnis: rot, gering verrieben. Auf dem Rand schmaler, innen ein umlaufender und außen unter dem Rand ein breiterer umlaufender Streifen. Darunter zweifache Triglyphe mit Zickzackfüllung sowie Reste von 2 vertikalen Wellenlinien. Darunter umlaufender Streifen. SH III B

76 (7) *Taf. 59* Skyphos. Rand/Wandung. Ton: beige; Firnis: rot. Schmaler Farbstreifen auf dem Rand. Außen einfache Triglyphe mit Rautenfüllung und einem Ösendreieck als Randdekor. SH III B

77 (7) *Taf. 59* Skyphos. Rand/Wandung. Ton: beige; Firnis: braun-schwarz. Schmaler Farbstreifen auf dem Rand. Innen am Rand umlaufender Streifen, außen Triglyphe mit Füllung aus stehenden Winkellinien, Kreisbögen und Punkten. Am Rand der Triglyphe Rest eines doppelten Halbkreises. SH III B

---

[44] Tiryns V 22 f. Abb. 2,1–10 („Bowl with T-rim"); Tiryns VI 6 ff. – Zu 67 vgl. Tiryns IV 30 Abb. 23.

78 (7) *Taf. 59* Skyphos. Rand/Wandung. 3 anpassende Scherben. Ton: beige; Firnis: braun. Auf dem Rand und innen je ein schmaler umlaufender Streifen. Außen zweifache Triglyphe mit je zwei Ösenreihen als Füllung sowie einer großen Doppelöse am Rand. Darunter Reste von drei umlaufenden Linien. SH III B

79 (7) *Taf. 59* Skyphos. Rand/Wandung. Ton: beige; Firnis: braun bis schwarz. Auf dem Rand Punktreihe. Auf der Wandung Raute aus Bogenlinien und mit Gitterfüllung und zwei Bändern. SH III B

80 (7) *Taf. 59* Skyphos (hochfüßig?). Wandung mit Henkelansatz. 2 anpassende Scherben. Ton: hellbeige; Firnis: braun, z.T. dünn aufgetragen. Innen umlaufender Streifen, außen zwischen Rand- und umlaufendem Streifen neunfache Triglyphe, daneben Rest von antithetischen Halbkreisen. SH III B

81 (7) *Taf. 59* Krater. Rand/Wandung. 3 anpassende Scherben. Ton: beige-grau; Firnis: braun. Auf dem Rand Farbstreifen. Darunter breiter umlaufender Randstreifen; darunter in der Mitte der Ornamentfläche zweifache Triglyphe mit dichtem Zickzack, rechts der Rest einer weiteren, vermutlich gleichförmigen, links Rest der reicher gestalteten Mitteltriglyphe.

82 (7) *Taf. 59* Skyphos (?). Rand/Wandung. 3 anpassende Scherben. Ton: rötlich; Firnis: rot, matt. Rand außen breit, innen ungleichmäßig bemalt. Auf der Wandung außen breite und schmale Bogenlinien. Ornament nicht sicher zu ergänzen (Reste einer vertikal und einer schräg angeordneten Muschel?). Technik und Dekor ungewöhnlich. SH III A 2/B

83 (7) *Taf. 59* Skyphos(?). Rand/Wandung. Ton: beige; Firnis: braun-schwarz. Innen und außen am Rand umlaufender Streifen. Außen Rest von zwei parallelen Bogenlinien. SH III B

84 (7) *Taf. 59* Schale. Wandung. Ton: cremefarben; Firnis: rotbraun mit aufgesetzter weißer Bemalung. Außen umlaufende Streifen, auf umlaufendem Innenstreifen weiß aufgemalte Öse. SH III B

85 (7) *Taf. 59* Kanne. Schulter. Sekundär verbrannt. Sehr hart gebrannte Scherbe aus gemagertem Ton mit ehemals wohl weißem Überzug. Über umlaufendem Streifen auf der Schulter spitz auslaufender Streifen, darunter umlaufender Streifen. SH III B

Die Tassenscherbe 72 (7) wurde an der oberen Grenze von Schicht 7 geborgen und ist zusammen mit den Kylikesfragmenten 73 (7) und 74 (7) das älteste späthelladische Fundstück aus Schicht 7. Die Tasse und die Kylix mit Oktopusdekor sind noch der SH III A 2-Phase, die zweite Kylix ist der SH III B 1-Stufe zuzurechnen[45]. Die beiden Kylikesfragmente wurden nahe der Unterkante von Mauer 121 unmittelbar östlich derselben in einem Niveau von 14,21–14,17m NN geborgen.

Das Skyphosfragment 75 (7), nach seiner Brenntechnik und Dekoration jünger als die zuvor genannten Stücke, bestimmt zusammen mit den Skyphoi und Krateren 76 (7)–81 (7) die Zeit der Auffüllung. Es ist dies die Zeit des entwickelten SH III B-Stils vor der konventionellen Phase[46]. Das genannte Skyphosfragment 75 (7) setzt sich aus 2 Scherben zusammen, von denen eine im Grenzbereich zwischen Schicht 7 und Schicht 4 lag, die andere im Niveau von 14,46m NN, d.h. 0,50m tiefer zutage kam. Zum einen diese Anpassung, zum anderen das Kraterfragment 81 (7), dessen 3 Scherben aus 3 verschiedenen, von einander weiter entfernten Abhubzonen kamen, bestätigen die bereits ausgesprochene Deutung von Schicht 7 als eine Anschüttung. Der Fund 83 (7) kommt aus der Fundamentbrücke 72 und

---

[45] Theocharis-Theochari, AAA 3, 1970, 199 Abb. 3.; CVA Copenhagen 1, Taf. 50,6 (aus Rhodos); CVA Great Britain 7 Brit. Mus. 5, Taf. 5,24: E. French, BSA 61, 1966, Taf. 48,02; Wardle, BSA 64, 1969 Abb. 5 Nr. 32; Symeonoglou, SIMA 35, 1973 Taf. 57,195–198; 58, 199–200.

[46] Tiryns VI 254 (Epich. IIb). Die Keramik der konventionellen Phase aus Tiryns entspricht nicht vollständig der SH III B 2-Keramik aus Mykene, zumindest nicht der jüngst publizierten Gruppe von dort (Wardle, BSA 68, 1973, 297 ff.; insbesondere ebd. 298).

ist, wenngleich ein wenig ungewöhnlich, der früheren SH III B-Zeit zuzuordnen, in der auch das kleine Schalenfragment 84 (7) entstand[47]. Die Kanne 85 (7) gehört mit ihrer klirrend hart gebrannten Scherbe zu jenem Typus geschlossener Gefäße, die nach Tiryns importiert sein können. Eine Datierung in die SH III B-Periode ist durch Vergleichsstücke gesichert[48]. Singulär ist schließlich die Vase 82 (7) mit ihren Ornamenten aus mattem Firnis. Falls das Fragment zu einem Skyphos gehört, ist es wegen der steilen Wandung und dem knapp abgesetzten Rand in die älteste SH III B-Zeit einzuordnen.

Schicht 6

86 (6) *Taf. 59* Krater. Rand/Wandung. 2 anpassende Scherben. Ton: hellbeige; Firnis: braun bis schwarz glänzend. Hoher Rand beidseitig monochrom bemalt. Außen unter dem Rand umlaufende Linie, darunter dichter Dekor aus kurzen Bogenlinien und einer Girlande mit zwei Spiralenden. Rechts Rest einer Muschel oder eines Tierkopfes? SH III A 2

87 (6) *Taf. 59* Krater. Wandung. Ton: cremefarben; Firnis: rot, glänzend. Spirale mit großem gegittertem Auge, darüber zwei Linien, die jeweils in breiten Tropfen enden. Links zwischen Linien gegeneinander gerichtete Gruppen aus Winkellinien. SH III A 2

88 (6) *Taf. 59* Große Kylix. Wandung/Ständer, Ton: beige bis gelb, mit Einsprengseln; Firnis: rot, z. T. verrieben. Dichte Folge von umlaufenden Linien und Streifen. SM III A

89 (6) *Taf. 59* Tasse. Rand/Wandung. Ton: rötlich-beige, weich; Firnis: rotbraun. Unter dem Randstreifen Rest eines Kranzes aus kurzen Radialstrichen um Kreis mit Punkt. SH III A 2/B 1

90 (6) *Taf. 59* Skyphos. Rand/Wandung. Ton: hell-cremefarben; Firnis: rotbraun. Rand schmal bemalt; außen umlaufende Linie unter dem Rand, darunter Reste von Schlaufen und Spiralen eines antithetischen Spiralsystems. SH III B

91 (6) *Taf. 59* Skyphos. Wandung. Ton: beige; Firnis: braun, z. T. streifig. Innen monochrom. Außen Rest der Schlaufenspirale eines antithetischen Spiralsystems SH III B 2

92 (6) *Taf. 59* Skyphos. Henkel. Ton: rötlich, grob; Firnis: braun. Innen monochrom. Henkel auf der Außenseite vollständig bemalt. SH III B 2/C 1

93 (6) *Taf. 59* Skyphos. Rand/Wandung. Ton: beige; Firnis: braun. Innen monochrom, außen unter bemaltem Rand Bogenlinie (antithetische Spirale?). SH III C 1

94 (6) *Taf. 59* Skyphos. Henkel. Ton: braun-beige; Firnis: rotbraun. Breit bemalter Henkel, darunter Rest von zwei umlaufenden Linien. SH III C 1

95 (6) *Taf. 59* Schüssel. Rand. Ton: beige-braun; Firnis: rot, stumpf. Innen rot monochrom. Verdickte, rund profilierte Lippe. SH III B 2/C 1

96 (6) *Taf. 59* Amphore. Rand/Hals. Ton: beige, weißlicher, streifiger Überzug; Firnis: braun. Auf dem derben Rand breiter umlaufender Streifen. SH III C 1?

Kennzeichnend für die Funde aus der späthelladischen Schicht 6 ist es, daß die älteren zeitgleich mit den älteren aus Schicht 7 entstanden, die datierenden jedoch eindeutig jünger als die jüngsten Funde aus Schicht 7 sind.

---

[47] Die Verwendung von weißer Malfarbe über rotem, braunem oder blauschwarzem Firnis ist für die SH III A 2- und die ältere SH III B-Stufe belegt (Symeonoglou a.O. Taf. 33). Für die Spätstufe der SH III B-Keramik ist diese Dekoration sehr ungewöhnlich.

[48] Wace, BSA 25, 1921/23, 21 Abb. 5, 82–89.

Die älteren Funde sind neben dem hier nicht zu berücksichtigenden vormykenischen Material die Gefäße 86 (6)–88 (6). Zu dem Kraterfragment 86 (6) läßt sich eine stilistische Parallele aus Zypern nennen[49].

Der Dekor auf der Kraterscherbe 87 (6) entstand, als die ephyräischen Dekorationssysteme noch nicht allzuweit zurücklagen. Die große Kylix 88 (6) erinnert an SM III A-Vasen von Kreta und Rhodos[50]. Das Fragment 89 (6) könnte bereits am Übergang von SH III A 2 nach SH III B 1 entstanden sein[51], während der Skyphos 90 (6) bereits sicher der SH III B-Periode zuzuordnen ist.

Hier wie auch bei 86 (6) begegnet die unter dem Rand außen umlaufende Linie, ein Dekorationsdetail, das vereinzelt schon seit der SH III A 2-Zeit vorkommt[52].

Die Scherben 92 (6)–96 (6) datieren Schicht 6 und die Zeit der Auffüllung. Sie gehören alle entweder in die Übergangsphase von SH III B 2 nach SH III C 1 oder sind der ältesten SH III C 1-Stufe zuzuordnen. Insbesondere der innen monochrome Skyphos 93 (6) und der außen derb bemalte Skyphos 94 (6) können bereits als frühe SH III C 1-Stücke gelten, zumindest führen sie über die konventionelle SH III B 2-Stufe von 91 (6) hinaus.

Schicht 4

97 (4) *Taf. 32.60* Skyphos. Rand/Wandung/Henkel. Zahlreiche anpassende Scherben. Ton: beige, hart gebrannt; Firnis: braun bis dunkelbraun. Innen monochrom, außen zwischen Randstreifen und umlaufenden Doppelstreifen auf beiden Dekorflächen voneinander abweichende Ornamentsysteme. Seite 1: antithetisches System aus 2 hängenden Schlaufenspiralen, die sich nahe einer fünf- bzw. vierfachen Triglyphe einrollen. Die Triglyphe hat Zickzackfüllung und dreifache Halbkreise mit Punkt als Randdekor. 2. Seite: antithetisches System aus 4 Spiralen an lang ausgezogenen Stengeln. Die Stengel beginnen bei einer Triglyphe mit Füllung und Randdekor wie zuvor. Die Spiralen rollen sich nahe der Henkel auf. Die Zwickel zwischen den Stengeln und Spiralen sind mit dichten Bogenlinien gefüllt. Erh. H 14,4 cm; Max. Dm 19,0 cm; Mdm 18,7 cm. SH III C 1. Vgl. Verf. AAA 4, 1971, 400 Abb. 3 b, 405 f.

98 (4) *Taf. 32.61* Skyphos. Rand/Wandung. 2 anpassende Scherben. Ton: beige bis grau-grünlich; Firnis: innen braunstreifig, außen braun-schwarz. Innen monochrom, außen unter Randstreifen Rest eines antithetischen Spiralsystems. Spirale mit weit ausgezogener Schlaufe und Kreuz als Füllornament im Schlaufenbogen. Darunter Rest eines umlaufenden Streifens. Erh. H 8,9 cm; Mdm 19,0 cm; Max. Dm 21,0 cm. SH III C 1

99 (4) *Taf. 61* Skyphos. Rand/Wandung. 2 anpassende Scherben, Ton: grünlich-grau; Firnis: braun-grau, z. T. verrieben. Innen monochrom, außen umlaufender Randstreifen, darunter zweifache Triglyphe mit Zickzack als Mitte eines antithetischen Spiralsystems. SH III C 1

Aus Schicht 4 sind für die Stilstufe 2 der SH III C 1-Keramik typische Gefäße in den Katalog aufgenommen. Die innen monochromen Skyphoi 97 (4)–99 (4) tragen außen die seit der Zeit der SH III B-Phasen geläufigen Systeme aus antithetisch angeordneten Schlaufenspiralen. Ist es jedoch schon für das 13. Jahrhundert v. Chr. ungewöhnlich, einen Skyphos mit zwei verschiedenen Systemen ungegenständlichen Dekors zu bemalen[53], so sind weder die Anlage des Systems auf der 2. Seite des Skyphos 97 (4) noch die Füllung der Zwickel zwi-

[49] V. Karageorghis, RDAC 1968, 9 Nr. 1 Taf. 3,3; vgl. auch die allerdings erheblich jünger datierten Fragmente aus Milet: Schiering, IstMitt 9/10, 1959/60, 23 Taf. 14,1.

[50] Vgl. ASAtene 6/7, 1923/24 Taf. 1; Karageorghis, BSA 52, 1957, 38 ff. Taf. 8,a; H.-G. Buchholz – V. Karageorghis, Altägäis und Altkypros (1971) 319 Abb. 940.

[51] FM 18,63.64.102.

[52] Wace, BSA 25, 1921/23 Taf. 7 a; ASAtene 30/32, 1952/54, 443,450 Abb. 83.

[53] E. French, BSA 62, 1967, 178 Nr. 53–369, Taf. 39,b.c.

schen Spiralen und Spiralstengel für die SH III B-Phasen zu belegen. Über diese Zeit hinaus weist auch das Profil des Skyphos, da die Mündung gering enger als der Gefäßdurchmesser auf Höhe des umlaufenden Doppelstreifens geformt ist. Ausgeprägter und auch eigenständiger wirkt Skyphos 98 (4), dessen starke Einziehung unter dem Rand noch durch kräftige Auswölbung des Gefäßes nahe des umlaufenden Streifens unter der Henkelzone betont ist. Alle drei Gefäße zeigen weder die cremefarbene und glatte Oberfläche der früheren, noch die gelbliche und mehlig matte der späteren SH III B-Zeit. Vielmehr haben ihre Oberflächen eine matte, stumpfe und graue bis grünlich-graue Farbwirkung. Obgleich alle drei Vasen überkommene Formen erkennen lassen, sind die datierenden Merkmale wie ein neues Dekorsystem (97 [4]), eine neue Formgestaltung (98 [4]) und eine neue Brenntechnik (97 [4]–99 [4]) eindeutig, um diese drei Skyphoi in die 2. Stilstufe der SH III C 1-Zeit einzuordnen, die in Teil B des Grabungsberichtes definiert ist[54].

Schicht 3

100(3) *Taf. 61* Skyphos. Rand/Wandung. Ton: hellgrün; Firnis: braunschwarz. Auf dem Rand schmaler Streifen. Außen unter dem Rand umlaufende Linie, darunter Rest von 2 Bogenlinien. SH III C 1(?)

101(3) *Taf. 61* Skyphos. Rand/Wandung. Ton: beige; hellgrau; Firnis: grauschwarz, z. T. verrieben. Innen monochrom, außen breiter Randstreifen. Weich ausbiegendes Randprofil. SH III C 1

102(3) *Taf. 32.61* Skyphos. Rand/Wandung/1 Henkel. 3 anpassende Scherben. Ton: beige-weißlich; Firnis: innen rotbraun, außen rot. Beidseitig monochrom mit innen am Rand ausgesparter, umlaufender Linie und ausgespartem Henkelfeld. H 8,6 cm; Mdm 13,9 cm. SH III C 1

103(3) *Taf. 32.61* Schale. Rand/Wandung mit Ansatz eines randparallelen Henkels. 2 anpassende Scherben. Ton: beige, gering rötlich, mit weißlichem Überzug. Firnis: hellrot. Innen monochrom, außen umlaufender Streifen am Rand, Doppelstreifen unter der Henkelzone, sowie Rest eines umlaufenden Streifens nahe der Fußzone. Erh. H 6,3 cm; Mdm 21,2 cm. SH III C 1

104(3) *Taf. 61* Geschlossenes Gefäß. Wandung. Ton: beige-grünlich; Firnis: braun. Auf der Wandung Rest einer Schlaufe. SH III C 1

105(3) *Taf. 61* Geschlossenes Gefäß. Halsansatz (?)/Schulter/Wandung. 3 anpassende Scherben. Ton: hellbeige, glatte, jedoch matte Oberfläche; Firnis: blauschwarz, matt. Auf der Schulter zwischen dem Streifen am Halsansatz (?) und umlaufenden Doppelstreifen am Übergang von der Schulter in die Wandung schlichtes, dreifaches Lanzettblatt. SH III C 1

106(3) *Taf. 61* Kleine Bügelkanne. Schulter/Wandung. Ton: grünlich-beige; Firnis: braun; auf der Schulter Rest eines Dreiecks oder einer Raute mit Doppelkontur und Kreuzschraffur. Auf der Wandung dichte Folge von umlaufenden Ösen, Linien, Streifen, Punkten und Zickzack. SH III C 1 (Close Style)

107(3) *Taf. 61* Kleine Bügelkanne. Wandung. Ton: beigegrau; Firnis: dunkelbraun bis schwarz, umlaufendes Wellen- oder Ösenband darunter Zickzack zwischen 2 umlaufenden Linien. SH III C 1 (Close Style)

108(3) *Taf. 61* Geschlossenes Gefäß. Schulter/Wandung. Ton: beige-grau; Firnis: braun-schwarz, z. T. verrieben. Zwischen zwei Spiralen dichte Folge stehender Winkellinien. SH III C 1

Die der Schicht 3 zugeordneten Funde kommen aus allen 4 Grabungsabschnitten. Sie repräsentieren im allgemeinen die Stilstufen 2 und 3 der SH III C 1-Phase, wie diese im Teil B des Grabungsberichtes beschrieben sind. Eine ausführliche Diskussion über die Mehrzahl

[54] S. 152.

der katalogisierten Gefäße unterbleibt, da diese Stücke jeweils größeren Fundgruppen aus dem im Teilbericht B besprochenen Grabungsgebiet zugeordnet werden können. Der Skyphos 100 (3) wurde zusammen mit den Scherben 107 (3) und 108 (3) dicht neben dem Südende der Mauer 60 geborgen, könnte jedoch älter als jene sein, falls er Gefäßen zuzuordnen ist, die wie Skyphos 90 (6)*(Taf. 59)* eindeutig in der SH III B-Periode entstanden. Allerdings ist der hellgrüne Ton von 100 (3) für diese frühe Zeit ungewöhnlich.

Wichtig für den Nachweis von Funden aus der 2. und 3. Siedlungsphase auch nördlich Bau 1 sind die Fragmente 101 (3) – 104 (3). Das weit ausladende Randprofil von Skyphos 101 (3) kann noch in der Zeit von 98 (4) *(Taf. 32.61)*, kaum jedoch früher entstanden sein. In der 3. Stilstufe der Phase SH III C 1 sind dagegen der monochrome Skyphos 102 (3) mit seiner innen am Rand ausgesparten, umlaufenden Linie[55] und mit Einschränkung die große Schale 103 (3) einzuordnen, deren weißlicher Überzug jener in der 2. und 3. Stilstufe üblichen Technik entspricht[56].

Auch 104 (3) – wie die zuvor genannten im Abschnitt 1 gefunden – läßt sich eindeutig in die 3. Stilstufe datieren[57], in die ebenso das Schulterfragment 105 (3) aus den Abschnitten 2 und 3 gehört. Zu diesem ist aus der südlich des hier besprochenen Grabungsgebietes aufgedeckten Schicht 3 ein Parallelstück erhalten[58].

Schließlich entsprechen auch die Scherben 106 (3) und 107 (3) bekanntem Material[59]. Insbesondere das Schulterfragment 106 (3) ist mit seinem feingliedrigen, dichten Dekor ein schönes Beispiel des frühen Close Style. Dagegen könnte 108 (3) älter sein. Jedoch ist eine genauere Datierung erschwert, da Vergleichsstücke in Tiryns fehlen und in diesem Fall Import (von Zypern ?) zu erwägen ist.

Funde Bestattung 3

109 *Taf. 61* Skyphos (medium band deep bowl) Rand/Wandung. 2 anpassende Scherben. Ton: rötlich-beige; Firnis: rot. Innen monochrom, außen breiter Randstreifen. SH III C 1

110 *Taf. 61* Offenes Gefäß (Skyphos ?). Wandung. Ton: beige; Firnis: braun. Außen dichte Ornamentreste aus Kreis- und Bogenlinien, dazwischen gegitterte Rautenflächen (Reste von Kopf und Armen eines Oktopus ?). SH III C 1

111 *Taf. 31* Geschlossenes Gefäß (?) mit weiter Mündung. Rand/Wandung/Standfläche/Henkel. Zahlreiche Scherben. Ton: rötlich, gemagert; dünnwandig, unbemalt. Weiter, recht hoher Kragen mit ausladendem Rand. Zwei sich gegenüberstehende, hochsitzende Horizontalhenkel auf der Schulter. H 42,0 cm; max. Dm 46,0 cm; Fdm 18,0 cm. SH III C 1

Die beiden bemalten Vasenscherben 109 und 110 sichern, daß auch das zur Abdeckung der Bestattungsgrube 3 verwendete, unbemalte Gefäß 111 in der SH III C 1-Phase entstand. 109 ist das Fragment eines Skyphos mit Randstreifen und monochrom ausgemalter Innenseite. Es ist dies ein Vasentypus, der bisher nur selten aus stratifizierten Siedlungshorizonten gesichert ist[60].

---

[55] S. 130f.; Gruppe I c.
[56] S. 136ff. Gruppe III.
[57] S. 142; Gruppe VI Nr. 141ff.
[58] S. 141; Gruppe VI Nr. 134.
[59] S. 148f.; Gruppe IX.
[60] S. 127 Anm. 91; E. French, AA 1969, 135,5; Wardle, BSA 68, 1973, 334f. Abb. 21, 227–237 Taf. 60,c.

Während der Grabung 1971 auf der Unterburg konnten keine Scherben solcher Skyphoi zweifelsfrei identifiziert werden; deshalb ist hier auf eine genauere Datierung verzichtet, zumal auch 110 an keine Vasengruppe aus den Stilstufen der SH III C 1-Phase anzuschließen ist. Möglicherweise haben sich auf dieser Scherbe das linke Auge sowie Reste von Armen eines Oktopus erhalten. Der Stil der Malerei ist vor der SH III C 1-Zeit kaum denkbar. Durch beide Scherben ist auch kein genauerer Zeitpunkt für das singuläre, geschlossene Gefäß 111 zu bestimmen, an dem das straffe Profil der Wandung, der kräftige Kragen sowie die betonte Schulter mit den beiden sich gegenübersitzenden Henkeln gleichermaßen überraschen. Am besten zu vergleichen sind die Amphoriskoi des Depotfundes aus der 2. Siedlungsphase, der 1972 auf der Unterburg zutagekam[61].

Unstratifiziert

112　*Taf. 32* Skyphos auf hohem Fuß. Rand/Wandung mit Henkelfragment. 2 Fragmente aus insgesamt 22 Scherben. Ton: beige, gering rötlich mit Quarzeinsprengseln; Firnis: rot bis rotbraun. Auf dem Rand schmaler, innen in Henkelhöhe breiter umlaufender Streifen. Außen zwischen breitem Streifen unter dem Rand und umlaufend Doppelstreifen unter der Henkelzone Fries aus hängenden Schlaufendreiecken sowie Füllornamente jeweils aus Kreis mit Punktkranz zwischen den Dreiecken. Erh. H 12,9cm; Mdm 18,0cm. SH IIIB

113　*Taf. 61* Skyphos (?) Rand/Wandung. Ton: cremefarben; Firnis: braun, glänzend. Auf dem Rand schmaler Streifen, darunter außen zwei ein wenig ungleichmäßig umlaufende Linien, sowie eine dritte, die sich zu einer kleinen Spirale einrollt. Unter der Spirale Rest einer schräg ansteigenden Linie. Dekorsystem unsicher. SH IIIB

114　*Taf. 61* Skyphos (auf hohem Fuß?). Rand/Wandung. Sekundär verbrannt. Innen monochrom. Unter den schmalen Streifen auf dem knapp abgesetzten Rand breiter umlaufender Streifen. Darunter Reste von Bogenlinien. SH III B 2

115　*Taf. 61* Krater. Rand/Wandung. 2 Fragmente aus 5 Scherben. Ton: beige; Firnis: braun. Unter einem umlaufenden Randstreifen Reste eines Spiralfrieses. Von den Spiralen führen gebogene Leiterlinien zu den Spiralarmen. In den Zwickelfeldern kleine Kreise oder Rauten. SH III B 2/C 1

116　*Taf. 61* Skyphos. Wandung mit Henkelansatz. 3 anpassende Scherben. Ton: grünlich; Firnis: dunkel-braunschwarz, z. T. verrieben. Innen monochrom, außen bis 3 cm unterhalb der Henkel monochrom, darunter ausgesparte Zone. SH III C 1

Der Skyphos 112 kommt aus dem Grabungsabschnitt 1 und ist als Streufund nicht stratifiziert. Die Fragmente 113–116 kommen aus dem Grabungsabschnitt 3 und sind ebenfalls als unstratifiziert zu bezeichnen, da 113, 114 und 116 in der Füllerde des Alten Grabens IV lagen und Krater 115 keiner späthelladischen Schicht sicher zuzuordnen ist, obwohl er unter Mauer 60 geborgen wurde.

Der Skyphos 112 *(Taf. 32)* ist das vollständigste Exemplar der frühen SH III B-Zeit aus dem hier besprochenen Grabungsgebiet. Zusammen mit den Skyphoi 97 (4) und 98 (4) *(Taf. 32)* vermag er die Entwicklung zu illustrieren, die der bekannteste Typus späthelladischer bemalter Vasen von der frühen SH III B-Phase bis zur 2. Stilphase der SH III C 1-Zeit durchlaufen hat.

Die Skyphoi 113 und 114 sind wegen ihrer für die Tirynther Keramik des 13. Jahrhunderts v. Chr. ungewöhnlichen Dekorelemente in den Katalog aufgenommen worden. Die

---

[61] Verf., AAA 6, 1973, 35 ff. Abb. 9.

beiden schmalen horizontalen Linien unter dem Rand 113 erinnern an entsprechende Details der Gefäße 86 (6), 90 (6) *(Taf. 59)* und 100 (3) *(Taf. 61)*; jedoch ist die Kombination dieser Linien mit einer kleinen Spirale singulär. Auch 114 trägt mit der großen Wellenlinie und den die Wellentäler füllenden Bogenstrichen einen ungewöhnlichen Dekor, wenngleich diese Skyphosscherbe im übrigen eindeutig in die entwickelte SH III B-Phase zu datieren ist.

Krater 115 ist hier als der jüngste unter Mauer 60 geborgene Fund in den Katalog aufgenommen worden. Die Leiterlinien seines Spiralfrieses lassen bereits jene zur Stilstufe 2 der SH III C 1-Keramik aus Tiryns hinführende Tendenz erkennen, durch Verdoppelung von Linien und durch kleinteilige Füllung einzelner Dekorformen überkommene Systeme neu zu gestalten. Der Krater kann nach der Ausformung seines Randes und auch nach seiner Brenntechnik noch in der SH III B 2-Phase gearbeitet sein.

Skyphos 116 ist zusammen mit einer Scherbe der Kannenschulter 105 (3) *(Taf. 61)* das jüngste spätelladische Fragment aus der Sondage innerhalb des Alten Grabens IV. Die tiefe Einziehung der Wandung unter dem Rand erinnert an die Form der Skyphoi 97 (4) und 98 (4) *(Taf. 32)*; die innen vollständige und außen bis tief unter die Henkelzone monochrome Bemalung entspricht gleichartigen Gefäßen aus der 2. oder 3. Stilstufe der SH III C 1-Phase[62].

Zusammenfassung der Ergebnisse

Durch die Grabung im Quadranten IV 2 und im nördlichsten Teil des Quadranten V 2 sind neue Hinweise zur Topographie und zur Siedlungsgeschichte der Unterburg, weniger jedoch neue Erkenntnisse zur Typen- und Stilgeschichte der früh- und spätelladischen Keramik gewonnen worden.

Gesichert ist nunmehr die westliche Bebauungsgrenze in frühhelladischer Zeit. Sie verläuft im aufgedeckten Gebiet ca. 9,50m östlich und annähernd parallel zur spätelladischen Festungsmauer auf der Westseite der Unterburg. Die Grenze ist deutlich durch eine große Anlage aus dem FH II-Horizont Ho B gekennzeichnet.

Zudem konnte nachgewiesen werden, daß das Areal östlich Bau 1 in der SH III B-Periode bebaut und in der SH III C 1-Phase noch genutzt wurde.

Acht der insgesamt zehn festgestellten Schichten sind drei frühhelladischen Horizonten, einer noch in frühhelladischer Zeit angelegten Grube, sowie vier spätelladischen Horizonten zuzuordnen. In den 3 dicht übereinanderfolgenden FH II-Horizonten Ho A, Ho B und Ho C wurden Steinmauern und Lehmböden freigelegt. Sind die architektonischen Reste im Ho A noch vergleichsweise bescheiden, so zeugen bedeutende Baureste im Ho B von einer großen Anlage mit einer stellenweise über 2m starken Außenmauer.

Breite und gut gefügte Steinsockel trugen auch die Wände eines Bauwerkes im Ho C. Hier sind größere Teile eines Raumes freigelegt, in dem Pithoi magaziniert waren. Die Ursa-

---

[63] S. 128f.; Gruppe Ib Nr. 27.36.40.44.

che für die Aufgabe des Bauwerkes im HoA ist noch unklar; die Bauten in den Horizonten HoB und HoC wurden durch Brand zerstört.

Wie insbesondere die Kollektion allerdings unstratifizierter Teller und Schalen (18–60) aus der FH II-Periode die mannigfaltigen Varianten nur eines Vasentypus belegt, so ist es auch bemerkenswert, daß sich an den z.T. vollständigen Gefäßen und großen Fragmenten aus den zeitlich nacheinander folgenden HoA, HoB und HoC keine Hinweise auf eine Stilentwicklung ablesen lassen.

Schon bald nach der Verschüttung des Pithosraumes wurde östlich desselben eine breite Grube (D) angelegt; in ihrer aschigen Erde lagen als jüngste Funde schwarz- und braun-monochrome, polierte Vasenfragmente aus der FH III-Periode. Baureste in einem zeitgleichen Siedlungshorizont konnten nicht festgestellt werden. Auch fehlen Hinweise für eine Besiedlung in der mittelhelladischen Epoche und in den späthelladischen Perioden I und II.

Erst in der SH III B-Zeit entstand Bau 5 (HoE) über dem Brandschutt aus frühhelladischer Zeit und auch unter Verwendung einzelner Steinsockel aus dem Horizont HoC. Für den weitgehend freigelegten Nordwestraum dieses Bauwerkes wurde das zuvor nach Westen fallende Gelände ca. 1,50m hoch angeschüttet.

Erst nach der Zerstörung dieser Anlage entstand neben Bau 1 eine Anschüttung (HoF), die das durch die Schuttmassen des Baues 5 aufgehöhte Terrain nach Norden erweiterte. Die datierenden Vasenscherben aus der Aufschüttung sind in die Übergangsphase von SH III B 2 nach SH III C 1, bzw. in die älteste Stilstufe der SH III C 1-Phase einzuordnen und belegen, daß die Horizonte HoE und HoF zeitlich nacheinander folgen. Die andernorts angesprochene Differenzierung zwischen Funden aus der SH III B-Periode und solchen aus der Übergangszeit von SH III B 2 nach SH III C 1 ist durch die Vasenfunde aus den Horizonten HoE und HoF bestätigt worden[63].

Bald nach der Zerstörung des Baues 1 dienten die Oberflächen der älteren Verschüttungszone über Bau 5 und der nördlich derselben angetroffenen Anschüttung aus der Zeit des Baues 1 vermutlich als Gehniveau, das im Süden der eingeebneten Schuttmasse des Baues 1 entsprach (HoG). In der Zeit, als auch über den Mauern von Bau 1 das Hanghaus entstand[64], wurde neben Bau 1 eine Mauer errichtet (HoH), die eine kleine Begräbnisstätte nach Westen begrenzte. Gefäßfragmente aus der Stilstufe 2 der SH III C 1-Phase lagen dicht neben dieser Mauer.

Darüber hinaus belegen Funde und Baureste, daß das hier beschriebene Areal östlich und nördlich von Bau 1 noch in der Zeit der 3. Stilstufe der SH III C 1-Phase in den Bereich der Siedlung einbezogen war (HoJ), die durch Hausreste über und südlich Bau 1 sicher belegt ist[65].

Walter Voigtländer

---

[63] Tiryns VI 241 ff.

[64] S. 121 f.

[65] S. 122 f.; ein Anschluß von Fundschichten nahe Bau 1 an Schichten aus den Grabungsabschnitten nördlich desselben (s. Anm. 8) gelang nicht. Jedoch ist nunmehr hinreichend belegt, daß noch in der Übergangszeit von SH III B 2 nach SH III C 1 im unmittelbaren Bereich um Bau 1 Bautätigkeit herrschte und das Gelände vor der Nordfassade dieses Bauwerkes und im Zugangsbereich zur südlichen Syrinx in der SH III C 1-Zeit noch begehbar war und erst später verschüttet wurde.

B. DIE ERGEBNISSE IN DEN QUADRANTEN V2 UND VI2

Vorbemerkung

Das Grabungsgebiet liegt im südlichen Bereich von Bau 1 und erstreckt sich von hier aus weiter nach Süden bis in den Quadranten VI2. Es schließt somit unmittelbar an das in Teil A besprochene Grabungsgebiet an. Seine Ost- und Westgrenzen werden hauptsächlich durch die Nord-Süd-Koordinaten der Quadranten V2 und VI2 bestimmt. Lediglich unmittelbar nördlich des Steges b reicht das Grabungsgebiet weiter nach Westen.

Im folgenden Bericht werden eingangs die Stratigraphie, anschließend die Siedlungs- und Zerstörungshorizonte und schließlich die Funde besprochen. Angesichts der hier angetroffenen besonderen Situation war es angebracht, dem Fundkatalog und der Diskussion der Keramikfunde breiteren Raum zu gewähren. Dabei konzentriert sich die Diskussion vor allem auf das Problem der Stilentwicklung innerhalb der Phase SH III C 1. Die Ausarbeitung wurde 1974 abgeschlossen.

1. Stratigraphie *(Beil. 4,2.3.5)*

Die Oberkante des Terrains liegt 17,00m NN, darunter reicht Schicht 1 bis auf eine ungleichmäßige Steinlage (Oberkante der Steinlage 16,50m–16,35m NN). Die Erde ist lehmhaltig, braungrau und dicht mit Wurzeln durchsetzt. Über dieser Humusschicht liegt an einigen Stellen älterer Grabungsschutt. Aus der durchschnittlich einen halben Meter mächtigen Schicht kamen späthelladische und nachmykenische bis nachantike Scherben zutage, darunter auch byzantinische, nicht genauer bestimmbare grobe Keramik. Die Untersuchung hat keine Anhaltspunkte für eine Differenzierung dieser Erdzone in mehrere Schichten ergeben, so daß die an anderer Stelle mit A, B und L bezeichneten Schichten in diesem Bereich der Unterburg nicht definierbar sind[66].

Die Steinlage bildet die untere Grenze des Humus, Schicht 1, und reicht – unterschiedlich dicht – über den gesamten Grabungsabschnitt. Mit Ausnahme einiger größerer Bruchsteine besteht sie aus meist faust- bis kopfgroßen Steinen, ohne daß hierbei ein architektonischer Zusammenhang zu erkennen ist.

Die Steinlage deckt im Niveau 16,00–15,90m NN eine weitere Schicht ab, die aus intensiv gelber und z.T. sehr harter Erde besteht. Diese Schicht 2, die an anderer Stelle als Schicht Δ bezeichnet wurde[67], reicht durchschnittlich bis auf 15,45–15,40m NN und ist mit kleinen Steinen durchsetzt, die sich bisweilen über größere Flächen als Lagen abzeichnen. Bezeichnende Funde der Schicht 2 sind nachmykenische Ziegel und spätgeometrische bis hellenistische Scherben, jedoch keine jüngere Keramik. Mauersockel und Pflasterreste sichern in den Quadranten V2 und VI2 die untere Grenze der Schicht 2 *(Taf. 47,1)*. Die Ober-

---

[66] Tiryns V 59 f. 63. Die Numerierung der Schichten 1–5 entspricht nicht der früheren Schichtenbezeichnung, lediglich Schicht 2 kann mit Schicht Δ gleichgesetzt werden.
[67] Tiryns V 58.60.

kanten der Mauern liegen zwischen 15,58 m und 15,75 m NN, die Pflaster zwischen 15,33 m und 15,44 m NN. Hinzu kommen weitere antike Oberflächen, deren Niveau dem der Pflaster entspricht.

Im Quadrant V 2 Süd konnte im Niveau 15,35 m NN eine Reihe sekundär verbrannter Lehmziegel präpariert werden. Diesen Brandresten entspricht ein graues Aschenband, sowie ein Brandhorizont im Quadranten VI 2 Nord, der von 15,49 m NN im Osten bis auf 15,21 m NN im Westen abfällt (Beil. 4,5).

Die genannten Sockel, Pflaster und übrigen antiken Oberflächen, sowie die Brandreste definieren einen Horizont, durch den die Unterkante der Schicht 2 bestimmt wird.

Im Quadranten V 2 folgt unter der Schicht 2 eine bis zu einem halben Meter mächtige Zone aus Brand- und Zerstörungsschutt. Diese Schicht 3 reicht im Westen des Quadranten bis auf die Grabungssohle im Niveau 14,90–14,88 m NN und auf dort freigelegte Lehmböden. Die stark lehmhaltige Erde ist mit hellgrauen Partien durchsetzt, insgesamt jedoch dunkler und weicher als die der Schicht 2. Wiederholt kommen rotbraune Einschlüsse sekundär verbrannter Mauerziegel vor.

Besonders hervorzuheben ist, daß dieser Brand- und Zerstörungsschutt keine nachmykenische Keramik enthält, eine Beobachtung, die auch für Schicht 3 im Quadranten VI 2 Nord gilt. Dort liegt jene Schicht auf den Resten eines auffallend intensiven Brandes, dessen Niveau dem der genannten Lehmböden im Nachbarquadranten entspricht. Schwieriger ist die Deutung der Schichtenabfolge im Ostteil des Quadranten V 2 Süd, da sich hier das Gefälle und die Bebauung des von Ost nach West fallenden Hanges stärker auf die Ablagerungen ausgewirkt haben. Die Mauern und Pflasterreste, die hier die Unterkante der jüngeren Schicht 2 bilden, sind in den Schutt der Schicht 3 eingegraben, so daß jene Schicht an dieser Stelle nur sehr niedrig erhalten blieb. Sie besteht im Osten des Quadranten aus den zerstörten Resten einer Mauer, die zu dem Gebäude mit den Lehmböden gehört, dem Westhaus. Seine Zerstörungsmasse hat sich über älterem Schutt als Schicht 3 abgelagert.

Der ältere Schutt unmittelbar unter Schicht 3 stammt von der Zerstörung des Hanghauses und ist als Schicht 4 erkennbar. Ihre stark lehmhaltige Erde entspricht in Farbe und Konsistenz weitgehend der jüngeren Schicht 3. Wiederum kommen größere Einschlüsse verbrannter Mauerziegel vor. Das Profil des Steges b zeigt eindeutig, daß dieser Schutt nicht zur Schicht 3 gehört: dieses Profil beweist, daß bereits vor der Zerstörung des Westhauses Teile der Westwand des Hanghauses sowohl hangaufwärts als auch hangabwärts gestürzt sind (Beil. 4,2).

Die Unterkante der Schicht 3 wird durch die Oberkante der Ostwand von Bau 1 (14,80 m NN) und der Westwand des Baukomplexes 5 (14,62 m NN) annähernd bestimmt[68]. Sie muß höher liegen als die Oberkanten dieser älteren Mauern, die in der Nähe des Steges a nur noch bis in das Niveau 14,50 m NN erhalten sind (Beil. 1,3; 4,1). Daß der Zerstörungsschutt des Hanghauses (Taf. 49,1.2) bis an den Steg a reicht, ist durch Anpassungen von Keramikscherben bewiesen. Somit ist davon auszugehen, daß Schicht 4 in diesem Bereich bis nahe an das Niveau 14,50 m NN abfällt. Dabei überlagert jener Schutt auch die Mauer 64.

---

[68] Voigtländer, AAA 4, 1971, 403 Abb. 5; ders., AAA 6, 1973, 31 Abb. 4; s. S. 92.

Ein Fußboden, wie er im Westhaus die Unterkante der Schicht 3 bestimmt, war im Hanghaus nicht nachzuweisen, so daß hier die Unterkante der Schicht 4 nicht eindeutig vorgegeben ist. Lediglich eine kleine Fläche aus hartem, hellgelbem Lehm blieb innerhalb des Hanghauses im Niveau 14,89m NN erhalten, jedoch schließt sie an keinen der Mauersockel des Hauses an. Allerdings fällt auf, daß die Oberkante dieser Lehmpartie der Unterkante des Zerstörungsschuttes, wie er sich im Profil des Steges b *(Beil. 4,2)* abzeichnet, entspricht.

Weder durch die Schichtenbeobachtung, noch durch architektonische Reste sind somit die Ober- und Unterkante der Schicht 4 klar zu bestimmen. Daß jedoch die Ablagerungen, die von der Zerstörung des Hanghauses stammen, als eigene Schicht, d.h. als Schicht 4 zu deuten sind, belegt nicht zuletzt die stilistisch homogene Keramik aus dieser Ablagerung. Insbesondere ist darauf hinzuweisen, daß zwar innerhalb des Hanghausschuttes aus verschiedenen Fundlagen zahlreiche aneinanderpassende Scherben gefunden wurden, jedoch keine Scherbe aus dieser Schicht an eine Scherbe der jüngeren Schicht 3 oder auch der älteren Schicht 5 anpaßt.

Der Schutt unmittelbar unter dem Hanghaus wird hier als S c h i c h t 5 bezeichnet und wurde im gesamten Grabungsabschnitt beobachtet. Da Schicht 4 nur aus der Zerstörungsmasse des Hanghauses besteht, folgt Schicht 5 auch nur in diesem Bereich unter Schicht 4, während sie an anderen Stellen direkt unter Schicht 3 liegt.

Je nach vorgegebener Situation steht Schicht 5 unterschiedlich hoch an. In Bereichen, in denen die Mauern des Hanghauses dicht über älteren Mauern stehen, ist Schicht 5 nur geringfügig vorhanden. Dies gilt vor allem für Teile der Nord- und Ostwand des Hanghauses. Unter dem Südwestteil des Hanghauses liegen dagegen keine älteren Mauern, so daß hier Schicht 5 bis zu einem dreiviertel Meter mächtig ist[69]. Dementsprechend weist die Unterkante dieser Schicht beträchtliche Niveausprünge auf, während ihre Oberkante gleichmäßiger verläuft und im Nordosten des Quadranten ansteigt. Die Erde ist lehmhaltig und von bräunlicher bis gelblicher Farbe. Sie enthält keine Lehmziegeleinschlüsse – wie sie für die jüngeren Schichten 4 und 3 charakteristisch sind – und reicht bis auf eine weit ausgebreitete Geröllhalde.

Im Nordosten des Grabungsabschnitts staut sich das Steingeröll an der Ostwand von Bau 1 und an der hier tiefer zerstörten Westmauer des Baukomplexes 5 bis auf ein Niveau von 14,60m NN. Hangaufwärts steigt die Oberkante des Gerölls bis auf 15,10m NN, während sie in den übrigen Grabungsabschnitten im Niveau 14,20–14,10m NN liegt.

Nach Westen nimmt die Größe der Steine zu. Offensichtlich handelt es sich um eine Geröllhalde, die von der Mitte der Unterburg nach Westen fällt und die Zerstörung des Baukomplexes 5 voraussetzt. Schicht 5 setzt darüber hinaus die Zerstörung von Bau 1 voraus. Sie überdeckt die Reste von Bau 1, ebnet das Areal südlich dieses Baues ein und schiebt sich im Bereich der Nordmauer des Hanghauses gegen die genannte Geröllhalde. Dieses aus der Schichtenbeobachtung gewonnene Bild bestätigen Keramikanpassungen, die über die Dragendorffsche Sondage III hinweg jene Schicht auch im Quadranten VI 2 Nord nachweisen lassen und damit die unterste Schicht in VI 2 Nord mit der untersten Schicht in V 2 Süd verbinden.

[69] Deshalb kann vermutet werden, daß das südliche Ende von Bau 1 im Bereich von Steg b zu suchen ist.

2. Siedlungs- und Zerstörungshorizonte *(Beil. 4,1)*

Die stratigraphischen Beobachtungen legen es nahe, Schicht 5 als planierten Zerstörungsschutt zu deuten. Durch diese Planierung wird die früheste Tätigkeit späthelladischer Siedler auf der Unterburg nach Zerstörung der großen, allgemein in die Phase SH IIIB datierten Bauten überliefert[70]. Deshalb bezeichnen wir diesen Planierungsschutt als Horizont G (HoG). Er reicht vom Quadranten V 2 Nord bis zum Quadranten VI 2 Nord und überdeckt Reste älterer Bauten. Hierzu gehört in VI 2 Nord die Mauer 88, die aus auffallend großen, sorgfältig verlegten Bruchsteinen besteht *(Taf. 48,1.2)*. Sie verläuft in einem Abstand von ca. 3 m parallel zur Westmauer der Unterburg, ist jedoch erst auf eine Strecke von ca. 4,50 m freigelegt. Bisher sind weder ihre Erbauung noch ihre Zerstörung genauer datierbar. Lediglich einen terminus ante quem für ihre Verschüttung geben intensive Brandspuren über der Mauer an, die hier die Unterkante der Schicht 3 anzeigen.

Unmittelbar östlich neben der Mauer 88 liegen zahlreiche Steine locker übereinander, die eine Fläche von einigen Quadratmetern überdecken, ohne daß die Bedeutung dieses Steinhaufens 99 geklärt werden konnte *(Taf. 48,2)*. Soweit bisher erkennbar, geht er – nach Norden leicht abfallend – im Bereich der Dragendorffschen Sondage III in jenes Steingeröll über, das die Unterkante der Schicht 5 bildet. Eine von Steinen annähernd rechtwinklig gefaßte Vertiefung am Ostrand des Steinhaufens könnte der Schacht eines nach Nordwesten führenden Kanals sein, jedoch bleibt diese Deutung noch ungesichert[71].

Der Planierungsschutt, der diese älteren Reste überdeckt, setzt sich nach Westen auch über Mauer 88 hinweg fort. Deshalb ist die Mauer 88 älter als die Planierung, die ihrerseits älter sein muß, als der Brand, dessen Spuren die Unterkante von Schicht 3 hier besonders deutlich bestimmen[72].

Die Planierung und damit der HoG können durch Keramikfunde annähernd datiert werden. Funde aus der Füllung einer Baugrube zwischen Bau 1 und Baukomplex 5 *(Taf. 34 Nr. 118; 65,2)* geben einen terminus post quem für die Zerstörung an. Die jüngsten Vasenfragmente aus der Baugrube gehören in die Zeit des Überganges von der Phase SH III B 2 zur Phase SH III C 1. Einen terminus für die Planierung geben die jüngsten Funde aus dem Planierungsschutt an. Mehrere Scherben eines Kraters sind hierbei besonders zu erwähnen *(Taf. 64,1 Nr. 77)*. Sie lagen z. T. bis zu 10 Meter voneinander entfernt im Quadranten V 2 Nord und im Quadranten VI 2 Nord. Nach Technik und Stil gehört der Krater zur frühen Phase SH III C 1 (Stufe 1). Die Fundumstände belegen zudem, daß hier tatsächlich eine weitreichende Planierung stattgefunden hat. – Die jüngsten Vasen aus der oben genannten Baugrube und der Krater weisen außerdem darauf hin, daß zwischen der Zerstörung von Bau 1 und der späteren Planierung kein allzu großer Zeitraum anzunehmen ist.

Der Horizont H (HoH) folgt unmittelbar über HoG und ist insbesondere durch das Hanghaus nachzuweisen *(Taf. 49,1.2)*. Hier werden sowohl die Errichtung und Nutzung

---

[70] Zur Datierung der Bauten 1 bis 4 siehe Tiryns V 72 ff.; zu Bau 3 siehe Tiryns VIII.

[71] Auch Nachuntersuchungen in der 1972 durchgeführten Kampagne haben das Bild noch nicht klären können.

[72] Unmittelbar westlich von Mauer 88 konnte eine intensiv rot verbrannte Lehmfläche kleineren Ausmaßes im Niveau 14,64 m NN präpariert werden. Es ist möglich, daß hiermit das Bodenniveau zu Mauer 88 festgestellt wurde. Allerdings ist die bisher in diesem Bereich freigelegte Fläche noch zu klein, um eine gesicherte Aussage zu treffen.

des Hauses als auch seine Zerstörung zu einem Horizont zusammengefaßt. Vom Hanghaus sind die Südwest- und Nordwestecke, sowie größere Teile der Nord-, West- und Südwand freigelegt worden[73]. Vor allem West- und Nordmauersockel sind gut erhalten. Über bis zu drei Zeilen kleinerer Bruchsteine liegt eine Ausgleichsschicht aus faustkleinen Steinen. Darüber ist Lehmziegelwerk anzunehmen, von dem zwar in situ nichts mehr erhalten ist, dessen zerstörte Reste sich jedoch in Schicht 4 abgelagert haben. Ober- und Unterkanten der Mauersockel folgen dem Gefälle des Hanges. Da der Westwandsockel an einer Stelle direkt auf der Ostmauer von Bau 1 steht, bestimmt deren Oberkante die Unterkante dieses Sockels, der an anderen Stellen auf dem planierten Schutt (Schicht 5) errichtet wurde. Die östlichen Teile des Hauses sind auf dem Geröll, das die Unterkante der Schicht 5 bestimmt, gegründet[74]. Aus dieser Situation geht hervor, daß das Hanghaus frühestens unmittelbar nach der Planierung der älteren Schutthalde (HoG) entstand. Abgesehen von den Resten dieses Gebäudes ist es vor allem sein Zerstörungsschutt (Schicht 4), der den HoH bezeichnet. Zu den datierenden Funden aus HoH gehören an erster Stelle Fragmente dekorierter Schalen *(Taf. 34 Nr. 93; 64,2 Nr. 91, 92, 93)*, die der Phase SH III C 1 (Stufe 2) zuzuordnen sind.

Da die Mauer 64 nicht nur zu HoG, sondern auch zu HoH gehören könnte, wird ihre Datierung erst hier erörtert *(Taf. 49,1)*. Sie verläuft in geringem Abstand parallel zur Nordwand des Hanghauses. Da sie unter der Ostwand des Westhauses hindurchführt, bleibt ihr Westende vorerst ungeklärt[75]. Die erhaltene Oberfläche der Mauer treppt sich von Ost nach West ab, erreicht aber an keiner Stelle die Höhe der nördlichen Hanghausmauer. Mauer 64 ist aus größeren, oft durchbindenden Bruchsteinen errichtet, sehr unterschiedlich gegründet und insgesamt recht flüchtig erbaut. Ihre unterste Steinlage liegt auf der Ostwand von Bau 1 und auf der Westwand des Baukomplexes 5. Eine ebenso tiefe Gründung unterblieb nur im Bereich der Baugrube zwischen diesen beiden älteren Anlagen. Mauer 64 ist älter als die Ostwand des Westhauses. Sie wurde spätestens gleichzeitig mit dem Hanghaus verschüttet, da sich der Zerstörungsschutt dieses Gebäudes (HoH) auch nördlich über Mauer 64 hinweg abgelagert hat.

Der planierte Schutt des HoG schiebt sich gegen die Südflucht der Mauer 64, wie dies im Bereich zwischen jener, dem Hanghaus und dem Westhaus zu beobachten ist. Falls Mauer 64 keine Wand trug, diente sie als Randbefestigung der planierten Schuttmasse[76].

Die insgesamt etwas unklare Situation war Anlaß, im Vorbericht zur Grabung 1971 Mauer 64 einer Siedlungsphase zuzuordnen, die der Errichtung des Hanghauses vorausgeht[77]; dies bleibt auch nach Auswertung aller stratigraphischen Ergebnisse wahrscheinlich, wenngleich nicht ganz auszuschließen ist, daß die Mauer erst im Zusammenhang mit dem Hanghaus errichtet wurde, um das Gelände an dieser Stelle zu festigen.

Horizont J (Ho J) folgt im Gebiet des Hanghauses unmittelbar über HoH, in den übrigen Grabungsabschnitten über HoG. Im HoJ liegen Reste von Bauten, die später als das

---

[73] In der Kampagne 1972 konnten zudem die Südostecke und die im Jahr 1971 nur teilweise ausgegrabene Südwand völlig, sowie ein Teil der Ostwand freigelegt werden (Voigtländer, AAA 6, 1973, 31 ff. Abb. 4.5).

[74] AAA 6, 1973, 34.

[75] Ihr Ostende liegt entweder am Südrand des Quadranten V 2 und deutet hier einen Zugang an, oder die Mauer setzt sich noch östlich fort.

[76] S. 120.

[77] Voigtländer, AAA 4, 1971, 404f. Abb. 6.

Hanghaus und Mauer 64 zerstört wurden. Sie gehören vor allem zum Westhaus, von dem größere Teile zweier Räume mit ihren Fußböden und einer gemeinsamen Trennwand 78 freigelegt sind. Der Boden im Raum 1 (14,90–14,88 m NN) besteht aus rot verfärbtem Lehm. Offensichtlich wurde die Oberfläche einer Brandschicht als Gehniveau benutzt. Dieser Boden stößt im Süden, Osten und Norden gegen Reste von Steinmauern (252, 70, 78), die allerdings an keiner Stelle eine Ecke bilden *(Beil. 1,3)*. Deshalb bleibt die Deutung des Raumes unsicher: es könnte sich um einen überdachten Raum, um eine Halle oder um einen Hof handeln.

Die Ostwand 70 reicht nach Süden über den Lehmboden hinaus, durchschneidet die alte Sondage III (AS III) und setzt sich südlich der Sondage im Quadranten VI 2 Nord fort *(Taf. 48,1)*. Die Wand hatte bereits H. Dragendorff in seiner Sondage freigelegt. Da damals beidseits der Mauer Schichten abgetragen wurden, ist die ursprüngliche Ausdehnung des Lehmbodens nach Süden nicht mehr festzustellen.

Ein auffallend großer, quer zur Achse der Mauer 70 verlegter Stein bestimmt dessen Südende. Nach einer Lücke von 0,75 m folgt Mauer 86, die in derselben Flucht wie 70 verläuft. Ihre Ober- und Unterkanten liegen geringfügig höher als die der Mauer 70. Da hier das Gelände nach Südosten ansteigt, kann sie mit 70 zusammen zum Westhaus gehören. Die Lücke in der Mauer weist vermutlich auf einen Durchgang hin.

Die Mauer 78 begrenzt den Lehmboden im Norden und trennt Raum 1 von Raum 2. Von Raum 2 sind außerdem die Sockel seiner Ost- und Nordwand weitgehend freigelegt. Beide Mauern bilden die Nordostecke des Raumes und lassen zudem einen Umbau an dieser Stelle erkennen. Die Ostwand (65) setzt sich über Raum 2 hinaus nach Norden fort *(Taf. 50,1)*. Ihr Nordende ist nicht erhalten, da hier schon in antiker Zeit umfangreicher Steinraub stattfand. Die Nordwand (82) des Raumes 2 hatte ursprünglich einen Durchgang, der später zugesetzt wurde. Der Durchgang und die nördliche Verlängerng der Ostmauer belegen einen 3. Raum, der nach der Zusetzung des Durchgangs bereits in späthelladischer Zeit aufgegeben worden ist.

In der Nordostecke des Raumes 2 besteht der Boden aus großen Fragmenten eines unbemalten Gefäßes *(Taf. 50,3)*. Sie liegen unmittelbar an der zugesetzten Tür und vor der Ostwand im Niveau 14,90–14,86 m NN und gehören deshalb zum Boden aus der Umbauphase. Im übrigen ist die Oberfläche dieses Bodens zerstört, so daß hier keine klare Grenze zwischen dem älteren Schutt unter Raum 2 und der Zerstörungsmasse des Raumes selbst zu erkennen ist. Deshalb sind die beiden Bauphasen dieses Raumes stratigraphisch nicht zu belegen[78].

Nördlich von Raum 2 bilden zwei ostwestlich gerichtete Mauern 76 und 81 einen Korridor, dessen östliche Teile durch Steinraub abgetragen sind *(Beil. 1,3)*. Hier liegt eine tief bis in späthelladische Schichten reichende Störung vor (bis 14,70 m NN); dies bestätigt auch die Auswertung der Keramik. Der südliche Korridorsockel verläuft in einem Abstand von nur 0,30 m parallel zur Nordwand des Raumes 2 an dem zugesetzten Durchgang vorbei. Deshalb ist dieser Korridor erst nach Aufgabe des Durchgangs und des Raumes 3 erbaut worden.

---

[78] 1972 konnten zeitgleiche Nutzungsphasen westlich Raum 2 stratigraphisch gesichert werden. Zur älteren Phase gehören die Vasen eines Depotfundes (Voigtländer, AAA 6, 1973, 35 [E]).

Im Ho J ist eine intensivere und auch länger andauernde Siedlungstätigkeit als in Ho H zu erkennen. Die intensivere Bautätigkeit belegt der weitläufige Komplex des Westhauses, auf den größeren Zeitraum weisen sowohl die beiden Bauphasen dieses Hauses als auch der nachträglich errichtete Korridor eines weiteren Bauwerkes hin.

Datierend sind für den Ho J Wellenbandskyphoi sowie monochrome Skyphoi mit innen am Rand ausgesparter Linie *(Taf. 63,1.2)*. Beispiele beider Gruppen wurden ausschließlich im Ho J geborgen. Die zahlreichen Schalen aus diesem Horizont lassen eine Stilentwicklung erkennen, die bis zu herben Formen und sehr einfachem Dekor führt. In die Zeit der jüngsten Schalen gehört eine flüchtig bemalte Amphora *(Taf. 35 Nr. 150; 68,1)*. Ihre Fragmente wurden auf dem Boden im Raum 2 des Westhauses gefunden und geben einen terminus ante quem für den Umbau an. Die jüngsten Schalen und diese Amphora heben sich deutlich von älteren Vasen aus Ho J ab. Somit weisen auch die zwei Stilstufen zuzuordnenden Vasen auf eine längere Zeit andauernde Nutzung jener Bauten hin.

Im Horizont K (Ho K) liegen die jüngsten Siedlungsreste. Es handelt sich um einzelne kurze Stücke von Bruchsteinmauern und kleinen Pflasterflächen, deren architektonischer Zusammenhang nicht mehr deutlich ist *(Taf. 50,2.4)*. Sie waren in unbekannter Zeit weitgehend dem Steinraub ausgesetzt[79].

Die Reste liegen über dem Hanghaus und dem Westhaus. Die z. T. einzeilig verlegten Mauern 67, 67a und 107 bestehen aus auffallend unterschiedlich großem Steinmaterial[80], die Pflaster aus Kieselsteinen und Steinsplittern (71) oder auch aus größeren, flachen Bruchsteinen (69). Über Raum 2 des Westhauses lag eine kleine Steinsetzung (104) *(Beil. 1,3; 4,1)*. Sie könnte als Fundamentverstärkung zum nachmykenischen Bau an der Burgmauer gehören[81] und damit einen allgemeinen terminus für die nachmykenischen Siedlungsreste in Ho K angeben. Nach Aussage der jüngsten Scherben aus Schicht 2 hörte eine Siedlungstätigkeit spätestens in hellenistischer Zeit auf. Zwar lassen sich vereinzelt Hinweise einer Zerstörung der Bauten durch Brand beobachten, jedoch ist keine Zerstörungsschicht zu erkennen. Eine genauere Datierung für Ho K und seine spärlichen Baureste ist vorerst noch nicht möglich.

Nach Aufgabe der Bauten setzte ein langer Verwitterungsprozeß ein: die sich bis zur Oberkante von Ho K in Lagen abzeichnenden, meist nur faustkleinen Steine könnten vor allem durch Verwitterung größerer Bruchsteine entstanden sein[82]. Über diesem allmählich gewachsenen, sekundären Zerstörungshorizont bildete sich die Humusschicht, die alle antiken Reste überdeckt.

3. Funde

Die im Katalog beschriebenen Scherben und Vasenfragmente sind nach Gefäßtypen oder nach Motiven geordnet. Hinzu kommt die Gruppe der Idole.

---

[79] Der nachmykenische Bau an der Westmauer der Unterburg bleibt hier unberücksichtigt, s. u. Teil D.

[80] Aus späthelladischer Zeit sind einzeilige Mauern aus Steinen, die nicht quer zur Mauerachse verlegt sind, auf der Unterburg bisher unbekannt. Ungewöhnlich ist zudem, daß die Steine der Mauer keine gleichmäßige Sockeloberfläche bilden. Vielleicht bestand die Wand aus Flechtwerk, so daß eine gleichmäßige Oberfläche nicht notwendig war.

[81] Anm. 79; zum folgenden vorerst Tiryns V 87 ff.

[82] Zudem kann angenommen werden, daß dieser Prozeß durch intensives Pflügen beschleunigt wurde.

Die Scherben der Close-Style Phase und jene mit figürlicher Bemalung sind wegen ihres Dekors von besonderem Interesse, ergeben jedoch keine neuen Hinweise auf die Entwicklung einzelner Gefäßtypen. Deshalb wurden zwei gesonderte Gruppen zusammengestellt. – Die geometrischen bis hellenistischen Funde belegen lediglich eine noch lange andauernde Benutzung der Unterburg, sind jedoch weder qualitativ noch quantitativ geeignet, Spezifisches zur nachmykenischen Keramik auszusagen. Da nachmykenische Siedlungsreste und Keramikfunde an anderen Stellen der Unterburg, insbesondere im unmittelbaren Bereich der Burgmauer dichter vorhanden sind, wurde darauf verzichtet, dieses hier wenig aufschlußreiche Material in den Katalog aufzunehmen [83]. Bei der Anordnung der Abbildungen zum Katalog wurde die Herkunft aus den Siedlungs- und Zerstörungshorizonten berücksichtigt. Dabei entspricht die Abfolge der Fundgruppen auch der stilistischen Entwicklung, wie sie unten im einzelnen begründet wird.

Gliederung des Katalogs:

Ia   Skyphoi, die innen entweder unbemalt oder monochrom sind. Auf ihrer Außenseite zeigen sie linearen Dekor oder umlaufende Streifen (Nr. 1–Nr. 20).

Ib   Skyphoi, die innen und außen monochrom sind; aufgeführt sind hier jedoch auch Gefäßfragmente mit ausgespartem Bodenmedaillon oder mit außen umlaufend ausgesparter Zone über dem Fuß (Nr. 21–Nr. 47).

Ic   Skyphoi, die innen und außen monochrom sind, an deren Rand jedoch innen eine umlaufende Linie ausgespart ist (Nr. 48–Nr. 63).

Id   Skyphoi, die innen in der Regel monochrom sind und außen Wellenbanddekor über umlaufenden Streifen tragen (Nr. 64–Nr. 74)[84].

II   Kratere. Ein Krater ist ein offenes Gefäß, dessen Mündungsdurchmesser in der Regel mehr als 25 cm beträgt und das wegen seiner Randausbildung, bzw. wegen seiner Wandungsstärke nicht als Skyphos zu bezeichnen ist (Nr. 75–Nr. 88).

III   Schalen. Es handelt sich um offene Gefäße mit 2 am Rand ansetzenden Horizontalhenkeln. Ihre geringe Größe schließt aus, sie als Schüsseln zu bezeichnen (Nr. 89–Nr. 107).

IV   Schüsseln. Es sind große, offene Gefäße mit 2 am abgesetzten Rand ansetzenden Horizontalhenkeln (Nr. 108–Nr. 112).

V   Tassen, Becher (Humpen), Kylikes. Tassen, Humpen oder Becher sind von Furumark unter dem Sammelbegriff cup zusammengefaßt. Die im Katalog aufgenommenen Stücke sind mit FS 232/240 und 225/226/228 vergleichbar. Der Typus der Kylix ist bekannt und bedarf keiner näheren Definition (Nr. 113–Nr. 120).

VI   Geschlossene Gefäße. Soweit festzustellen, sind Amphoren, Bügelkannen, Kannen und Krüge unterschieden. Zahlreiche Fragmente und Scherben geschlossener Gefäße lassen nicht eindeutig erkennen, zu welchem Vasentypus sie gehören. Deshalb wird diese große Gruppe nicht nach Gefäßtypen untergliedert (Nr. 121–Nr. 150).

VII   Ständer (Nr. 151).

VIII   Figürlich bemalte Keramik (Nr. 152–Nr. 169).

IX   Close Style-Keramik (Nr. 166, Nr. 170–Nr. 179).

X   Idole (Nr. 180–Nr. 205).

Gruppe Ia

1   *Taf. 62,1* Skyphos, Rand mit Wandung. Ton: beige, nicht sehr hart, glatte Oberfläche; Firnis: braun. Innen monochrom, außen Spirale und Rest eines umlaufenden Streifens. SH III B

2   *Taf. 62,1* Skyphos, Rand mit Wandung, 3 anpassende Scherben. Ton: beige bis cremefarben, ziemlich hart; Firnis: braun. Innen monochrom, außen breiter umlaufender Randstreifen, darunter dichtes System antithetischer Spiralen. Mitteltriglyphe mit Zickzackfüllung; darunter schmaler umlaufender Doppelstreifen. SH III B

---

[83] Anm. 79.
[84] Bisweilen sind ihre Mündungsdurchmesser größer als bei Skyphoi üblich; die Gefäße können aber als Skyphoi gelten, da ihre Gefäßränder nicht – wie bei Krateren üblich – abgesetzt sind.

3   *Taf. 62,1* Skyphos, Rand mit Wandung. Ton: rötlich, glimmerhaltig, nicht sehr hart; Firnis: braun bis schwarz. Innen ein umlaufender Randstreifen, außen Rest einer Spirale. SH III B

4   *Taf. 62,1* Skyphos, Rand mit Wandung, 2 Scherben. Ton: cremefarben, nicht sehr hart, glatte Oberfläche; Firnis: braun bis schwarz. Außen Rest eines antithetischen Spiralsystems. Mitteltriglyphe mit horizontalen Wellenlinien gefüllt, am Rand der Triglyphe Halbkreismotive. SH III B

5   *Taf. 62,1* Skyphos, Rand mit Wandung. Ton: reduzierter Brand, glatte, leicht glänzende Oberfläche; Firnis: braun bis schwarz. Innen ein umlaufender Randstreifen, außen Rest einer Stengelspirale mit gittergefülltem Zentrum. SH III B

6   *Taf. 62,1* Skyphos, Wandung mit Henkel. Ton: hell beige; Firnis: hell- bis dunkelbraun. Außen unter dem Henkel 10 dünne umlaufende Linien, zu beiden Seiten des Henkels jeweils Reste antithetischer Schlaufenspiralen. SH III B

7   *Taf. 62,1* Skyphos, Rand mit Wandung und Henkel, 5 z. T. anpassende Scherben. Ton: beige bis cremefarben, glatte Oberfläche; Firnis: rotbraun, etwas verrieben. Innen ein umlaufender Randstreifen, außen unter dem Rand Reste stehender Winkelmotive, sowie ein umlaufender Streifen unter der Henkelzone. SH III B

8   *Taf. 62,1* Skyphos, Wandung. Ton: rötlich, ziemlich hart; Firnis: rot, außen stark verrieben, innen glänzend. Innen monochrom, außen ein umlaufender Streifen, darüber Rest einer Spirale. SH III C 1

9   *Taf. 62,1* Skyphos, Rand mit Wandung. Ton: cremefarben, matte Oberfläche; Firnis: dunkelbraun. Außen vom Rand ab auslaufender Firnis und Rest einer Stengel(?)-Spirale. SH III B 2 oder schon SH III C 1

10   *Taf. 62,1* Skyphos, Wandung mit Henkelansatz. Ton: beige, etwas grau, reduzierter Brand; Firnis: braun, leicht glänzend. Innen monochrom, außen Reste von zwei parallelen Bogenlinien, darunter ein umlaufender Streifen. SH III C 1

11   *Taf. 62,1* Skyphos, Wandung. Ton: hart und spröde; Firnis: braun, z. T. stark glänzend. Innen monochrom, außen Rest eines umlaufenden Randstreifens, darunter eine breite Doppelschlaufe. SH III C 1

12   *Taf. 62,1* Skyphos, Henkel mit Wandungsrest. Ton: hell beige, weich; Firnis: rot, stumpf. Außen Rest einer Wellenlinie am Henkelansatz, darunter Rest eines umlaufenden Streifens. SH III C 1

13   *Taf. 62,1* Skyphos, Wandung. Ton: rötlich, hart, gering glänzende Oberfläche; Firnis: rot, innen verrieben. Innen monochrom, außen Zwickelmotiv mit Füllung. Der Zwickel ist aus Bogenlinien gebildet. SH III C 1

14   *Taf. 62,1* Skyphos, Rand mit Wandung. Sekundär verbrannt. Innen monochrom mit ausgesparter umlaufender Linie unter dem Rand, außen unter dem bemalten Rand Rest einer Spirale (?). SH III C 1

15   *Taf. 62,1* Skyphos (?), hoher Fuß mit außen umlaufender Rille, 2 Scherben (nur 1 Scherbe abgebildet). Ton: rötlich, nicht sehr hart, weißlicher Überzug; Firnis rot, stumpf. Innen auf dem Boden eine Spirale. SH III C 1

16   *Taf. 62,1* Skyphos (?), Fuß. Ton: hell, nicht sehr hart, weißlicher Überzug; Firnis: braun bis schwarz, stumpf. Innen auf dem Boden eine sorgfältig aufgetragene Spirale, außen monochrom. SH III C 1

17   *Taf. 62,1* Skyphos (?), Fuß. Ton: hellbraun, leicht rötlich, nicht sehr hart; Firnis: rot. Innen auf dem Boden drei konzentrische Kreise. SH III C 1

18   *Taf. 62,1* Skyphos, Rand mit Wandung. Ton: beige bis cremefarben, nicht sehr hart; Firnis: rot, nur wenig glänzend. Innen monochrom, mit ausgespartem Randstreifen, außen ein umlaufender Randstreifen. SH III C 1

19   *Taf. 33; 62,1* Skyphos, Rand mit Wandung, Henkel und Fuß, 2 Fragmente aus insgesamt 6 Scherben. Ton: hell, braungrün, nicht sehr hart; Firnis: schwarz, z. T. stark verrieben. Innen monochrom mit ausgespartem Bodenmedaillon, außen ein umlaufender Randstreifen, sowie ein weiterer umlaufender Streifen unter dem Henkel. SH III C 1. Rekonstruierte Höhe: 11,0 cm; Mündungsdurchmesser: 12,8 cm

20 *Taf. 33* Skyphos, Rand mit Wandung. Ton: beige, hart; Firnis: schwarz. Innen monochrom, außen ein breiter umlaufender Randstreifen. SH III B 2 bis SH III C 1

Die Fragmente und Scherben gehören zu folgenden Horizonten: Nr. 1–Nr. 9 zu Ho G, Nr. 10 zu Ho H, Nr. 11–Nr. 20 zu Ho J.

Nr. 1–Nr. 7 sind mit ihren Spiral-, Triglyphen- und Winkelornamenten Beispiele der ausgebildeten Phase SH III B[85]. Nr. 8 und Nr. 9 belegen den Übergang von SH III B zu SH III C 1; dies zeigen insbesondere der weißliche Überzug und der ungewöhnliche Spiraldekor von Nr. 9[86].

Interessant ist Fragment Nr. 10 aus Ho H. Schon die stumpfe Oberfläche der grau-beigen Gefäßwandung deutet eine jüngere Entstehung an. Zusätzlich belegt die Doppellinie (Rest einer Stengelspirale?) eine aus der Phase SH III C 1 bekannte Eigenart des Dekors. Der Dekor eines Skyphos[87] und eines Amphoriskos[88] von der Unterburg überliefern, daß in dieser Zeit lineare Ornamente durch Verdoppelung bereichert worden sind; dies zeigt auch Fragment Nr. 11, das bereits zu Ho J gehört[89]. Auch die übrigen Fragmente aus Ho J sind in der Phase SH III C 1 entstanden. So ist die flüchtig aufgetragene Wellenlinie am Henkelansatz von Nr. 12 in der Phase SH III B nicht denkbar. Die stumpfe Oberfläche des groben Tons datiert diese Scherben ebenso wie Nr. 13 in die Phase SH III C 1.

Nr. 15 und Nr. 16 lassen den in der Phase SH III C 1 sehr beliebten weißlichen Überzug erkennen. Ihr Boden ist mit Spiraldekor geschmückt. Typisch für ihre Zeitstellung ist auch ein hoher Standring, wie er besonders ausgeprägt bei Nr. 17 erhalten ist.

Sonderformen des Dekors zeigen die Randfragmente Nr. 14 und Nr. 18. Beide sind innen monochrom und haben eine innen am Rand ausgesparte, umlaufende Linie; beide schmückt jeweils ein umlaufender Randstreifen. Typologisch sind diese Scherben als Bindeglieder zur Gruppe der monochromen Skyphoi mit ausgesparter Linie (Ic) zu deuten[90].

Besonders hinzuweisen ist auf Nr. 19 und Nr. 20. Der vollständiger erhaltene Skyphos Nr. 19 zeigt in Dekor und Profil typische Merkmale der entwickelten SH III C 1-Phase. Wahrscheinlich schmückten nur ein umlaufender Streifen unter der Henkelzone und ein mäßig breiter Streifen am Rand die Außenseite des Gefäßes. Zusammen mit dem derben und hohen Ringfuß und der ausgeprägten Einziehung unter dem Rand weist dieser reduzierte Dekor auf eine Tendenz hin, die in der SH III B-Phase noch nicht vorbereitet war und eine Entwicklung innerhalb der SH III C 1-Phase voraussetzt[91].

[85] FM 50,4.6; 46,52.54; 58,17f.; E. French, D. French, N. Verdelis, Delt 20, 1965, 140 Abb. 1,1.3.4.7; 2,1.10.

[86] Bei Nr. 9 ist nicht zu entscheiden, ob hier ein Ornament gemeint ist oder ob die Gliederung zwischen den Spiralen nur durch zufälliges Herunterlaufen der Farbe vom Rand entstanden ist; vgl. AA 1969, 7 Abb. 11 (dort allerdings eindeutig mit dem Pinsel gezogen).

[87] Voigtländer, AAA 4, 1971, 400 Abb. 3 b; 405 f.

[88] Voigtländer, AAA 6, 1973, 36 (Amphoriskos 1), 37 Abb. 9.

[89] Vgl. FM 50,32; H. Schmidt, H.Schliemann's Sammlung trojanischer Altertümer (1902) 164 Nr. 3394; 168 Nr. 3506. Letztere dürfte vor der SH III C 1-Phase entstanden sein; vgl. auch Popham, Milburn (1971) Taf. 57,2 (Levkandi Phase 3).

[90] Ebd. 339 Abb. 4,11; 342 (Levkandi Phase 2).

[91] Der sehr schlichte Dekor steht jenem einfachen Dekor nahe, der für die medium band deep bowl typisch ist, z. B. E. French, BSA 64, 1969, 85 ff. Abb. 11,3; dies., AA 1969, 134 Abb. 13f.; Tiryns V 33 Abb. 5,37 ff. Taf. 29,2; Popham, Milburn (1971) 335 Abb. 1,3 (Levkandi Phase 1 b) ist mit Nr. 19 vergleichbar, wenngleich dort ein umlaufender Doppelstreifen das Gefäß schmückt. In beiden Fällen sind die Henkeloberflächen monochrom übermalt. Vgl. auch Enkomi IIIa Taf. 109,20 (6359/1).

Insbesondere Nr. 10 und Nr. 19 zeigen, daß innerhalb der Phase SH III C 1 zwei Stilstufen zu unterscheiden sind.

Das Material der Gruppe I a reicht jedoch nicht aus, bereits an dieser Stelle an Hand von Fundgruppen eine weitergehende Differenzierung der Phase SH III C 1 vorzunehmen.

Gruppe Ib

21 *Taf. 62,2* Skyphos, Wandung. Ton: hell beige, nicht sehr hart; Firnis: innen rotbraun, außen grau bis schwarz. Innen und außen monochrom. SH III C 1

22 *Taf. 62,2* Skyphos, Wandung mit Henkel. Ton: hell beige mit wenigen Einsprengseln, nicht sehr hart; Firnis: schwarz, streifig. Innen und außen monochrom, ausgespartes Henkelfeld. SH III C 1

23 *Taf. 62,2* Skyphos, Knickwandung. Ton: rötlich mit Einsprengseln, ziemlich hart; Firnis: innen braun bis schwarz, außen braun bis grau, streifig. Innen und außen monochrom. SH III C 1

24 *Taf. 62,2* Skyphos, Fuß. Ton: hellbraun, weich; Firnis: braun bis schwarz. Innen und außen monochrom. SH III C 1

25 *Taf. 62,2* Skyphos, Henkel mit Wandungsrest. Ton: hellrot, nicht sehr hart; Firnis: rot. Innen und außen monochrom mit weißlichem Überzug im ausgesparten Henkelfeld. SH III C 1

26 *Taf. 62,2* Skyphos, Wandung. Ton: hellbeige bis grau, hart; Firnis: braun bis schwarz, z.T. verrieben. Innen und außen monochrom. SH III C 1

27 *Taf. 62,2* Skyphos, Wandung, 3 anpassende Scherben. Sekundär verbrannt. Innen und außen monochrom, außen über dem Fuß eine umlaufend ausgesparte Zone. SH III C 1

28 *Taf. 62,2* Skyphos, Rand mit Wandung. Ton: rötlich, nicht sehr hart; Firnis: dunkel rotbraun bis schwarz, stark glänzend. Innen und außen monochrom. SH III B (?)

29 *Taf. 62,2* Skyphos, Rand mit Wandung. Ton: hellbeige, hart; Firnis: schwarz, stumpf. Innen und außen monochrom. SH III C 1

30 *Taf. 62,2* Skyphos, Rand mit Wandung, 2 Scherben. Ton: rötlich, nicht sehr hart; Firnis: rotbraun bis schwarz, etwas streifig. Innen und außen monochrom. SH III C 1

31 *Taf. 62,2* Skyphos, Wandung mit steil hochgezogenem Henklel. Ton: beige bis hellgrau; Firnis: grau bis schwarz, stark verrieben. Innen und außen monochrom mit weißlichem Überzug im ausgesparten Henkelfeld. SH III C 1

32 *Taf. 33; 62,2* Skyphos, Wandung mit Henkelansatz, 2 Scherben. Ton: hell beige, nicht sehr hart; Firnis: schwarz, etwas streifig, stumpf. Innen und außen monochrom mit weißlichem Überzug im ausgesparten Henkelfeld. SH III C 1

33 *Taf. 62, 2* Skyphos, Wandung mit Henkelansatz, 2 anpassende Scherben. Ton: hellbeige, nicht sehr hart; Firnis: grau bis schwarz, streifig, z.T. verrieben. Innen und außen monochrom mit ausgespartem Henkelfeld. SH III C 1

34 *Taf. 62, 2* Skyphos, Wandung mit Henkel, 3 anpassende Scherben. Ton: rötlich, hart; Firnis: braun bis schwarz, außen streifig. Innen und außen monochrom mit ausgespartem Henkelfeld. SH III C 1

35 *Taf. 62, 2* Skyphos, Henkel mit Wandungsrest. Ton: hellbeige, nicht sehr hart; Firnis: braun bis schwarz, z.T. verrieben. Innen und außen monochrom mit ausgespartem Henkelfeld. SH III C 1

36 *Taf. 62, 2* Skyphos, Wandung mit Henkelansatz. Ton: hell, nicht sehr hart; Firnis: braun. Innen und außen monochrom, weißlicher Überzug im ausgesparten Henkelfeld und in der umlaufend ausgesparten Zone über dem Fuß. SH III C 1

37   *Taf. 62,2* Skyphos, Wandung mit Henkelansatz, 2 anpassende Scherben. Ton: hellbeige bis grau, nicht sehr hart; Firnis: grauschwarz, sehr stark verrieben. Innen und außen monochrom mit ausgespartem Henkelfeld. SH III C 1

38   *Taf. 62,2* Skyphos, Wandung, 7 anpassende Scherben. Ton: beige, leicht rötlich, hart; Firnis: braun bis schwarz, außen streifig. Innen und außen monochrom. SH III C 1

39   *Taf. 62,2* Skyphos, Wandung, 3 anpassende Scherben. Ton: rötlich, sehr hart; Firnis: braun bis dunkelbraun, streifig, leicht glänzend. Innen und außen monochrom. SH III C 1

40   *Taf. 62,2* Skyphos, Wandung. Ton: hellbeige, hart; Firnis: außen rötlich, innen dunkelbraun, dünn aufgetragen, streifig, z. T. verrieben. Innen und außen monochrom, über dem Fuß eine umlaufend ausgesparte Zone. SH III C 1

41   *Taf. 62,2* Skyphos, Fuß, 3 anpassende Scherben. Ton: hellbeige, weich; Firnis: schwarz, verrieben. Innen und außen monochrom. SH III C 1

42   *Taf. 33. 63,1* Skyphos, Rand mit Wandung, Henkelansatz und Fuß, 12 z.T. anpassende Scherben. Ton: hellbeige, hart; Firnis: innen dunkelbraun, außen rotbraun bis schwarz. Innen und außen monochrom mit innen ausgespartem Bodenmedaillon (Henkelfeld nicht ausgespart). Erhaltene H 15,1 cm; max. Dm 22,5 cm; Fdm 6,9 cm. SH III C 1

43   Skyphos, Wandung. Ton: hellbeige, ziemlich weich; Firnis: schwarz, stumpf. Innen und außen monochrom. SH III C 1

44   Skyphos, Fuß. Ton: rötlich, hart; Firnis: rotbraun. Innen und außen monochrom mit weißlichem Überzug im innen ausgesparten Bodenmedaillon und in der außen über dem Fuß umlaufend ausgesparten Zone. SH III C 1

45   Skyphos, hoher Fuß mit konischem Profil. Ton: beige, hart; Firnis: braun. Innen und außen monochrom. SH III C 1

46–47 Skyphoi, Wandungen mit Henkelansatz. Ton: Beige, nicht sehr hart; Firnis: dunkel, z. T. verrieben. Innen und außen monochrom. SH III C 1

4 Beispiele kommen aus Ho H (Nr. 21–Nr. 24), 3 Beispiele aus dem Grenzbereich zwischen Ho H und Ho J (Nr. 25–Nr. 27), die überwiegende Anzahl monochromer Skyphoi kommt aus Ho J (Nr. 28–Nr. 47). Hervorzuheben ist, daß kein Fragment dieser Art in Ho G gefunden wurde. Die monochromen Skyphoi sind in ihrer Mehrzahl eindeutig der SH III C 1-Phase zuzuordnen. Nur bei einer Scherbe (Nr. 28) ist diese Datierung unsicher, da ihr Randprofil an ältere Vasenformen erinnert[92].

In der Regel sind die Gefäße innen und außen mit Ausnahme des ausgesparten Henkelfeldes und der unbemalten Unterseite des Henkels ganz mit Firnis überzogen. Hiervon abweichend kann oberhalb des Fußes eine umlaufende Zone (z. B. Nr. 27, Nr. 36, Nr. 40, Nr. 44) oder innen ein Bodenmedaillon ausgespart sein (Nr. 42, Nr. 44); als Ausnahme kommen auch beidseitig bemalte Henkel und ein ausgemaltes Henkelfeld vor (Nr. 42).

---

[92] Monochrome Skyphoi und Kylikes sind aus den Phasen SH III A und SH III B bekannt: Troy IV 2 Abb. 225,33.1201 (aus Troja VII a, tan-ware entspricht FS 284). Die Form ist schon in Troja VI gebräuchlich, siehe Troy III 1, 49 f.; Troy IV 2, Abb. 227; vgl. auch Delt 21, 1966, Chron 98 f. Taf. 96,b (Lapoutsi-Brauron); Nikopoulou, AAA 3, 1970, 173 Abb. 2 (Phaleron); Y. Boysal, Katalog der Vasen im Museum in Bodrum I (1969) Taf. 26,3–6; 27,1–3; 28,2–4; 29,4; Pylos I Abb. 385. 594,1172: beide entsprechen in ihrer Form weitgehend dem Skyphos Nr. 677 (ebd. Abb. 385), der sicher in der SH III C 1-Phase entstanden ist.

Der Firnis ist häufig dünnflüssig aufgetragen und hat sich deshalb streifig erhalten. Je nach Härte der Scherben und Intensität des Brandes ist der schwarz bis rotbraune Firnis z. T. stärker verrieben. Dies ist jedoch kein spezifisches Kennzeichen nur dieser Gefäßgruppe.

In der Regel lädt die hochgezogene Wandung in der Henkelzone weit aus. Dem entspricht die kräftige Einziehung unter dem Rand. Typisch sind verhältnismäßig kleine, hohe und bisweilen konisch geformte Füße, die massiv sein können, meist jedoch als Standringe ausgeformt sind.

Besonders zu erwähnen ist nochmals Nr. 42: zwar ist der Rand nicht erhalten, doch zeigt der große Skyphos im übrigen die genannten Formenelemente. Auffallend sind die kleinen und hoch ansetzenden Henkel. Falls dies ein Datierungshinweis ist, gehört der Skyphos zu den jüngsten Gefäßen dieser Gruppe. Dem könnte auch der Verzicht auf eine Aussparung des Henkelfeldes entsprechen.

Es zeigt sich somit erneut, daß innerhalb der SH III C 1-Phase mindestens mit zwei Stilstufen zu rechnen ist.

Gruppe Ic

48   Taf. 33.63,1 Skyphos, Rand mit Wandung und Henkelansatz, 3 anpassende Scherben. Ton: beige, leicht rötlich, nicht sehr hart; Firnis: braun, streifig. Innen und außen monochrom mit ausgespartem Randstreifen innen; weißlicher Überzug in ausgespartem Henkelfeld. Erhaltene H 6,6 cm; Mdm 13,3 cm. SH III C 1

49   Taf. 33.63,1 Skyphos, Rand mit Wandung. Ton: hellbeige, leicht rötlich, nicht sehr hart; Firnis: dunkelrotbraun, z. T. verrieben. Innen und außen monochrom mit ausgespartem Randstreifen innen. SH III C 1

50   Taf. 63,1 Skyphos, Rand. Ton: beige, leicht rötlich, weich, mit Einsprengseln; Firnis: schwarz, stumpf. Innen und außen monochrom mit ausgespartem Randstreifen innen. SH III C 1

51   Taf. 63,1 Skyphos, Rand. Ton: beige, leicht rötlich, hart, mit Einsprengseln; Firnis: innen braun, außen schwarz, verrieben. Innen und außen monochrom mit ausgespartem Randstreifen innen. SH III C 1

52   Taf. 63,1 Skyphos, Rand, 2 anpassende Scherben. Ton: beige, leicht rötlich, hart; Firnis: dunkelbraun bis schwarz, z. T. etwas streifig. Innen und außen monochrom mit ausgespartem Randstreifen innen. SH III C 1

53   Taf. 63,1 Skyphos, Rand mit Wandung. Ton: hell, hart; Firnis: rotbraun bis braun, streifig, z. T. verrieben. Innen und außen monochrom mit ausgespartem Randstreifen innen. SH III C 1

54   Taf. 63,1 Skyphos, Rand mit Wandung. Sekundär verbrannt. Innen und außen monochrom mit hochliegendem, ausgespartem Randstreifen innen. SH III C 1

55   Taf. 33.63,1 Skyphos, Rand mit Wandung und Henkelansatz. Ton: rötlich, hart; Firnis: außen rot, innen schwarz, stumpf. Innen und außen monochrom mit ausgespartem Randstreifen innen. Erhaltene H 6,4 cm; Mdm 13,8 cm. SH III C 1

56   Taf. 63,1 Skyphos, Rand mit Wandung und Henkelansatz. Ton: rötlich, sehr hart; Firnis: dunkelbraun, außen streifig. Innen und außen monochrom mit ausgespartem Randstreifen innen. SH III C 1

57   Taf. 63,1 Skyphos, Rand mit Wandung und Henkelansatz, 3 anpassende Scherben. Ton: hellbraun, leicht rötlich, hart; Firnis: braun bis schwarz. Innen und außen monochrom mit ausgespartem Randstreifen innen; weißlicher Überzug in ausgespartem Henkelfeld. SH III C 1

58   Taf. 63,1 Skyphos, Rand mit Wandung, 2 Scherben, nur 1 Scherbe abgebildet. Ton: hellbeige, hart; Firnis: rot, stumpf. Innen und außen monochrom mit ausgespartem Randstreifen innen. SH III B 2 bis SH III C 1

59   *Taf. 33.63,1* Skyphos, Rand mit Wandung und Henkelansatz, 2 anpassende Scherben. Ton: hellbeige, hart; Firnis: rotbraun bis schwarz. Innen und außen monochrom mit ausgespartem Randstreifen innen. Erhaltene H 6,2 cm; Mdm 15,9 cm. SH III B 2 bis SH III C 1

60   *Taf. 63,1* Skyphos, Rand mit Wandung. Ton: rötlich, hart; Firnis: rot, glänzend. Innen und außen monochrom mit ausgespartem Randstreifen innen. SH III C 1

61   *Taf. 63,1* Skyphos, Rand mit Wandung. Ton: hellbeige, hart; Firnis: braun bis schwarz, z. T. verrieben. Innen und außen monochrom mit ausgespartem Randstreifen innen. SH III C 1

62   *Taf. 63,1* Skyphos, Rand mit Wandung. Ton: beige, hart; Firnis: dunkelbraun bis schwarz, stumpf. Innen und außen monochrom mit ausgespartem Randstreifen innen. SH III C 1

63   *Taf. 63,1* Skyphos, Rand mit Wandung. Ton: hellbeige, leicht rötlich, nicht sehr hart; Firnis: braun bis schwarz, etwas streifig, z. T. verrieben. Innen und außen monochrom mit ausgespartem Randstreifen innen. SH III C 1

Von den 16 Fragmenten ist eine Scherbe (Nr. 48) im Grenzbereich zwischen Ho H und Ho J geborgen worden; 12 Scherben gehören eindeutig zum Ho J (Nr. 49–Nr. 60), die übrigen kamen im Grenzbereich zwischen Ho J und Ho K zutage. (Nr. 61–Nr. 63)

Äußeres Kennzeichen ist die ausgesparte umlaufende Linie auf der Innenseite knapp unter dem Rand. Sie ist in der Regel schmal und scharf begrenzt. Im übrigen zeigen diese Skyphoi die gleichen Merkmale, die auch die Skyphoi der Gruppe Ib aufweisen.

Skyphos Nr. 49 ist wegen seiner geringen Größe und wegen seines Profils ungewöhnlich. Er zeigt nicht den steil hochgezogenen Kontur; auch die Einziehung unter dem Rand ist weniger deutlich ausgeprägt. – Dagegen steigt der Kontur des Skyphos Nr. 59 auffallend schräg an. Dies führt zu einer weit ausladenden Mündung, deren Durchmesser sogar größer ist als der Durchmesser des Gefäßes in Höhe des Henkelansatzes.

Die Beispiele Nr. 49 und Nr. 59 lassen erkennen, daß in der Formgebung der Gefäße eine größere Variationsbreite möglich ist, als dies die verwandte Gruppe Ib überliefert.

Die Fundsituation belegt, daß sich die monochromen Skyphoi mit innen am Rand ausgesparter Linie zu einer Fundgruppe zusammenschließen, die eindeutig zum jüngsten späthelladischen Horizont (Ho J) gehört und damit datiert ist.

Diese Vasen sind mit anderen Skyphoi-Typen verwandt und deshalb innerhalb der allgemeinen Entwicklung der späthelladischen Keramik nicht isoliert zu betrachten. Dies zeigen zum einen die monochromen Skyphoi (s. o. Gruppe Ib) und zum anderen Skyphoi mit linearem Dekor, deren monochrome Innenseiten die ausgesparte Umlauflinie tragen (z. B. Ia Nr. 19).

Die Kombination monochromer Bemalung mit der genannten Aussparung am Rand ist, wie durch die Stratigraphie eindeutig belegt, erst in der Zeit der jüngsten späthelladischen Siedlung auf der Unterburg entwickelt worden. Damit ist eine Fundgruppe gesichert, die eine jüngere Stilstufe der SH III C 1-Phase exemplarisch vertritt[93].

---

[93] Aus Euböa: Sackett u. a., BSA 61, 1966, 101 Abb. 26,26 (aus Oreoi), 27 (aus Levkandi), 31 (aus Psachna); zur Datierung in die Phase SH III C siehe ebd. 104f.; aus Levkandi Phase 3: Popham, Milburn (1971) 2,339 Abb. 4,3 f.; aus Tiryns bisher: Jantzen u. a., AA 1969, 7 Abb. 10; Tiryns V 33 Abb. 5,47 Taf. 30,1 Nr. 9, ebd. 35 wird dieses Stück als typisch für die 3. Phase in Mykene bezeichnet; s. a. Tiryns V 66 f. Nr. 14. Nr. 22 Taf. 35.36.39. Eine allgemeine Ähnlichkeit der SH III C 1-Keramik, die sich nicht nur auf eine Fundgruppe bezieht und die von Tiryns bis Levkandi reicht, bemerkt auch Schachermeyr, AnzAW 25 Heft 3, 1972, 145.

Gruppe Id

64 *Taf. 33.63,2* Skyphos, Wandung mit Fuß und Henkel, 14 anpassende Scherben. Ton: beige, hart; Firnis: schwarz-braun. Innen monochrom, außen ein umlaufender Doppelstreifen, in der Henkelzone ein horizontales Wellenband, Fuß monochrom. Erhaltene H 9,5 cm; max. Dm 12,5 cm; Fdm 4,1 cm. SH III C 1

65 *Taf. 63,2* Skyphos, Rand mit Wandung. Ton: hellbeige, hart; Firnis: rot bis dunkelbraun. Innen ein umlaufender Streifen und ein umlaufender Randstreifen mit teilweise über den Rand nach außen gezogenem Firnis; außen Rest eines horizontalen Wellenbandes. SH III C 1

66 *Taf. 63,2* Skyphos, Wandung. Ton: hellbeige, sehr hart, glatte Oberfläche; Firnis: dunkelbraun, metallisch glänzend. Innen monochrom, außen ein umlaufender Doppelstreifen, darüber Rest eines horizontalen Wellenbandes SH III C 1

67 *Taf. 63,2* Skyphos, Rand mit Wandung, 4 anpassende Scherben. Ton: hellbeige, hart; Firnis: dunkelbraun, z. T. etwas streifig. Innen monochrom, außen ein horizontales Wellenband zwischen einem umlaufenden Streifen und einem umlaufenden Randstreifen. SH III C 1

68 *Taf. 33.63,2* Skyphos, Rand mit Wandung, 2 Fragmente aus 6 Scherben. Ton: rötlich, hart, glatte Oberfläche; Firnis: rot. Innen monochrom, außen ein breiter umlaufender Randstreifen, darunter Rest eines horizontalen Wellenbandes. Erhaltene H 9,9 cm; Mdm 21,6 cm. SH III C 1

69 *Taf. 63,2* Skyphos, Rand mit Wandung. Ton: hellbraun, leicht grünlich mit Einsprengseln, hart; Firnis: dunkelbraun. Innen monochrom, außen ein breiter umlaufender Randstreifen, darunter Rest eines horizontalen Wellenbandes. Erhaltene H 8,4 cm; Mdm 27,3 cm. SH III C 1

70 *Taf. 63,2* Skyphos, Rand mit Wandung. Sekundär verbrannt. Innen und außen ein umlaufender Randstreifen, außen Rest eines horizontalen Wellenbandes. SH III C 1

71 *Taf. 63,2* Skyphos, Rand mit Wandung. Ton: rötlich mit hellem Überzug außen; Firnis: braun bis rot. Innen monochrom, außen ein umlaufender Randstreifen, darunter Rest eines horizontalen Wellenbandes. SH III C 1

72 *Taf. 63,1* Skyphos, Rand mit Wandung, 2 anpassende Scherben. Ton: rötlich mit beigem Überzug außen, hart; Firnis: rot bis rotbraun, z. T. streifig und verrieben. Innen monochrom, außen ein umlaufender Randstreifen, darunter Rest eines horizontalen Wellenbandes. SH III C 1

73 *Taf. 63,2* Skyphos, Wandung. Ton: beige, nicht sehr hart; Firnis rot bis orange, glänzend. Innen 3 umlaufende Streifen, außen ein umlaufender Doppelstreifen und Rest eines derben horizontalen Wellenbandes. SH III C 1

74 *Taf. 63,2* Skyphos, Wandung. Ton: hell, ziemlich hart; Firnis: innen weinrot, außen schwarzbraun. Innen monochrom, außen Rest eines umlaufenden Streifens, darunter ein horizontales Wellenband. SH III C 1

Bis auf Nr. 74 aus dem Grenzbereich zwischen Ho J und Ho K wurden alle Skyphoi mit Wellenbanddekor in Ho J geborgen. Kennzeichnend für die Skyphoi dieser Gruppe ist ein einfaches horizontal verlaufendes Wellenband, das außen die Zonen zwischen den beiden Henkeln schmückt. In der Regel begleiten ein mäßig breiter Streifen am Rand und ein umlaufender Doppelstreifen unter den Henkeln dieses Band. Mit Ausnahme der Fragmente Nr. 69 und Nr. 72 sind diese Skyphoi innen monochrom mit Firnis überzogen. Die Farbskala des z. T. dünn aufgetragenen Firnis reicht von metallisch schwarz bis braun und rot. Bisweilen ist die Farbe verrieben.

Mehrfach ist die Oberfläche der Scherben grünlich. Kein Fragment zeigt die für SH III B-Keramik typische cremefarbene, relativ glatte und bisweilen glänzende Oberfläche.

Wie für Skyphoi der Gruppen Ib und Ic sind auch für die Skyphoi mit Wellenbändern das steil ansteigende Profil mit kräftiger, den Rand betonender Einziehung (Nr. 64, Nr. 68 und Nr. 69) und der kleine und hohe Fuß typisch.

Die Stratigraphie belegt, daß eine weitere mit der Gruppe Ic zeitgleiche Fundgruppe vorliegt. Die Skyphoi mit Wellenbändern sind deshalb gleichfalls für die jüngere Stilstufe in SH III C 1 exemplarisch[94].

Darüber hinaus liegt die Annahme nahe, daß sie als Vorläufer der Skyphoi mit übereinandergestaffelten oder ein ausgespartes Bildfeld schmückenden Wellenbandmotive gelten können.

Gruppe II

75 *Taf. 64,1* Krater, Wandung, 2 anpassende Scherben. Sekundär verbrannt. Außen ein hängendes Spiralmotiv und Bogenlinien. SH III A 2/B 1

76 *Taf. 64,1* Krater, Rand mit Wandung, 2 anpassende Scherben. Ton: beige, ziemlich hart, glatte Oberfläche; Firnis: rot, etwas glänzend. Randoberfläche bemalt, außen unter dem Randstreifen ein umlaufender Streifen, darunter eine Triglyphe mit Flechtbandfüllung, rechts hiervon Rest eines antithetischen Halbkreismotivs (?). SH III B 1

77 *Taf. 64,1* Krater, Wandung, 4 Fragmente aus 9 Scherben. Ton: rötlich bis beige, sehr hart; Firnis: braun bis rot, stumpf, innen z. T. streifig. Innen monochrom, außen Rest eines umlaufenden Streifens, sowie eines antithetischen Spiralsystems mit Mitteltriglyphe und eng eingerollter Spirale. SH III C 1

78 *Taf. 64,1* Krater, Rand mit Wandung. Sekundär verbrannt. Soweit erhalten innen und außen monochrom, außen ein farblich abgesetzter Randstreifen durch dünner aufgetragenen Firnis. SH III C 1

79 *Taf. 64,1* Krater, Wandung. Sekundär verbrannt. Innen monochrom, außen 2 vertikale Linienbündel, zwischen diesen übereinander gestaffelte Winkelmotive. SH III C 1

80 *Taf. 64,1* Krater, Rand mit Wandung. Ton: rötlich mit Einsprengseln, ziemlich hart; Firnis: braunschwarz, stumpf. Randoberfläche bemalt, außen ein umlaufender Randstreifen, darunter Rest einer Schlaufe oder eines Wellenbandes. SH III C 1

81 *Taf. 64,1* Krater, Rand. Ton: beige, nicht sehr hart; Firnis: braun-grau, verrieben. Innen monochrom, außen Rest eines Schachbrett-Musters. SH III C 1

82 *Taf. 33.64,1* Krater, Rand mit Wandung. Ton: grünlich, hart; Firnis: braun, sehr stark verrieben. Innen am Rand ein umlaufender Doppelstreifen, außen ein umlaufender Randstreifen, darunter Schlaufenreste. Erhaltene H 7,4 cm; Mdm 30,0. SH III C 1

83 *Taf. 33.64,1* Krater, Rand mit Wandung, 2 anpassende Scherben. Ton: hell mit Einsprengseln, reduzierter Brand, hart; Firnis: braun bis schwarz. Innen ein umlaufender Randstreifen und ein weiterer umlaufender Streifen, Bema-

---

94 Das Wellenband als Dekor offener Gefäße scheint bereits für die Phasen SH III A 2 und SH III B 1 gesichert zu sein, s. E. French, BSA 60, 1965, 171,177; allerdings ist dann anzunehmen, daß einige dieser Gefäße schon zu jener Zeit innen monochrom bemalt waren (a. O. 169); vgl. auch die Doppelbänder aus Troja, Troy III 2 Abb. 413,12 f., und aus Pylos, Pylos I Abb. 387,596. Neuerdings ist der Wellenbanddekor in Tiryns VI 184 angesprochen worden. Zutreffend sind die dort vorgebrachten Bemerkungen, a. O. Anm. 118, zu einer Scherbe aus Tiryns mit solchem Dekor; zu Beispielen aus Iria siehe Tiryns VI 183 Abb. 16 Taf. 63,3 ff.; 70,1. Die Beliebtheit des Wellenbandes als Dekor offener und geschlossener Gefäße in der SH III C 1-Phase belegen zahlreiche Beispiele: Delt 21, 1966, Chron Taf. 97; Sackett u. a., BSA 61, 1966, 101 Abb. 26,38; Popham, Milburn (1971) 341 Abb. 5,7; Spyropoulos, AAA 2, 1969, 23 Abb. 7; Boysal a. O. Taf. 20,3; Dimakopoulou, Delt 23, 1968 Taf. 80,d; Cadogan, BSA 62, 1967, 262 Abb. 3,6.12 Taf. 48.50; vgl. auch Tiryns V 33 Abb. 5,46 Taf. 30,1 (unten links).

lung auf dem breit ausladenden Rand, außen 3 umlaufende Streifen und Rest eines antithetischen Spiralsystems (?). Erhaltene H 6,4 cm; Mdm 40,0 cm. SH III C 1

84 *Taf. 64,1* Krater, Rand mit rechtwinklig ausladender Lippe und Wandung. Ton: ähnlich Oktopodenkannen; Firnis: braun, stumpf. Innen ein breiter umlaufender Randstreifen, außen Rest eines antithetischen Spiralsystems mit Resten des Randdekors der Mitteltriglyphe. SH III C 1

85 *Taf. 64,1* Kleiner Krater, Rand mit Wandung. Ton: beige, ziemlich hart; Firnis: braun bis schwarz. Innen schwarz monochrom mit aufgesetzter brauner umlaufender Linie, außen ein umlaufender Randstreifen, darunter Rest einer Triglyphe. SH III C 1

86 *Taf. 64,1* Krater, Wandung. Ton: beige, hart; Firnis: braun bis dunkelbraun, stumpf, z. T. stark verrieben. Innen monochrom, außen ein ungedeuteter Ornamentrest. SH III C 1

87 *Taf. 64,1* Krater, Rand mit Wandung. Ton: hellbraun; Firnis: braun. Außen unter einem stark ausladenden Rand ein kräftiges, umlaufendes Kerbschnittband. SH III C 1/C 2

88 *Taf. 64,1* Krater, Wandung mit Fußansatz. Ton: hell mit Einsprengseln, reduzierter Brand, hart; Firnis: braun bis schwarz, z. T. sehr stark verrieben (innen). Innen monochrom, außen am Fußansatz ein breiter, darüber 3 schmale umlaufende Streifen. Protogeometrisch (?)

Scherben und Fragmente von fünf Krateren kommen aus Ho G (Nr. 75–Nr. 79), zwei Scherben gehören zum Ho H (Nr. 80, Nr. 81), fünf zu Ho J (Nr. 82–Nr. 86), eine zum Grenzbereich zwischen Ho J und Ho K (Nr. 87) und eine zu Ho K (Nr. 88).

Repräsentativ für die älteren Funde aus Ho G sind die Fragmente Nr. 75 und Nr. 76. Nr. 75 weist mit seinem Dekor noch auf den Übergang SH III A 2 zu SH III B 1 hin[95]; Nr. 76 zeigt bereits die Frühstufe von SH III B an. Zwar ist der kräftig ausladende und weich ausgeformte Rand kaum von Beispielen des 14. Jahrhunderts v. Chr. zu unterscheiden, jedoch ist die Triglyphe mit den schwungvoll gemalten Linien des Flechtbandes eindeutig in die erste Hälfte des 13. Jahrhunderts v. Chr. zu datieren[96]. Von besonderem Interesse ist Krater Nr. 77: Das antithetische Spiralsystem ist seit der SH III B-Zeit bekannt. Neu hingegen ist die Reduzierung von mehrfachen auf nur noch einen umlaufenden Streifen unter dem Dekorfeld. Auch die ungewöhnlich dicht eingerollte und etwas flüchtig gemalte Spirale weist auf eine jüngere Entstehungszeit hin. Hierin werden die Vorstufen zu zwei gegensätzlichen Stilrichtungen deutlich. Beide bestimmen unabhängig voneinander den Dekor auf SH III C 1-Vasen: Die eine führt zu stark vereinfachten Formen (z. B. Skyphoi der Gruppe Id), die andere zu dichtem Flächendekor des Close Style. Auch die rauhe und matte Oberfläche seiner hart gebrannten Scherben datiert den Krater Nr. 77 in die Frühstufe von SH III C 1[97].

Der ungewöhnliche Dekor auf Nr. 78, den Rand heller zu halten, obgleich die Scherbe beidseitig monochrom mit Firnis überzogen ist, deutet ebenfalls auf neue Versuche der Töpfer hin.

[95] FM 61 A, 28; Tiryns VI 245 Taf. 89,1; E. French, BSA 60, 1965, 166 Abb. 3,5/506.

[96] FM 48,12; Zygouries 140 Abb. 131 (2. Reihe links); E. French, BSA 61, 1966, 224 Abb. 5,1 f.

[97] Beispiele für konventionellen Dekor auf eindeutig in die SH III C 1-Phase zu datierenden Gefäßen, die innen monochrom ausgemalt sind, überliefern: Tiryns VI Taf. 63,5 (B 7); Popham, Milburn (1971) 338 Abb. 3,4 Taf. 50,4; in der Technik entsprechen die Fragmente des Kraters Nr. 77 (s. o.) der in Tiryns VI 182 Anm. 118 erwähnten Scherbe.

Eine Kombination aus Triglyphen und Winkelornamenten (Nr. 79) ist für Kratere der SH III B-Phasen ungewöhnlich[98]. Deshalb bilden Nr. 78 und Nr. 79 zusammen mit Krater Nr. 77 eine Gruppe, die hier die älteste Stilstufe der SH III C 1-Phase vertreten.

Die kleinen Kraterscherben Nr. 80 und Nr. 81 lassen eine genauere Datierung nicht zu, da ihr Dekor nicht mehr eindeutig zu bestimmen ist. Sowohl die dick aufgetragene Bogenlinie bei Nr. 80, als auch das etwas flüchtig gemalte Schachbrett-Motiv bei Nr. 81 schließen allerdings eine Datierung in die SH III B-Phasen aus. Es ist jedoch nicht mehr zu entscheiden, ob sie den Scherben Nr. 77–Nr. 79 zeitlich zuzuordnen oder jünger sind. Letzteres könnte ihre Fundlage in Ho H nahelegen.

Die Kraterfragmente Nr. 82–Nr. 86 aus Ho J bilden eine in sich geschlossene Gruppe. Der grünliche Ton von Nr. 82 und der weißliche Überzug bei Nr. 83 und Nr. 84 sind kennzeichnend für in der SH III C 1-Phase übliche Techniken[99]. Die Fragmente Nr. 83 und Nr. 84 zeigen, daß der Dekor stark variieren kann: Dreifach oder nur einfach begleiten Streifen den Rand; dicht aufeinander oder in weitem Abstand folgen Streifen auf der Innenseite. Die breiten Bogenlinien, die sich zu Schlaufen (Nr. 82) oder zu antithetischen Spiralen (Nr. 83) ergänzen lassen, haben keinen Bezug mehr zum linearen Dekor der SH III B-Phasen (Nr. 76)[100].

Auf Krater Nr. 84 ist ein antithetisches Spiralsystem aus haarfeinen Linien dargestellt. In der Übernahme dieses Dekorsystems zeigt sich ein konventioneller Zug; der Phase SH III C 1 entsprechen der rechtwinklig ausbiegende Rand und der gemagerte Ton[101].

Als Ausnahme kann Nr. 85 gelten. Die geringe Größe des Gefäßes entspricht eher einem Skyphos, die Form des Randes jedoch eindeutig einem Krater. Aufgrund der Technik könnte Nr. 85 älter sein als Nr. 84.

Nr. 87 trägt unter dem Rand ein Kerbschnittband, ein Motiv, das bei Kratern der jüngsten späthelladischen Zeit begegnet[102]. Nr. 87 ist deshalb jünger als die eindeutig dem Ho J zuzuordnende Gruppe der Kratere Nr. 82–Nr. 86.

Es ist nicht auszuschließen, daß das sicher jüngste Fragment Nr. 88 bereits nachmykenisch ist. Die drei umlaufenden, schmalen Streifen knapp über dem mit Firnis überzogenen Fuß sind jedoch ein zu allgemeiner Dekor, um eine solche Datierung zu sichern.

Deutlich läßt sich bei den Kateren durch die Fragmente Nr. 77 bis Nr. 79 die Frühphase und erste Stufe von SH III C 1 erkennen. Weniger klar sind durch die Kratere – wie auch bei den bisher besprochenen Gruppen – die Merkmale der Keramik zu formulieren, die in der Siedlungszeit von Ho H Verwendung fanden. Dagegen zeigen die Funde Nr. 82 bis

---

[98] Allerdings findet sich solcher Dekor häufiger auf Skyphoi, z. B. E. French, BSA 62, 1967, 167 Abb. 12,44.46; Wardle, BSA 64, 1969, 274 Abb. 6,47.

[99] Vgl. Popham, Milburn (1971) 344 Anm. 14, 348 Anm. 23, Anm. 25.

[100] Jantzen u. a. AA 1969, 7 Abb. 11 (aus Tiryns, Unterburg); Sackett u. a., BSA 61, 1966, 101 Abb. 26,44 (aus Levkandi); Popham, Milburn (1971) Taf. 57,1; Chourmouziadis, Delt 23, 1968, Chron Taf. 201,c (aus Hexalophos).

[101] Kratere mit rechtwinkelig abgesetzten Rändern werden auch in die SH III B 2-Phase datiert: E. French, BSA 64, 1969, 76 Abb. 3,6.11. Der Vergleich mit den dort abgebildeten Profilen Nr. 7–9 zeigt jedoch, daß eine andere Form vorliegt. Auch der Dekor zeigt, daß Nr. 6 und Nr. 11 gemeinsam mit der in der Perseiagruppe aus Mykene veröffentlichten medium band deep bowl (E. French a. O. 85 Abb. 11,3) der SH III C 1-Phase zugeordnet werden.

[102] Popham, Milburn (1971) Taf. 54,6; Tiryns V Taf. 18,5 (unten links); Hommel, IstMitt 9/10, 1959/60, Taf. 51,4; Broneer, Hesperia 8, 1939, 353 Abb. 27,a–f.

Nr. 86 eindeutig, daß sich in der Siedlungszeit von Ho J eine 3. Stufe ausbildet; die Vasen dieser Zeit repräsentieren den ausgeprägten, reifen Stil der Phase SH III C 1. Eine vierte Stufe innerhalb dieser Gruppe belegt nur Fragment Nr. 87. Es ist denkbar, daß Ho J die Zeitdauer der dritten und der vierten Stufe der SH III C 1-Phase umfaßt.

Gruppe III

89   *Taf. 64,2* Schale, Rand mit Ansatz eines horizontalen Henkels. Ton: heller, fast weißlicher Überzug; Firnis: braun, streifig. Innen und außen je ein umlaufender Randstreifen. SH III C 1

90   *Taf. 64,2* Knickwandschale, Wandung mit Ansatz des Fußes, 4 anpassende Scherben. Ton: reduzierter Brand, weißlicher Überzug; Firnis: rot. Außen mehrfach umlaufende Linien und Streifen. SH III C 1

91   *Taf. 64,2* Knickwandschale, Wandung, 4 anpassende Scherben. Ton: beige bis rötlich, weißlicher Überzug; Firnis: rot bis rotbraun. Innen unmittelbar unter dem Rand ein umlaufender Streifen, außen ein umlaufender Doppelstreifen. SH III C 1

92   *Taf. 64,2* Knickwandschale, Wandung, 4 anpassende Scherben. Ton: hellbeige, reduzierter Brand, weißlicher Überzug; Firnis: gelb bis braun, dünn aufgetragen, streifig. Innen ein umlaufender Doppelstreifen und kleiner Rest eines Bodenkreises (?), außen und auf dem Rand je ein umlaufender Streifen. SH III C 1

93   *Taf. 34.64,2* Knickwandschale, Wandung mit Henkelansatz, 3 Scherben, davon 2 anpassend. Ton: rötlich, ziemlich hart, weißlicher Überzug; Firnis: rot. Innen 2 umlaufende schmale Streifen, außen unter dem Henkelansatz ein umlaufender Doppelstreifen. Erhaltene H 5,3 cm; Mdm 13,6 cm. SH III C 1

94   *Taf. 64,2* Schale (Skyphos?), Wandung, 2 anpassende Scherben. Ton: hellbraun, reduzierter Brand, weißlicher Überzug; Firnis: rot bis rotbraun. Innen monochrom, außen ein umlaufender Streifen. SH III C 1

95   *Taf. 64,2* Knickwandschale, Rand mit Wandung und Henkelansatz. Ton: beige bis rötlich, weißlicher Überzug; Firnis: rotbraun bis schwarz. Rand bemalt, innen ein umlaufender Streifen unter dem Rand sowie ein umlaufender Doppelstreifen in der Knickzone. SH III C 1

96.97 *Taf. 64,2* Knickwandschalen, Ränder mit Wandung. Ton: hellbraun, mit Einsprengseln, weißlicher Überzug; Firnis: rot. Innen schmale umlaufende Streifen. SH III C 1

98   *Taf. 64,2* Knickwandschale, Rand mit Wandung und Henkel, 2 anpassende Scherben. Ton: hellbraun, etwas rötlich, weißlicher Überzug; Firnis: rot bis rotbraun, stumpf, z. T. verrieben. Innen ein umlaufender Randstreifen sowie 2 umlaufende Linien unterhalb des Knickes, außen Reste von Bemalung am Henkel. SH III C 1

99   *Taf. 64,2* Knickwandschale, Wandung, 5 Scherben, davon 4 anpassend. Ton: hart, weißlicher Überzug; Firnis: rot, stumpf. Innen unter dem Rand ein umlaufender Streifen sowie eine umlaufende Doppellinie in der Knickzone. SH III C 1

100 *Taf. 64,2* Knickwandschale, Wandung, nicht auf der Töpferscheibe geformt. Ton: beige, hart, weißlicher Überzug; Firnis: braun und rot, stumpf. Innen Reste von 4 ungleichmäßig breiten umlaufenden Streifen, außen Rest eines Wellenbandes und eines umlaufenden Streifens unterhalb des Knicks. SH III C 1

101 *Taf. 64,2* Knickwandschale, Rand mit Wandung und Henkelansatz, 2 anpassende Scherben. Ton: rötlich, nicht sehr hart, weißlicher Überzug; Firnis: rot, z. T. dünn aufgetragen, stumpf. Innen ein umlaufender Randstreifen, sowie 3 ungleich breite, umlaufende Streifen. SH III C 1

102 *Taf. 64,2* Knickwandschale, Rand mit Wandung. Ton: cremefarben, glatte Oberfläche; Firnis: braun, z. T. glänzend. Rand bemalt, innen ein umlaufender Streifen, außen ein umlaufender Streifen in der Knickzone. SH III C 1

103 *Taf. 64,2* Knickwandschale, Rand mit Wandung. Ton: hellrot, weißlicher Überzug; Firnis: rot, stumpf. Rand bemalt, außen ein umlaufender Streifen in der Knickzone. SH III C 1

104 *Taf. 34.64,2* Schale, Rand mit Wandung, 4 anpassende Scherben. Ton: hellbraun, weißlicher Überzug; Firnis: braun bis rot. Innen ein umlaufender Randstreifen mit z. T. nach außen über den Rand gezogenem Firnis und 2 weitere umlaufende Streifen, auf dem Boden konzentrische Kreise, außen ein umlaufender Streifen. Erhaltene H 6,9 cm; Mdm 11,9 cm. SH III C 1 (noch SH III B?)

105 *Taf. 64,2* Schale, Rand mit Wandung, 2 anpassende Scherben. Ton: hellrot, hart, weißlicher Überzug; Firnis: rot. Auf dem Rand dichte Folge von Strichen. SH III C 1 (noch SH III B?)

106 *Taf. 34.64,2* Knickwandschale, Fuß mit Wandung. Ton: rötlich, hart, weißlicher Überzug; Firnis: rot, stumpf. Innen auf dem Boden ein Medaillon, im Knick und darüber je ein umlaufender Streifen. Erhaltene H 6,0 cm; max. Dm 14,1 cm; Fdm 4,8 cm. SH III C 1

107 *Taf. 34.65,1* Knickwandschale, hoher Fuß mit Wandung, 7 anpassende Scherben. Ton: rötlich, weich, weißlicher Überzug; Firnis: rot, stumpf. Innen auf dem Boden ein breiter Medaillonkreis, darüber 2 umlaufende Streifen. Erhaltene H 6,8 cm; max. Dm 14,3 cm; Fdm 4,9 cm. SH III C 1

Die ältesten Schalen gehören zum Ho G (Nr. 89–Nr. 90). Einige Beispiele stammen aus Ho H (Nr. 91–Nr. 93) und dessen Grenzbereich zum Ho J (Nr. 94–Nr. 95). Die meisten Schalenfragmente wurden aus Ho J geborgen (Nr. 96–Nr. 103, Nr. 105–Nr. 107). Ein Fragment kam im Grenzbereich zwischen Ho J und Ho K zutage (Nr. 104).

Soweit dies der Erhaltungszustand erkennen läßt, überwiegt der Typus mit Knickwandung und Horizontalhenkeln am Rand[103]. Lediglich Nr. 89, Nr. 94, Nr. 104 und Nr. 105 können nicht als Knickwandschalen bezeichnet werden.

Typisch für alle Schalen ist ein weißlicher Schlicker, von dem sich die Bemalung meist rot bis rotbraun abhebt. Der auffallend helle, stumpfe Überzug datiert diese Schalen in die Phase SH III C 1. Da ein vergleichbarer Überzug auch bei Gefäßen anderer Typen jener Zeit vorkommt, ist zu erwarten, daß dieser Schlicker allgemein die Keramik der Phase SH III C 1 aus Tiryns kennzeichnet[104]. Mit Ausnahme von Nr. 105 tragen diese Schalen umlaufenden Streifendekor, der sowohl beide Seiten als auch nur eine Seite der Schalen schmücken kann.

Nr. 89 und Nr. 105 sind Sonderformen und eher als Miniaturschüsseln zu bezeichnen. Der kräftige Randstreifen von Nr. 89 legt dies ebenso nahe, wie der Dekor auf dem Rand von Nr. 105. Auch Nr. 94 ist eine Ausnahme; Firnis und weißlicher Überzug verbinden das Fragment zwar mit dieser Gruppe, jedoch schließt die monochrome Bemalung der Innenseite nicht aus, daß es zu einem anderen Gefäß-Typus (Skyphos?) gehört. Fragment Nr. 90 aus Ho G trägt einen für diese Gruppe ungewöhnlichen Dekor. Feine umlaufende Linien

---

[103] Ähnlich FS 295, FS 296; meist so niedrig wie FS 296, jedoch mit Knickwandung wie bei FS 295. Vergleichbare Profile überliefern unbemalte Schalen aus Mykene: E. French, BSA 62, 1967, 177 Abb. 18; Wardle, BSA 64, 1969, 284 Abb. 94 u. 287 Abb. 11,111 ff. Diese Schalen werden in die SH III B 1-Phase datiert. Auffallend ist, daß Schalen aus Mykene aus der SH III B 2-Phase zwar entsprechenden Dekor wie die hier vorgelegten älteren Beispiele aus Tiryns zeigen, jedoch nicht den bezeichnenden Knick in der Wandung aufweisen, s. z. B. E. French, BSA 64, 1969, 84 Abb. 10,5 ff. 9. Dagegen können bereits früher publizierte und in die Frühphase von SH III C 1 datierte Schalen (Tiryns V 33 Abb. 5,42 f. Taf. 29,2 Nr. 6 f.) aus Tiryns unserem Typus entsprechen. – Unseren späteren Schalen entspricht ein Beispiel aus Mykene: E. French, AA 1969, 134 Abb. 11; vgl. auch Enkomi II Taf. 299,2 (72), eine Schale, die P. Dikaios a. O. 918 in die Spätzeit von SH III B datiert.

[104] Weißlicher Schlicker, der nach dem Brand oft matt bleibt, kommt bereits auf Vasen aus der Übergangszeit von SH III A 2 nach SH III B vor (Tiryns VI 245 Taf. 89,1).

begegnen zwar schon auf Skyphoi der SH III B-Phasen (sie schmücken dort höher liegende Zonen des Gefäßkörpers), jedoch datiert der weißliche Schlicker das Fragment Nr. 90 in die Phase SH III C 1 [105].

Die Schalen aus Ho H (Nr. 91–Nr. 93) sind auf beiden Seiten dekoriert. Die vergleichsweise reiche Bemalung kommt auf sicher stratifizierten Schalen der jüngeren Horizonte nicht vor und kann deshalb als Stilkriterium gelten. Beidseitiger Dekor begegnet innerhalb dieser Gruppe sonst nur noch bei den Fragmenten Nr. 100 und Nr. 104. Da Nr. 100 nicht auf der Töpferscheibe geformt ist und auf seiner Außenseite Reste eines Wellenbandes trägt, ist das Fragment als Sonderform zu bezeichnen, die keiner der hier vorgelegten Gruppierungen eindeutig zugeordnet werden kann. Nr. 104 aus dem Grenzbereich zwischen Ho J und Ho K ist nach Technik, Form und Dekor sicher älter als dies aus seiner Fundlage zu schließen wäre. Das geschwungene Profil mit der geringen Einziehung unter dem Rand erinnert unmittelbar an Skyphoi-Profile der SH III B-Phasen. Nr. 104 ist deshalb als Streufund zu bezeichnen [106].

Die Schalen aus Ho H sind auf beiden Seiten bemalt. Alle Schalen aus dem Grenzbereich zwischen Ho H und Ho J, sowie die meisten aus Ho J sind dagegen nur noch auf einer Seite, meist innen dekoriert, eine Veränderung, die einen Stilwandel belegt.

Darüber hinaus überliefern einige Schalen aus Ho J einen weiteren Stilwandel. Dies zeigen vor allem die Fragmente Nr. 106 und Nr. 107. Die Schale Nr. 107 unterscheidet sich von älteren Beispielen insbesondere durch das weich ausladende Profil, die ungleichmäßig starke Wandung und durch die hohe Form des Gefäßes. Auffallend ist auch der dick und breit aufgetragene Streifendekor. Die Scherben aus grobem Ton sind schwach gebrannt und haben deshalb eine weiche, mehlige Oberfläche. Demgegenüber ist Nr. 106 härter gebrannt. Der geradlinig und schematisch vom Fuß bis zum Knick hochgezogene Kontur belegt gegenüber älteren Knickwandschalen eine Verhärtung der Form. Beide Fragmente besitzen einen auffallend kleinen und hohen Fuß, hinzu kommt bei Nr. 106 ein außen profilierter Standring [107].

Die hier vorgelegten Schalenfragmente sind in besonderem Maße geeignet, mehrere Stilstufen innerhalb der Phase SH III C 1 zu beschreiben: Stufe 1 ist durch Nr. 90 vertreten, Stufe 2 durch die Fragmente Nr. 91–Nr. 93, Stufe 3 durch Nr. 95–Nr. 99, Nr. 101–Nr. 103 und Stufe 4 durch Nr. 106 u. Nr. 107.

In der Stufe 1 ist die reichere Bemalung der Stufe 2 noch nicht erreicht; außerdem werden noch konventionelle Dekorelemente aus den SH III B-Phasen verwendet. Auch bei anderen Gefäßgruppen konnten entsprechende Stilkriterien beobachtet werden, die offensichtlich die Ware der Frühzeit von SH III C 1 kennzeichnen. Die Beispiele der Stufe 2 vertreten erstmals den ausgeprägten Stil der Phase SH III C 1. Stufe 3 überliefert die konventionell gewordene Gefäßform und Dekoration, Stufe 4 führt darüber hinaus zu einer allmählichen Verarmung und Verhärtung der Formen, die den Übergang zum Submykenischen bereits andeuten.

---

[105] z. B. E. French, BSA 62, 1967, 181 Abb. 20,107f.; dies., BSA 64, 1969, 80 Abb. 5,18f.; Wardle, BSA 64, 1969, 274 Abb. 6,44.48f.

[106] Zur Form vgl. E. French, BSA 64, 1969, 86 Abb. 12,3; zum Dekor vgl. ebd. 84 Abb. 10,9 (beide Beispiele werden in die SH III B2-Phase datiert).

[107] Stilistisch nahe steht die Granary-Schale (Wace, BSA 25, 1921/23,33 Abb. 9) mit ihrem kleinen, jedoch hohen Fuß. – Vergleichbar derben Innendekor zeigen z. B. Enkomi IIIa Taf. 87,51 (1918.1); 105, 7 (252).

Gruppe IV

108 *Taf. 65,1* Schüssel, Rand mit Henkel. Sekundär verbrannt. Innen (soweit erhalten) monochrom, außen ein über den Henkel gezogener umlaufender Randstreifen. SH III B 2/SH III C 1

109 *Taf. 65,1* Schüssel, Rand. Ton: beige bis hellgrau, nicht sehr hart; Firnis: rot, stumpf. Innen und außen monochrom. SH III B 2/SH III C 1

110 *Taf. 65,1* Schüssel, Wandung, 2 anpassende Scherben. Ton: hell, ziemlich hart; Firnis: schwarz, stark verrieben. Innen monochrom, außen 2 umlaufende Streifen. SH III B 2/SH III C 1

111 *Taf. 65,1* Schüssel, Rand mit Wandung. Ton: hellbeige mit Einsprengseln, nicht sehr hart; Firnis: braun bis schwarz. Innen monochrom. SH III C 1

112 *Taf. 34.65,1* Schüssel, Rand mit Wandung und Henkel, 2 Fragmente aus 8 Scherben (nur 1 Fragment abgebildet). Ton: hellbeige, hart; Firnis: rot bis rotbraun, dick aufgetragen. Innen monochrom mit nach außen über den Rand und Henkel gezogenem Firnis, außen unter der Henkelzone drei umlaufende Streifen. Erhaltene H 12,5 cm; Mdm 40,5 cm. SH III C 1

Von den 5 Fragmenten und Scherben kommen 2 aus Ho H (Nr. 108–Nr. 109), die übrigen aus Ho J (Nr. 110–Nr. 112). Auffallend ist die geringe Anzahl von Schüsselfragmenten. Alle sind innen monochrom. Bei Nr. 108, Nr. 111 und Nr. 112 ist der Firnis nach außen über den Rand und – soweit erhalten – auch über die randparallelen Henkel gezogen. Nr. 110 und Nr. 112 tragen außen umlaufenden Streifendekor. Bei Nr. 110 sind die Streifen ungewöhnlich breit; Nr. 109 ist auch außen monochrom bemalt[108]. Bezogen auf diese kleine und deshalb kaum für späthelladische Schüsseln repräsentative Gruppe geben vor allem die Randprofile Datierungshinweise. Die abgerundeten Randprofile von Nr. 108 und Nr. 109 entsprechen noch einer Gefäßform, die in den SH III B-Phasen geläufig ist[109]. Dies schließt nicht aus, daß beide Schüsseln erst in der Zeit des Ho H entstanden. Die Fragmente Nr. 111 und Nr. 112 aus Ho J haben scharf abgesetzte Randprofile[110]. Das Fragment der Schüssel Nr. 112 lag zusammen mit anderen Scherben dieses Gefäßes umgeben von Resten herabgefallenen Wandputzes und Lehmziegeln auf dem Boden im Raum 1 des Westhauses. Qualität und Dekorweise dieser Schüssel sind vorzüglich. Die jüngsten Gefäße anderer Keramikgruppen des gleichen Fundkomplexes (z. B. Nr. 106 und Nr. 107) sind wesentlich gröber gearbeitet, so daß eine Gleichzeitigkeit jener Vasen mit Schüssel Nr. 112 unwahrscheinlich ist. Deshalb ist anzunehmen, daß diese Schüssel zur älteren der beiden gesicherten, jedoch stratigraphisch nicht faßbaren Nutzungsphasen des Westhauses gehört.

Gruppe V

113 *Taf. 65,2* Tasse oder Kylix, Rand mit Wandung. Ton: beige bis cremefarben, weich; Firnis: rot, wenig glänzend. Außen ein umlaufender Randstreifen und eine Spirale. SH III A 2/B 1

114 *Taf. 65,2* Kylix (?), Rand mit Wandung. Ton: cremefarben, weich; Firnis: rot, wenig glänzend. Rand bemalt, außen unter dem Rand Rest eines hängenden Muschelmotivs. SH III B 1

---

[108] Bei Nr. 108 und Nr. 111 ist auf den nicht mehr erhaltenen tieferliegenden Zonen der Außenseiten umlaufender Streifendekor denkbar. Monochrome Schüsseln sind selten, ein unpubliziertes Beispiel aus Tiryns ist erhalten.

[109] z. B. Hommel, IstMitt 9/10, 1959/60, Taf. 42,2 (aus Milet); Troy III 2 Abb. 416,39; Popham, Milburn (1971) 337 Abb. 2,1; Caskey, Hesperia 41, 1972, 357ff. Taf. 98, M 6 und M 7 (aus Kea); ähnlich aus Pylos I Abb. 349,211.

[110] Hierin ist eine Tendenz der Formentwicklung zu sehen, wie sie bei den Krateren gleichfalls zu jener Zeit eingesetzt haben kann; vgl. Anm. 100.

115 *Taf. 65,2* Tasse (?), Rand mit Wandung. Ton: beige, nicht sehr hart, glatte Oberfläche; Firnis: rot, wenig glänzend. Außen ein umlaufender Randstreifen, darunter Rest eines antithetischen Spiralsystems. SH III B 1

116 *Taf. 34.65,2* Becher, Rand mit Wandung und Boden, 6 z.T. anpassende Scherben. Ton: beige, Firnis: dunkelbraun. Außen Bemalung am Rand, darunter ein doppelstöckiges Bogensystem zwischen umlaufenden Streifen; die Bögen bestehen aus je 3 parallelen Linien; zwischen den Bögen Füllornamente; knapp über dem Boden ein umlaufender Streifen. Erhaltene H 14,6cm; Mdm 17,2cm. SH III B 2

117 *Taf. 65,2* Großer Becher oder Humpen, Rand mit Wandung, 9 z.T. anpassende Scherben (nur 7 Scherben abgebildet). Ton: rötlich, hart, reduzierter Brand; Firnis: rot, wenig glänzend. Außen über 4 umlaufenden Streifen Reste eines Frieses aus Stengelspiralen. SH III C 1

118 *Taf. 34.65,2* Kylix, Rand mit Wandung und Henkel, 2 Fragmente aus 19 Scherben. Ton: beige, weich mit weißlichem Überzug; unbemalt. Erhaltene H 9,7cm; Mdm 16,3cm. SH III B 2/SH III C 1

119 *Taf. 65,2* Tasse (?), Rand mit Wandung, 2 anpassende Scherben, Ton: hellbeige, nicht sehr hart; unbemalt. SH III B (?)

120 *Taf. 34.65,2* Tasse, ohne Bruch vollständig erhalten. Ton: beige; unbemalt. Max. H 6,6cm; H des Gefäßes 4,8cm; Mdm 9,0cm; Fdm 3,3cm. Noch SH III B?

Die 8 katalogisierten Gefäße kommen aus allen 4 Horizonten. Die kleinen Randfragmente Nr. 113–Nr. 115 aus Ho G sind aufgrund ihres Spiral- und Muscheldekors, bzw. ihres antithetischen Spiralsystems in die Zeitspanne von SH III A 2 bis in die frühe Phase von SH III B zu datieren. Zusammen mit den Kraterfragmenten Nr. 75 und Nr. 76 bilden sie eine kleine Gruppe aus der Zeit des Baukomplexes 5[111]. Der Becher Nr. 116 aus Ho H ist ein sicher in die Spätphase von SH III B zu datierendes Gefäß[112]. Seine Scherben gehören zum Schutt des Hanghauses, ohne diesen zu datieren.

Das große Gefäß Nr. 117 aus Ho J zeigt einen seltenen Gefäßtypus. Aus dem stark gewölbten Gefäßkörper reicht die Dekorzone bis unmittelbar unter den Rand. Es handelt sich offensichtlich um ein Gefäß, das einem Amphoriskos verwandt ist, jedoch eine auffallend weite Mündung besitzt (Humpen?)[113]. Seine Datierung ist unsicher. Die dicht eingerollte Spirale legt die zeitliche Einordnung in die Phase SH III C 1 nahe.

Die unbemalte Kylix Nr. 118 wurde an der Oberkante der bereits wiederholt genannten Baugrube zwischen Bau 1 und Baukomplex 5 gefunden und gehört zu Ho G. Zwar ist derartige Ware zeitlich in der Regel noch nicht genauer zu bestimmen, jedoch gibt in diesem Falle der Kontext einen Datierungshinweis: Wie bereits bei verschiedenen Fundgruppen festgestellt, kennzeichnet ein weißlicher Überzug bereits die jüngsten Vasen aus Ho G. Da ein solcher Schlicker auch die Oberfläche der Kylix bildet, kann diese Vase bereits in der Phase SH III C 1 entstanden sein[114].

---

[111] Anm. 68 u. Anm. 97.

[112] Nr. 116 entspricht der Epich. II b-Stufe und ist aus stilistischen Gründen zwischen dem Krater (Tiryns VI Taf. 89,3.4) und dem Skyphos (ebd. Taf. 89,5) einzuordnen. Ein vergleichbarer Becher (E. French, BSA 60, 1965, 167 Abb. 4, 7/528) ist jedoch in die Phase SH III A 2 datiert worden.

[113] Vgl. Pylos I Abb. 375,460.521 (Pithoid Jars).

[114] Ähnlich FS 275; E. French, BSA 64, 1969, 86 Abb. 12,6; Wardle, BSA 64, 1969, 286 Abb. 10,104; Popham, Milburn (1971) 335 Abb. 1,2 (Levkandi Phase 1 b).

Die ohne Bruch erhaltene unbemalte Tasse Nr. 120 stammt aus einer klar erkennbaren, begrenzten Störung im Bereich von Ho H bis Ho K im Quadranten VI 2. Zu diesem nicht stratifizierten Gefäß sind aus der Grabung keine Vergleichsbeispiele vorhanden; am ehesten entspricht FS 240[115].

Fast jedes der hier genannten Gefäße vertritt einen eigenen Typus. Dieser Vielfalt an Typen steht hier die auffallend geringe Anzahl solcher Vasen gegenüber. Deshalb kann an ihnen weder eine Typologie, noch eine kontinuierliche Stilentwicklung aufgezeigt werden.

Gruppe VI

121   *Taf. 66,1* Geschlossenes Gefäß, Wandung. Ton: beige, leicht rötlich, weich, glatte Oberfläche; Firnis: rot, wenig glänzend. Außen Reste von 3 hängenden Wellenbändern. SH III A 1/2

122   *Taf. 60,1* Bügelkanne, Schulter mit Henkelansatz. Ton: cremefarben bis rötlich, weich; Firnis: braun, z. T. dünn aufgetragen. Reste eines Schulterkreises und der Henkelbemalung, auf dem Henkel eine eingeritzte Marke. SH III B

123   *Taf. 34.60,1* Kanne, Hals mit Vertikalhenkel und Schulter, 4 anpassende Scherben. Ton: hellbeige bis hellgrau, ziemlich hart; Firnis: grau bis schwarz, verrieben. Rand bemalt, am Übergang vom Hals zur Schulter ein umlaufender Streifen, auf dem Henkel ein vertikales Wellenband. Erhaltene H 12,2 cm. SH III B 2/SH III C 1

124   *Taf. 66,1* Kanne, Hals mit Henkelansatz. Ton: graugrün, nicht sehr hart; Firnis: braun, z. T. dünn aufgetragen. Rand bemalt, am Übergang vom Hals zur Schulter ein umlaufender Streifen. SH III B 2/SH III C 1

125   *Taf. 66,1* Krug, Kragen mit Lippe und Schulteransatz, 2 anpassende Scherben. Ton: hell rötlich mit hellem, fast weißlichem Überzug; Firnis: rotbraun, stumpf. Innen ein umlaufender Randstreifen, außen Bemalung am Kragen, auf der Schulter eine horizontale Linie. SH III C 1 (?)

126   *Taf. 66,1* Geschlossenes Gefäß, Wandung. Ton: rötlich, hart; Firnis: rotbraun bis braun. Außen Rest eines Kreises mit einbeschriebenem Kreuz. SH III C 1

127   *Taf. 66,1* Bügelkanne, Knauf mit Henkelansatz. Ton: gemagert, grob; Firnis: dunkelbraun. Auf dem Knauf ein Kreis, auf dem Henkel ein Wellenband, das bis zum Knaufkreis reicht. SH III B (?)

128   *Taf. 66,1* Kanne, Wandung. Ton: gemagert, grob; Firnis: rot. Außen Rest einer Schlaufe. SH III B (?)

129   *Taf. 66,1* Kanne, Wandung. Ton: gemagert, grob; Firnis: braun, streifig. Außen ein umlaufender Streifen. SH III B (?)

130   *Taf. 66,2* Kanne, Wandung. Ton: gemagert, grob; Firnis: braun, streifig. Außen 2 umlaufende Streifen. SH III B (?)

131   *Taf. 66,2* Geschlossenes Gefäß, Wandung. Ton: gemagert, grob; Firnis: braun, dünn aufgetragen. Außen 2 umlaufende Streifen. SH III B (?)

132   *Taf. 66,2* Geschlossenes Gefäß, Wandung mit Schulter und Henkelansatz. Ton: beige; Firnis: braun bis schwarz. Außen Reste von umlaufendem Streifendekor, darüber am Henkelansatz und an der Schulter Bemalungsreste. SH III C 1

133   *Taf. 66,2* Kanne, Schulter mit Halsansatz. Ton: beige, leicht rötlich mit hellem Überzug, nicht sehr hart; Firnis: braun. Außen am Halsansatz ein umlaufender Streifen, auf der Schulter ein horizontales Wellenband. SH III C 1

---

[115] Die Tasse ist in typisch späthelladischer Technik hergestellt, ihre Form entspricht – abgesehen von dem kleineren und etwas höheren Fuß – weitgehend einer Tasse aus Levkandi (Popham, Milburn (1971) 338 Abb. 3,6). Ebd. Anm. 8 wird diese Tasse der Phase 1a zugeordnet und als späthelladische Nachbildung einer importierten Form bezeichnet.

134 *Taf. 66,2* Kanne, Schulter mit Halsansatz, 6 anpassende Scherben. Ton: hellgrün bis hellgrau, reduzierter Brand, ziemlich hart; Firnis: braun bis schwarz, wenig glänzend. Außen am Halsansatz ein umlaufender Streifen, auf der Schulter 3 Lanzettblätter über drei umlaufenden Streifen. SH III C 1

135 *Taf. 35.66,2* Geschlossenes Gefäß, 3 Fragmente aus 16 Scherben. Sekundär verbrannt. Außen ein Spiralfries, dessen Spiralen durch Doppellinien verbunden sind. In den Zwickeln ein einfacher Winkel mit Punkt oder ein doppelter Winkel. Über dem Spiralfries 2, unter ihm 3 umlaufende Streifen unter der Henkelzone. Erhaltene H 15,9 cm; max. Dm 35,8 cm. SH III C 1

136 *Taf. 67,1* Geschlossenes Gefäß, Wandung, 2 anpassende Scherben. Ton: beige bis hellgrün, nicht sehr hart; Firnis: braun bis schwarz, stumpf. Außen Rest eines umlaufenden Streifens, darüber Rest eines Kreises mit Zickzackfüllung und Rest einer schräg nach links ansteigenden Linie. SH III C 1

137 *Taf. 67,1* Bügelkanne, Schulter mit Henkel- und Knaufansatz. Ton: hellbeige, etwas rötlich, reduzierter Brand; Firnis: rotbraun, z. T. verrieben. Um den Knauf- und Henkelansatz je ein Streifen, auf der Schulter mit Linien dicht gefüllte Dreiecke, darunter ein umlaufender Streifen. SH III C 1

138 *Taf. 67,1* Geschlossenes Gefäß, Wandung, 2 anpassende Scherben. Ton: rötlich, ziemlich weich; Firnis: braun, stumpf. Außen Rest eines umlaufenden Streifens, darüber konzentrisch angeordnete Bogenlinien und ein gittergefüllter Kreis mit Punktkranz. SH III C 1 (?)

139 *Taf. 35.67,1* Geschlossenes Gefäß, Halsansatz mit Wandung und Bauchhenkel, 5 anpassende Scherben. Ton: grünlich, mit Einsprenseln; Firnis: braun, verrieben. Am Halsansatz ein umlaufender Streifen, über und unter dem Henkel je 3 umlaufende Streifen. Erhaltene H 21,5 cm; max. Dm 38,6 cm. SH III C 1

140 *Taf. 67,1* Geschlossenes Gefäß, Wandung, 4 anpassende Scherben. Ton: gelblich, reduzierter Brand, nicht sehr hart; Firnis: rotbraun bis hellbraun, z. T. dünn aufgetragen. Außen 3 ungleichmäßig breite, umlaufende Streifen. SH III C 1

141 *Taf. 67,2* Geschlossenes Gefäß, Schulter, 2 Scherben. Ton: gemagert, grob; Firnis: rötlich, matt. Auf der Schulter Rest eines weit ausschwingenden Schlaufendekors. SH III C 1

142 *Taf. 67,2* Geschlossenes Gefäß, Wandung. Ton: dunkelbeige; Firnis: braun bis dunkelgrau. Außen Rest einer Schlaufe. SH III C 1

143 *Taf. 67,2* Geschlossenes Gefäß, Schulter mit Wandung, 12 anpassende Scherben. Ton: beige mit kleinen Einsprenseln, nicht sehr hart; Firnis: rot bis blauschwarz, kräftiger Brandschatten. Auf der Schulter 2 breite Bogenreste (von Spiralen oder Schlaufen), darunter 3 umlaufende Streifen, die von 2 hängenden Spiralen überschnitten werden. SH III C 1

144 *Taf. 67,2* Geschlossenes Gefäß, Schulter mit Halsansatz. Ton: grünlich, ziemlich hart; Firnis: braun, z. T. verrieben, z. T. dünn aufgetragen. Am Halsansatz ein umlaufender Streifen, darunter Reste eines breiten Schlaufendekors über einem umlaufenden Doppelstreifen. SH III C 1

145 *Taf. 67,2* Geschlossenes Gefäß, Wandung. Ton: grünlich, ziemlich hart; Firnis: braun bis gelb, z. T. verrieben. Außen Reste eines umlaufenden Streifens und eines Lanzettblattes. SH III C 1

146 *Taf. 67,2* Geschlossenes Gefäß, Wandung. Ton: cremefarben; Firnis: blauschwarz, streifig. Außen Rest von Schlaufendekor. SH III C 1

147 *Taf. 67,2* Geschlossenes Gefäß, Wandung, 4 anpassende Scherben. Ton: beige bis rötlich, reduzierter Brand, ziemlich hart; Firnis: rot bis rotbraun, leicht glänzend. Außen Rest einer hängenden Spirale. SH III C 1

148 *Taf. 67,2* Geschlossenes Gefäß, Wandung mit Henkelansatz. Ton: hellgelb bis grünlich, ziemlich hart; Firnis: braun verrieben. Außen 3 umlaufende Streifen über einem Lanzettblatt. SH III C 1

149 *Taf. 68,1* Geschlossenes Gefäß, Wandung, 4 Scherben. Ton: hellgrün mit weißlichem Überzug, sehr weich; Firnis:

braun bis grün, z.T. sehr dünn aufgetragen. Außen Reste eines umlaufenden Streifens und Schlaufendekors
SH III C 1

150 *Taf. 35.68,1* Amphora, Rand mit Hals, Schulter und 2 Halshenkeln, 3 Scherben, davon 2 anpassend, Ton: beige bis
rötlich; Firnis: rot, braun und schwarz. Rand innen und außen bemalt, innen unter dem Rand ein umlaufender Streifen, außen am Übergang vom Hals zur Schulter ein umlaufender Streifen, Bemalung am Henkelansatz, neben dem Henkel
schlaufenrest, auf der Schulter ein umlaufender Doppelstreifen, auf den Henkeln je eine Schlaufe. Erhaltene H 13,1 cm.
SH III C 1

Die große Anzahl der Geschlossenen Gefäße und ihre gesicherten Fundzusammenhänge ermöglichen in einer etwas breiteren Diskussion Aussagen über formentypologische
Kriterien, insbesondere für Vasen aus der SH III C 1-Phase.

Nr. 121–Nr. 130 kommen aus Ho G, Nr. 131–Nr. 150 aus Ho J. Hierbei lassen sich die
Gefäße aus Ho G in mehrere Gruppen aufteilen. Zum einen sind dies Stücke, die nach Dekor
und Technik der SH III C 1-Phase sicher vorausgehen (Nr. 121, Nr. 122) oder wegen ihrer
konventionellen Form und Bemalung nicht genauer in die SH III B- bzw. SH III C 1-Phase
eingeordnet werden können (Nr. 123–Nr. 126)[116]. Beide Datierungen sind nach der Fundlage der Scherben möglich, bei Nr. 126 ist allerdings eine Entstehung in der jüngeren Phase
wahrscheinlich. Zum andern sind es Vasenscherben eines bestimmten Gefäßtypus
(Nr. 127–Nr. 130).

Nr. 127 ist der Knauf einer großen Bügelkanne, Nr. 128 trägt einen Dekorrest, der nur
zu Schlaufen oder zu einem stilisierten Oktopusarm ergänzt werden kann. Nr. 129 und
Nr. 130 schließen sich mit den beiden genannten zu einer kleinen Gruppe von Oktopoden-
oder Schlaufenkannen zusammen, deren Herkunft bisher noch ungeklärt ist. Diese Kannen
tragen zwischen umlaufenden Streifen auf der Wandung dicht nebeneinander aufgereihte
Schlaufen oder einen Dekor, der Oktopoden nachempfunden ist. Die hier aufgeführten vier
Beispiele haben einen durch stecknadelkopfgroße Einsprengsel gemagerten und deshalb
groben Ton. Die Einsprengsel durchdringen den sehr dünn aufgetragenen weißlichen Überzug und bilden mit diesem zusammen eine rauhe und stumpfe Oberfläche. Die Farbe ist auf
die offensichtlich nur gering angetrocknete Oberfläche gemalt, ist tief eingedrungen und
blieb nach dem Brennvorgang matt.

Die Fragmente wurden in Ho G geborgen, der überwiegend SH III B-Keramik, aber
auch einige frühe SH III C 1-Stücke enthielt. Zudem fällt auf, daß aus Ho H keine und auch
Ho J nur eine Scherbe (Nr. 131) kommt, die nach ihrer Technik ebenfalls zu einer Schlaufen-
oder Oktopodenkanne gehören könnte. Falls die Stratigraphie eine verallgemeinernde Deutung des Befundes erlaubt, so belegen die Stücke Nr. 127 bis Nr. 130, daß diese Oktopoden-
und Schlaufenkannen spätestens zu Beginn der SH III C 1-Phase hergestellt sein können,
wahrscheinlich aber in der SH III B-Periode geläufig waren[117]. Hierbei ist der Herstellungs-

[116] Die hängenden Bänder auf Nr. 121 sind typisch für die Phase SH III A; ähnlich FM 66,9f.; vgl. auch Dimakopoulou, Delt 23,
1968, 158 Nr. 25 (5503) Taf. 71,e mit weiteren Beispielen. Nr. 122 mit dem kurzen Bügel und der eingeritzten Marke ist mit dem glänzenden Firnis typisch für SH III B. Zu Nr. 123 und Nr. 124 vgl. FS 128; Tiryns V Taf. 39,21; Tiryns VI 166 Abb. 13 (B 25); zu Nr. 125 vgl. E.
French, BSA 64, 1969, 74 Abb. 1,3 („probably from Piriform Jars", ebd. 73).
[117] Zur Datierung der Oktopoden- und Schlaufenkannen siehe Enkomi II 844f. Blegens Vermutung, daß diese Kannen auf Kreta
gearbeitet sein könnten (Troy III 1,305) scheint dem Tatbestand vorerst am nächsten zu kommen. Zusätzlich zu den Beispielen aus Troja
(Troy III 2 Abb. 408,4.7–11) und den von Blegen zitierten Vasen, sind in letzter Zeit einige weitere Beispiele aus Kreta publiziert worden:

ort dieses besonderen Typs großer Bügelkannen nicht zu diskutieren. Sie waren bekannt, als ebenfalls große Bügelkannen (z. B. Nr. 122) aus fein geschlemmtem Ton in typisch argolidischer Technik hergestellt wurden[118]. Es ist darauf zu verweisen, daß die zuvor auf die großen Oktopoden- und Schlaufenkannen beschränkte Technik in der SH III C 1-Phase auch für andere geschlossene Gefäßtypen (z. B. Nr. 139, Nr. 141, Nr. 143) verwendet wird und schließlich sogar bei Krateren wie der Kriegervase[119] aus Mykene vorkommt. Die Fragmente Nr. 132–Nr. 150 aus Ho J sind in drei Gruppen zu ordnen. Nr. 132–Nr. 138 zeigen die Spielbreite des Dekors, der reicher ist als die nur umlaufenden Streifen von Nr. 139 und Nr. 140 und nicht aus breit gemalten Bogenelementen wie bei der großen Gruppe Nr. 141–Nr. 150 besteht. Die Schulterfragmente Nr. 132 und Nr. 133 lassen geringe Ornamentreste erkennen, die bei Nr. 132 vermutlich, bei 133 sicher als horizontal verlaufendes Wellenband zu deuten sind. Alle Skyphoi mit Wellenbändern (Gruppe Id) aus diesem Grabungsabschnitt kamen ebenfalls aus Ho J. So bestätigen diese mit den Schulterfragmenten zusammen, daß in der Zeit von Ho J das Wellenband ein beliebtes Dekorationsmotiv war. Singulär aus diesem Grabungsbereich ist das Schulterfragment Nr. 134. Auf dem glatten, grünlichen Schlicker ist der Dekor aus braunschwarzem, mattem Firnis aufgetragen. Das Lanzettblattmotiv ist auf den Schultern großer Bügelkannen bereits seit der frühen SH III B-Phase bekannt, kommt jedoch ähnlich auch auf jüngeren, mit Nr. 134 gleichzeitigen Vasen vor (z. B. Nr. 145, Nr. 148)[120].

Im Spiralfries auf der Schulter Nr. 135 klingt noch der lineare Stil der Phase SH III B nach. Die Verdoppelung der Verbindungslinien zwischen den Spiralen zeigt jedoch eine schon mehrfach beobachtete Tendenz in der SH III C 1-Phase an, überkommene Formen neu zu beleben und abzuwandeln (vgl. Nr. 10 und Nr. 11), durch die der Close Style vorbereitet wird. Hierauf verweisen auch die Fragmente Nr. 136–Nr. 138. Der auffallend dichte Dekor des Fragmentes Nr. 138 ist ungewöhnlich und in Tiryns singulär. Er erinnert an zyprische Beispiele[121].

Große Schlaufen und an umlaufenden Streifen hängende Lanzettblätter oder Spiralen sind die auffallenden Dekorelemente der Fundgruppe Nr. 141–Nr. 150 aus Ho J. Ein Vergleich mit dem Dekor des Schulterfragmentes Nr. 135 läßt den an dieser Fundgruppe ablesbaren neuen Stil erkennen, der keinen Bezug mehr zur zurückliegenden SH III B-Keramik hat.

Ein ausgeprägtes Beispiel hierfür ist Nr. 143. Der auf älteren Vasen vorhandene Gegensatz zwischen umlaufenden breiten Streifen und linearem Dekor ist aufgehoben. Die umlau-

---

Popham, SIMA 5, 1964, 9, Taf. 3,a–i; 4,a–c (entwickeltes SM III B); Hood u. a., BSA 59, 1964, 91 Taf. 15,a Nr. 15 (SM III A oder SM III B); Smee, BSA 61, 1966, 159f. Abb. 1,2 Taf. 33,a.d (SM III A 2/SM III B); Catling, BSA 63, 1968, 115f.122ff. Abb. 7,23.32 Taf. 27,a; 28,b (SM III B, SM III A); Alexiou, Delt 25, 1970, Chron 455 Taf. 396,a (SM III B 1); Lembesi, Prakt 1970 Taf. 363,a (SM III B). – Zu den wenigen in jüngerer Zeit veröffentlichten Beispielen des Festlandes siehe Pylos I 421, Abb. 348,1–4 (SM III C); Tiryns VI 99 Taf. 36,2 (spätes SH III B).

[118] Zu Nr. 122 weitere Beispiele aus Tiryns: I. Chadwick, The Mycenaean Tablets 3 (1963) 74, Appendix Nr. 1 ff.; J. Raison, Les vases à inscription peintes de l'âge mycénien et leur contexte archéologique (1968) 162ff.

[119] Bisher scheint noch offen zu sein, welche Folgerungen sich aus der Tatsache ergeben könnten, daß die oben beschriebene Technik (gemagerter Ton, weißlicher Überzug, Bemalung) für festländische Palaststil-Vasen ebenso gilt wie für kretische und böotische Larnakes, wie für Schlaufen- und Oktopodenkannen und schließlich auch für andere Vasentypen der SH III C 1-Phase. – Möglicherweise könnten hier bestimmte Traditionen einzelner Töpferwerkstätten ausschlaggebend sein.

[120] z. B. Zygouries 149 Abb. 139,370.

[121] Enkomi III a Taf. 71,33 (765/3); 106,6 (links); 78,21 (767/1).

fenden Streifen, Spiralen und Schlaufen sind mit breitem Pinsel aufgetragen. Die dichtere Flächenfüllung mit großen Formen ist neu. Die kleinen Wandungsscherben Nr. 141, 142, Nr. 146, 147 und Nr. 149 zeigen Reste hängender Spiralen, über denen ein vertikaler Halshenkel anzunehmen ist. Nr. 145 und Nr. 146 bringen statt dieser Spiralen an den entsprechenden Stellen Lanzettblätter. Auf Nr. 144 ist eine liegende Schlaufe über umlaufenden Streifen zu erkennen, die zwischen der Doppelschlaufe von Nr. 143 und dem Dekor der Amphora Nr. 150 vermittelt[122]. Nr. 150 zeigt die jüngste Stilstufe der Phase SH III C 1. Die gleichen Formelemente sind noch freier als z. B. auf Nr. 143 verwendet; dies führt zu einer unruhigen Oberflächenwirkung.

Überblickt man die vollständige Gruppe der Geschlossenen Gefäße, so ist die Stilentwicklung innerhalb der Phase SH III C 1 deutlich zu erkennen. Die Frühphase von SH III C 1, die bei anderen Vasengruppen wiederholt genannte Stufe 1, kann in dieser Gruppe nicht belegt werden. Fragment Nr. 126 reicht hierfür nicht aus. Möglicherweise hat sich der neue Stil bei den überkommenen Typen Geschlossener Gefäße zögernder durchgesetzt, da diese Vasen weiterhin den bereits für die Phase SH III B kennzeichnenden stereotyp umlaufenden Streifendekor tragen[123]. Erst mit einer neuen Vasenform wie z. B. der des Amphoriskos[124] werden auch im Dekor neue Stilelemente entwickelt. Hierbei ist bezeichnend, daß lineare Ornamente ähnlich verwendet werden wie auf Nr. 135. Dieses Fragment ist das älteste eindeutige Beispiel Geschlossener Gefäße der Phase SH III C 1. Aufgrund seiner Stilmerkmale gehört es zur Stufe 2 jener Phase. Die Stilstufen 3 und 4, zu denen ausschließlich Vasen mit breitem Bogendekor aus Ho 3 zu rechnen sind, belegen die Fragmente Nr. 141–Nr. 149, bzw. die Amphora Nr. 150. Die Stilentwicklung, wie sie von Fragment Nr. 135 bis zu Amphora Nr. 150 reicht, belegt erneut mehrere Stufen innerhalb der Phase SH III C 1.

Gruppe VII

151　*Taf. 68,2* Ständer, Rand mit Wandung und Standring, 15 anpassende Scherben. Ton: hellbeige bis cremefarben, nicht sehr hart, innen nicht geglättet (wie bei geschlossenen Gefäßen), außen glatte, jedoch stumpfe Oberfläche; Firnis: rot bis rotbraun, nicht ganz gleichmäßig aufgetragen, z. T. streifig, z. T. Brandschatten. Innen am Rand ein ca. 3,5 cm breiter umlaufender Streifen, der über den Rand nach außen gezogen ist; außen unter diesem Randstreifen drei umlaufende Streifen, darunter ein umlaufender Spiralfries über einem umlaufenden Doppelstreifen, der von den abwechselnd runden und rechteckigen Öffnungen einer durchbrochenen Zone teilweise überschnitten wird; die Öffnungen sind farbig gerahmt, unter ihnen folgt ein umlaufender Streifen, sowie ein weiterer umlaufender Streifen am Standring. H 28,5 cm; unterer Dm 32,5 cm; oberer Dm 32,0 cm. SH III A 2/B 1

Der Ständer kommt aus jener Schuttmasse, die in der frühen Phase SH III C 1 planiert wurde. Weder aus Tiryns, noch von anderen Fundplätzen sind bisher unmittelbare Vergleichsstücke bekannt geworden, so daß jenes singuläre Exemplar nur aufgrund allgemeiner Stilkriterien datierbar ist. Sowohl der hellbeige Ton mit seiner stumpfen Oberfläche als auch der matt glänzende Firnis weisen auf die Zeit des Überganges von der späten Phase SH III A 2 zur frühen Phase von SH III B 1, eine Datierung, der auch der Dekor, insbesondere der Spiralfries mit den gefüllten Spiralzentren am ehesten entspricht. Von den bisher bekannt gewordenen Gebäuden auf der Unterburg kann im Zusammenhang mit diesem Ständer der

[122] Vgl. Form und Innendekor einer Mündung aus Levkandi: Popham, Milburn (1971) 345 Abb. 7,2 (Phase 3).
[123] So auch noch in Levkandi Phase 1a: Ebd. 338 Abb. 3,2.
[124] Zur Datierung dieses Vasentyps siehe Tiryns VI 93f., 155ff.; Voigtländer, AAA 6, 1973, 35ff.

Baukomplex 5 genannt werden, der sicher älter ist als Bau 1 und die große Unterburgmauer. Falls der Ständer zur Zerstörungsmasse des Baukomplexes 5 gehört, muß er vor der Planierung des Schuttes hangabwärts gestürzt sein. Die Fundlage seiner zahlreichen Fragmente, die alle dicht beieinander auf und neben dem Steinfeld (99) geborgen wurden, könnte allerdings auch dafür sprechen, daß er zu jener ungedeuteten Steinlage gehört[125].

Gruppe VIII

152 *Taf. 69,1* Offenes Gefäß, Wandung. Ton: cremefarben, leicht rötlich, ziemlich hart; Firnis: rot, glänzend. Außen wahrscheinlich figürlicher Dekor (Mischung von Oktopus- und Muschelmotiv). SH III A 2/B 1

153 *Taf. 69,1* Kylix, Wandung. Ton: cremefarben, hart; Firnis: braun bis schwarz. Außen Rest von Oktopusarmen mit weiß aufgesetzten Tupfen. SH III A 2/C 1

154 *Taf. 69,1* Offenes Gefäß, Wandung. Ton: hellgrau; Firnis: braun, blättrig. Außen 2 nach links ansteigende Bogenlinien, die durch Wellenlinien miteinander verbunden sind; Rest einer figürlichen Darstellung. SH III B

155 *Taf. 69,1* Krater, Wandung. Ton: grünlich mit Einsprengseln; Firnis: braun, wenig glänzend. Innen monochrom, außen horizontale Wellen zwischen 2 Begrenzungslinien (Rückpartie eines Tieres?). SH III B

156 *Taf. 69,1* Krater, Wandung. Ton: cremefarben, mäßig hart; Firnis: schwarzbraun, leicht glänzend. Innen ein umlaufender Streifen, außen Reste von herabhängenden Zickzackreihen über einer horizontalen Linie (Körperpartie eines Tieres?). SH III B

157 *Taf. 69,1* Geschlossenes Gefäß, Wandung. Ton: beige, mäßig hart; Firnis: hellbraun bis grau, verrieben. Außen Rest einer figürlichen Darstellung (Tierkörper mit gepunktetem Fell?). SH III B

158 *Taf. 69,1* Skyphos, Wandung. Ton: hellbeige, hart; Firnis: dunkelbraun. Innen ein umlaufender Streifen, außen Reste eines Vogelkörpers. SH III B (?)

159 *Taf. 69,1* Krater, Wandung. Sekundär verbrannt. Innen monochrom, außen über einem umlaufenden Streifen 2 Hufe. SH III B (?)

160 *Taf. 69,1* Krater, Wandung. Ton: beige bis cremefarben, hart; Firnis: dunkelbraun. Außen über umlaufendem Doppelstreifen Rest eines Vogelkörpers. SH III B (?)

161 *Taf. 69,1* Offenes Gefäß, Wandung. Ton: hellbeige, nicht sehr hart; Firnis: braun, glänzend. Außen Rest einer figürlichen Darstellung, vielleicht von 2 Pferden mit gepunktetem Fell; an den Hälsen Zaumzeug (?). SH III B

162 *Taf. 69,1* Geschlossenes Gefäß, Wandung. Ton: grünlich, hart. Firnis: graubraun, verrieben. Außen Reste eines Fischzugs. SH III C 1

163 *Taf. 69,1* Skyphos, Rand mit Wandung. Ton: cremefarben; Firnis: braun. Innen und außen je ein umlaufender breiter Randstreifen, außen unter dem Rand Rest einer wahrscheinlich figürlichen Darstellung. SH III B

164 *Taf. 69,1* Geschlossenes Gefäß, Wandung. Ton: cremefarben, weich; Firnis: dunkelbraun. Außen Reihen aus Punkten und Strichen (figürliche Darstellung?). SH III B

165 *Taf. 69,1* Skyphos, Rand mit Wandung. Ton: hellbraun mit weißlichem Überzug; Firnis: braun bis schwarz. Innen ein umlaufender Randstreifen, außen Rest einer figürlichen Darstellung? SH III C 1

---

[125] Furumark 70 f. FS 336,4 wird von Furumark als SH III C 1-Typus erwähnt und ist dem sicher älteren Beispiel aus Tiryns ähnlich. Vergleichbar auch: H. Schmidt, H. Schliemann's Sammlung trojanischer Altertümer (1902) 158 Nr. 3228. Nr. 3230; Troy IV 1,43 f.; Troy IV 2 Abb. 217; vgl. auch CVA Copenhagen 1 Taf. 62,2.3 (aus Rhodos); ASAtene 6/7, 1923/24, 102 Abb. 20.

166 *Taf. 35.69,1* Skyphos, Wandung mit Henkelansatz, 2 Scherben. Ton: hellbeige, mäßig hart; Firnis: innen dunkelbraun, außen schwarz mit aufgesetztem Weiß. Innen und außen monochrom, außen weiß aufgemalte Darstellung eines Vogels und dichter Dekor aus Spiral- und Bogenlinien SH III C 1 (Close Style)

167 *Taf. 69,1* Krater, Wandung. Ton: beige bis hellgrau, hart; Firnis: braun bis schwarz, z.T. streifig. Innen monochrom, außen Hinterkörper eines springenden Huftieres mit kurzem Schwanz. Die Innenseite des linken Hinterbeines ist schwarz angelegt, die Außenseite des rechten Hinterbeines und der Körper sind gepunktet. SH III B (?)

168 *Taf. 69,1* Krater, Wandung. Ton: cremefarben; Firnis: hellbraun, z.T. glänzend. Außen Rest eines Vogelhalses (?). SH III B

169 *Taf. 69,1* Krater, Wandung. Ton: beige, hart; Firnis: Innen schwarz, außen dunkelbraun, z.T. glänzend. Innen monochrom, außen Rest eines Oktopus (?). SH III C 1 (?)

Vorgestellt werden hier sämtliche bei der Grabung gefundenen Scherben mit Resten figürlicher Darstellungen, nicht nur eine für die einzelnen Horizonte repräsentative Auswahl.

Aus Ho G kommen die Scherben Nr. 152–Nr. 156, aus Ho H Nr. 157 und Nr. 158, aus Ho J Nr. 159–Nr. 166, aus dem Grenzbereich zwischen Ho J und Ho K, bzw. aus dem nachmykenischen Horizont Ho K Nr. 167–Nr. 169.

Es fällt auf, daß mit Ausnahme Nr. 157, Nr. 162 und Nr. 167 alle übrigen Fragmente zu offenen Gefäßen gehören. Hierbei geben in der Regel die Fundzusammenhänge keine schlüssigen Hinweise auf eine genauere Datierung oder Zuordnung zu einzelnen Stilstufen.

Nr. 166 kann mit Gewißheit genauer datiert werden. Im übrigen ergeben sich die im Katalog genannten Datierungen aus allgemeinen Kriterien der Technik, wie Ton und Firnis[126].

Falls die Kylix Nr. 153 aufgrund ihres Dekors – weiße Bemalung auf schwarzem Firnis – erst in der Phase SH III C 1 entstanden ist, gehört sie zu jener kleinen Gruppe, die die Stilstufe 1 der Phase SH III C 1 vertritt, weil nach den bisherigen Ergebnissen aus Ho G keine jüngeren Scherben kommen. Allerdings ist nicht auszuschließen, daß diese Kylix älter ist und bereits in der Phase SH III A 2 entstand[127].

Der Skyphos Nr. 166 ist innen und außen mit dunklem Firnis vollständig überzogen und trägt darüber an seiner Außenseite weiß aufgemalten linearen Dekor. Klar zu erkennen sind ein Flügel, der Hals und der Kopf mit Auge eines nach links gerichteten Vogels. Die Federn an Hals und Flügel sind durch kleine Bogenlinien angedeutet. Dicht über dem Flügel ist ein Henkelansatz erhalten. Aus dieser Anordnung des Vogels auf der Wandung ist zu schließen, daß er zu einem Vogelfries oder zu einer antithetischen Komposition gehört. Über dem Vogel sind vier Bogenlinien zu erkennen, die bis dicht an den Rand des Gefäßes hochgeführt waren. Die beiden inneren Linien sind durch kleine Querstriche verbunden, die äußere rollt sich am Henkelansatz zu einer Spirale ein. In dem von Bogenlinien umschlossenen Feld sind die Reste einer Rosette, sowie einer weiteren kleinen Bogenlinie deutlich, die ebenfalls zu einer Spirale gehören könnte. Reste gleichen Bogendekors zeigt auch die zweite zu diesem Skyphos gehörende Scherbe. Es bleibt offen, ob diese Bogenlinien zu einem antithetischen

---

[126] Weitere Beispiele figürlich bemalter Keramik aus Tiryns sind in Tiryns VII zusammengetragen.

[127] FM 21, 6.9.13 f.19.21.

System gehören, wie es z. B. FM 62.32, 62.34–36 vorgeben. Der dichte, lineare Dekor und die kleinteilige Füllung einzelner Flächen mit Strichgruppen datieren diesen Skyphos in die Zeit des frühen Close Style. Solcher Dekor mit einer auf dunklem Firnis aufgetragenen weißen Bemalung hat seine nächste Parallele in Funden aus der 2. Siedlung von Lefkandi[128].

Da dieser Skyphos zu den jüngsten Funden aus Ho J gehört und unmittelbar unter der nach Osten gestürzten Wand des Westhauses lag, datiert dieses Gefäß die Zeit der endgültigen Zerstörung der Siedlung in Ho J.

Gruppe IX

170 *Taf. 35.69,1* Kleine Bügelkanne, Schulter mit Wandung, 4 Scherben. Sekundär verbrannt. Außen auf der Wandung umlaufende dreifache Zickzackbänder, die von Linien eingefaßt sind; darüber mehrere umlaufende Linien und 2 ungleich breite umlaufende Streifen, auf der Schulter ein Kreis und Schlaufendekor. Close Style

171 *Taf. 69,1* Geschlossenes Gefäß, Wandung. Ton: beige, nicht sehr hart; Firnis: braun, stumpf. Außen Rest eines Frieses aus stehenden und hängenden Halbkreisen mit Strichfüllung und ausgemaltem Zentrum. Vorstufe zum Close Style

172 *Taf. 69,1* Bügelkanne (?), Schulter. Ton: cremefarben, ziemlich hart; Firnis: hellbraun. Außen sehr dichter Dekor mit Rest einer Raute oder eines Dreiecks und einer Ösenreihe an der rechten Seite sowie Winkelfüllung mit Bogenlinien; darunter vertikale Striche. Vorstufe zum Close Style

173 *Taf. 69,1* Kleine Bügelkanne, Schulter mit Knaufansatz. Sekundär verbrannt. Auf der Schulter Reste von 4 Segmenten mit Bogenstrichen sowie einer Raut mit Winkelfüllung. Vorstufe zum Close Style

174 *Taf. 69,1* Bügelkanne, Schulter mit Henkel- und Knaufansatz. Ton: beige bis cremefarben, ziemlich hart; Firnis: rotbraun. Auf der Schulter eine Triglyphe mit Segmentreihe innen und Ösenreihen an den Rändern; zwischen diesem Ornament und dem Henkelansatz eine Raute mit Zwickelfüllung, einer Ösenreihe und einer kleinen Spirale; am Knaufansatz ein umlaufender Streifen. Vorstufe zum Close Style

175 *Taf. 69,1* Kleine Bügelkanne (?), Schulter mit Wandung und Henkelansatz. Ton: rötlich mit hellem Überzug, nicht sehr hart; Firnis: braun, stumpf. Auf der Schulter mehrfach ineinander geschachtelt stehende Halbkreise mit ausgemaltem Zentrum und Strichfüllungen, auf der Wandung zwischen umlaufenden Doppellinien ein Zickzackband. Vorstufe zum Close Style

176 *Taf. 69,1* Geschlossenes Gefäß, Wandung. Ton: hell rötlich, mit glattem hellem Überzug, nicht sehr hart; Firnis: braun bis rotbraun, etwas glänzend. Außen über 2 umlaufenden Linien Reste ineinander geschachtelter, stehender Halbkreise. Vorstufe zum Close Style

177 *Taf. 69,1* Offenes Gefäß, Wandung. Ton: hell rötlich, mit hellem Überzug, nicht sehr hart; Firnis: braun bis rotbraun, etwas glänzend. Außen über 2 umlaufenden Linien Rest eines stehenden Halbkreises mit Strichfüllung und ausgemaltem Zentrum. Vorstufe zum Close Style

178 *Taf. 69,1* Geschlossenes Gefäß, Wandung. Sekundär verbrannt. Außen zwischen umlaufenden Linien dichter Ösen- und Zickzackdekor. Vorstufe zum Close Style

---

[128] Voigtländer, AAA 4, 1972, 400, Abb. 3 b; ebd. 405; Popham-Sackett, Delt 20, 1965, Chron Taf. 340,c; R. Higgins, Minoan and Mycenaean Art (1967) 122 Abb. 144; Levkandi 18 Abb. 35; Popham, Milburn (1971) Taf. 54,2. Eine Vase aus Mykene, Mylonas, Prakt 1970, 121 Taf. 168,a, die Mylonas in die SH III C-Phase datiert, ist mit ihrem scharf abgesetzten Rand und ihrer Knickwandung für die Chronologie und Stilentwicklung der SH III C-Keramik wichtig. Zusammen mit unserem Skyphos Nr. 166 und dem oben zitierten Alabastron aus Levkandi belegt diese Vase aus Mykene jene für die Zeit von SH III C 1 vergleichsweise seltene Keramik sowohl für Tiryns als auch für Mykene und ebenso für Levkandi.

179 *Taf. 69,1* Kleine Bügelkanne (?), Wandung. Ton: beige, mit hellem Überzug, ziemlich hart; Firnis: rotbraun bis schwarz. Außen dichter Dekor aus umlaufenden Linien, Zickzack- und Fischgrätenbändern. Vorstufe zum Close Style

In dieser Gruppe sind alle Scherben der Grabung aufgenommen, deren Dekor Bezug zum Close Style aufweist[129]. Die Scherben Nr. 170–Nr. 173 kommen aus Ho J, Nr. 174–Nr. 179 aus Ho K. Die kleinen Scherben gehören mit Ausnahme von Nr. 177 zu geschlossenen Gefäßen, meist wohl kleinen Bügelkannen. Allen gemeinsam ist eine dichte Füllung kleiner Flächen mit Strichgruppen (Schulterfragmente) oder mit umlaufenden Dekorzonen aus Zickzack- oder Winkelreihen (Wandungsfragmente). Die Scherben aus Ho J wurden an dessen oberer Grenze gefunden, die Scherben aus dem nachmykenischen Horizont (Ho K) haben nur statistischen Wert. Typologisch entsprechen sie jedoch den Beispielen aus Ho J (vgl. z. B. Nr. 172 mit Nr. 174 und Nr. 171 mit Nr. 175).

Mit Skyphos Nr. 166, dessen Dekor eindeutig als eine frühe Ausprägung des Close Style zu bestimmen ist[130], schließt sich die ganze Reihe zu einer Gruppe zusammen. Soweit erkennbar, ist der Gegensatz zwischen breiten umlaufenden Streifen einerseits und linearem Ornament andererseits – kennzeichnend noch für den älteren Dekor der Phase SH III C 1 – zugunsten linearer Formen nicht mehr vorhanden.

Eine entsprechende Entwicklung war bereits bei der Gruppe der Geschlossenen Gefäße zu beobachten. Sie führte hier zu breitem Band- und Bogendekor. In beiden Fällen tritt somit der ältere Gegensatz nicht mehr auf, da jetzt entweder linearer oder bandartiger Dekor verwendet wird; in der Regel erscheint beides nicht mehr auf ein und derselben Vase. Falls dieses Kriterium zu verallgemeinern ist, sind die Scherben Nr. 166 und Nr. 170–Nr. 179 frühestens der Stufe 3 der Phase SH III C 1 zuzuordnen, d.h. zeitgleich mit den geschlossenen Gefäßen Nr. 141–Nr. 149. Dies könnten auch die Fundumstände der stratifizierten Scherben Nr. 170–Nr. 173 aus Ho J bestätigen.

Gruppe X

180 *Taf. 69,2* Idol, Kopf mit Polosrest, Hals und Rest der linken Schulter. Ton: beige; Firnis: rot. Kanonische Streifenbemalung mit Auge, Haar und Stirnband. SH III B

181 *Taf. 69,2* Phi-Idol, Oberkörper mit Hals und langem Zopf auf dem Rücken. Ton: beige; Firnis: rot. Kanonische Streifenbemalung. SH III B

182 *Taf. 69,2* Psi-Idol, Rest des Oberkörpers mit Halsansatz. Ton: beige; Firnis: dunkelbraun. Kanonische Streifenbemalung. SH III B

183 *Taf. 69,2* Stier-Idol, Hinterkörper mit Beinansatz. Ton: hellbeige; Firnis: braun. Kanonische Streifenbemalung. SH III B (?)

184 *Taf. 69,2* Psi-Idol, Oberkörper. Ton: beige bis cremefarben; Firnis: rotbraun. Wellenlinien. SH III B

185 *Taf. 69,2* Vogel-Idol, Hals mit Kopf. Ton: hellbeige; Firnis: rotbraun. Punktbemalung. SH III C 1 (?)

---

[129] Die hier katalogisierten Scherben schließen sich an jene Close Style Gruppe an, die durch Vasen aus Asine und Kamiros exemplarisch vertreten ist; V. R. d'A. Desborough, The Last Mycenaeans and their Successors (1964) Taf. 3,a.c. Diese Gruppe unterscheidet sich insgesamt von den Close Style Vasen aus Levkandi; vgl. Popham, Milburn (1971) 348.

[130] Anm. 128.

186 *Taf. 69,2* Stier-Idol (Protome?), Kopf mit Halsansatz und Rest beider Hörner. Ton: beige bis cremefarben; Firnis: rotbraun. Auf der Stirn Andeutung von Haar, am Kopf seitlich großer Augenkreis mit Punkt, auf dem Hals kurze Striche, darunter Spiralmotive. SH III A 2/B 1

187 *Taf. 69,2* Stier-Idol, langgestreckter Hals mit Ansatz des Kopfes, des Rumpfes und der Vorderbeine. Ton: beige; Firnis: rot. Streifenbemalung. SH III C 1 (?)

188 *Taf. 69,2* Stier-Idol, Vorderkörper mit Hals und Kopf. Sekundär verbrannt. Streifen- und Punktbemalung. SH III C 1 (?)

189 *Taf. 69,2* Pferde-Idol (von einem Wagengespann ?), Vorderkörper mit Hals- und Beinansatz. Ton: grau; Firnis: graubraun. Am Halsansatz ein breiter Streifen, auf dem Rücken flüchtiges Rautenband. SH III B

190 *Taf. 69,2* Stier-Idol, Rumpf mit Hals-, Bein- und Schwanzansatz. Ton: beige, leicht rötlich; Firnis: rot. Auf dem Rücken 2 Streifen. SH III C 1 (?)

191 *Taf. 69,2* Stier-Idol, Rumpf mit Rest des Halses und der Vorderbeine. Ton: hellbeige; Firnis: braun bis schwarz, stumpf. Auf dem Rücken Querstreifen zwischen 2 Längsstreifen. SH III C 1

192 *Taf. 69,2* Stier-Idol, Vorderkörper mit Hals- und Beinansatz. Ton: hellbeige; Firnis: braun, verrieben. Streifenbemalung. SH III C 1

193 *Taf. 69,2* Stier-Idol, rechtes Hinterbein mit Übergang zum Rücken und Schwanzrest. Ton: beige; Firnis: rotbraun. Streifenbemalung. SH III C 1 (?)

194 *Taf. 69,2* Pferde-Idol (?), Rücken mit Ansatz des Halses und der Vorderbeine (ungewöhnlicher Typus). Ton: hellbeige. Unbemalt. SH III C 1 (?)

195 *Taf. 69,2* Psi-Idol, Oberkörper mit rechtem Arm und Hals. Ton: hellbeige. Unbemalt. SH III C 1 (?)

196 *Taf. 69,2* Psi-Idol, Oberkörper mit rechtem Arm und Kopfansatz, sowie Rest des Standes. Ton: beige; Firnis: rot. Streifenbemalung. SH III C 1 (?)

197 *Taf. 69,2* Psi-Idol, Oberkörper mit linkem Arm und Rest des Halses. Ton: cremefarben; Firnis: rot. Streifenbemalung. SH III B

198 *Taf. 69,2* Idol, Oberkörper mit Rest eines vor die Brust gelegten Armes. Auf dem Rücken lang herabhängender Zopf. Ton: hellbeige, nicht sehr hart; Firnis: braun. Streifenbemalung. SH III C 1 (?)

199 *Taf. 69,2* Idol, Oberkörperfragment. Ton: beige; Firnis: braun. Streifenbemalung. SH III C 1 (?)

200 *Taf. 69,2* Idol, Ständer (hohl). Sekundär verbrannt. Streifenbemalung. SH III C 1 (?)

201 *Taf. 69,2* Psi-Idol, Unterkörper ohne Standfläche, sowie Rest des Oberkörpers. Ton: beige; Firnis: braun. Streifenbemalung. SH III C 1 (?)

202 *Taf. 69,2* Idol, Ständer (massiv). Ton: beige; Firnis: verrieben. Wellenlinien. SH III C 1 (?)

203 *Taf. 69,2* Psi-Idol, Oberkörper mit Rest des rechten Armes und des Halses. Ton: beige; Firnis: rotbraun. Streifenbemalung. SH III B

204 *Taf. 69,2* Phi-Idol, Oberkörper mit Halsansatz. Ton: beige; Firnis: rotbraun. Dichte Wellenlinien. SH III B

205 *Taf. 69,2* Stier-Idol, Rest des Vorderkörpers. Ton: beige mit weißlichem Überzug; Firnis: hellbraun. Streifenbemalung. SH III C 1

Die Idole Nr. 180–Nr. 182 kommen aus Ho G, Nr. 183 aus Ho H, Nr. 184 aus dem Grenzbereich zwischen Ho H und Ho J, Nr. 185–Nr. 200 kommen aus Ho J, Nr. 201 aus dem Grenzbereich zwischen Ho J und Ho K, Nr. 202–Nr. 205 aus Ho K.

Es sind dies alles in den Quadranten V und VI geborgenen Terrakotten: Reste von 14 Phi- und Psi-Idolen, von 10 Stierchen, eines Vogels und zweier Pferdchen[131].

Eine genauere Bestimmung dieser Funde aufgrund stilistischer Kriterien ist uns nicht möglich. Die im Katalog genannten Datierungen sind in Analogie zu Beobachtungen von Ton und Firnis bei Vasen vorgeschlagen worden.

Da zahlreiche Idole aus Ho J kommen, ist zu erwägen, die stratifizierten Stücke dieses Horizontes in die Phase SH III C 1 zu datieren. Ausgenommen sind die sicher älteren Beispiele Nr. 186, Nr. 197 und wohl auch Nr. 189[132].

Zusammenfassung der Ergebnisse

Die hier vorgelegten Ergebnisse zur Siedlungsgeschichte auf der Unterburg und insbesondere auch zur Stilgeschichte der späthelladischen Keramik aus der Phase SH III C 1 stützen sich auf Beobachtungen zu sicher gegeneinander abzugrenzenden Horizonten und beruhen auf der Auswertung der stratifizierten Funde.

Stratigraphisch festgestellt sind fünf Schichten, die vier Horizonten zugeordnet (Ho G–Ho K) werden können. Drei ungestörte Horizonte zeigen architektonische Reste und Kleinfunde aus späthelladischer Zeit. Der 4. Horizont ist sicher erst in nachmykenischer Zeit entstanden. Nach der Zerstörung der bereits früher bekanntgemachten Bauten (Bau 1–Bau 4) wurde auf der Unterburg weiterhin gesiedelt. Die Siedlungskontinuität blieb gewahrt, wenngleich die Siedlungsformen – soweit bisher zu erkennen – insgesamt kleinräumiger wurden. Auch die Tradition in den Töpferwerkstätten blieb erhalten. Es läßt sich an den stratifizierten Funden deutlich ablesen, daß in der zurückliegenden Burgenzeit (SH III B) gewonnene Formen weiter bestanden und der für die SH III B-Keramik typische lineare Dekor vorerst nur abgewandelt, später jedoch vollständig verändert wurde. Demnach setzte die neue Entwicklung des Vasenstils langsam ein und wurde zunehmend lebendiger, je selbständiger die Töpfer und Maler sich gegenüber den tradierten Formen verhielten. Offensichtlich führte diese Entwicklung zu jenem ausgeprägten Stil, den wir hier als Stufe 3 der Phase SH III C 1 bezeichnen. Ihr folgte noch eine vierte Stilstufe, deren schlichte Formen den submykenischen Stil vorbereiteten. Die Zeit jenes Umbruches fiel noch in die jüngste späthelladische Siedlungsphase.

Die Vasen der 4. Stilstufe datieren die Zerstörung und – soweit bisher erkennbar – eine Entsiedlung der Tirynther Burg. Es ist sicher, daß dieses Areal in nachmykenischer Zeit er-

---

131 Zur Datierung unbemalter Terrakotten siehe E. French, BSA 66, 1971, 158 f. Die unbemalten Terrakotten Nr. 194 f. könnten darauf hinweisen, daß die Werkstatt in Tiryns wahrscheinlich auf der Unterburg zu suchen ist, weil solch unvollständige Stücke nicht allzu weit von der Werkstatt verstreut sein werden. Seit dem Auffinden des Töpferofens auf der Mittelburg (Dragendorff, AM 38, 1913, 336 ff.) ist belegt, daß auf der Burg späthelladische Keramik hergestellt wurde. – J. Bouzek, Tiryns V 70, denkt bei einer fehlgegossenen Pfeilspitze gleichfalls an eine Tirynther Werkstatt.

132 Zum Problem der Datierung von Idolen der SH III C 1-Phase siehe E. French a. O. 175.

neut besiedelt wurde. Allerdings war es nicht möglich, für die in dem nachmykenischen Horizont (Ho K) vorhandenen Reste von Bruchsteinmauern und Pflastern einen architektonischen Zusammenhang zu erkennen. Bisher ist deutlich, daß den jüngeren späthelladischen Siedlungen eine weitreichende Planierung vorausging. Der zerstörte und bis auf seinen mächtigen Steinsockel abgetragene Bau 1 diente damals als Terrasse, die nach Süden durch große Anschüttungen erweitert wurde. Diese planierte Zerstörungsmasse vermittelte zwischen dem Bereich unmittelbar neben der Burgmauer und dem Hang, der allmählich zur Burgmitte hin ansteigt. Auf diese Weise entstand ein südlich von Bau 1 ebener und südöstlich, bzw. östlich dieses Baues leicht ansteigender Baugrund.

Auch nördlich des hier aufgedeckten Areals sind Hinweise auf eine Siedlungstätigkeit nach Aufgabe des großen Baues 1 notiert worden: „Im ganzen handelt es sich um begehbare Bodenflächen unterschiedlicher Herstellungsart. Sie weisen... starke Verbrennungsspuren auf... Zeitlich sind sie in die Phase SH III C 1 zu setzen"[133].

Wie weit die nachfolgende Siedlungsphase Anlaß für die Planierung war, ist bisher nicht zu entscheiden. Deshalb weisen wir die Schichten 5 und 4 vorerst zwei Horizonten (Ho G und Ho H) zu. Es ist nicht auszuschließen, daß die jüngsten sicher stratifizierten Scherben aus der Planierungsmasse die Zerstörung des Baues 1 datieren[134]. Diese Scherben gehören bereits der Phase SH III C 1 an und repräsentieren die Stilstufe 1 dieser Phase.

Sie ist belegt durch Kratere, Schalen und ein Kylix (Nr. 77–Nr. 79; Nr. 89 und Nr. 90; Nr. 118). Die Ornamente zeigen noch eine deutliche Abhängigkeit vom linearen Dekor der SH III B-Phasen. Andererseits weisen der schuttige, hart gebrannte Ton, bzw. ein weißlicher Überzug auf neue Techniken hin, wie sie für die Herstellung der Keramik in der Phase SH III C 1 typisch werden.

Über der genannten Planierung stehen Reste des Hanghauses. Es ist bisher das älteste Gebäude jener Siedlungen, die nach der Zerstörung von Bau 1 entstanden. Eine Deutung der merkwürdigen Anlage, die ca. 7,50m östlich der Burgmauer als ein freistehendes Gebäude errichtet wurde, ist bisher nicht möglich. Zusammen mit ihrem Zerstörungsschutt, der sich als Schicht 4 abgelagert hat, gehört die Anlage zum Ho H.

Die datierenden Scherben aus diesem Horizont überliefern jüngere Stilmerkmale als die entsprechenden Funde aus Ho G. Sie repräsentieren die Stufe 2 der Phase SH III C 1. Typisch sind die Verdoppelung linearen Dekors (Nr. 10) und vereinzelt breitere Bandornamente auf Krateren (Nr. 80). Hinzu kommt die ausgeprägte Technik, Gefäße mit weißlichem Schlicker zu überziehen. Besonders belegen dies Knickwandschalen, die in der Stilstufe 2 innen und außen mit umlaufendem Linien-, bzw. Streifendekor geschmückt sind (Nr. 91–Nr. 93). – Vereinzelt überliefern auch Fragmente aus dem jüngeren Ho J Stilelemente dieser Stufe (Nr. 155). Falls solche Scherben keine Streufunde aus dem älteren Horizont sind, wurden auch in der Zeit des Ho J Gefäße noch im Stil der Stufe 2 dekoriert.

---

[133] Tiryns V 74.

[134] Das Problem der großen Zerstörung mykenischer Stätten „gegen oder am Ende von SH III B" (Ålin 149) kann hier nicht erörtert werden; hierzu zuletzt: Popham, Milburn (1971) 346 Anm. 16. Für das Tiryns nahe Iria ist ein Brand im „frühesten SH III C 1" (Tiryns VI 192) genannt; hierbei bleibt zu fragen, mit welchem Brand auf der Unterburg dieser zeitgleich sein könnte: mit dem der großen Zerstörung oder mit dem Brand am Ende von Ho H?

Von sicher älteren Stücken abgesehen, sind alle im Ho H geborgenen Scherben eindeutig der Stilstufe 2 zuzuordnen. Hierzu gehören die monochromen Skyphoi (Nr. 21–Nr. 24). Sie lassen sich zwar zusammen mit Funden aus Ho J in eine typologische Reihe stellen, diese kann jedoch nur belegen, daß einige Beispiele aus Ho J jünger sind als andere aus Ho J oder aus Ho H. Nach dem allgemeinen Kontext sind die monochromen Skyphoi aus Ho H auch der Stilstufe 2 der Phase SH III C 1 zuzuordnen.

Zwischen der Burgmauer und dem Hanghaus stehen die Reste des Westhauses. Es überbaut mit seinen nördlichen Teilen Bau 1 und ist über dessen Schutt gegründet, mit seinen südlichen Teilen liegt es auf der oben erwähnten planierten Anschüttung aus der Zeit des Ho G. Der Ho H ist im Bereich der bisher freigelegten Teile des Westhauses nicht zu erkennen. Deutlich jünger als Ho H, d.h. als der Zerstörungsschutt des Hanghauses ist der Zerstörungsschutt des Westhauses (Ho J). Er reicht bis auf den Boden des Westhauses und hat sich als Schicht 3 abgelagert. Östlich dieses Gebäudes liegt er teilweise über dem Hanghausschutt, eine Situation, die für die Trennung der Horizonte und Schichten ausschlaggebend war.

Eine annähernd zeitgleiche Erbauung von Hanghaus und Westhaus ist durch die Stratigraphie jedoch nicht auszuschließen. Auch die Vasen der Stilstufe 2 aus Ho J könnten eine solche Annahme stützen, ohne jedoch die Erbauung des Westhauses eindeutig zu datieren. Es steht allerdings fest, daß das Westhaus später als das Hanghaus zerstört und vor seiner endgültigen Aufgabe umgebaut wurde. In der Zeit des Umbaus entstanden auch jene beiden Mauerzüge, die unmittelbar nördlich neben Raum 2 des Westhauses einen schmalen Korridor bilden. Es sind dies die jüngsten, bisher festgestellten späthelladischen Baumaßnahmen auf der Unterburg.

Einen ausgeprägten Stil der Phase III C 1, der keine Anklänge an den Stil der III B-Phasen mehr erkennen läßt, belegen umfangreiche Vasenfunde aus Ho J. Zwar kommen – wie erwähnt – auch aus der Schuttmasse des Ho J Scherben, die noch der Stilstufe 2 der Phase SH III C 1 angehören, jedoch ist die große Menge an Gefäßfragmenten aus Ho J deutlich jünger. Wie schon für die Stilstufe 1 und ausgeprägter für die Stufe 2 gilt auch für die jüngere späthelladische Keramik aus Ho J, daß sie oft mit einem weißlichen Schlicker überzogen ist. Dieser Überzug ist im allgemeinen typisch für die Tirynther Keramik der Phase SH III C 1. Im Gegensatz zu den Knickwandschalen der Stilstufe 2 (aus Ho H) tragen die Knickwandschalen der Stilstufe 3 aus dem jüngeren Horizont (Ho J) nur auf einer Seite umlaufenden Streifen-, bzw. Liniendekor (Nr. 95–Nr. 99, Nr. 101–Nr. 103). Ausschließlich aus Ho J stammen Skyphoi, die außen zwischen den Henkeln mit einem Wellenband geschmückt sind (Nr. 64–Nr. 74). An dieser Stelle sei nochmals darauf verwiesen, daß weder aus der großen Schuttmasse des Ho G, die abgesehen von den datierenden Scherben vor allem aus SH III B-Keramik besteht, noch aus dem nächst jüngeren Horizont (Ho H) Fragmente eines Wellenbandskyphos gefunden wurden. Bei der insgesamt sehr großen Masse stratifizierter Keramik, kann dies kein Zufall sein. – Das gleiche gilt für die Fundgruppe der monochromen Skyphoi mit innen am Rand ausgesparter umlaufender Linie (Nr. 48–Nr. 63). Diese ausgesparte Linie überliefern auch Skyphoi mit linearem Dekor auf ihrer Außenseite (Nr. 14 u. Nr. 18). Allerdings ist kein Beispiel eines innen und außen monochromen Skyphos mit solcher Aussparung außerhalb des Ho J gefunden worden.

Beide Fundgruppen – die Wellenbandskyphoi und die monochromen Skyphoi mit innen ausgesparter Linie am Rand – sind in besonderem Maße kennzeichnend für die Stilstufe 3 der Phase SH III C 1.

Auch die große Gruppe Geschlossener Gefäße läßt diesen ausgeprägten Stil der Phase SH III C 1 deutlich werden (Nr. 141–Nr. 149). Große und einfache Formen wie Schlaufen, Spiralen und Lanzettblattmotive sowie umlaufende Bänder sind mit breitem Pinsel auf den Schultern und Wandungen der Gefäße aufgetragen. Auf linearen Dekor, wie er auf Geschlossenen Gefäßen der Stilstufe 2 noch vorhanden sein kann, ist vollständig verzichtet. Der breite Banddekor bleibt nicht auf Geschlossene Gefäße beschränkt, sondern findet sich auch auf zeitgleichen Krateren (z. B. Nr. 82 u. Nr. 83), die in Ton, Firnis und Schlicker den Geschlossenen Gefäßen der Stilstufe 3 entsprechen. Datierend sind zudem die scharf abgesetzten Kraterränder, eine Form, wie sie auch die große Schüssel Nr. 112 zeigt, deren Fragmente auf dem Boden im Raum 1 des Westhauses lagen.

Die in der Gruppe Close Style zusammengestellten Scherben werden der Stufe 3 zugeordnet. Die Zuordnung beruht auf der Beobachtung, daß auch bei diesen Scherben der ältere Gegensatz zwischen linearem Ornament und umlaufenden breiten Streifen – wie bei der entsprechenden Gruppe der Geschlossenen Gefäße – weitgehend aufgehoben ist. Zunehmend werden die Flächen ohne umlaufende breite Bänder dicht gefüllt. – Zwar setzt das hier vorgelegte, nicht sehr umfangreiche Material einer Interpretation deutliche Grenzen, doch gibt es zumindest zu erkennen, daß die Entwicklung, die zum ausgeprägten Close Style führt, in der Zeit der Stilstufe 3 der Phase SH III C 1 einsetzt.

Die vielfältigen Ausdrucksmöglichkeiten, verbunden mit neuen Techniken zeigen, daß die Entwicklung der Keramik über mehrere Stilstufen zu einer völligen Abkehr vom SH III B-Stil und zu neuen Ergebnissen führt. Zur Zeit der Stilstufe 3 ist ein umfangreicher und intensiver Betrieb in den Tirynther Keramikwerkstätten anzunehmen. Gleichfalls aus Ho J und z. T. schon aus dem Grenzbereich zum jüngsten, bereits nachmykenischen Siedlungshorizont (Ho K) kommen Scherben, die einen nochmaligen Stilwandel erkennen lassen und deshalb einer 4. Stilstufe der Phase SH III C 1 zugeordnet werden.

Bei den Schalen repräsentieren Nr. 106 und Nr. 107 zum einen ein dickwandig, weich ausladendes Profil, zum anderen einen schematischen Kontur und eine Verhärtung der Formen. Hinzu kommt der auffallend kleine und hohe Fuß.

Kanne Nr. 150, deren Fragmente auf dem Fußboden des umgebauten 2. Raumes im Westhaus lagen, trägt zwar noch die gleichen Dekorelemente, wie sie für die Geschlossenen Gefäße der Stilstufe 3 kennzeichnend sind; ihre freiere Verwendung führt jedoch zu einer unruhigen Oberflächenwirkung.

Auch ein Krater (Nr. 87) mit Kerbschnittband am Rand überliefert diesen Spätstil.

Aus der Gruppe der monochromen Skyphoi ist der große Skyphos Nr. 42 mit seinem kleinen Fuß, seinem ausgemalten Henkelfeld und den kleinen, hoch ansetzenden, vollständig bemalten Henkeln ebenfalls der Stilstufe 4 zuzuordnen; er gehört an das Ende der oben genannten typologischen Reihe monochromer Skyphoi. Somit ist die 4. Stilstufe der Phase SH III C 1 durch einen Skyphos, einen Krater, zwei Knickwandschalen und eine Amphora belegt (Nr. 42, 87, 106, 107, 150).

Abgesehen von einigen noch offenen Fragen, sind nach Abschluß der im Jahre 1971 auf der Unterburg von Tiryns im oben beschriebenen Abschnitt durchgeführten Grabungen folgende Ergebnisse zu nennen:

1. Überliefert sind nach der Zerstörung der großen Bauten (Bau 1 bis Bau 4) sicher zwei, wahrscheinlich jedoch drei späthelladische Siedlungsphasen. Hinzu kommen nachmykenische Siedlungsreste, deren jüngste Zeugnisse aus hellenistischer Zeit stammen.

2. Zu den Siedlungsphasen wurden 4 Horizonte festgestellt, denen 4 Schichten entsprechen. Hinzu kommt die jüngste Schicht, die keine eindeutigen Siedlungsreste enthält und bis zur Grasnarbe reicht.

3. Während zur nachmykenischen Siedlungsgeschichte auf der Unterburg hier nur sehr allgemeine Äußerungen möglich sind, können die jüngsten späthelladischen Funde präziser bestimmt werden. Die aufgedeckten späthelladischen Bauten wurden in der Phase III C 1 errichtet.

4. Die reichen Funde an stratifizierter Keramik ermöglichten eine Differenzierung des Stils der Phase SH III C 1 in 4 Stufen. Nach zwei Vorstufen – und damit zugleich wohl auch nach einer länger andauernden Entwicklung – entsteht mit der Stufe 3 der ausgeprägte Stil, der sehr unterschiedliche Ausdrucksmöglichkeiten bis hin zum Close Style erkennen läßt. Vereinfachte und härtere Formen kennzeichnen die 4. Stufe, die jedoch noch nicht mit dem Stil der Phase SH III C 2 identisch ist[135].

Heiner Knell   Walter Voigtländer

C. BESCHREIBUNG DER BAURESTE

Einleitung

Der hier folgende dritte Teil des Berichtes über die Ergebnisse der Grabungskampagne 1971 auf der Unterburg von Tiryns enthält die Beschreibung der aufgefundenen Baureste. Es erwies sich für die Darstellung als zweckmäßig, die einzelnen Mauerzüge nach ihrem erkennbaren oder auch nur vermutbaren Zusammenhang zu ordnen. Soweit die vorhandenen Planunterlagen es zuließen, wurden auch solche Mauerzüge berücksichtigt, die bereits aus früheren Grabungen bekannt geworden waren, heute jedoch abgebaut oder verloren sind.

Wie sich bei den Grabungen herausstellte, war die Bautätigkeit in dem betreffenden Gebiet über einen längeren Zeitraum außerordentlich rege. Die älteren Bestände wurden dabei immer wieder durch jüngere Schichten überlagert. Zwangsläufig konnten damit von allen Bauten bisher nur verhältnismäßig begrenzte Ausschnitte sichtbar gemacht werden. Sie reichten nicht aus, die vorhandenen Reste jeweils zu geschlossenen Gebäudegrundrissen zu ergänzen. Erst wenn zu einem späteren Zeitpunkt durch Ausdehnung des Grabungsareals und Abtragung der oberen Schichten die sichtbare Substanz der einzelnen Baukomplexe spürbar erweitert ist, wird man in dieser Hinsicht mehr wagen können. Aus dem gleichen

---

[135] Thomas, SIMA 17, 1967, 85 weist noch auf die Notwendigkeit einer Definition für Keramik hin, die zwischen den SH III B-Phasen und der entwickelten Granary-Stufe entstand. Die hier vorgelegten Ergebnisse bestätigen insgesamt auch für Tiryns das Bild zur späthelladischen Siedlungskeramik der SH III C 1-Phase, das sich seit den Forschungen in Levkandi (zuletzt: Popham, Milburn [1971] 333 ff.), auf Kea (zuletzt: Caskey, Hesperia 41, 1972, 357 ff., insbes. 400 f.), in Mykene (E. French, AA 1969, 133 ff.) und auf Zypern (Enkomi I–IIIb) abzeichnet.

Grunde mußten wir uns auch jedes Versuchs einer funktionellen Interpretation des Baubestandes enthalten.

Die Datierung beruht, sofern sie über die relative gegenseitige Beziehung der einzelnen Baureste hinausgeht, auf der Auswertung der keramischen Befunde in den beobachteten Schichten und ist in den anderen Berichtsteilen besprochen. In unserem Zusammenhang werden die dort gewonnenen Ergebnisse nur so weit mitgeteilt, wie sie für das Verständnis des Zusammenhanges von Wichtigkeit sind.

1. Bau 1

Grundrißanlage: Bis zum Abschluß der Grabungskampagne 1965 waren von dem Bau 1 zwei durch eine starke Zwischenwand voneinander getrennte Räume, R 1 und R 2, und deren gemeinsame Nordwand (Wand 51) aufgedeckt worden[136]. Der unmittelbar an die Burgmauer anschließende Nordwestraum R 1 konnte vollständig freigelegt werden. Der Zugang liegt in seiner Südwand. Die Wand selbst stößt stumpf an die Burgmauer an. Im Inneren des Raumes waren Reste einer kleinen erhöhten Plattform zutage getreten[137].

Der erheblich größere Raum R 2 konnte dagegen nur in seinem Nordteil freigelegt werden. In diesem Bereich enthielt er keine der Erwähnung würdige Einzelheiten[138].

1968 wurden in beiden Räumen der Felsen teilweise freigelegt. In R 1 mußte dazu der Fußboden durchschlagen werden. Die erhöhte Plattform wurde geschont. In R 2 war ein Fußboden nicht mehr vorhanden.

Die Verfüllung zeigte ein weitgehend einheitliches Bild. Sie war im ganzen ziemlich locker und stark mit Steinen durchsetzt, die oft sogar hohl übereinander lagen. Außerdem verstärkte sich die Häufigkeit der Steine nach unten. Die gesamte Erdmenge scheint also im Zuge eines einheitlichen Vorganges eingefüllt worden zu sein. Das gleiche Resultat ergab sich durch die Auswertung der keramischen Befunde. Spätmykenische Scherben, die aus der Anlage des Baues stammen, wurden noch unmittelbar über dem Felsen gefunden. Der Felsen mußte damit – wenigstens in diesem Bereich – vor Anlage des Baues vollständig freigelegen haben. Irgendwelche älteren Baureste wurden nicht gefunden[139]. Wenn es solche gegeben hat, so sind diese bereits vor Anlage des Baues abgetragen worden.

Als im Jahre 1971 das Grabungsgebiet nach Süden und Osten erweitert wurde *(Beil. 1,3)*, konnte die aus hervorstechend großen Steinen gefügte Nordostecke des Baues *(Taf. 42,2)* sowie die anschließende Ostwand bis zu einer Länge von über 12 m freigelegt werden, ohne daß ein Ende im Süden bisher erreicht wurde *(Beil. 2,3)*. Wie bereits Dragendorff festgestellt hat[140], ist diese Ostwand, die eine Breite von 110 cm besitzt, gegenüber der nördlichen Außenwand um rund 30 cm schmaler. Die Differenz ist wohl mit günstigeren Gelände-

[136] s. Tiryns V 48 ff. Taf. 31,1; Beil. 11, mit der älteren Literatur.

[137] Tiryns V 49 Taf. 31,2.

[138] Nach einer im DAI Athen aufbewahrten Zeichnung ohne Inv. Nr. war dieser Bereich in seinem östlichen Ausläufer bereits von Dragendorff bis auf das Niveau 13,18 m NN freigelegt worden.

[139] Nach Mitteilung von J. Schäfer.

[140] Vgl. Zeichnung Inv. Nr. 1308.

bedingungen auf der Ostseite zu erklären. Auf jeden Fall reicht hier der gewachsene Fels um rund 2 m höher hinauf als am Innenfuß der Burgmauer. Damit war es auf jeden Fall zulässig, die Gründungsstärke der Ostwand um ein entsprechendes Maß zu verringern.

Etwa in der Mitte der bisher freigelegten Ostwand setzt ohne Verband eine innere in ostwestlicher Richtung geführte Querwand an *(Taf. 47,2)*. Sie ergibt einen Abschluß für den in seiner südlichen Ausdehnung bisher unbekannten Raum R 2.

Die Mauerkammern über Bau 1: Weitere wenigstens mittelbar als zum Bestand von Bau 1 gehörig anzusehende Räume bilden die beiden in der Burgmauer enthaltenen und unverschlossen gebliebenen Kammern Kw 10 und Kw 11 *(Beil. 2,3)*, denen beide heute die Außenwand fehlt[141]. Von ihnen konnte bisher nur die nördliche Kammer Kw 11 vollständig freigelegt werden[142]. Sie gibt jedoch nicht mehr den originalen Zustand wieder. Die vorhandenen Reste eines inneren Ausbaues, wie ein Fußboden und Teile eines Herdes, gehören erst zu einer späteren Nachbenutzungsphase[143]. Die im Sommer 1971 von E. Slenczka angegangene südliche Kammer Kw 10 ist erst zum Teil gereinigt worden und enthält ebenfalls noch die Ausstattung einer Spätbenutzung *(Beil. 1,3)*[144].

Die Beziehung dieser Kammern zu dem inneren räumlichen Arrangement von Bau 1 ist zum gegenwärtigen Zeitpunkt noch ziemlich unverständlich. Störend ist bereits die ungünstige Lage von R 1 zu der über ihm befindlichen Kammer Kw 11, deren Öffnung durch die Nordwand von Bau 1 etwa zur Hälfte verdeckt wird. Ferner muß das unterschiedliche Bodenniveau für eine bequeme Benutzung ein nur schwer zu überwindendes Hindernis gewesen sein. Bei einem Höhenunterschied von rund 1,5 m ist das Kammerniveau vom Fußboden in R 1 nur mit einer Hilfskonstruktion zu erreichen. Andererseits liegt jedoch das Niveau dieser Kammer wiederum nicht hoch genug, um sie einem sehr wahrscheinlich einst vorhandenen zweiten Geschoß[145] des Baues zuordnen zu können. Da keinerlei Reste für eine Treppe oder eine ähnliche Konstruktion gefunden wurden – die kleine Plattform in der Südweststrecke von R 1 läßt sich nicht für eine derartige Konstruktion in Anspruch nehmen – muß für den Zugang in die Kammer mit einem behelfsmäßigen Aufstieg gerechnet werden.

Es ist jedoch zu berücksichtigen, daß beide Teile, Bau 1 und die Kammer in der Burgmauer, nicht im Zusammenhang geplant waren. Beide gehören vielmehr zu zwei völlig verschiedenen Bauanlagen, und die Möglichkeit zu einer Kombination beider hat sich erst später und auch nur zufällig ergeben. Es ist sogar denkbar, daß die Verwertbarkeit der Kammern für das innere räumliche Arrangement des Baues 1 gar nicht einmal im voraus erkannt wurde. Spätestens bei Beginn der Bauarbeiten für Bau 1 dürfte man sich jedoch zur Aufnahme der Kammern in das Raumprogramm dieses Baues entschlossen haben, denn sonst wären sie wohl mit Sicherheit – wie das bei der Mehrzahl der übrigen Kammern der Fall ist – nachträglich massiv vermauert worden[146]. Gerade die in mancherlei Hinsicht unvorteilhafte enge Nachbarschaft zwischen der Nordwand von Bau 1 und dem Eingang in die Südsyrinx

---

[141] Zur ursprünglichen Funktion dieser Kammern: Grossmann in: Führer (1975) 22; 46f.
[142] W. Rudolph, Tiryns VIII 97ff.
[143] Ebd. 98f. Taf. 61,1.
[144] S. 171ff.
[145] Tiryns V 49.
[146] Jantzen u.a., AA 1969, 10; Grossmann–Schäfer, AAA 2, 1969, 349; Grossmann in: Führer (1975) 47.

deutet darauf hin, daß man die obere Kammer zur offenen Burg hin wirksam verschließen wollte, aber gleichzeitig bestrebt war, ihre Verbindungsöffnung zum Inneren des Baues 1 so groß wie möglich zu halten. Im vorliegenden Fall liegt die Nordwand von Bau 1 mit ihrer Außenflucht nahezu bündig mit der Nordlaibung der Kammer. Man darf mutmaßen, daß die mykenischen Bauleute diese Wand lieber etwas weiter nördlich errichtet hätten, wenn sie die Nähe des Syrinxeingangs nicht daran gehindert hätte.

Im gleichen Sinne scheint man auch die ungünstigen Niveauverhältnisse in Kauf genommen zu haben. Wenigstens hätte eine Angleichung des Bodens in Bau 1 an das Niveau der Kammern nachteilige Konsequenzen an anderen Stellen gehabt. Es wird sich bei Fortgang der Grabungen zeigen, ob sich diese Beobachtungen in der Beziehung zwischen den Kammern Kw 10 und Kw 11 und den ihnen vorgelagerten Räumen von Bau 1 bestätigen.

In welcher Weise die Kammer über R 1 genutzt worden war, ist nicht mehr festzustellen[147]. Immerhin kann eine gewisse Klärung dieser Frage erwartet werden, wenn die Funktion von Bau 1 selbst bestimmt sein wird.

Beobachtungen zur Baukonstruktion: In seiner baulichen Ausführung läßt der Bau 1 eine Reihe von gerade für den mykenischen Bruchsteinbau interessante bautechnische Eigentümlichkeiten erkennen. Bereits bei einer früheren Gelegenheit wurde auf die auch bei einigen anderen Tirynther Bauten anzutreffende Gewohnheit hingewiesen, die inneren Trennwände mit den äußeren Umfassungsmauern – wenigstens in der Fundament- beziehungsweise Sockelzone – nicht im Verband auszuführen[148]. Als neues Beispiel ist jetzt die Südwand von R 2 hinzugekommen, die deutlich ebenfalls stumpf an die östliche Außenwand des Gebäudes anstößt *(Taf. 47,2)*. Offensichtlich hat man sich in mykenischer Zeit um die innere räumliche Gliederung eines Bauwerks erst bei einem zweiten Bauabschnitt, wenn der Verlauf der Außenwände festlag, intensiver gekümmert und im gleichen Sinn auch die inneren Trennwände erst zu einem späteren Zeitpunkt eingezogen. Erst in der Zone des über diesen Sockelmauern wohl in jedem Fall folgenden Ziegelmauerwerks ist mit einem durchgehenden Verband zu rechnen. In dieser Zone bringt eine organisatorische Scheidung zwischen der Ausführung der Innen- und Außenwände keinen Gewinn mehr.

Die außerordentlich starken Außenwände[149] wie auch die diesen nur um geringes nachstehenden Innenwände sind unmittelbar auf dem Felsen gegründet. Die oben erwähnte, im Bereich der Räume R 1 und R 2 bis auf den Felsen hinabgetriebene Sondage[150] ergab darüber hinaus, daß bei Anlage des Baues das gesamte innere Areal – wenigstens in der bisher erfaßten Ausdehnung – bis auf den Felsen freigelegt haben muß. Es ist jedoch bisher nicht sicher zu entscheiden, ob diese Ausschachtung des Geländes nur für den Zweck der Anlage von Bau 1 stattgefunden hat. Auch wenn die Absicht bestand, alle Wände unmittelbar auf den Felsen zu gründen, was bei wichtigeren Bauanlagen der mykenischen Zeit offenbar die Regel war, so hätte doch der partielle Aushub einzelner Fundamentgräben vollauf genügt[151].

---

[147] Die Herdstelle im Boden der Kammer gehört erst einer späteren Benutzungszeit an.

[148] Tiryns V 48 Anm. 53.

[149] Zu den Wandstärken mykenischer Bauten: Tiryns V 48 f. Anm. 55.

[150] S. 156.

[151] Daß der Fels überhaupt nackt war und nicht erst freigegraben werden mußte, ist dagegen aufgrund der höher gelegenen frühhelladischen Siedlung im Osten unwahrscheinlich.

Denkbar ist daher, daß das Gelände bereits im Zusammenhang mit dem Bau der Burgmauer auf einer großen Fläche freigelegt worden war, so daß diese für die Gründung des Hauses nur geringfügig erweitert zu werden brauchte. Auf jeden Fall sind spezielle Ausschachtungen jedoch auch für Bau 1 durchgeführt worden, denn seine Ostwand kollidiert auf eigentümliche Weise mit einem älteren, bereits der frühhelladischen Zeit entstammenden Wandzug 108[152]. Sicher wäre dieses nicht geschehen oder hätte sich in anderer Weise ausgewirkt, wenn der Wandzug 108 bereits bei Baubeginn von Bau 1 sichtbar gewesen wäre.

Die Ausführung der Mauerzüge im einzelnen ist sehr unterschiedlich. Generell sind in den Außenwänden größere Steine zur Verwendung gelangt als in den inneren Trennwänden. Erstere weisen sogar noch in den oberen Lagen zahlreiche Steinblöcke auf, die 80 cm und mehr lang sind. Vorzugsweise wurden Blöcke dieser Art als Binder eingesetzt, die damit bis über die Mitte der Mauer in den Verband einbinden *(Beil. 2,3)*. Aus sehr großen Steinen ist ferner die Nordostecke des Gebäudes ausgeführt *(Taf. 42,2)*.

Die in den inneren Trennwänden verbauten Steine haben dagegen wesentlich geringere Abmessungen. Auch die sehr häufig auftretenden Bindersteine, deren Verwendung damit als die bevorzugte Verbandsform dieser Mauern zu gelten hat, reichen nur selten bis an die Wandmitte heran. Das innere Kernmauerwerk der Wand ist sogar aus noch kleineren Steinen gefügt *(Beil. 1,3)*.

Bemerkenswert ist ferner der Aufbau der Wände in der Vertikalen. Am klarsten sind die Verhältnisse in der Nordwand des Baues *(Taf. 38,1; Beil. 2,1)*. Die Mauer setzt sich aus zwei Aufbauzonen zusammen, die durch die Größe der in ihnen zur Verwendung gelangten Steine deutlich voneinander unterschieden sind. Die untere Zone ist aus außerordentlich großen Blöcken erbaut und endet nach oben in einer genäherten Horizontalen. Am westlichen Anfang, in unmittelbarem Anschluß an die Burgmauer steht sie drei Steinschichten hoch an. Nach Osten laufen diese Schichten jedoch jeweils an dem allmählich ansteigenden Felsen aus, um zum Schluß gänzlich zu verschwinden. Für den konstruktiven Aufbau hat diese Zone daher als eine Art Ausgleichsbank zu gelten. In der Tat tritt sie in ihrem unteren Teil gleichzeitig auch auf der Innenseite um 35 bis 55 cm gegenüber der oberen Wandflucht vor *(Beil. 2,3)*. Erst die dritte Steinlage, die bereits verhältnismäßig weit nach Osten geführt ist, verläuft mit dem oberen Wandaufbau bündig.

Auf der Innenseite der Mauer sind in dieser Ausgleichsbank nicht mehr die gleichen Steingrößen verwendet worden. Die Großsteine stützen also das Fundament in erster Linie nach außen ab, sind sonst aber mit kleinerem Material hinterfüttert. Im gleichen Sinn liegt auch die Oberkante der zum Innern vortretenden Partien der Bank etwas tiefer als die der entsprechenden Steinschichten in der Außenseite, woraus für die Oberfläche eine leichte Neigung nach innen zu erschließen ist.

Die über dieser Bank folgende Aufbauzone hat als die eigentliche Sockelzone der Wand zu gelten. Sie ist vier Steinlagen hoch geschichtet und reicht mit ihrer Krone um rund 140 cm über den Fußboden in R 1 hinaus. Der Steinverband läßt sich in dieser Zone auch in der Ost-

---

[152] S. 95 sowie Anm. 195

wand verfolgen und entspricht bester mykenischer Mauertechnik mit großen nach Möglichkeit bis über die Wandmitte hinaus in den Verband eingreifenden Fassungssteinen auf beiden
Seiten *(Beil. 2,3)*. Die Steine, von denen mehrere – wie bereits erwähnt – 80 cm und mehr lang
sind, sind derart groß, daß sie mit ihrer Breite die halbe Wandstärke erfassen und damit als
Läufersteine verwendet werden konnten. Sie wurden in einer Weise versetzt, daß ihre jeweils
beste, das heißt weitgehend ebenflächige Seite an die Außenseiten der Wand gelangte. Nur
solche Steine, die keine derartigen Flächen besaßen, kamen als Binder zur Anwendung. Auf
diese Weise wurde die überall beim mykenischen Bruchsteinmauerwerk erkennbare Forde-
rung, den Verband nach außen hin so geschlossen wie möglich zu gestalten, am besten er-
füllt. Kleinere Steine können bei ungünstiger Belastung leicht nach außen gedrückt werden.
Sie wurden daher vorzugsweise im Inneren der Wände verwendet, wo eine derartige Gefahr
nicht bestand. Sie füllten dort die zwischen den Fassungssteinen verbliebenen Zwickel aus.

Als Verfugungsmasse diente in beiden Aufbauzonen der Außenwände ein Lehm-Erd-
gemisch[153], das offenbar in einem breiigen Zustand eingebracht wurde, denn auch die klein-
sten Hohlräume sind damit voll ausgefüllt.

Die etwas schmaleren inneren Trennwände sind ebenfalls bis auf die Felssohle gegründet. Ihre Fundamente laufen unter den Türen und Durchgängen – wie allerdings bisher nur
bei dem Zugang von R 1 festgestellt werden konnte – in voller Breite durch. Sonst sind sie gegenüber den Außenwänden erheblich nachlässiger ausgeführt. Auf die geringeren Steingrößen wurde bereits hingewiesen. Obgleich diese Mauern eine geringere absolute Wandstärke
besitzen, greifen auch die größten Steine nur knapp bis an die Wandmitte in den Verband
hinein. Die seitlichen Fassungssteine mußten daher ausschließlich als Binder verbaut werden. Darüber hinaus fiel bei der Ausschachtung der Sondagen in den Räumen R 1 und R 2 die
Lockerheit des Verbandes auf. Waren die Außenwände mit einer Verfugung von Lehm und
Erde dicht verschlossen, so waren in den beiden bisher sichtbaren inneren Trennwänden –
vor allem in deren unterer Zone – alle Steine mehr oder weniger lose aufeinander gesetzt. Sie
weisen demzufolge zahllose Hohlräume auf. Es ist undenkbar, daß das eventuell einst vorhandene Verfugungsmaterial nachträglich ausgewaschen ist, denn dann hätte das gleiche
auch bei den Außenwänden geschehen sein müssen.

Schließlich fehlt den Innenwänden eine klare bauliche Trennung zwischen dem Fundament und dem über das Fußbodenniveau hinausreichenden Sockel. Der Unterschied ist
vielmehr mittelbar, indem sich ihre Erbauer bei ersterem eine nachlässigere Ausführung er-
laubten. So ist deutlich zu erkennen, daß man in der Fundamentzone auf eine genaue Einhaltung der Wandfluchten nur wenig achtete. Jede Steinlage scheint ihre eigene durchaus nicht
geradlinige, sondern sich hin- und herwindende Flucht zu haben, die einmal vor- einmal zu-
rückspringt *(Beil. 2,3)*. Erst oberhalb des Fußbodens, also im sichtbaren Teil der Mauer,
hört dieses Spiel auf und die festgelegten Wandfluchten werden in allen Schichten eingehal-
ten.

---

[153] Die Feststellung von W. Dörpfeld in: Schliemann, Tiryns 289 f., daß die aus Bruchsteinen hergestellten Fundamente ohne Verwendung von Mörtel erbaut wären, trifft – abgesehen von ganz wenigen Ausnahmen, zu denen auch die Innenwände von Bau 1 gehören –
nicht zu. In den Beispielen auf die sich seine Bemerkung stützt, scheint das Verfugungsmaterial später ausgewaschen zu sein.

2. Die Wände 74, 73 und 64

Zu den ältesten sich nach der Zerstörung von Bau 1 in beziehungsweise über ihm einnistenden Bauten gehört die in nordsüdlicher Richtung verlaufende Wand 74 *(Taf. 42,1; Beil. 1,3* Planquadrat O/51c), deren Sohlhöhe auf dem bisher freigelegten Abschnitt von rund 320 cm Länge ziemlich einheitlich bei 14,30 bis 14,35 m NN liegt[154]. Ihr derzeitiges Ende im Norden wurde bereits im Jahr 1965 festgestellt und erhielt damals die Bezeichnung »Mo«[155]. Bei der gleichen Gelegenheit war auch ihre Bauweise mit verhältnismäßig kleinen, gelegentlich sogar rundlichen Feldsteinen aufgefallen. Die Steine reichten trotz der geringen Wandstärke von rund 45 cm nur vereinzelt bis an die Mauermitte heran.

Mit großer Wahrscheinlichkeit stand diese Wand im Zusammenhang mit einem im Jahr 1913 von Dragendorff freigelegten, heute allerdings nicht mehr existierenden Mauerzug, den dieser als Mauer (12) bezeichnete *(Beil. 2,3)* [156]. Der genannte Mauerzug verlief in ostwestlicher Richtung. Ein unmittelbarer Anschluß an unsere Mauer 74 ist zwar nie beobachtet worden[157], doch stimmt jene nach den von Dragendorff mitgeteilten Maßen für die Breite und Sohlhöhe[158] derart auffällig mit der Mauer 74 überein, daß die Zusammengehörigkeit kaum einem Zweifel unterliegt.

Die Mauer (12) lief sich an der Ostwand von Bau 1 tot[159] und scheint damit deren Existenz noch vorauszusetzen. In der Tat ragt die Ostwand von Bau 1 an mehreren Stellen auch heute noch höher hinauf als die derzeitige Oberkante der Mauer 74. Man darf daher annehmen, daß der Bau 1 bei Anlage beider Mauern zu einem beträchtlichen Teil noch aufrecht stand. Zwangsläufig können jene Mauern[160] noch nicht ein selbständiges Gebäude gebildet haben. Vielmehr scheint es sich bei ihnen um eine spätere Nachbenutzungsphase von Bau 1 mit einer neuen inneren Raumaufteilung zu handeln[161].

Ein Fußbodenniveau für diese jüngere Ausbauphase wurde bei 14,30 m NN in der Erdbank unter der Wand 75 (Planquadrat O/51c) festgestellt. Es besteht aus einem teilweise rötlich verfärbten Aschenstreifen, der sich mit Unterbrechungen bis an die Burgmauer hinzieht *(Taf. 42,1)*.

Etwas jünger ist nun die mit einer Stärke von rund 95 cm bemerkenswert breit angelegte Mauer 73 *(Beil. 1,3* Planquadrat N/51d), die mit einer Entfernung von rund 105 cm westlich

---

[154] Älter ist nur die heute nicht mehr nachweisbare ostwestlich verlaufene Mauer (13), die Dragendorff 1913 im Nordostteil von R 2 bei einem Abstand von 105 cm von der Nordwand festgestellt hat. Ihre Oberkante lag nach den auf Meereshöhe umgerechneten Angaben von Dragendorff bei 13,87 m NN, s. Zeichnung Inv. Nr. 1307. Vermutlich gehört zu ihr der 1965 in Zusammenhang mit der Südwandbereinigung des Grabenabschnitts I/1 von J. Schäfer beobachtete Scherbenboden bei 14,10 m NN (Tiryns V 58 Taf. 32,2.3 Beil. 12).

[155] Tiryns V 59 Taf. 32,1 Beil. 12,I/1 Südprofil. Die bei der gleichen Gelegenheit mit „Mw" bezeichnete Steinkonzentration hat sich dagegen als örtliches Steinnest herausgestellt.

[156] Vgl. Zeichnung Inv. Nr. 1307. 1308. Die Mauer (12) wurde in *Beil. 1,3* nach den Maßangaben von Dragendorff eingestrichelt.

[157] Das Westende der Mauer (12) war zur Zeit von Dragendorff durch die heutige Mauer 75, S. 163 ff., verdeckt, die sich damals noch weiter nach Norden erstreckte.

[158] Die Höhenmaße sind, auf Meereshöhe umgerechnet, in unsere *Beil. 2,3* eingetragen worden.

[159] Nach einer anderen nicht mit einer Inv. Nr. versehenen Zeichnung endete sie allerdings schon 45 cm vor dieser Mauer, doch ist hier offenbar ein späterer Ausgrabungszustand wiedergegeben.

[160] Zu ihnen scheinen auch die 1972 in den Planquadraten N/50d und O/50c angetroffenen Mauern mit einer Herdstelle und mehreren fast unversehrten Gefäßen (Voigtländer, AAA 6, 1973, 35 Abb. 7.8) zu gehören. Sie wurden dort in die SH III C 1-Phase datiert.

[161] Das gleiche gilt um so mehr für die ältere von Dragendorff angetroffene Mauer (13) und das ihr vermutlich angehörende tiefere Bodenniveau, s. Anm. 154.

der Mauer 74 verläuft. Sie ist etwa 10 cm höher gegründet und besteht aus verhältnismäßig großen Steinen, die mit vielen sehr kleinen Steinen hinter- und unterfüttert sind. Der jetzt recht ungleichmäßige Verlauf der Wand ergibt sich aus dem schlechten Erhaltungszustand, bei dem mehrere, vor allem größere Steine aus der Flucht gedrückt sind.

Ähnlich ist ferner das in gleicher Weise mit vielen größeren aber auch einer Vielzahl von ziemlich kleinen Steinen erbaute Mauerstück 64, das sich im Quadranten O/50b quer über die Ostwand von Bau 1 legt. Mit einer Sohlhöhe bei 14,50 m NN ragt es nur geringfügig höher als die Mauer 73 hinauf. Sonst ist die Mauer 64 jedoch erheblich schwächer ausgeführt als diese.

Bei beiden Mauern ist es in dem bisher ausgegrabenen Bereich nicht möglich, ihnen irgendwelche weitere Mauern zuzuordnen. Immerhin ist auch bei ihnen nicht ausgeschlossen, daß verschiedene Partien des vorangegangenen Gebäudes noch aufrecht standen und damit übernommen wurden. Von diesem älteren Gebäude, das vermutlich nur den Bereich innerhalb von Bau 1 beanspruchte, unterscheidet sich jene spätere Anbauphase jedoch durch die Tatsache, daß durch sie – wie im Bereich der Mauer 64 – die Grenzen des alten Baues verlassen wurden.

3. Der Komplex 65 (= 11) – 82

Mit den beiden Mauern 65[162] und 82[163] im Planquadrat O/50a *(Beil. 1,3)*, deren Sohlhöhe etwa bei 14,70–14,80 m NN liegt, ist nun ein Bebauungsniveau erreicht, das deutlich über den erhaltenen Bestand von Bau 1 hinausragt. Eine Bezugnahme auf diesen Bau ist damit nicht mehr zu erwarten. In bezug auf ihre zeitliche Stellung gehören beide Mauern zum Bebauungshorizont Ho J und sind in die SH III C 1-Phase zu datieren[164].

Die genannten Mauern, von denen die Mauer 65 in nordsüdliche Richtung, die Mauer 82 quer dazu verläuft, erfassen ein Gebäude von mindestens zwei Räumen[165]. Eine ursprünglich bestehende Verbindungsöffnung am Ostende der Querwand 82, die sich bis an den Anschluß der Wand 65 erstreckt, ist später zugesetzt worden[166]. Die durchlaufenden Vertikalfugen, die auf beiden Seiten die Laibungen dieser Öffnung markieren, sind noch deutlich zu erkennen *(Taf. 50,1)*[167]. Das innere Fußbodenniveau scheint bei 14,90–14,95 m NN gelegen zu haben und zeigt hier eine dichte Lage von flachen Steinen. Aussagen über die Größe der Räume sind bei dem gegenwärtigen Stand der Grabung noch nicht möglich.

In handwerklicher Hinsicht sind beide Mauern zwischen 45 und 60 cm stark und mit unterschiedlicher Sorgfalt erbaut. Während an manchen Stellen die Wandfläche vorzüglich

---

[162] Bereits von Dragendorff 1913 aufgedeckt und von ihm mit der Bezeichnung (11) versehen, s. Zeichnung Inv. Nr. 1308.

[163] Nicht zu dieser Wand gehörig ist eine jüngere Mauerecke, die sich direkt über die Mauer 82 legt und in einer Entfernung von 130 cm von der Mauer 65 parallel zur Burgmauer nach Süden abknickt.

[164] S. 123 f.

[165] Ob zum gleichen Komplex auch die Wand 78 gehört, wie oben S. 123 vermutet wird (vgl. Voigtländer, AAA 4, 1971, 404 ff. Abb. 6) konnte bisher nicht endgültig geklärt werden.

[166] S. 123, ferner Voigtländer a.O. 404 Abb. 6.

[167] Ob es in der Wand 65 bei 50 cm in südlicher Richtung vom Anschluß der Mauer 82 entfernt, eine zweite Tür gegeben hat, wie es nach dem Photo *(Taf. 50,3)* den Anschein hat, ist vorläufig unsicher.

ebenflächig ist, ragen an anderen Stellen sehr viele Steinspitzen störend aus dem Verband heraus. Auch die Größe der Steine selbst wechselt überaus stark. Beispielsweise treten entlang der Innenfläche der Wand 65 sehr viele flache Steine auf, die sonst nur selten vorkommen. Bemerkenswert ist ferner der Verlauf dieser Mauer. Von allen im vorliegenden Grabungsgebiet bisher angetroffenen Mauern bildet sie die einzige, die verhältnismäßig weit aus der Parallelrichtung zur Burgmauer ausschert *(Beil. 1,3)*.

Es hat den Anschein, daß es sich bei diesem Komplex um den Restbestand eines später durch verschiedenartige Neuanlagen nahezu gänzlich zerstörten Gebäudes handelt[168]. Die Reste haben sich nur dort erhalten, wo sie der jüngeren Bebauung nicht im Wege lagen. Ob in den bisher noch stehen gelassenen Erdstegen weitere Mauerpartien dieses Gebäudes enthalten sind, wird sich bei Fortgang der Grabung erweisen.

4. Das Gebäude 75–76–81

Zu einem zweiten Gebäude, das sich über Bau 1 nachweisen läßt und zugleich die Zerstörung des älteren Komplexes 73–74–(12) voraussetzt, gehören die Mauerzüge 76, 81 *(Beil. 1,3* Planquadrate: N/50b–O/50a)* und 75 (Planquadrat: O/51c), deren Sohlhöhe etwa zwischen 14,65 und 14,85 m NN liegt. Die beiden in ostwestlicher Richtung verlaufenden Wände 76 und 81 flankieren einen schmalen Korridor, der fast axial in die an seinem Westende befindlichen Burgmauerkammer Kw 10 einmündet *(Taf. 41,1; 51,1)*. Beide Mauern dürfen daher zur gleichen Bauanlage gehören. Die Mauer 75 zweigt von der Mauer 76 nach Norden ab und konnte von Dragendorff noch um etwa 1,4 m weiter als heute nach Norden verfolgt werden[169]. Ferner gehört zu dem sicheren Bestand dieses Gebäudes ein kurzer Wandfortsatz 76a an der Nordseite der Mauer 76. Zusammen mit den Mauern 75 und 76 scheint er einen Binnenraum zu umgrenzen.

Alle übrigen Bestandteile des Gebäudes stehen dagegen mit dem genannten Kernstück nicht mehr in Verbindung. Dennoch ist es berechtigt, nach weiteren möglichen Anschlußwänden Ausschau zu halten. In Frage kommen vor allem zwei weiter nördlich im Planquadrat N/51d gelegene Mauerzüge 55 und 56, die bereits bei früheren Grabungen freigelegt worden waren[170]. Beide sind zwar um etwa 10 bis 20 cm tiefer gegründet, doch entspricht diese Differenz dem allgemeinen auch bei den übrigen Wänden feststellbaren Gefälle nach Norden[171].

Die Mauer 56 hatte sich nur als ein kurzes, eine Steinlage hohes Mauerstück oberhalb der Südwand von R 1 im Bau 1 erhalten und wurde 1965 zugunsten der weiteren Klärung von Bau 1 geopfert[172]. Die Mauer 55 verläuft etwa parallel zu den Mauern 76 und 81 und liegt di-

---

[168] Vor allem scheint der Komplex 75–76–81 erheblich zu seiner Zerstörung beigetragen zu haben. S. 163 ff.

[169] s. Zeichnung Inv. Nr. 1308. Nach dieser Zeichnung läuft sie bei rund 2,10 m Abstand von der Nordwand von Bau 1 in einen stehengelassenen Erdsteg aus. Merkwürdigerweise hat ihr Dragendorff keine Bezeichnung zugeteilt.

[170] Tiryns V 48 Anm. 51 Beilage 11; Taf. 31,1.

[171] Die Mauer 60 überwindet mit ihrer Gründungssohle innerhalb des entsprechenden Bereiches auf einer Länge von rund 7 m sogar einen Höhenunterschied von mehr als 40 cm.

[172] Ein weit vortretender Stein dieser Wand 56 ist auf dem Photo bei Verdelis, Delt 19, 1964, Chron Taf. 116,5.6 sichtbar. Die wenigen noch erhaltenen Steine lassen zunächst auf eine andere mehr nach Norden gedrehte Flucht schließen. Für die Rekonstruktion ihres

rekt auf der Nordwand (Wand 51 = [10]) von Bau 1 auf [173]. Heute bricht sie ungefähr in Höhe der inneren Trennwand zwischen R 1 und R 2 ab. Lediglich die für sie wegen der Ausbruchstelle in der Nordwand von Bau 1 bereits in mykenischer Zeit hergestellte Unterfütterung setzt sich noch um etwa 1,0m nach Osten fort[174]. Dagegen scheint Dragendorff 1913 von dieser Mauer noch erheblich mehr angetroffen zu haben. Auf seinen ersten Zeichnungen, die die Grabungen in diesem Gebiet in ihrem Anfangsstadium zeigen[175], ist die Fortsetzung der betreffenden Mauer mit entsprechenden Niveauangaben klar gekennzeichnet, und erstreckt sich nach Osten bis dicht an die Innenflucht der Ostwand (Wand 52 = (10)) von Bau 1. Auf den jüngeren Zeichnungen ist diese Fortsetzung allerdings dann nicht mehr eingetragen[176]. Offenbar war sie in der Zwischenzeit abgestürzt, denn sie scheint – eine gleichbleibende Grabungssohle vorausgesetzt – auf einer bei den Grabungen eigens für sie stehen gelassenen Erdbank gelegen zu haben, da die erhaltene Oberkante der unter ihr befindlichen Nordwand von Bau 1 in diesem Abschnitt etwa 80cm tiefer liegt[177].

Die von Dragendorff noch festgestellte Ausdehnung der Mauer 55 setzte sich um mehr als 1m über die Ostflucht der Mauer 75 nach Osten fort. Folglich kann es sich bei letzterer – wenn die angenommene Zusammengehörigkeit beider Mauern zutrifft – nicht um eine Außenwand handeln. Eine solche ist vielmehr noch weiter östlich zu suchen.

Wenigstens mittelbar ergibt sich ein ähnlicher Schluß auch aus dem überlieferten Bestand der älteren Mauer 65. Gerade auf der Höhe der Mauer 81 ist diese äußerst stark zerstört (Taf. 46,1; 51,1), was – sucht man nach Gründen – durch die Mauer 81 verursacht sein kann. Daraus darf geschlossen werden, daß auch diese sich einst weiter nach Osten ausgedehnt hat. Vielleicht ist die Anlage dieses Gebäudes sogar der unmittelbare Anlaß zur Vermauerung der Tür in der Wand 82 gewesen[178].

Im Osten bietet sich nun in erster Linie die Mauer 60 (Beil. 1,3; 3,2) als möglicher Ostabschluß des Gebäudes an[179]. Die Wand ist ebenfalls bereits von Dragendorff festgestellt worden[180] und führte bei ihm die Bezeichnung „(9)". Abgesehen von einem stärkeren Abfall im Norden weist diese Mauer eine mit dem Gefälle der Mauern 81 und 75 weitgehend übereinstimmende Sohlhöhe auf. Sie verläuft mit einigen Krümmungen ungefähr parallel zur

---

Verlaufs muß man sich jdoch vor Augen halten, daß an die Burgmauer niemals eine derart schräg verlaufende Mauer angeschlossen haben konnte.

[173] s. Tiryns V Taf. 31,1. Durch die 1968 leider nicht ganz gelungenen Konsolidierungsmaßnahmen ist sie über der heutigen Mauerkrone der Außenwand von Bau 1 nicht mehr zu erkennen (Jantzen u.a., AA 1969, 8f. Abb. 5 bzw. 6: vor und nach den Konsolidierungsarbeiten).

[174] Tiryns V Beil. 11.

[175] Zeichnung Inv. Nr. 1307; eine zweite Zeichnung, die die Grabung in einem etwas fortgeschrittenen Stadium zeigt und vor allem auch die übrigen drei Schnitte B bis Δ entlang der westlichen Burgmauer enthält, ist nicht mit einer Inv. Nr. versehen.

[176] Zeichnung Inv. Nr. 1308. Die Inventarisierung wurde später durchgeführt, die Numerierung entspricht damit nicht der zeitlichen Aufeinanderfolge der Zeichnungen.

[177] Die Frage, ob bei Anlage der genannten Wand das Terrain an dieser Stelle bereits zu solcher Höhe angewachsen war, beeinflußt entscheidend die Rekonstruktion des späteren Zugangsweges zu den Syringes, denn diese sind nach dem keramischen Befund in dem Verfüllungsmaterial (Tiryns V 44) bis über die mykenische Zeit hinaus benutzt worden. Vermutlich lag der Zugang seit der SH III C 1-Phase im Norden, denn dort konnte eine entsprechende Bebauung bisher nicht nachgewiesen werden. Übereinstimmend mit dieser Vermutung ragen dort die spätesten mykenischen Schichten besonders tief hinunter.

[178] S. 162.

[179] Dagegen allerdings Voigtländer S. 99f.

[180] Zeichnung im DAI Athen ohne Inv. Nr. Aus den Plänen von Dragendorff geht hervor, daß der große Ostwestgraben A später entlang der Westseite dieser Mauer nach Süden und Norden erweitert wurde.

Mauer 75 und endet im Süden etwa auf der Höhe der Verlängerung von Mauer 81. Ein größerer hier am Fuß der Wand nach Westen vortretender Stein deutet sogar auf eine Ecke an dieser Stelle hin. Ähnliches gilt ferner für das Nordende der Mauer 60, wo ein genau in Höhe der Verlängerung der Mauer 55 befindlicher Ausbruch auf den Verlust einzelner hier nach Westen anschließender Bauteile schließen läßt[181]. Die leicht abknickende nördliche Fortsetzung 101 gehört dagegen nicht mehr zu dieser Wand sondern ist jünger[182].

In grundrißlicher Hinsicht ergibt sich aus den beschriebenen Mauern ein zusammenhängendes Gebäude, das im Innern zwei gleich breite und in ostwestlicher Richtung hintereinandergesetzte Binnenräume enthält. Der größere, im Osten gelegene Raum läßt sich zu einem nahezu quadratischen Grundriß ergänzen und bildet in dieser Gestalt offenbar den Hauptraum. Wesentlich kleiner ist der hintere Raum, der unmittelbar an die Burgmauer angrenzt. Beide Räume waren vermutlich durch eine breite Öffnung verbunden. Ferner sind sie auf drei Seiten von einem Korridor umgeben, der auf jeder Seite eine andere Gangbreite hat. Am breitesten ist der Ostgang. Vielleicht übernahm er zugleich die Funktion eines Vorraumes. Die beiden in ostwestlicher Richtung geführten seitlichen Korridore vermitteln den Zugang in die Burgmauerkammern Kw 10 und Kw 11. Besonders deutlich ist dieser Zusammenhang bei der südlichen Kammer Kw 10, in die der südliche Gang fast axial mündet. Beide Kammern waren also voll in das Raumprogramm des Gebäudes integriert, und vielleicht gehören die in ihnen – vor allem aber in der nördlichen Kammer Kw 11 – angetroffenen Ausbauteile erst dieser Phase an[183]. Im einzelnen handelt es sich bei diesen Ausbauteilen um einen entlang der Innenöffnung der Kammer verlaufenden Mauerzug, der gut im Zusammenhang mit der Mauer 55 als der Ostwand des Gebäudes stehen könnte. Der Boden im Innern der Kammer ist auf einer größeren Fläche noch intakt und besitzt etwa in der Mitte eine mit Scherben verfestigte Stelle, die anhand der noch sichtbaren Verbrennungsspuren sich deutlich als Herd- oder Feuerplatz zu erkennen gibt[184].

Aufgrund des allgemeinen Zustandes der Wände, die durchweg recht unordentlich gesetzt sind und nirgends eine genaue Flucht einhalten[185], dürfte es sich bei ihnen um die unsichtbar im Boden verborgenen Fundamente handeln. Insbesondere gilt dieses für die Mauer 60, die tief in die zum Bebauungshorizont Ho H gehörige Schicht 4 eingegraben ist, während sie selbst – wenn ihre Zuweisung zum Verband der Mauern 76 und 81 zutrifft – jünger als die zum Horizont J gehörige Mauer 65 sein muß. Türen können folglich nicht festgestellt werden. Wenigstens sind Unterbrechungen in den Fundamentzügen kein eindeutiges Indiz für eine Tür. Bedauerlicherweise ließen sich auch keine Fußbodenanschlüsse nachweisen. Vermutlich bestand der Boden aus einer einfachen festgetretenen Erddecke, die sich im Gelände nicht abbildet. Immerhin kann man das Fußbodenniveau näherungsweise bei 14,90 bis

---

[181] Unklar ist dagegen eine sehr unregelmäßige Vorlage auf der Westseite der Mauer 60 etwa auf der Höhe, wo heute die Mauer 75 endet (Beil. 3,2). Eine Querwand an dieser Stelle würde den zwischen beiden anzunehmenden östlichen Korridor in zwei ungefähr gleich lange Abschnitte unterteilen.

[182] Ähnliches gilt vermutlich auch für einen Mauerzug, der im Jahr 1972 freigelegt wurde und etwa rechtwinklig nach Osten abzweigt, s. Voigtländer, AAA 6, 1973, 28 ff. Abb. 2.

[183] Eine Zuweisung aufgrund der Keramikdatierung ist bisher nicht möglich, da nach dem derzeitigen Stand der Grabung alle drei bisher besprochenen Nachbesiedlungshorizonte über Bau 1 in die Phase SH III C 1 zu datieren sind.

[184] Ähnlich ausgebildete Herdstellen wurden bereits an mehreren Stellen in Tiryns gefunden: Tiryns V 16.50 Taf. 20,2; 32,2.3.

[185] Merkwürdigerweise bestehen sogar noch Unterschiede in der Ausführung der Innenwand 76 und der Außenwand 81.

15,00 m NN annehmen. Einer derartigen Kote entspricht die Höhe der innerhalb des Gebäudes noch anstehenden älteren Baureste, die von dem Boden verdeckt sein sollten. Im Nordteil des Hauses könnte das Bodenniveau entsprechend dem Geländeabfall etwas tiefer gelegen haben. Für den Bereich außerhalb des Gebäudes läßt sich das Geländeniveau nicht sicher erschließen. von Bedeutung ist vor allem die Frage, ob das ältere im Süden gelegene Haus, 65–82 noch in Benutzung war.

In zeitlicher Hinsicht gehört das relativ ausgedehnte Gebäude vor den beiden Mauerkammern Kw 10 und Kw 11 zum Bebauungshorizont Ho J und kann damit frühestens in der SH III C 1-Phase errichtet worden sein. In dieser Zeit ist die Tür in der älteren Wand 82 verschlossen worden[186], was vielleicht mit der Anlage des Gebäudes 75–76–81 in einem ursächlichen Zusammenhang stand. Der gleichen Zeit gehören auch die Scherben an, die zur Verfestigung der Feuerstelle in den Boden der Mauerkammer Kw 11 eingesetzt worden waren[187].

5. Das Haus 83–85–91 („Hanghaus")

Das aus den zusammenhängenden Mauern 83, 85 und 91 (*Beil. 1,3* Planquadrat: O/50b–d) gebildete Gebäude wird von keinem einzigen jüngeren Mauerzug gestört und ist damit weitgehend intakt auf uns gekommen. In seinem bisher festgelegten Umfang beschreibt das Haus einen auf der Ostseite vorläufig nicht umschlossenen Grundriß, der in seiner Form nach Nordwesten leicht parallelogrammartig verzogen ist. Wegen der zudem nach Westen verhältnismäßig steil abfallenden Lage (im Mittel: 17 cm auf 1 m) wurde das Haus als „Hanghaus" bezeichnet[188]. Sicherlich ergab sich diese Neigung durch die Gestalt des ehemaligen Terrains[189], das zur Burgmauer nach Westen stärker abfiel und auf das die Mauern des Hauses einfach aufgesetzt waren. Ob der Boden im Inneren des Baues in einer Horizontalen ausgeglichen war, ließ sich nicht feststellen, ist aber auf Grund der Einfachheit der gesamten Anlage unwahrscheinlich.

Bautechnisch ist das Haus mit verhältnismäßig schwachen Wänden ausgeführt. Ihre Breite schwankt zwischen 35 und 45 cm. Ebenso ist die Höhe gering. Bei der Freilegung fiel darüber hinaus die außerordentliche Kleinteiligkeit des Mauerwerks auf *(Taf. 49,1.2)*. Es schien ausschließlich aus kleinen Steinen und Scherben gefügt zu sein. Der weitere Verlauf der Grabung ergab indessen, daß es sich hierbei um die aus kleineren Stücken hergestellte Ausgleichsschicht für das Auflager des für den oberen Aufbau zur erwartenden Trockenziegelmauerwerks handelt. Diese Ausgleichsschicht hat sich damit hier – was sonst selten der Fall ist – fast vollständig erhalten[190]. In den unteren Lagen der Mauern sind durchaus größere Steine verwendet worden, wenn sie auch im Mittel kleiner als bei den übrigen Bauten sind. So weit ferner zu erkennen ist, ist der Verband ziemlich nachlässig ausgeführt.

---

[186] S. 123; ferner Voigtländer, AAA 4, 1971, 404.

[187] Anm. 143.

[188] S. 121 f.; Voigtländer, AAA 4, 1971, 404 Abb. 6. Verwiesen sei hier zugleich auf den Bericht über die folgende Kampagne: ders., AAA 6, 1973, 28 ff., in der auch der Anschluß der noch fehlenden Ostwand freigelegt wurde: ders. a. O. 34 Abb. 4.

[189] Auch Voigtländer, AAA 4, 1971, 404.

[190] Eine ähnliche kleinteilige Deckschicht wurde 1965 über der Trennwand zwischen R 1 und R 2 von Bau 1 festgestellt und dort ebenfalls als Ausgleichsschicht für das zu ergänzende Trockenziegelwerk angesehen.

In seiner zeitlichen Stellung gehört das Gebäude zum Bebauungshorizont Ho H und ist damit in der Anlage älter als die beiden weiter westlich gelegenen Komplexe 75–76–81 und 65–82.

6. Der Gebäudeteil 63–80–121

Die beiden östlich vom Bau 1 im Planquadrat O/51d gelegenen Mauern 63 und 80 *(Beil. 1,3)* gehören noch in die frühhelladische (FH II) Zeit[191]. Die gleichartige Mauertechnik wie ihre räumliche Beziehung zueinander lassen darüber hinaus erkennen, daß sie zwei zusammengehörige Teile ein und desselben Gebäudes sind. Sie bezeichnen die Ecken eines Raumes, der durch eine Tür oder einen Durchgang in der Ostwand (Mauer 80) zu betreten ist[192]. Sehr klar ist vor allem die als vortretende Ante ausgebildete Nordlaibung (Mauer 63) dieses Durchganges *(Taf. 45,3)*. Seine beiden Laibungsflächen nehmen derart deutlich aufeinander Bezug, daß eine Beziehung außer Frage steht[193]. Allerdings läßt sich die Mauer 63 nicht sehr weit nach Westen verfolgen. Bereits etwa 35 cm von der Ecke entfernt, ist sie unterbrochen. Es folgt ein unregelmäßig gefügter Mauerblock, der nicht mehr zum Bestand der Mauer 63 gehören kann[194]. Nach dem keramischen Befund entstammt er überhaupt erst der mykenischen Zeit. Er füllt den Bereich bis zu der weiter westlich folgenden Querwand 121, die er zum Teil auch überlagert. Offensichtlich handelt es sich um ein Reparaturstück, mit dem ein Wandausbruch verschlossen wurde[195].

Diese bis auf einige obere Steine ebenfalls der frühhelladischen Zeit entstammende Mauer 121[196] paßt nun aufgrund ihrer Lage sehr gut in den Zusammenhang mit den beiden frühhelladischen Mauern 63 und 80. Sie ist fast ebenso hoch erhalten, etwa gleich stark und verläuft ziemlich genau parallel zur Wand 80. Außerdem ist sie über rund 6,5 m nach Süden zu verfolgen und entspricht damit sehr gut dem Gebäudetyp, wie er aus der großzügigen Anlage der Mauern 63 und 80 zu erwarten ist.

Störend ist allerdings an dieser Kombination, daß die erhaltene Nordostecke der Mauer 121 nicht so recht zu der Wandflucht von 63 paßt *(Taf. 46,1.2)*. Daneben ragt sie mit ihrer Krone weit über die nach Westen abfallenden frühhelladischen Schichten heraus und enthält – was das Entscheidende ist – schließlich selbst auch Einlagerungen mykenischer Keramik. Substantiell kann sie damit kaum mehr der frühhelladischen Zeit entstammen.

[191] S. 96; ferner Voigtländer, AAA 4, 1971, 401 Abb. 5.

[192] Da vor dieser Tür zahlreiche Fragmente eines großen Pithos lagen, hat Voigtländer dieses Gebäude als „Pithoshaus" bezeichnet: ders. a. O. 402.

[193] In dem „house of the tiles" in Lerna, das etwa der gleichen Zeit angehört, sind sämtliche Wanddurchlässe in ähnlicher Weise gestaltet (S. Sinos, Vorklassische Hausformen in der Ägäis (1971) 32f. Abb. 83. 84 mit weit. Lit.). Der Zugang in den Raum 1 von Bau 1 ist dagegen einfacher.

[194] Im Plan *Beil. 1,3* nicht eingetragen.

[195] Ein solches könnte durch die Ausschachtungsarbeiten für den Bau 1 entstanden sein, der in einem spitzen Winkel derart dicht an der Nordwestecke der Mauer 121 vorbeiläuft, daß diese deutlich in Mitleidenschaft gezogen wurde.

[196] Aufgrund der von Osten an sie anstoßenden Erdschichten, die nach der aus ihnen geborgenen Keramik vor dem Ende der SH III B angewachsen sein müssen, ist die Mauer vor der Zerstörung von Bau 1 (Ende SH III B) verschüttet worden. (Voigtländer, AAA 4, 1971, 404; ders., AAA 6, 1973, 34).

Bei Fortgang der Grabung ergab sich immerhin, daß diese Mauer 121 unmittelbar auf eine ältere Mauer 108 aufgesetzt ist, die eindeutig in die frühhelladische Zeit fällt[197] *(Taf. 46,2)*. Zugleich stimmt diese mit jener auch in der Richtung überein. Auf dem entsprechenden Niveau wie die Mauer 108 erstreckt sich in ostwestlicher Richtung (rund 130cm von der Innenflucht der Mauer 63 entfernt) eine zweite fast ebenso breite Wand M 79a *(Taf. 45,2)*, die schließlich gegen eine dritte jetzt wieder in nordsüdlicher Richtung geführte Mauer 79[198] läuft *(Taf. 45,2)*. Letztere führt quer unter dem Wandstück 63 hindurch und läßt sich verhältnismäßig weit nach Norden verfolgen[199].

Auf Grund dieses tieferen Befundes wird es nun ziemlich wahrscheinlich, daß jene mykenische Mauer 121 noch ungefähr die Lage einer frühhelladischen Mauer angibt, sei es, daß sie mit der Mauer 108 in unmittelbarem Zusammenhang stand oder in ähnlicher Weise wie jene später auf dieser aufgesetzt war. Sie braucht nicht einmal bündig mit 108 gewesen zu sein[200]. Nur wenn damit gerechnet werden muß, daß eine westliche Querwand, die aufgrund der Beziehung der beiden Mauern 63 und 80 auf jeden Fall bestanden haben muß, noch weiter westlich gelegen hat, können in dem heutigen Bestand keine Hinweise mehr auf sie enthalten sein. In diesem Fall wäre eine derartige Querwand bei Anlage von Bau 1 vollständig zerstört worden[201]. Nach dem bisherigen Stand der Grabung kann jedoch der Westabschluß dieses frühhelladischen Raumes kaum sehr viel weiter im Westen gelegen haben; denn jede größere Ausdehnung des Raumes in dieser Richtung hätte im Hinblick auf den Geländeverlauf auch größere Substruktionen erforderlich gemacht.

Mit dieser Deutung der Zusammenhänge zwischen den Mauern 63, 80 und 121, darf wenigstens ein Raum dieses frühhelladischen Gebäudes als im ganzen geklärt gelten. Aller Wahrscheinlichkeit nach bildet dieser Raum zugleich den nordwestlichen Eckraum dieses Gebäudes. Wie aus den genannten Gründen eine westliche Außenwand kaum weiter westlich der mykenischen Mauer 121 angenommen werden kann, hat auch die Mauer 63, die vor allem auf ihrer Nordseite aus größeren Steinen gefügt ist, durchaus den Charakter einer Außenwand[202].

In handwerklicher Hinsicht sind für die Ausführung der beiden Mauern 63 und 80 bevorzugt kubische statt längliche Steine verwendet worden. Bemerkenswert sind die vielen Steinspitzen, die vor allem in der Mauer 80 aus den unteren Lagen herausschauen *(Taf. 45,1)*. Offensichtlich war die Wand in dieser Zone einst mit einer starken Putzschicht versehen.

[197] Voigtländer, AAA 4, 1971, 402 Abb. 5.

[198] Voigtländer, AAA 6, 1973, 29f. Abb. 2 sowie oben S. 95, versucht in diesen tiefer liegenden Wänden die Reste eines frühhelladischen Befestigungssystems zu erkennen. Bisher ist jedoch die Beziehung dieser Wände untereinander – inwieweit sie im Verband stehen oder sich nur einfach überlagern – noch keineswegs hinreichend geklärt, um eine derartige Aussage zuzulassen.

[199] Die Mauer 79 überlagert wiederum eine noch ältere Mauer 106, von der bisher jedoch nur ein kurzes Stück sichtbar geworden ist (Voigtländer, AAA 4, 1971, 402 Abb. 5).

[200] Wie in der oben beschriebenen Sondage im Innern von Bau 1 festgestellt wurde (S. 156), liegen unterhalb des Fußbodens nicht einmal die zum gleichen Bau gehörigen Steinschichten genau übereinander.

[201] Beim Bau der Burgmauer und später beim Ausschachten der Baugrube für Bau 1 dürften sämtliche eventuell vorhandenen älteren Reste entfernt worden sein.

[202] Hierzu auch die Ausführungen von Voigtländer (S. 96), der in dem nicht erhaltenen Westteil von Wand 63 einen Eingang rekonstruiert.

Der Verband schließt ab mit einer deutlich kleinteiligen Steinlage. Über dieser konnten noch zwei Lagen des nach oben folgenden Trockenziegelaufbaues nachgewiesen werden[203]. Der erhaltene Bestand dieses Baues reicht damit im Bereich der Wand 80 bis auf die Höhe 15,20 m NN hinauf.

7. Die Wände 70 und 78

Die in Planquadrat O/49–50 (Beil. 1,3) angetroffene Mauer 70 ist auf einem kurzen Stück bereits von Dragendorff in der Sondage III[204] festgestellt worden. Die Mauer war jedoch so stark in sich zusammengefallen, daß sie zunächst nur wie ein langgestreckter und unregelmäßig umgrenzter Steinhaufen aussah (Beil. 3,1). Erst nachdem der Versturz vorsichtig abgeräumt war, klärte sich das Bild. Die Mauer 70 erwies sich als ein durchgehend auf bisher 7 m Länge nachweisbarer Mauerzug[205], der geradlinig ziemlich genau parallel zur Burgmauer verläuft (Taf. 48,1). Nur kurz vor seinem Südende, wo er in der südlichen Grabungswand verschwindet, ist er auf einem Abschnitt von rund 50 cm unterbrochen. Ein dicker Stein, der diese Unterbrechung auf der Nordseite flankiert, macht es jedoch nicht unwahrscheinlich, daß diese Öffnung absichtlich freigehalten wurde. Sonst läßt sich von dieser Wand im wesentlichen nur die östliche Frontseite verfolgen. Vermutlich handelt es sich hierbei um die Außenseite. Die nach Westen gewendete Innenseite ist dagegen sehr stark angefressen. Die Sohlhöhe der Wand wechselt zwischen 14,85 und 15,05 m NN.

Als weiterer Mauerzug, der mit der Mauer 70 in Zusammenhang gestanden haben könnte, kommt die nahezu rechtwinklig zu ihr verlaufende Mauer 78 im Planquadrat O/50c in Frage. Ihre Sohlhöhe konnte allerdings noch nicht festgestellt werden. Ein an sie von Süden heranreichender Lehmboden liegt mit seiner Oberkante bei rund 14,90 m NN[206].

Älter ist dagegen die nicht weit entfernt im Planquadrat O/49a gelegene Wand 88, die nach dem keramischen Befund in die SH III B-Phase zu datieren ist[207]. Sie verläuft ebenfalls ungefähr parallel zur Burgmauer. Ein nach Westen aus der Flucht heraustretender Stein, der vielleicht noch in situ liegt, legt darüber hinaus die Vermutung nahe, daß hier einst eine weitere Wand nach Westen abzweigte. Damit ergeben sich hieraus zwei unmittelbar an die Burgmauer anstoßende Räume.

---

[203] Leider ließen sich diese Ziegellagen nur im Schnittprofil der Grabenwand nachweisen. Durch immer wieder erneut eindringende Feuchtigkeit und zahlreiche feine Pflanzenwurzeln waren sie im Laufe der Zeit derart intensiv mit dem benachbarten Verfugungsmaterial wie auch der substantiell gleichartigen Verschüttung verwachsen, daß das Herauspräparieren einzelner Ziegel nicht mehr möglich war.

[204] Auf einer alten Zeichnung, die allerdings keine Inv. Nr. trägt, hat dieser Graben die Bezeichnung B.

[205] Dagegen Voigtländer, AAA 4, 1971, 404 Abb. 6, der die Versturzmasse als „pflasterähnliches Bankett" deutet.

[206] S. 123; Knell und Voigtländer gehen sogar so weit, beide Teile demselben Bau zuzuordnen. – Sohlhöhe der Mauer 70 im Norden, d. h. im Bodenbereich: 14,95 bzw. 15,02 m NN.

[207] S. 121.

8. Der Raum vor der Kammer Kw 10

Das jüngste und zugleich am höchsten gelegene Gebäude (Sohlhöhe: 15,35–15,50 m NN) innerhalb des bisher freigelegten Areals bildet ein kleines vor der Mauerkammer Kw 10 gelegenes Haus *(Beil. 1,3, Planquadrat N/50b)*, das nach dem stratigraphischen Befund in die Mitte des 5. vorchristlichen Jahrhunderts zu datieren ist[208]. In seiner Anlage besteht es aus einem einfachen Rechteckraum, durch den der innere Bereich der Mauerkammer um etwas mehr als die gleiche Länge in das Gebiet der Unterburg hineingezogen wird *(Taf. 51,1)*.

Der Eingang befindet sich in der östlichen Schmalwand. Von ihm haben sich die südliche Laibung sowie einzelne Blöcke, aus denen die Schwelle gebildet war, erhalten. Die Blöcke selbst sind allerdings stark durcheinandergeschoben, was vermutlich durch nachträgliche Plünderung des Steinmaterials verursacht war.

Beide Seitenwände des Hauses schließen mit ihrer Innenflucht bündig an die Laibungen der Mauerkammer an. Eine innere Querwand auf der Höhe der Kammeröffnung, die den vergrößerten Gesamtraum in zwei Abschnitte unterteilt hätte, scheint es nicht von Anfang an gegeben zu haben. Wenigstens fehlen in der erforderlichen Höhe alle Einbauten, die auf das Vorhandensein einer derartigen Querwand schließen lassen.

Einbauten dieser Art folgen erst auf einem rund 15–20 cm höheren Niveau (Sohlhöhe: rund 15,60 m NN). Sie gehören daher offenbar nicht mehr zum ursprünglichen Bestand, sondern sind erst später eingezogen worden.

Im einzelnen handelt es sich bei diesen Einbauten um Reste einer zum Kammergrundriß schiefwinklig geführten Querwand, die in der Mitte einen schmalen Durchgang freihält. Beide Wandteile sind verhältnismäßig schmal und scheinen folglich nur von geringer Höhe gewesen zu sein. Unmittelbar hinter jedem Wandstück findet sich ein an diese angelehnter, aus kleinen Steinen aufgebauter Trog. Der hinter dem nördlichen Wandstück befindliche Trog hat sich allerdings nur in Rudimenten erhalten *(Taf. 51,2)*.

Die Bauweise des Hauses zeigt gegenüber den mykenischen Bauten einige bemerkenswerte Unterschiede. Während das Hauptanliegen der mykenischen Bauleute darin bestand, für ihre Mauern einigermaßen ebenflächige Frontseiten zu schaffen, wofür sie dann auch unterschiedlich große Steine verwendeten, ist bei diesem späteren Haus mehr auf eine Einhaltung der Horizontalschichtung geachtet worden. Der Verband selbst wurde, wie sich aus der Verteilung gleichartiger Steinformate in durchgehenden Binderreihen ergibt, ziemlich mechanisch versetzt.

Welcher Bestimmung dieses kleine Haus gedient hat, ist vorerst schwer zu entscheiden. Vor allem muß noch der Frage nachgegangen werden, ob ähnliche Häuser auch vor den übrigen Kammern errichtet waren[209].

Peter Grossmann

---

[208] Datierung nach Slenczka S. 175 f.

[209] Weitere Reste einer nachmykenischen Bebauung wurden im Sommer 1972 weiter südlich angeschnitten (Voigtländer, AAA 6, 1973, 34).

D. UNTERSUCHUNGEN ZU DEM GEBÄUDE VOR DER KAMMER Kw 10

Vorbemerkung

In den Planquadraten N/50–O/50 = V 1.2[210], südlich des schon 1965 ausgegrabenen Gebiets[211], waren 1968 die Mauern eines aus einem Raum bestehenden Gebäudes freigelegt worden, das sich an die westliche Burgmauer anlehnt und die an dieser Stelle vorhandene Kammer[212] mitbenutzt *(Beil. 5,1)*[213]. Es war damals aufgrund einer nahe dabei gefundenen römischen Lampe als kaiserzeitlich angesprochen worden[214]. Um seine Datierung sowie seine Beziehung zur noch unausgegrabenen Kammer zu klären, wurde 1971 in der Kammer, im Gebäude selbst und unmittelbar südlich davon gegraben. Da die Schichtenabfolge jeweils verschieden ist, werden im Folgenden die einzelnen Schnitte getrennt beschrieben.

1. N-S-Schnitt südlich des Gebäudes in N/50–O/50 (V1.2)

Südlich von dem Gebäude wurde ein kleiner Teststreifen angelegt *(Beil. 5,1,* N-S-Schnitt), dessen Fläche von ca. 2 mal 3 m aus verschiedenen Gründen leider so klein bemessen war, daß die in ihm gemachten Beobachtungen nicht in einen größeren Zusammenhang gestellt werden konnten. Im Folgenden werden die Grabungsbeobachtungen daher als solche beschrieben.

Bei Grabungsbeginn betrug das Niveau an dieser Stelle 16,80 m NN. Zum Grabungsende war das Niveau von 14,90 m NN erreicht. In einem kleineren Streifen, der bei der Suche nach der Südmauer des Baues 1[215] angelegt wurde, wurde gar bis zum Niveau 14,55 m NN gegraben.

Die unterste Schicht (Schicht 6) wurde nur in dem genannten Teststreifen angeschnitten, der keine weitere Aussagen über den Charakter der Schicht gab. Die wenigen Keramikfragmente, unter denen sich auch solche von schwarzgefirnißten Skyphoi befanden[216], zeigten immerhin, daß die Schicht der Phase SH III C 1 angehört. Sie wurde im Niveau 14,90 m NN durch einen Laufhorizont abgedeckt.

Darüber lag Schicht 5, die aus dunklerem Lehm bestand. Lediglich im Südteil der Fläche war sie durch eine Störung unterbrochen. Schwarzgefirnißte Skyphoi (Kat. Nr. 10.13 *Taf. 36*), eine mit Streifen verzierte einhenkelige Tasse (Kat. Nr. 7 *Taf. 36*) sowie zwei mit Streifen verzierte Schalen (Kat. Nr. 15.16 *Taf. 36*) datieren diese Schicht in die SH III C 1-Phase.

---

[210] Vgl. Tiryns V Beil. 9.
[211] Ebd. S. 41 ff.
[212] AA 1967, 95 f.
[213] Vgl. Baubeschreibung von P. Grossmann S. 170.
[214] Tiryns V 97.
[215] Tiryns V 48 f.; vgl. auch AAA 4, 1971, 401.
[216] Vgl. die Skyphoi Kat. 10.11.13.14 *(Taf. 36)*.

Im Niveau 15,25 bis 15,18m NN wurde die Schicht 5 im Süden in der ganzen Breite durch eine harte Lehmfläche abgedeckt[217], die etwa 1m nördlich des südlichen Grabungsrandes durch eine Störung begrenzt wurde[218]. Nördlich von dieser Fläche war keinerlei Verhärtung festzustellen. Darüber und im nördlichen Teil unmittelbar auf Schicht 5 lag heller Lehm in einer Stärke von 20 bis 30cm. Mit Wellenlinien und Fingereindrücken dekorierte Pithosfragmente (Kat. Nr. 1–3 *Taf. 70,1*), eine zweihenkelige Amphora (Kat. 4 *Taf. 36*), Fragmente einer Hydria (Kat. Nr. 4a *Taf. 70,3–4*), schwarzgefirnißte Skyphoi (Kat. Nr. 11.14 *Taf. 36*) sowie eine schwarzgefirnißte Kylix (Kat. Nr. 8 *Taf. 36*) datieren auch diese Schicht in die Phase SH III C 1. Die Funde haben ihre Parallelen im Stratum X beim Löwentor von Mykene[219], in der zweiten Besiedlungsphase der SH III C 1-Periode von Levkandi auf Euböa[220] und an weiteren mykenischen Fundstellen[221].

Auch die folgende Schicht 3 bestand aus hellerem Lehm. Sie wurde im Niveau 15,38 bis 15,41m NN im Norden durch eine Fläche von verhärtetem Lehm abgeschlossen, die während der Grabung als Boden angesprochen wurde. Im Südteil des Schnittes war die Fläche mit einer lockeren Lage von kleinen Steinen bedeckt. Zu dieser wohl als Laufhorizont zu bezeichnenden Fläche gehört eine im westlichen Profil sichtbare Steinreihe *(Beil. 5,3)*. Nach Ausweis der wenigen, kleinen Keramikfragmente ist auch diese Schicht noch der Periode SH III C 1 zuzuweisen.

Die Unterkante der nächsten, höheren Schicht 2, die wieder aus dunklerem Lehm gebildet war, lag im Niveau von ca. 15,70 bis 15,45m NN, wobei die Fläche nach Nordwesten hin abfiel. Obwohl die Schicht in der Fläche und auch im Profil einheitlich erschien, zeigte die bei den einzelnen Abhüben gefundene Keramik, daß sie sich in mehreren Jahrhunderten abgelagert hatte. Unmittelbar über der Unterkante dieser Schicht wurde ein Skyphos (Kat. Nr. 17 *Taf. 36*) gefunden, der wohl der submykenischen Zeit zuzuweisen ist. Mit einigen, kleinen Fragmenten schwarzgefirnißter Tassen, wie sie auch in der Kammer der Burgmauer gefunden wurden[222], ist in den nächst höheren Abhüben die geometrische Zeit vertreten.

Im Niveau 15,86m NN wurde in dieser Schicht unmittelbar an der Südmauer des Gebäudes in N/50–O/50 ein Steinhaufen freigelegt, dessen Steine ehemals der Mauer dieses Gebäudes angehört haben dürften. Die Steine werden auf bzw. über dem zum Gebäude gehörigen Laufhorizont gelegen haben. Dieser kann jedoch nicht sehr ausgeprägt gewesen sein, da weder eine Verhärtung in der Fläche noch ein Laufhorizont im Profil beobachtet werden konnte *(Beil. 5,3)*. Auf dem gleichen Niveau wurden mehrere kleine Fragmente korinthischer Miniaturkotylen[223] sowie eine fragmentierte Lampe (Kat. Nr. 29 *Taf. 37*) vom Ende des 5. Jhs. v. Chr. gefunden, die der in der Kammer der Burgmauer gewonnenen Datierung des Gebäudes entsprechen[224].

---

[217] Diese Verhärtung wurde während der Grabung als Boden angesehen. Es fehlten allerdings dazugehörige Mauern. Durch die neueren Grabungen bestätigt sich die Bestimmung als Boden eines Raumes, der weiter südlich erfaßt wurde.

[218] Diese Störung wurde während der Grabung als Fuchsbau angesprochen, der sich auch im westlichen Profil fortsetzte. Spätere Grabungen scheinen sie jedoch als ausgeraubte Mauer zu erweisen.

[219] Wace (1921–23) 31f. Abb. 9,e.f.

[220] Levkandi 19; Popham, Milburn (1971) 340f.

[221] Asine: O. Frödin – A. W. Persson, Asine (1938) 298ff. Abb. 206; Mykene: Wace (1921–23) Taf. 6; Athen: Hesperia 8, 1939, [399 Abb. 80.

[222] S. 177, Kat. 18–20 *(Taf. 36.37)*.

[223] Vgl. Tiryns I 103 Abb. 40.

[224] S. 174f.

Im Niveau 16,00m NN wurde Schicht 2 relativ horizontal abgeschlossen und von einer Steinlage bedeckt. Nach oben folgt Schicht 1, die aus drei unterschiedlich gefärbten und durch Lagen von Steinsplitt getrennten Ablagerungen unterteilt wurde. In ihr wurden Keramikfragmente aller Zeiten gefunden. Sie dürfte nachantiken Ackerboden darstellen. Im nordwestlichen Teil des Schnittes führte von dieser Schicht aus eine Abfallgrube mit Resten eines Tieres hinab bis in die mykenische Schicht 3 *(Beil. 5,3)*.

2. Kammer in der westlichen Burgmauer

In der Kammer der Burgmauer (Kw 10), westlich des Gebäudes in N/50–O/50, war die Grabungsfläche nördlich und südlich durch die aufgehende Kammerwandungen begrenzt. Im Westen bildete der durch den Einsturz der Burgmauer entstandene Abbruch die Grenze, während die Grabungsgrenze von 1968 die Fläche im Osten abschloß *(Beil. 5,1)*. Bei Grabungsbeginn betrug das Niveau in der ca. 3 mal 3 m großen Fläche 16,70–16,80 m NN. Bei Grabungsende war in der südlichen Hälfte der Kammer der von den Steinen der Burgmauer gebildete Kammerboden im Niveau 14,50m NN erreicht. Die Füllung der Kammer war, besonders in den oberen Schichten, stark mit großen und kleinen Steinen durchsetzt, die die Arbeit beträchtlich erschwerten.

Auf dem Kammerboden lag eine nahezu fundleere Schotterschicht, die im Niveau 14,60m NN durch einen gestampften Lehmfußboden überdeckt wurde (Schicht VII)[225]. Dieser war lediglich im westlichen Teil der Kammer erhalten. Daß er sich aber ehemals über die gesamte Fläche der Kammer erstreckte, zeigt ein aus zwei Lehmziegeln errichteter Herd, oder eher eine Feuerstelle, an der südlichen Kammerwandung im Niveau des Bodens. Fragmente eines mit einem Wellenband verzierten Skyphos[226], die in der Schotterschicht gefunden wurden, datieren diese in die SH III C 1-Phase. Ein in einer wohl durch Regenwasser verursachten Störung im Fußboden gefundener Skyphos (Kat. Nr. 12 *Taf. 36*) ist wohl dem Fußboden zuzuweisen sein, der damit ebenfalls der SH III C 1-Phase angehören dürfte.

Über dem fundleeren Fußboden lag eine 30–40cm starke Lehmschicht (Schicht VI), die Brandspuren aufwies. Ihre Oberfläche fiel von 15,05m NN im Osten auf 14,75m NN im Westen ab. Im westlichen Teil wurde sie von einer dünnen, aus Asche und Erde gebildeten Schicht (Schicht V) überlagert. Zahlreiche kleinere geometrische Fragmente von schwarzgefirnißten Tassen verdeutlichen, daß beide Schichten in geometrischer Zeit in der Kammer entstanden.

Während die Schichten VII–V nur innerhalb der Kammer festgestellt werden konnten, zog sich die über ihnen liegende starke Lehmschicht IV von der Kammer bis hinein in das vor ihr gelegene Gebäude. Seine Mauern und die zu ihm gehörigen Einbauten in der Kammer[227] waren auf bzw. in die oberste Lage dieser Schicht gebaut. Die Vermengung schwarzgefirniß-

---

[225] Die römischen Schichtbezeichnungen beziehen sich lediglich auf den beschriebenen Schnitt.

[226] FS 284/285, zahlreiche Fragmente. Ton graugrün. Firnis grau und abblätternd. Dm 15 cm. Innen monochrom, außen breiter Randstreifen, darunter Wellenband. Vgl. ungefähr O. Frödin – A. W. Persson, Asine 303 Abb. 208,1. Jedoch hat das Tirynther Stück nur eine Wellenlinie. Vgl. auch Wace (1921–23) 33 Abb. 9b. Auf dem Tirynther Stück steht die Wellenlinie jedoch freier.

[227] Vgl. Baubeschreibung S. 170.157.

ter geometrischer Fragmente (Kat. Nr. 18–21 *Taf. 36.38*) mit solchen des frühen 5.Jhs. v. Chr. (Kat. Nr. 30 *Taf. 37*) sowie die große, wohl noch archaische Schale (Kat. Nr. 27 *Taf. 37*), deren einzelne Fragmente in der Kammer, unter dem Gebäude und sogar östlich von diesem in dieser Schicht gefunden wurden, machen deutlich, daß die homogene Lehm- schicht IV eine Planierungsschicht ist, die vor der Errichtung des Gebäudes entstanden ist. Ein Deckelschälchen aus der ersten Hälfte des 5.Jhs. v. Chr., von dem ein Fragment (Kat. Nr. 25 rechtes Fragment; *Taf. 37*;) bei einer Reinigung des westlichen Kammerabbruches und ein sicherlich zugehöriges Henkelwandungsfragment 1968 in der nächstfolgenden nörd- licheren Kammer gefunden wurde[228], zeigt, daß hier umfangreiche Erdarbeiten durchge- führt worden sind, die sich bis hin in das Gebiet vor den Brunnengängen erstreckten.

Neben den in der Planierungsschicht IV gemachten Funden weisen auch das Randfrag- ment einer korinthischen Kotyle (Kat. Nr. 22 *Taf. 37*) und das Bodenfragment eines schwarzgefirnißten Skyphos (Kat. Nr. 24 *Taf. 37*), die in dem südlichen Einbau in der Kammer gefunden wurden, darauf hin, daß das zunächst als kaiserzeitlich angesprochene Gebäude[229] um die Mitte, bzw. während der zweiten Hälfte des 5.Jhs. v. Chr. errichtet worden ist.

Sowohl die beiden Einbauten („Tröge") in der Kammer als auch der 1968 noch nicht freigelegte Teil der Mauern des Gebäudes waren von einer Lehm-Humus-Schicht (Schicht III) überdeckt, die in die Zeit um 400 v. Chr. datiert werden muß. In ihr wurde das kleine, wohl korinthische Schälchen (Kat. Nr. 26 *Taf. 37*) sowie die korinthische Amphora (Kat. Nr. 28 *Taf. 37*) gefunden.

Nach oben folgt eine ebenfalls lehmige Humusschicht (Schicht II). Lampenfragmente aus dem 3. oder 4.Jh. n. Chr. sowie ein Antoninianus des Claudius Gothicus (268–270 n. Chr.) (Kat. Nr. 33 *Taf. 70,5*) datieren sie in das Ende des 3.Jhs. oder an den Beginn des 4.Jhs. n. Chr. In dieser Schicht dürfte die Lampe (Kat. Nr. 31 *Taf. 70,5*) gelegen haben, die 1968 östlich des Gebäudes ca. 20cm über dem Niveau seiner Mauern gefunden wurde und zunächst die Datierung des Gebäudes bestimmte[230]. Auch sie gehört dem Ende des 3. oder dem Beginn des 4.Jhs. n. Chr. an.

Die oberste Schicht I bestand aus Humus und gehörte der nachantiken Zeit an.

3. Das Gebäude in N/50–O/50

Im Bereich des Gebäudes selbst war 1968 bis zum Niveau 15,62 m NN gegraben worden. Bei der Fortführung der Grabung zeigte sich, daß die in der Kammer festgestellte Lehmschicht (Schicht IV)[231] auch hier zu beobachten war. Sie hatte hier eine Stärke von 1 m und lag direkt auf zwei parallelen mykenischen Mauern, die sich in Ost-West-Richtung unter dem Ge- bäude entlangzogen und wahrscheinlich zu dem in der Kammer beobachteten Boden[232] ge-

---

[228] Die Zeichnung *Taf. 38* gibt sowohl das Fragment von 1968 als auch das von 1971 wieder. Vgl. Tiryns VIII 107 Kat. 26 Abb. 6; 115 *Taf. 63,5*.

[229] S. 171 und Tiryns V 97.

[230] Vgl. Anm. 229 und 214.

[231] S. 173.

[232] S. 173.

hören. Die Funde aus dieser Lehmschicht zeigten, daß die Schicht ebenso wie in der Kammer durch starke Erdbewegungen entstanden ist. Die Schicht durchbrechende Störungen wurden nicht beobachtet, so daß die Zerstreuung der großen Schale (Kat. Nr. 27 *Taf. 37*) über die gesamte Fläche bis hinein in die Kammer und die Anpassung vereinzelter mykenischer Fragmente an solche, die in Schicht 5 im N-S-Schnitt südlich des Gebäudes gefunden wurden, nur auf eine Planierung hindeuten können. Der Fuß einer korinthischen Kotyle (Kat. Nr. 23 *Taf. 37*) bietet einen Anhaltspunkt für die Datierung. Zwei Fragmente zweier Close Style Bügelkannen (Kat. Nr. 5–6 *Taf. 70,2*) seien wegen der Seltenheit dieser Art in Tiryns als Fundstücke erwähnt.

Zusammenfassung der Ergebnisse

Die drei Grabungsabschnitte in den Planquadraten N/50–O/50 wiesen jeweils eine eigene Schichtenfolge auf. Im N-S-Schnitt folgte auf drei spätmykenische Siedlungsschichten eine starke nachmykenische Ablagerung. Aufgrund der kleinen Fläche und der relativ geringen Menge verwertbarer Keramikfunde läßt sich eine wirkliche Abfolge in der Entwickung der Keramik nicht beobachten. Sowohl in Schicht 5 als auch in Schicht 4 wurden schwarzgefirnißte Skyphoi gefunden, die innen einen ausgesparten Lippenstreifen und eine tongrundige runde Fläche auf dem Boden haben. Außen ist die Wandung im unteren Teil und der Fuß tongrundig belassen. Sie können aber auch innen ganz gefirnißt sein, wie Kat. Nr. 13 *(Taf. 36)*, oder auch außen ganz gefirnißt sein, wie Kat. Nr. 11 *(Taf. 36)*. An dekorativen Elementen sind vornehmlich Streifen vertreten, wenn auch einige, wenige, wohl meist frühere Motive auf wenigen, kleineren Fragmenten vorkommen, die hier nicht beschrieben worden sind. Die Keramik legt nahe, daß zumindest die Schichten 5 und 4 ungefähr gleichzeitig mit dem zweiten Besiedlungshorizont der SH III C 1-Phase in Lefkandi sind. Schicht 3 wird jünger sein.

Nur spärliche Funde (Kat. Nr. 17–21) belegen die submykenische, protogeometrische und geometrische Zeit in diesem Gebiet. Erst aus dem 6. Jh. bzw. aus der Zeit um 500 v. Chr. gibt es wieder Funde, die eine gewisse Siedlungsaktivität nahelegen. Eine wohl attische Lampe (Kat. Nr. 30) und das Fragment einer korinthischen Kotyle (Kat. Nr. 23) geben einen terminus post quem für die Errichtung des Gebäudes in N/50–O/50 und seiner Einbauten in der Kammer. Das Gebäude kann daher frühestens in der ersten Hälfte des 5. Jhs. v. Chr. oder um die Mitte des Jahrhunderts errichtet worden sein. Ein korinthisches Deckelschälchen (Kat. Nr. 25) zeigt, daß etwa um die Mitte des 5. Jhs. bzw. vor der Errichtung des Gebäudes das Gelände vor der Kammer planiert oder aufgefüllt wurde. Das zugehörige Fragment, das 1968 in der benachbarten nördlicheren Kammer gefunden wurde[233], macht deutlich, daß diese Planierung auch das Gebiet bis hin zu den Brunnengängen erfaßt haben muß[234]. Da ein Fußboden nicht beobachtet werden konnte und ein deutlicher Zerstörungs-

---

[233] S. 174.

[234] Es liegt nahe daran zu denken, daß das gesamte Gebiet vor den Brunnengängen von dieser Planierung erfaßt wurde. Sie könnte die mächtige Schicht Δ, die dort gefunden wurde (vgl. Tiryns V 45 f. 58 f. 60 f. 63. 75) erklären. Sie wäre dann durch Planierung und nicht durch einen Sedimentationsprozeß entstanden. Trifft dies zu, dann kann aus ihr heraus keinesfalls ein Lehmziegeloberbau der Burgmauer erschlossen werden (Vgl. AA. 1967, 101; Tiryns V 61).

horizont nicht existierte, kann die Benutzungsdauer des Gebäudes nur durch die über den Einbauten in der Kammer liegende Schicht III erschlossen werden. Die datierbaren Funde aus dieser Schicht (Kat. Nr. 26 und 28) gehören der Zeit um 400 v. Chr. an. Ein unstratifiziert gefundenes Ziegelfragment mit Graffitto (Kat. Nr. 32 *Taf. 70,7*) läßt eine Benutzung des Gebäudes bis zum Ende des 4. Jhs. v. Chr. als möglich erscheinen.

Katalog

Mykenisch

1   *Taf. 70,1* Pithosfrgt. (FS 13?). N-S-Schnitt, Schicht 4. Ton braun und grob. Plastisches Ornamentband mit zwei parallelen Reihen von Fingereindrücken. Vgl. Hesperia 8, 1939, 399 Abb. 80, g.

2   *Taf. 70,1* Pithosfrgt. (FS 13?). N-S-Schnitt, Schicht 4. Ton braun und grob. Oberfläche porös. Plastisches Ornamentband mit Fingereindrücken und Wellenband. Vgl. Kat. Nr. und Hesperia 8, 1939, 399 Abb. 80, g.

3   *Taf. 70,1* Pithosfrgt. (FS 13?). N-S-Schnitt, Schicht 4. Ton braun und grob. Oberfläche geglättet. Plastisches Ornamentband mit Fingereindrücken und Wellenband. Vgl. Kat. Nr. 2 und Hesperia 8, 1939, 399 Abb. 80, g.

4   *Taf. 36* Zweihenkeliger Kochtopf, Amphora (FS 66). N-S-Schnitt, Schicht 4. Hals und Schulter erhalten. Mdm 15 cm. Ton rotbraun und grob. Vgl. Wace (1921–23) Taf. 6, a.O. Frödin – A.W. Persson, Asine (1938) 299 Abb. 206.

4a *Taf. 70, 3–4* Hydria (FS 128). N-S-Schnitt, Schicht 4. Ton rötlich und gelblich. Dm am Halsansatz 9,6 cm. Firnis violettbraun bis bläulich. Vgl. Wace (1921–23) Taf. 10,d.

5   *Taf. 70,2* Bügelkanne (FS 176?). Planierungsschicht unter dem Gebäude. Erhalten ist ein Teil der Gefäßschulter. Ton beige. Firnis olivgrün. Close Style Dekor auf Schulter. Vgl. A. Furtwängler – G. Loeschcke, Mykenische Vasen (1886) Taf. 37,378. 379 sowie Kat. Nr. 6.

6   *Taf. 70,2* Bügelkanne (FS 176?). Planierungsschicht unter dem Gebäude. Erhalten ist ein Teil der Gefäßschulter. Ton im Bruch nach innen gelblich und nach außen rot. Außen weißlicher Überzug. Firnis rot Close Style Dekor auf Schulter. Vgl. A. Furtwängler – G. Loeschcke, Mykenische Vasen Taf. 37,378. 379 sowie Kat. Nr. 5.

7   *Taf. 36* Einhenkelige Tasse (FS 217). N-S-Schnitt, Schicht 5. Fragmentiert. Mdm 14 cm. Ton ziegelrot. Firnis rotbraun. Innen und außen unregelmäßig gemalte horizontale Streifen. Vgl. Wace (1921–23) Taf. 11,i. Popham, Milburn (1971) 339 Abb. 4,8.

8   *Taf. 36* Hochstielige Kylix (FS 275). N-S-Schnitt, Schicht 4. Fragmentiert. Mdm ca. 14 cm. Ton graubraun. Firnis schwarz und matt. Innen monochrom bis auf eine runde ausgesparte Fläche auf dem Boden. Außen monochrom bis auf Randstreifen am Stielansatz. Vgl. die entgegengesetzt mit Firnis bemalten Kylikes aus Levkandi in Popham, Milburn (1971) 335 Abb. 1,2; 341 Abb. 5,1.4.

9   *Taf. 36* Skyphos (FS 284/285). N-S-Schnitt, Schicht 5. Erhalten Henkelansatz und Rand. Mdm ca. 18 cm. Ton braun. Firnis schwarz bis braun. Innen ehemals monochrom, heute abgerieben. Außen breiter Randstreifen, darunter Metopendekor, von dem links und rechts des Henkels die aus vertikalen Linien und Wellenlinien gebildeten Seitenmotive erhalten sind.

10 *Taf. 36* Skyphos (FS 284/285). N-S-Schnitt, Schicht 5. Zu einem Drittel erhalten. Mdm 16 cm; H 11,2 cm. Ton rotbraun. Firnis schwarzgrau. Innen monochrom, lediglich eine runde Fläche auf dem Boden sowie ein Lippenstreifen sind ausgespart. Außen monochrom. Fuß und unterer Teil der Wandung tongrundig. Vgl. Popham, Milburn (1971) 345 Abb. 7,1.

11   *Taf. 36* Skyphos (FS 284/285). N-S-Schnitt, Schicht 4. Etwa zu einem Viertel erhalten. Fdm 4,6 cm. Ton graubraun. Firnis schwarz. Außen und innen monochrom. Lediglich ein schmaler Streifen am Standring ist tongrundig belassen. Vgl. Popham, Milburn (1971) 335 Abb. 1,1.

12   *Taf. 36* Skyphos (FS 284/285). Kammer, Störung im Lehmfußboden. Mdm 12 cm; erhaltene H 6,5 cm. Ton braun. Firnis rot bis schwarz. Innen monochrom. Außen Randstreifen sowie ein Streifen unterhalb des Henkels. Vgl. Enkomi IIIa Taf. 109,20 und ungefähr Popham, Milburn (1971) 335 Abb. 1,3.

13   *Taf. 36* Skyphos (FS 286). N-S-Schnitt, Schicht 5. Mdm 10 cm; H 8,2 cm. Ton graubraun, sehr dünnwandig. Firnis braungrau. Innen und außen monochrom bemalt. Lediglich der Fuß und ein Teil der äußeren Wandung sind tongrundig. Vgl. BSA 25, 1921–23, 33 Abb. 93; die Abbildung läßt jedoch einen inneren, ausgesparten Lippenstreifen erkennen, den der Tirynther Skyphos nicht aufweist. Vgl. auch Popham, Milburn (1971) 339 Abb. 4,1.

14   *Taf. 36* Skyphos (FS 286). N-S-Schnitt, Schicht 4. Mdm 10 cm; H 8 cm. Ton schwarzbraun. Firnis schwarz bis dunkelbraun. Wohl nachträglich verbrannt. Bis auf einen Lippenstreifen und eine runde Fläche auf dem Boden innen monochrom bemalt. Außen monochrom bis auf Fuß und einen Teil der Wandung. Vgl. Wace (1921–23) 33 Abb. 9e; Popham, Milburn (1971) 339 Abb. 4,3; der Skyphos aus Levkandi hat jedoch innen auf dem Boden keine runde, ausgesparte Fläche.

15   *Taf. 36* Schale (FS 295). N-S-Schnitt, Schicht 5. Fragmentiert. Mdm 12 cm. Ton ziegelrot. Firnis rot und matt. Oberfläche geglättet. Geknickte Wandung. Innen und außen mit Streifen verziert. Vgl. French (1969) 134 Abb. 11.

16   *Taf. 36* Schale (FS 295). N-S-Schnitt, Schicht 5. Fragmentiert. Mdm 15 cm. Ton hellbraun. Firnis außen hellbraun und innen leicht rötlich. Geknickte Wandung. Innen und außen mit Streifen verziert. Vgl. Kat. 17 und French (1969b) 134 Abb. 11.

Submykenisch

17   *Taf. 36* Skyphos (FS 285?). N-S-Schnitt, Schicht 2, unterster Abhub. Zu drei Viertel erhalten. Mdm 14 cm; H 10,5 cm. Ton rotbraun und fein. Firnis braunschwarz. Innen bis auf Lippenstreifen monochrom. Außen breiter Randstreifen. Ihm folgt ein Wellenband, das einem Zick-Zack-Band sehr nahesteht. Nach unten schließen sich zwei breite Streifen an. Der flache, leicht profilierte Fuß ist mit Firnis überzogen.

Geometrisch

18   *Taf. 36* Tasse. Kammer, Schicht IV. Mdm ca. 10 cm; H 5,4 cm. Ton braun. Firnis braunschwarz, leicht metallisch glänzend. Innen und außen bis auf Randstreifen monochrom bemalt. Vgl. Corinth VII 1,9 Nr. 21 Taf. 2,21; Hesperia 27, 1958, 29f. Nr. 19 und 20 Taf. 13a–b; P. Courbin, La céramique géométrique de l'Argolide (1966) Taf. 70, C 2484 und C 98; ders., Tombes géométriques d'Argos, I (1974) 97 Taf. 55.

19   *Taf. 37* Tasse. Kammer, Schicht IV. Mdm 9 cm; H 6 cm. Ton braun. Firnis schwarz bis rotbraun. Innen und außen monochrom. Vgl. P. Courbin, La céramique a. O. Taf. 71, C 1574 und C 1575; N. Coldstream, Geometric Pottery (1968) 126 Anm. 20.

20   *Taf. 37* Tasse. Kammer, Schicht IV. Mdm 9 cm; H 6 cm. Ton graugrünlich. Firnis braunschwarz. Innen und außen monochrom bemalt. Vgl. Courbin, La céramique a. O. Taf. 71, C 1574 und C 1575; Coldstream, Geometric Pottery 126 Anm. 20.

21   *Taf. 37* Skyphos. Kammer, Schicht IV. Erhalten sind zwei Randfragmente mit einem Henkelansatz. Mdm ca. 14 cm. Ton braun. Firnis braungrau. Am Rand sind innen ein und außen zwei Streifen tongrundig belassen. Vgl. Courbin, La céramique a. O. Taf. 54, C 2425; Corinth VII 1, 19 Taf. 11,68; Courbin, Tombes géométriques d'Argos, I 69 Taf. 43.

Archaisch und Klassisch

22   *Taf. 37* Randfrgt. einer korinthischen Kotyle. Kammer, im südlichen Einbau. Mdm 10 cm. Ton grünlich. Ehemals zumindest außen monochrom bemalt.

23   *Taf. 37* Fußfrgt. einer korinthischen Kotyle. Planierungsschicht unter dem Gebäude. Fdm 7 cm. Ton weißlich. Firnis violettbraun. Kreise auf der Unterseite des Bodens. Vertikale Streifen auf der Wandung über dem Fuß. Innen mono-

chrom. Kann nicht jünger als erste Hälfte des 5. Jhs. v. Chr. sein, da die rayed skyphoi in der zweiten Hälfte des 5. Jhs. auf-hören. Vgl. Corinth XIII 126.

24   *Taf. 37* Fußfrgt. eines Skyphos. Kammer, im südlichen Einbau. Fdm 10 cm. Ton grau. Firnis schwarz und glänzend. Über Standring violetter Streifen im Knick.

25   *Taf. 37* Frgt. eines Deckelschälchens, r. Frgt. Kammer, unstratifiziert. Mdm 19 cm. Ton hellbraun. Firnis innen schwarz und außen braun bis violett. Innen monochrom. Außen ist die Schulter mit einem Mäander verziert. Zur Form vgl. Corinth XIII 226 Grab 291 Nr. 3 Abb. 16; vgl. jedoch auch Hesperia 18, 1949, 326 Nr. 47 Taf. 91 und AM 81, 1966, 45 Nr. 91 Beil. 38,3; vgl. ferner Tiryns VIII 107 Kat. 26 Abb. 6; 115 Taf. 63,5.

26   *Taf. 37* Korinthisches Schälchen. Kammer, Schicht III. Mdm 9 cm; H 5 cm. Ton rot. Firnis schwarz, abgestoßen. In-nen und außen bis auf den Fuß und einen unteren Teil der Wandung monochrom bemalt. Vgl. Corinth XIII 279 Grab 443 Nr. 2 Taf. 71; Hesperia 41, 1972, 12 Nr. 2 Taf. 4. Dieser Gefäßtyp ist sowohl aus dem 5. als auch aus dem 4. Jh. v. Chr. bekannt. Vgl. Agora XII 1, 124 und Corinth XIII 129. Die Form des Fußes, der unten eine gleichmäßige Wölbung aufweist aber keinen richtigen Standring, scheint eher auf das 4. Jh. hinzudeuten. Vgl. Agora XII 1, 126 Nr. 747.

27   *Taf. 37* Frgt. einer Schüssel. Kammer, Schicht IV sowie unter und östlich vor dem Gebäude in der Planierungs-schicht. Mdm ca. 55 cm. Ton ziegelrot. Firnis rot, stellenweise schwärzlich, streifig. Innen mit Firnis überzogen. Außen unbemalt. Verstärkte Lippe. Vgl. ungefähr Hesperia 7, 1938, 600 Nr. 175 Abb. 26. Exakte Parallelen sind mir unbe-kannt geblieben.

28   *Taf. 37* Undekorierte, korinthische Amphora. Kammer, Schicht III. Erhalten sind der Hals und Teile der Wandung. Mdm innen 14,5 cm. Ton gelblich bis hellbraun. Vgl. Hesperia 6, 1937, 303 Nr. 200 Abb. 34.

29   *Taf. 37* Lampe. N-S-Schnitt, Schicht 2, obere Abhübe. Erhalten ist ein kleiner Teil des Randes sowie eine wohl zuge-hörige Standfläche. Mdm innen 6 cm; Fdm 5,9 cm. Ton ziegelrot. Firnis schwarz, teilweise abgestoßen. Attisch? Vgl. Corinth IV, II 42 f. Typ V Nr. 95; Agora IV 63 Typ 24 A Nr. 246.

30   *Taf. 37* Lampe. Kammer, Schicht IV. Bis auf Schnauze vollständig erhalten. Max Dm 9 cm. Ton ziegelrot. Firnis glänzend schwarz. Innen vollständig mit Firnis überzogen. Außen ist die Wandung lediglich in ihrer oberen Hälfte monochrom bemalt. Buchstaben auf Mündungsrand? Attisch? Vgl. Corinth IV, II 35 ff. Typ II Abb. 14,12. Agora IV 31 f. Typ 16 B Nr. 98 und 102; vgl. auch Hesperia 7, 1938, 244 Abb. 72 (AL 154) sowie A. Bovon, Lampes d'Argos (1966) 17 Taf. 1 und Taf. A Nr. 8.

Römisch

31   *Taf. 70,6* Lampe. 1968, östlich des Gebäudes, etwa 20 cm über seinen Mauern. Vollständig erhalten. Äußerer Dm 7,3 cm. Ton dunkelorange bis braun. Umlaufender Fries mit Weinblättern und Trauben im Relief. Vgl. A. Bovon, Lampes d'Argos 59 Nr. 328 Taf. 8; Hesperia 25, 1959 Taf. 71 Nr. 11; Agora VII 94 Nr. 271 Taf. 8 sowie die Lampen Nr. 1474, 1478, 1499, 1506, 1511, 1515, 1516, 1540, 1544 und 1552; Delt 26, 1971, Chron 1,107 Taf. 87,a. Die Lampe wurde nicht auf gleichem Niveau mit dem Gebäude gefunden, wie in Tiryns V 97 angegeben, sondern in der darüberliegenden Lehmschicht.

Kleinfunde
Klassisch

32   *Taf. 70,7* Ziegelfragment mit Graffito. Kammer, unstratifiziert. Lakonischer Ziegel. Auf der Oberseite gefirnißt.

. . . . . δοσ . . . . . .
. . . . . σιρασμα . . .
. . σον

Das Fragment dürfte Teil einer Namensliste sein. Vgl. das Graffito aus Amyklai in Hesperia 28, 1959, 162 ff. Nach freund-licher Auskunft von M. Jameson und J. Papachristodoulou dürfte es wohl dem 4. oder 3. Jh. v. Chr. angehören.

Römisch

33 *Taf. 70,5* Antoninianus des Claudius Gothicus (268–270 n. Chr.). Kammer, Schicht II. Gewicht 2,855 g. Vordersei-
te: bärtiger Kopf mit Strahlenkranz nach rechts. Umlaufende Legende: IMPCCLAVDIVSAVG. Rückseite: Stehender Hercules, der sich mit der Rechten auf die Keule stützt. In der linken Hand hält er die Hesperidenäpfel und das Löwen-
fell. Umlaufende Legende: IVVENTVSAVG. Unter der Figur gibt das Zeichen Δ die Münzstätte von Antiochia als Präge-
ort an. Vgl. H. Mattingly – E. Sydenham – P. Webb, Roman Imperial Coinage V 1, 229 Nr. 213. A. Alföldi, Berytus 5,
1938, 56f. Taf. 23,7.

Eberhard Slenczka

EMIL BREITINGER

SKELETTE SPÄTMYKENISCHER GRÄBER
IN DER UNTERBURG VON TIRYNS

Die hier beschriebenen Skelette sind während der Grabung des Deutschen Archäologischen Instituts Athen auf der Unterburg Tiryns im Jahre 1971 unter der Leitung von J. Schäfer freigelegt und geborgen worden. Skelettreste von einigen weiteren Individuen, vielfach Kindern, waren schon im Jahre 1965 bei den von N. Verdelis geleiteten Arbeiten und nach der Wiederaufnahme der deutschen Grabungen auf der Unterburg im Jahre 1968 zutage gekommen und in das Grabungsmagazin des Antikendienstes in Nauplia gelangt.

Über die topographische Lage der Gräber im Areal von Bau 2, die Art der Einbettung der Skelette und die Argumente für deren Datierung unterrichtet der Bericht von J. Schäfer oben S. 7f. Die unmittelbar östlich von Bau 2 und weiter im Nordosten gegen die Mitte der Unterburg entdeckten einfachen Erdgräber gehören in gleichen archäologischen Zusammenhang[1].

Der humanbiologische Beitrag hat vor allem ausreichende Individualbefunde der geborgenen Skelette vorzulegen. Er soll Auskunft geben über die archäologisch und biologisch gleich wichtigen Fragen nach Lebensalter und Geschlecht der Bestatteten, über ihre Körperform und nach Möglichkeit Hinweise vermitteln auf den Gesundheitszustand, auf Ernährungs- und andere Lebensgewohnheiten, auf erlittene Verletzungen oder Erkrankungen. Gegenüber den mehr peristatisch bedingten Merkmalsausprägungen sollen auch jene Eigentümlichkeiten, die vorwiegend als Ausdruck des Gefüges von Erbanlagen gelten und daher für Fragen der individuellen und der Gruppenverwandtschaft von besonderem Interesse sind, herausgestellt werden[2].

---

[1] Für die Einladung zur Bearbeitung des humanbiologischen Fundgutes danke ich Jörg Schäfer, Heidelberg, verbindlichst. Dem derzeitigen Grabungsleiter, Klaus Kilian, bin ich für die gastfreundliche Aufnahme im Grabungshaus des Instituts in Nauplia während meines Aufenthaltes im August und September 1976 zu besonderem Dank verbunden.

[2] Die Lichtbildaufnahmen der Schädel (*Taf. 71-77*) sind 1 : 3 reproduziert, jene der Ober- und Unterkiefer (*Taf. 78-79*) 1 : 1; der Maßstab der übrigen Lichtbilder ist nicht normiert.

Die Maße der Schädel und Extremitäten (*Tab. 1–3*) entsprechen der standardisierten Maßbeschreibung in R. Martins „Lehrbuch der Anthropologie" und Th. Mollisons „Spezielle Methoden anthropologischer Messung". Die Körperhöhe wurde an Hand der Tabellen von E. Breitinger (1939) und H. Bach (1965) geschätzt.

Alle Maßnahmen zur Konservierung der Skelette (Reinigung, Härtung, Instandsetzung) sowie zur metrischen, morphologischen und photographischen Befundaufnahme habe ich persönlich durchgeführt.

Ständig verwendete Abkürzungen: d(exter), s(inister), prox(imal), dist(al); I(ncisivus), C(aninus), P(raemolar), M(olar).

Die sehr geringe Individuenzahl der bisher auf der Unterburg geborgenen Skelette ist natürlich weit davon entfernt als Stichprobe der zugehörigen spätmykenischen Population gelten zu können. Der Vergleich mit anderen mykenischen Skelettserien muß sich daher auf die Beziehung unserer Befunde zur Variationsbreite publizierter Daten und auf die paarweise Ähnlichkeit von Skeletten aus der Unterburg mit jenen von anderen Grabungsorten beschränken.

Erhaltungszustand und Individualbefund der Skelette

Knochensubstanz im allgemeinen relativ fest, vermutlich begünstigt durch die „Lehmpackung" im Grabraum. Nach trockener Säuberung mit Holzspatel und Bürsten wurden sämtliche Knochenstücke in Glutolinlösung gereinigt und anschließend zur Härtung in gesättigte Kaltleimlösung eingelegt. Diese Maßnahmen in Verbindung mit der offenbar sorgfältigen Fundbergung und zweckmäßigen Verwahrung in stabilen Kisten hat die dauerhafte Instandsetzung der Schädel, namentlich auch des Gesichtsskelettes der Erwachsenen und sogar des Kindes (Skelett 4) aus Grab II ermöglicht. Skelett 7 war vorzüglich und praktisch vollständig erhalten.

In der folgenden Wortcharakteristik der einzelnen Skelette werden schlagwortartig zunächst der quantitative Erhaltungszustand und weiter hauptsächlich jene Befunde und Daten erwähnt, die für die Diagnose von Lebensalter und Geschlecht und gleichsam wie ein Steckbrief für die Identifikation der Individuen wesentlich sind.

Grab I (Skelett 1). Von der oberen Skeletthälfte (bei der Freilegung in Rückenlage) fehlen: Humerus s, Unterarme d. Von den Knochen der unteren Körperhälfte, die regellos auf dem Mauerstumpf links oberhalb des Rumpfes durcheinanderlagen, sind erhalten: Fragmente beider Hüftbeine, Femur s und zwar nur Caput mit Trochanter, Tibia d prox ³/₄, Teile vom Tarsus, Metatarsus und Phalangen. Möglicherweise waren die Beine bei der Bestattung in linker Hockerlage eingebettet worden.
Cranium (Taf. 71). Hirnschädel war in den Nähten gesprengt; am Occipitale fehlen Unterschuppe und Basisteil. Riesige Sinus frontales reichen median 53 mm = ²/₅ des Frontalbogens hinauf, lateral bis unter Lineae temporales, vielfach gekammert. Untere Stirnregion auffallend breit, auch Jochbogenbreite übermittel, im Verhältnis zur Schädelbreite groß. Unterkieferwinkel ausgedreht. Processus mastoides prominent, dick.
Zähne: Oberkiefer *(Taf. 78),* M¹ beiderseits, rechts auch M² und M³ zu Lebzeiten verloren. I² s postmortal verloren. Unterkiefer *(Taf. 79),* nur Frontzähne einschließlich P₃ erhalten, horizontale Querfurchenabrasion; Wurzelruine von M₃d. Die erhaltenen Zähne ohne Karies.
Skelett. Claviculae groß, stark gekrümmt, sternale Epiphyse völlig synostisiert, glatt *(Taf. 77 unten);* Hüftbeine kennzeichnend maskuline enge Incisura ischiadica major, Acetabulum groß, Durchmesser 60 mm, Tuber ischii derb. Symphyse nicht erhalten. Humerus Längendicken-Index 19.1, untere Breite: gr. Länge 20.3. Tibia enorme Platyknemie, Index 59.4.
Wirbelkörper (Taf. 80): lumbal beginnende Randzacken, namentlich am ventrolateralen oberen Corpusrand.
Körperhöhe 167 cm.
Diagnose: Mittelgroßer, sehr kräftiger Mann, 4. Dezennium.

Grab IV (Skelett 3). Fragmente eines Kinderskelettes.
Cranium. Teilstücke des Hirnschädels beim Ausgraben mit Movilith geklebt, halten nicht zusammen; nach Härtung zeitigt Instandsetzung eine mittelförmige Calotte *(Taf. 77).* Im Frontale zwischen Glabella und Bregma ein kreisrundes, wenige Millimeter großes Loch, Außenrand scharf, Innenrand unregelmäßig. Charles (1963) beschreibt an zwei mykenischen Schädeln von Erwachsenen aus Deiras mehrere kreisrunde Öffnungen (4–11 mm) im Frontale und Parietale, die postmortal durch Bohren verursacht wurden und hält sie für Zeichen eines noch nicht bekannten Ritus[3].
Kiefer und Zähne: Maxilla d und Mandibula *(Taf. 79)* vollständiges Milchgebiß ohne erkennbare Abschleifung (lange Stillzeit?, viel breiige Nahrung?).
Skelett. Diaphysen-Fragmente der Ober- und Unterextremität.
Diagnose: Kind, 2–3 Jahre.
In einem eigenen Säckchen spärliche Reste eines zweiten viel kleineren Kindes.

---

[3] Charles, R. P., 1963, 67–69.

Grab II (Skelett 4). Fragmente eines Kinderskelettes. Nach Grabaufnahme rechtsliegender Hocker.
Cranium. In viele Stücke zerbrochen, konnte ziemlich vollständig instand gesetzt werden. *(Taf. 72).* Hirnschädellänge
179 mm und -breite 137 mm erstaunlich groß, dazu Processus mastoides für Kinderschädel ungewöhnlich plump. Gebiß.
Oberkiefer *(Taf. 78).* Großer, ziemlich breiter Zahnbogen. Vollständiges Milchgebiß + M^1 und I^1, dessen Krone Kau-
ebene noch nicht ganz erreicht hat; I^2 noch in Alveole. Im Unterkiefer *(Taf. 79)* sind I_1 und I_2 ganz in Kauebene eingerückt.
Skelett. Clavicula s vollständig, 90 mm, Tibia s Diaphyse vollständig 200 mm. Ilium d läßt schon enge Incisura isch.maj. erkennen. Extremitäten der rechten Seite besser erhalten als links. Analoger Befund am Schädel.
Diagnose: 8jähriger Knabe.

Grab III (Skelett 5). Fragmente eines Kinderskelettes. Nach Grabaufnahme linksseitiger Hocker.
Cranium. Die beiden Stirnbeinhälften bereits synostosiert. Linke Seite besser erhalten. Gebiß. In Ober- und Unterkiefer
praktisch nur die 4 Milchincisiven in Funktion, c noch ganz in Alveole, m^1 im Durchbruch, m_1 noch ganz in Anveole. Iso-
lierte M^1-Krone trägt beiderseits ausgeprägtes Tuberculum Carabelli *(Taf. 79).*
Skelett. Humerus s vollständig, 99 mm, desgleichen beide Claviculae.
Diagnose: $^1/_2$-1jähriges Kind.

Grab VII (Skelett 6). Gut erhaltenes Skelett eines Erwachsenen. Nach Grabaufnahme Rumpf nahezu Rückenlage,
Beine rechtsseitiger Hocker.
Cranium (Taf. 73). Kranznaht großenteils synostosiert, Pfeilnaht hinter Bregma und im Obelionbereich sowie rechter
Lambda-Schenkel obliteriert, linker Schenkel noch offen. Hirnschädel verhältnismäßig klein: Länge 172 mm, Breite
133 mm, Kapazität 1250 ccm; auch Gesichtshöhe 103 mm und Jochbogenbreite 122 mm sind gering, Stirnprofil ziemlich
steil. Gebiß. Im Oberkiefer *(Taf. 78)* M^1 beiderseits, rechts auch M^2 zu Lebzeiten verloren; sehr starke Reduktion von M^3.
Linker I^2 Wurzelruine. Die erhaltenen Frontzähne horizontal muldenförmig abgeschliffen.
Unterkiefer *(Taf. 79).* P_4 und M_1 Wurzelruinen. M_3 möglicherweise nicht angelegt. I_1 beiderseits und Cd postmortal ausgefallen; die übrigen Frontzähne wenig abgenützt. Am auffallendsten ist die Deformation am rechten Unterkieferwinkel und
damit die enorme Seitenverschiedenheit der beiden Äste *(Taf. 82 unten).* Es handelt sich um eine Fraktur in der Gegend des
rechten Kieferwinkel-Körperbereiches[4]; dies hatte auch den frühen Verlust der beiden rechten Molaren zur Folge gehabt.
Die schwere Verletzung, die sicher eine längere Ruhigstellung des Unterkiefers und flüssige, weiche Nahrung nötig machte,
ist funktionell sehr gut und wie es scheint auch kosmetisch nicht auffallend ausgeheilt. An der Innenseite des Astes der nicht
betroffenen linken Unterkieferhälfte findet sich eine deutliche Mylohyoidbrücke, die als eines der epigenetischen Merkmale von Interesse ist *(Taf. 82).*
Skelett. Am Becken fehlt Symphyse. Am rechten Hüftbein ist die Incisura ischiadica major weit, der Darmbeinkamm
flachbogig *(Taf. 81).* An beiden Tibien distale Hockerfacetten und proximale Retroversion des Tibiakopfes *(Taf. 81 Mitte
rechts).* Wirbelkörper: Randzacken ventrolateral an der oberen Deckplatte der Lendenwirbel *(Taf. 80 Mitte).* Gelenkfort-
sätze frei von arthrotischen Veränderungen.
Körperhöhe: 158 cm.
Diagnose: Mittelgroße kräftige Frau um 40 J.

Grab VI (Skelett 7). Der Erwachsene, dem dieses am besten erhaltene Skelett aus der Unterburg zugehört, ist als
linksseitiger Hocker bestattet und praktisch unversehrt geborgen worden.
Cranium (Taf. 74). Nähte am Hirnschädel alle deutlich ausgeprägt, ohne Schaltknochen. Sphenobasilarfuge obliteriert.
Gebiß. Oberkiefer *(Taf. 78)*: Ideal regelmäßige Form des Zahnbogens, Zähne nur leichter Anschliff, alle gesund. M^1 trägt
an mesiolingualer Seite des Protoconus ein seichtes Grübchen, das als Minimalausprägung des Tuberculum Carabelli aufge-
faßt wird. M^3d postmortal ausgefallen, über M^3s Alveolendach noch ganz geschlossen. Am Unterkiefer stecken die beiden
M_3 noch ganz in den Alveolen. Während die Oberkiefer-Molaren alle gesund aussehen, zeigen sich an beiden M_2 bereits
zentrale Kronenkaries-Löcher *(Taf. 79).* Von hier aus kann der Zerstörungsvorgang, wie es scheint, so rasch fortschreiten
und um sich greifen, daß schon nach einem Jahrzehnt nicht einmal mehr die Alveolen der zerstörten Molaren am Kiefer-
körper erhalten geblieben sind, wie etwa bei der schon besprochenen Mandibel von Sk 1.
Skelett. In Synostose begriffene Epiphysen, sehr deutlich am Darmbeinkamm *(Taf. 81 links oben)* sowie noch erkennbare
Epiphysenlinien an proximalen, bzw. distalen Extremitätenregionen. Kennzeichnend auch die noch völlig offene Epiphyse
am sternalen Claviculaende *(Taf. 77 links unten)* sowie an Wirbelkörpern die teilweise noch nicht synostosierten Randleisten,
bei deren Loslösung die charakteristische Radiärstruktur der Wirbelkörperoberflächen sichtbar wurde *(Taf. 80 un-*

---

[4] Ausführliche Beschreibung mit Vorlage der Röntgenaufnahmen andernorts.

ten). Relativ langer Schambeinast, Ischium-Pubis-Index 102. Mäßige Platymerie der Femora, um 80. Beidseitig am lateralen Vorderrand der distalen Tibia-Gelenkfläche deutliche Hockerfacetten *(Taf. 81)*.
Körperhöhe 153 cm.
Diagnose: Untermittelgroße junge Frau, 20–22 J.

Grab V (Skelett 8). Skelett eines Erwachsenen, war als linksseitiger Hocker eingebettet. Linkes Temporale, Basisteile sowie Fragmente der rechten Unterkieferhälfte waren an Bruchstellen stark abgemürbt, konnten am Schädel nicht mehr angefügt werden.
Cranium (Taf. 75). Alle Nähte am Hirnschädel vollkommen obliteriert. Exzessiv lange Schmalform, hyperdolichokran, LB-Index 67. Foramen parietale nur rechtsseitig. Stirnprofil relativ steil, mäßige Arcus superciliares. Auch Gesicht sehr hoch, besonders schmal, hyperleptoprosop, Gesichts-Index (100).
Gebiß: Oberkiefer *(Taf. 78)*. Zahnbogen sehr schmal, dolichuran, Max.-Alv.-Index 108. Sehr schlechter Zahnbestand: Alveolen für beide M^1 und P^4d völlig geschlossen, P^3 beidseitig, P^4s, M^2d und I^2d nur mehr Hals-Wurzelruinen. Die erhalten gebliebene andere Hälfte der OK-Zähne, zum Teil mangels Antagonisten, wenig abgenützt. Auch im Unterkiefer *(Taf. 79)* sind außer den beiden I und C nur die beiden P in der zerbrochenen rechten UK-Hälfte erhalten geblieben. M_1 zu Lebzeiten verloren, im übrigen nur Hals-Wurzelruinen. Knapp unter den Alveolen der linken P_3 und P_4 sind zwei kleine wulstartige Knochenverdickungen ausgebildet *(Taf. 82 Mitte links)*, Microvarianten des als epigenetisches Merkmal bekannten Torus alveolaris mandibulae.
Skelett. Symphysenregion nicht erhalten. Wirbelsäule *(Taf. 80)*: Sechs Lendenwirbel, Erbvariante der Wirbelzahl. An Wirbelkörpern, besonders im Lendenbereich, starke spondylotische Veränderungen, Deckplattenrand erscheint wie ausgewalzt. Clavicula zart. Platymerie, um 75.
Körperhöhe 159
Diagnose: Mittelgroße, schlankwüchsige alte Frau, um 60 J.

Grab V (Skelett 9). Das zweite Skelett eines Erwachsenen der Doppelbestattung in Grab V war als rechtsliegender Hocker, eine halbe Rumpflänge kopfwärts gegenüber Skelett 8, eingebettet worden.
Cranium (Taf. 76). Nähte mit Ausnahme der Stephanionregion der Kranznaht noch offen. Der erhaltene Orbita-Oberrand rechts relativ dünn. Muskelmarken an Occipitalschuppe schwach. Linea Temporalis nur im Frontalbereich deutlich. Hinterrad am Jugale flach gerundet. Unterkieferwinkel nicht ausgedreht.
Gebiß. Oberkiefer *(Taf. 78)*: Hinter rechtem M^1 Alveolar- und Gaumenteil weggebrochen. Die erhaltenen Molaren wenig abgenützt, da Antagonisten am Unterkiefer fehlen. Lediglich die beiden I^1 in Funktion, horizontal muldenförmig ausgeschliffen und auch gegen die vordere (labiale) Kronenseite einige mm schräg abgenützt; I^2-Alveolen bereits reduziert. C s Hals-Wurzelruine. Übrige nichtbesetzte Alveolen zum Teil reduziert (M^3s), zum Teil wegen Abmürbung nicht näher zu beurteilen. Unterkiefer *(Taf. 79)*. Nur Frontzahnreihe von P_3 über I zu P_3 erhalten; mäßige Abnützungsspuren an der Schneidekante, dagegen ungewöhnliche Abschleifung an der lingualen Kronen- und Halsfläche der beiden I_1 und des I_2s, Freilegung des Dentins auch am Lichtbild deutlich *(Taf. 82 Mitte rechts)*. Da zum Zerkleinern und Zerreiben der Speisen im Oberkiefer nur die beiden mittleren Schneidezähne, im Unterkiefer ein Verband von 8 Frontzähnen zur Verfügung stand, wird die Person mit den überforderten oberen I dabei auch auf die linguale Kronen- und Halsseite der unteren I heruntergeglitten sein und so den ungewöhnlichen Abschliff an der labialen Fläche der beiden oberen Schneidezähne gegenüber der lingualen Kronen-Halsfläche der unteren Schneidezähne erzeugt haben. Bei diesem Sachverhalt wird die Möglichkeit, daß die Person ihr Gebiß auch für technische Zwecke verwendet haben könnte, kaum in Betracht zu ziehen sein.
Skelett. Rechtes Hüftbein: langer Schambeinast *(Taf. 81 oben)*, Ischium-Pubis-Index 123, kennzeichnend feminin. Linkes Hüftbein: Pfannendurchmesser auffallend größer als rechts und leicht überkragender Pfannenrand. Im Vergleich mit dem daneben abgebildeten gut erhaltenen linken Hüftbein von SK 7 wird die anormale Form und Dimension der linken Hüftpfanne von SK 9 besonders deutlich. Eine solche Coxarthrosis pflegt sich häufig einseitig und erst in mittleren oder späteren Lebensjahrzehnten zu manifestieren und progredient zu verlaufen. Dem Befund am linken Hüftbein entspricht die Umgestaltung des linken Femurkopfes, dessen Rand pilzkappenartig über den Schenkelhals hinausragt, wie die Gegenüberstellung des normalen linken Femurkopfes von SK 7 zeigt *(Taf. 81 Mitte)*. Fossa olecrani an beiden Humeri perforiert. Hockerfacette am Vorderrand des distalen Tibiagelenkrandes *(Taf. 81 unten)*. Wirbelsäule *(Taf. 80)*. Am vetrolateralen Rand der oberen Wirbelkörperdeckplatte beginnende spondylotische Zackenbildung, besonders im Lendenbereich.
Körperhöhe 159 cm.
Diagnose: Mittelgroße Frau, 4. Dezennium.

Skelettreste aus Gräbern außerhalb von Bau 2 [5]

1965 SK C II,2 Cranium. Fragmente vom Schädeldach und Basisanteilen. Linke Ober- und Unterkieferhälfte, Milchmolarenkronen noch in den Alveolen (im OK i¹, i² ausgefallen) *(Taf. 79).*
Skelett. Diaphysenfragmente der Extremitätenknochen. Rechte Clavicula 53 mm. Wirbel- und Rippenfragmente.
Diagnose: Säugling, 6–8 Monate.

1965 SK D II,2 Skelettreste eines Erwachsenen und eines Kindes.
A. Radius d komplett, gr. Länge 198, Körperhöhe demnach 155 cm. Nach den Fragmenten von Femur und Tibia dürfte deren Länge jener von SK 7 entsprochen haben. Hockerfacette an Vorderrand der distalen Tibiagelenkfläche. Körperhöhe 153–155 cm.
Diagnose: Untermittelgroße Frau
B. Cranium: aus den erhaltenen Fragmenten ließ sich eine Kalotte instandsetzen *(Taf. 77 links)*, mittelförmig wie jene der Erwachsenen aus Bau 2. Vollständiges Milchgebiß, kaum Abnützungsspuren *(Taf. 79).*
Diagnose: 2jähriges Kind.

1965 II,2. Nur Fragmente der rechten oberen Extremität und Rippenfragmente eines Kindes. Diaphysenlängen von Humerus 135 mm, Radius 108 mm und Clavicula 73 mm entsprechen nach Sundick im Durchschnitt einem Lebensalter von 4 Jahren.
Diagnose: 4jähriges Kind.

1965 SK A, 1968 Gräber NO-Ecke II,2, ausgegraben 1965, geborgen 1968. Nur grazile Extremitätenfragmente eines Erwachsenen. Epiphyse der sternalen Clavicula-Gelenkfläche vollkommen synostosiert; untere Grenze des Lebensalters demnach 28–30. Humerus- und Femur-Diaphyse etwa dem Befund von SK 9 entsprechend. Radius d komplett, Länge 215 mm; Körperhöhe demnach 158 cm.
Diagnose: Mittelgroße Frau, 4. Dezennium.

1965 SK B, 1968 II,2 NO-Ecke, ausgegraben 1965, geborgen 1968. Skelettreste von mehreren, mindestens drei Individuen. Dreifach vorhandene gleichartige Skelettstücke wurden zunächst nach ihrer paarweisen Zusammengehörigkeit unterschieden und doppelt oder auch nur einfach vorkommende nichthomologe Skelettstücke nach der Ähnlichkeit ihrer Knochenoberfläche und des Befundes geschlechtsspezifischer Ausprägungsgrade mit jeweils einem der drei Individuen A, B, C diesem zugeordnet.
A. Calotte aus mehreren Fragmenten instand gesetzt *(Taf. 77 oben)*; kennzeichnend maskuline Formmerkmale (markante Arcus superciliares, zurückweichendes Stirnprofil, prominente Processus mastoides) und Maße *(Tab. 1).* Hirnschädel lang, schmal, LB-Index 72. Nähte an Innentafel verstrichen, außen noch sichtbar.
Gebiß: Möglich erscheint, daß das Oberkieferfragment *(Taf. 82 oben)* zur Calotte A gehört. An der erhaltenen Zahnreihe I¹d bis M¹d hat die Kauleistung die Kronen horizontal fast bis zum Zahnhals abgeschliffen und die Bildung von Ersatzdentin in der Pulpa bewirkt. Zwischen I² und C sind kleine kariöse Defekte entstanden. Am linken nur bis zum C erhaltenen Alveolarteil hat eine ausgedehnte Alveolarpyorrhoe die Zerstörung der labialen Alveolenwand von I¹ bis C und den Verlust dieser Zähne zur Folge gehabt.
Fraglich bleibt, ob und gegebenenfalls welche der beiden Unterkieferhälften zur Calotte A gehört. Bei dem stärkeren Stück *(Taf. 79 links)* sind alle drei Molaren zu Lebzeiten verloren gegangen, bei der schwächeren rechten Unterkieferhälfte *(Taf. 79 rechts)* ist M3 kaum abgenützt noch erhalten geblieben.
Skelett: Zwei vollständige Femora (Maße *Tab. 3*) mit stark ausgeprägter Platymerie, um 60, Robustizität 13.4, und ein gleich aussehendes markant platyknemes Paar Tibien liefern ein gleiches Ergebnis der Körperhöhenschätzung: Je 167 cm. Von der oberen Extremität ist nur ein rechter Radius vollständig, nach dessen Länge die Körperhöhe zu 167 cm zu schätzen ist.
Diagnose: Mittelgroßer schlankwüchsiger Mann, 5. Dezennium.
B. Cranium. Durch Duplizität von A ausgeschlossen sind die Umrahmung der rechten Orbita, die niedrig rechteckig gestaltet ist, wie sie Cro-Magnonleuten nachgerühmt wird, und ein rechter Processus mastoides mit anschließender Jochbogenwurzel *(Taf. 77 rechts)*; beide kennzeichnend maskulin. Dickwandige Schädeldachfragmente, dicker als Calotte A, mit synostosierten Nahtstücken lassen das Lebensalter auf mehr als 40 J. schätzen. Die Problematik der Unterkieferfragmente wurde schon erwähnt.

---

[5] Tiryns V. 64. 75.

Skelett: Schwere Diaphysenfragmente, Becken- und Fußknochen lassen keinen Zweifel an der Geschlechtszugehörigkeit. Körperhöhe wahrscheinlich ähnlich wie jene von A.

Diagnose: Sehr kräftiger, vermutlich mittelgroßer Mann. 5. Dezennium.

Nicht eindeutig zu klären ist, welchem der beiden Männer die landläufig als Blockbildung bezeichnete Verknöcherung von Wirbeln *(Taf. 82 oben)* zugehört. Bei dem größeren Fragment sind der 12. Brustwirbel und die beiden folgenden Lendenwirbel durch Verknöcherung des vorderen Längsbandes der Wirbelsäule unverschieblich miteinander verbacken. Der Zwischenwirbelraum ist außerordentlich erniedrigt, es fehlen aber die bei den oben besprochenen Lendenwirbeln *(Taf. 80)* festgestellten Randzacken und Veränderungen der oberen und unteren Wirbelkörperdeckplatte. Dagegen sind die Wirbelgelenkflächen, die bei den einfachen Spondylosen nicht betroffen sind, synostisiert. Die Wirbelsäule wird in dem betroffenen Bereich völlig versteift. Ganz ähnlich ist das Bild des kleineren Wirbelblocks *(Taf. 82 oben Mitte)*, bei dem zwei mittlere Brustwirbel durch Verknöcherung der Wirbelgelenke und der Bänder versteift sind. Die primäre Ursache dieser relativ seltenen entzündlich-rheumatischen Wirbelsäulenversteifung (ca. 0,5 %₀), die unter dem Namen Morbus Bechterew, Spondylitis ankylopoetica, bekannt ist, liegt zweifellos im Erbgut begründet. Zwillings- und Familienuntersuchungen, nach denen Männer viel häufiger als Frauen betroffen waren, haben die Annahme einer monomeren Erbgrundlage mit unterschiedlicher Manifestation im männlichen gegenüber dem weiblichen Geschlecht begründet.

C. Ein drittes Individuum wird nicht nur durch ein überzähliges linkes Fermurfragment bewiesen, sondern auch durch dessen weit schwächere, feminine Ausprägung. Vom Schädel stammen relativ dünne Dachfragmente mit völlig offenen Nahträndern, die unverkennbar einem, wahrscheinlich weiblichen Individuum angehörten. Geschätzte Länge des linken Femur 390 mm, damit eine Körperhöhe von etwa 158 cm.

Diagnose: Junge, vermutlich mittelgroße Frau.

1971 Skelettreste aus I,2/V,2 A. 16. 9. 71 von Skelett westlich 62
Diaphysenfragmente eines Erwachsenen; nur an Radius d Länge meßbar 201 mm. Körperhöhe bei Annahme weiblichen Geschlechtes 156 cm. Keine eindeutige Lebensalter- und Geschlechtsdiagnose. Mittelgroße Frau?

B. 31. 8. 71 zu Skelett 2 vom 28. 8. 71
1. Kleine, extrem brüchige Schädeldachfragmente mit zahlreichen Nahtsynostosen und isolierten Zähnen eines Erwachsenen.
2. Wirbel-, Rippen- und Diaphysenfragmente eines Kleinkindes.

KURZE ZUSAMMENSCHAU EINIGER INDIVIDUALBEFUNDE

Unter den im Areal von Bau 2 Bestatteten, deren Skelette planmäßig geborgen wurden, sind 5 Erwachsene – 1 Mann, 4 Frauen – und vier Kinder, von denen eines nur durch wenige postkraniale Fragmente bezeugt, zusammen mit SK 3 aus Grab IV stammt. Die außerhalb Bau 2 gleichfalls aus einfachen Erdgräbern geborgenen, zum Teil sehr spärlichen Skelettreste, verteilen sich auf 6 Erwachsene – 2 Männer, 4 Frauen – und 4 Kleinkinder. Insgesamt sind 11 Erwachsene – 3 Männer, 8 Frauen – und 8 Kinder, mit Ausnahme des 8jährigen Knaben aus Grab II, durchwegs Kleinkinder, zur Untersuchung gelangt. Bei nur 19 Skeletten, die an eng begrenzten Stellen in der ausgedehnten Unterburg ausgegraben wurden, kann der Zufall am Anteil der Lebensalter und der beiden Geschlechter natürlich entscheidend im Spiel sein. Eine hohe Sterblichkeit unter Kleinkindern ist indes in prähistorischer Zeit und weit herein in die Neuzeit nachgewiesen. Konsequente Bergung aller Skelette, insbesondere auch jener von Kindern, kann mit der Mehrung der Fundbasis die Voraussetzungen einer aufschlußreichen Paläodemographie schaffen.

Das Lebensalter der 3 Männer liegt zwischen dem 4. und 5. Dezennium, unter den 8 Frauen reicht die Spanne vom 20. bis zum 60. Lebensjahr. Männer und Frauen waren für damalige Verhältnisse mittelgroß.

Sehr schlecht war es um ihr Gebiß bestellt. Die kariöse Zerstörung hatte bei der jungen Frau SK 7 mit 20 Jahren an den 2. unteren Molaren schon begonnen, bei keinem der Erwachsenen sind die Molaren des Unterkiefers noch erhalten. Am Oberkiefer schreitet die Zerstörung der Molaren weniger rasch voran, dagegen sind bei den zwei älteren Frauen SK 8 und SK 9 auch die Prämolaren, Canini und seitlichen Inzisiven betroffen; bei einem der Männer aus NO-Ecke-Gräbern hat eine eitrige Wurzelhautentzündung die labiale Alveolenwand der linken mesialen Frontzähne zerstört und deren Verlust bewirkt. Eine derart extreme horizontale Abschleifung wie bei den erhaltenen Zähnen der rechten Seite dieses Oberkiefers war bei keinem anderen der zur Untersuchung gelangten Gebisse festzustellen. Im Gegenteil, die Abrasion war im allgemeinen nur mäßig, die Beanspruchung beim Kauen der Speisen dementsprechend gering, was gewisse Vermutungen über die Art und Zubereitung der Speisen nahelegt.

Schlüsse auf den Gesundheitszustand ermöglicht auch der Befund der Wirbelsäule und der großen Gelenke, an denen sich Belastungs-Abnützungen, Alterserscheinungen, entzündliche Vorgänge verschiedener Genese, Frakturen und viele andere Krankheiten auswirken können. Mit Ausnahme der ausgedehnten Spondylose der alten Frau SK 8 sind die nur mäßigen Grade von Randzackenbildung an den Wirbelkörpern der jüngeren Erwachsenen wohl deren Lebensalter entsprechende Erscheinungen, die als normal gelten können und Gesundheit und Leistungsfähigkeit nicht zu beeinträchtigen brauchten. Die durch Blockwirbelfragmente bezeugte Versteifung der Wirbelsäule eines älteren Mannes aus dem NO-Ecke Grab 1968 wurde beim Befund schon charakterisiert. Die an der linken Hüftpfanne und dem linken Femurkopf von SK 9 nachgewiesene Coxarthrose wird der Frau schon Beschwerden gemacht haben. Sehr schmerzhaft muß die Fraktur am rechten Kieferwinkel-Corpusbereich der Frau SK 6 gewesen sein, zumal sie lange Zeit viel Geduld bei der Nahrungsaufnahme und sprachlichen Mitteilung erfordert haben wird. Bei dem guten Heilungserfolg wird man eine geschickte Ruhigstellung des Unterkiefers durch Verbände oder Schienen anzunehmen haben.

Die als Hockerfacette bezeichnete unscheinbare fingerbeerenbreite Ausdehnung der distalen Tibia-Gelenkfläche an ihrem lateralen Vorderrand hat ihren Namen daher, daß bei der extremen Flexion der Tibia in der tiefen Hocke eben dieser laterale Teil ihres distalen Gelenkvorderrandes gegen den Hals des Sprungbeines gepreßt wird und daß sich bei gewohnheitsmäßigem Hocken an dieser Stelle eine überknorpelte Gelenkfacette ausbildet. Ausgebildete Hockerfacetten erwecken daher die Vorstellung, daß die Träger dieses Merkmals zumindest bis zum Abschluß ihres Körperwachstums gewohnheitsmäßig oft Hockerstellung eingenommen haben. Das Merkmal findet sich in hoher Frequenz bei Naturvölkern, für die ein Stuhl keineswegs zum überall verfügbaren Gebrauchsgegenstand gehört. Bei der geringen Zahl der in der Unterburg-Nekropole geborgenen Tibien, 1 Mann, 4 Frauen, kann es natürlich Zufall sein, daß sich solche Hockerfacetten nur an den Tibien von Frauen fanden.

Zu den Merkmalen, deren Ausprägung vorwiegend durch Erbanlagen gesteuert wird, gehört die vielgestaltige Kronenform der Zähne und hier im besonderen das nach dem Erstbeschreiber benannte Carabellische Höckerchen an der lingualen Seite des Protoconus oberer Molaren, vorwiegend am M^1. Eine besonders deutliche, weil durch keine Abnützung beeinträchtigte Ausprägung hat dieses Tuberculum an der Molarenkrone des Kinderskelettes

SK 5 *(Taf. 79 unten)*. Nur als seichtes Grübchen ist das Merkmal an beiden M^1 der jungen Frau SK 7 ausgeprägt *(Taf. 78 Mitte)*. Nach Familienuntersuchungen kommt für solche unterschiedlichen Ausprägungen ein kodominantes Gen in Betracht. Durch die Kauvorgänge wird das Höckerchen, wie die Krone im ganzen, nach und nach abgetragen und kann daher bei älteren Personen häufig nicht mehr gesehen werden.

Ein anderes Erbmerkmal mit individuell sehr großen Ausprägungsunterschieden ist der Torus alveolaris mandibulae, ein einfacher Knochenwulst oder zwei oder mehr Knötchen knapp unterhalb der Alveolen des 1. bis 2. Prämolaren. Er bildet sich, wenn die Anlage dafür ererbt wurde, erst nachgeburtlich zu der kennzeichnenden Form aus, die in seltenen Fällen weit in die Mundhöhle hineinragen kann. Bei SK 8 ist die Ausprägung doppelhöckerig, ziemlich schwach *(Taf. 82 Mitte)*. Das Merkmal ist viel seltener als das Tuberculum Carabelli, kommt wie dieses familiär gehäuft vor und scheint autosomal dominant vererbt zu werden. Auch der Torus palatinus, der in schwacher Ausprägung am Gaumenteil des Gaumendaches von SK 6 zu sehen ist *(Taf. 78 Mitte rechts)*, wird nach Familienbefunden als ein dominantes Erbmerkmal über Generationen weitergegeben.

Wenig Beachtung fand bisher die wegen ihrer geringen Dimension so unscheinbare Brücke über den Sulcus mylohyoideus auf der Innenseite des Unterkieferastes, wie bei SK 6 *(Taf. 82 unten)*. Diese kleine Brücke bildet sich wie andere epigenetische Merkmale erst nachgeburtlich zur individuellen Form aus und kommt als genetischer Marker bei Populationsstudien in Betracht.

Zu den lange bekannten Erbmerkmalen der Wirbelsäule gehören die Variationen in der Zahl der regionalen Segmente; bei SK 8 sind statt der Normzahl 5 Lendenwirbel deren 6 ausgebildet. Leider konnte eine etwaige gleichgerichtete Tendenz an den anderen Regionsgrenzen wegen deren unvollständiger Erhaltung nicht geprüft werden.

VERGLEICH MIT MYKENISCHEN SKELETTEN AUS DER ARGOLIS
(Abb. 1)

Zur Verfügung stehen die Publikationen von C. M. Fürst über Skelette, meist nur Schädel, aus den Kammergräbern von Mykenai-Kalkani (19), aus der Tholos und einem Kammergrab von Dendra (6), aus Kammergräbern im Heraion (9) und aus der mykenischen Nekropole auf dem Berg Barbouna bei Asine (2); ferner die Arbeit von R. P. Charles über 14 Skelette, ebenfalls meist nur Schädel, aus späthelladischen Gräbern von Deiras bei Argos, und die von J. L. Angel veröffentlichten Skelette aus den Fürstengräbern Kyklos B (16) und A (6) in Mykenai selbst. Wegen des sehr verschiedenen Erhaltungszustandes der Einzelfunde sind Angaben über deren Maßbefund teilweise sehr lückenhaft. Fürst konnte zum Beispiel nur von 25 der insgesamt 36 Schädel die Elementarmaße der Länge und Breite angeben, nur von 5 Schädeln die Basion-Bregma-Höhe, nur von 1 die Gesichtshöhe. So ergab sich für die erste Orientierung über die mykenischen Skelette der Unterburg Tiryns im Verhältnis zu bisher bekannten der Argolis im wesentlichen die Beschränkung auf die beiden Hauptdurchmesser des Hirnschädels.

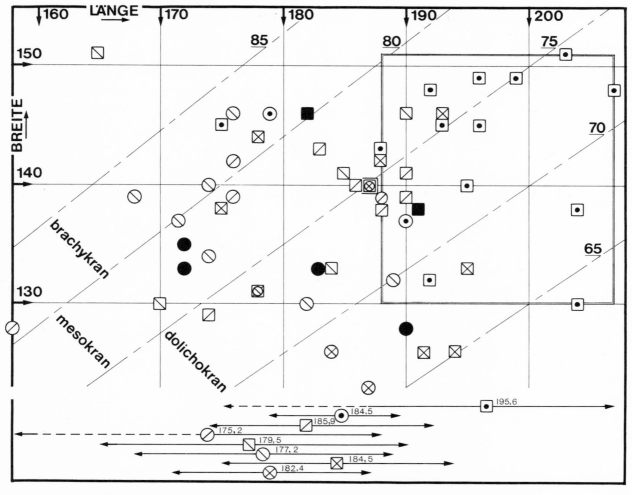

Abb. 1 Schädellänge, Schädelbreite, Längen-Breiten-Index mykenischer Schädel aus der Argolis

■ ● Unterburg Tiryns
⊡ ⊙ Fürstengräber Mykene (Angel)

◩ ⊘ Mykene-Kalkani (Fürst)
◫ ⊘ Dendra, Heraion, Asine
⊠ ⊗ Deiras (Charles)

Die möglichst einfach gehaltene graphische Darstellung dieser Beziehungen bedarf hinsichtlich der Anordnung der Maßdaten und deren Quotienten, des Längen-Breiten-Index, sowie bezüglich der verwendeten Individualsymbole keiner Erklärung. So kann der Blick sich gleich auf das Ergebnis dieser Abbildung richten:

1. Die Schädel aus den spätmykenischen Gräbern der Unterburg Tiryns, durch schwarz ausgefüllte Symbole der beiden Geschlechter dargestellt, liegen mit den Maßen der Länge und Breite im Mittelfeld der Verteilung der gesamten Vergleichsgruppen. Sie sind wie diese meso- und dolichokran; der überschmale Schädel der alten Frau SK 8 ist hyperdolichokran.

2. Die Schädel aus den Fürstengräbern von Mykenai, durch Punkt in der Symbolmitte gekennzeichnet, überragen vor allem durch ihre großen Längenmaße – 4 von ihnen haben

Schädellängen von über 200mm – die Vergleichsgruppen derart, daß sie mit Ausnahme von zwei kleineren Varianten deutlich abseits der Masse der übrigen im rechten oberen Quadranten der Gesamtverteilung aufscheinen. Ihre Längen-Breiten-Proportion hingegen, deren Variationsbreite praktisch alle Formvarianten von ultradolichokran bis zu brachykran umfaßt, schließt auch die Vergleichsgruppen ein. So sind es die absoluten Dimensionen der beiden Hauptdurchmesser, die ihren fürstlichen Rang gegenüber der Masse der anderen Vergleichspartner biologisch dokumentieren. Eindrucksvoll ist auch die bedeutende Körperhöhe der Männer aus den Fürstengräbern, die – für alle verfügbaren Extremitätenmaße nach unseren eigenen Tabellen bestimmt – von 165 bis 179cm reicht und einen Mittelwert von rund 171cm ergibt. Bei den Vergleichsgruppen von Fürst und Charles sind die Extremitätenmessungen zu spärlich, um als geeignete Vergleichsbasen zu dienen.

Wer die Abbildungen der mykenischen Schädel aus der Argolis in den Arbeiten von Fürst, Charles und Angel durchblättert, wird die Ähnlichkeit des einen und anderen der hier beschriebenen Schädel aus den spätmykenischen Gräbern in der Unterburg Tiryns mit Schädelabbildungen und Daten in den genannten Werken nicht übersehen. Diese paarweise vielgliedrige Ähnlichkeit zwischen Einzelschädeln aus den verschiedenen mykenischen Nekropolen der Argolis bestärkt die aus der graphisch dargestellten Variation der großen Hirnschädelmaße und deren Proportion aller entsprechend publizierten mykenischen Schädel der Argolis gewonnene Vorstellung, daß die spätmykenischen Skelette aus der Unterburg Tiryns Varianten einer gleichartigen Population sein werden.

LITERATUR

Angel, J. L., 1973   Human Skeletons from Grave Circles at Mycenae. p. 379–397 in Γ. Ε. Μυλονᾶς. Ὁ ταφικὸς κύλος Β τῶν Μυκηνῶν, ᾿Αθῆναι 1973.

Bach, H., 1964   Zur Berechnung der Körperhöhe aus den langen Gliedmaßenknochen weiblicher Skelette. Anthrop. Anz. 29, 112–121.

Breitinger, E., 1939   Zur Berechnung der Körperhöhe aus den langen Gliedmaßenknochen. Anthrop. Anz. 14, 249–274.

Charles, R. P., 1963   Étude anthropologique des nécropoles d'Argos. Contribution à l'étude des populations de la Grèce antique. Paris.

Fürst, C. M., 1930   Zur Anthropologie der prähistorischen Griechen in Argolis. Lunds Univ. Årsskr. N.F. Avd. 2 Bd. 26 N.8.

Martin, R., 1928   Lehrbuch der Anthropologie. Bd. 2. Jena.

Mollison, Th., 1938   Spezielle Methoden anthropologischer Messung. Hdb. biol. Arb. Method. Abt. VII/Teil 2. Berlin–Wien.

Sundick, R. J., o. J.   Human Skeletal Growth and Age Determination. MS-Type.

	SK 1	SK 4	SK 6	SK 7	SK 8	SK 9	NO A
1. Schädellänge, g–op*)	182	179	172	172	190	183	191
3. Glabella-Lambda-L., g–l	178	173	168	166	185	182	.
5. Basislänge, ba–n	.	.	96	90	.	.	.
8. Schädelbreite, eu–eu	146	137	133	135	128	133	138
9. Kl. Stirnbreite, ft–ft	100	.	83	90	92	92	.
10. Gr. Stirnbreite, co–co	118	113	107	107	(111)	112	.
x. Biradicularbr., ra–ra	128	109	119	108	.	112	118
12. Asterienbreite, ast–ast	110	102	108	99	103	107	109
17. Basion-Bregma-H., ba–b	.	.	130	121	.	.	.
20. Ohr-Bregma-Höhe, po–b	116	(115)	108	108	117	113	115
7. For. magnum-Länge, ba–o	.	.	(33)	31	.	.	.
16. For. magnum-Breite	.	.	31	24	.	.	.
29. Frontalsehne, n–b	(118)	113	102	97	118	(109)	.
30. Parietalsehne, b–l	109	109	114	111	118	118	115
31. Occipitalsehne, l–o	.	.	92	88	92	92	.
31.1. Oberschupp. Sehne, l–i	59	58	69	70	58	60	60
31.2. Unterschupp. Sehne, i–o	.	.	30	31.5	45	47	.
23. Horizontalumfang	524	(500)	487	489	521	510	.
24. Transversalbogen, po–po	312	(318)	293	298	.	302	.
25. Sagittalbogen, n–o	.	.	353	343	375	365	.
26. Frontalbogen, n–b	133	135	118	109	135	(120)	.
27. Parietalbogen, b–l	120	118	128	124	132	133	128
28. Occipitalbogen, l–o	.	.	107	110	108	113	.
28.1. Oberschupp. Bogen, l–i	62	58	77	78	65	63	69
Kapazität, Lee-Pearson	1480	1390	1250	1280	1360	1330	1490
8:1	80	77	77	78	67	73	72
17:1	.	.	76	70	.	.	.
17:8	.	.	98	90	.	.	.
20:1	64	64	63	63	62	62	60
20:8	79	84	81	80	92	85	84
9:10	85	.	78	84	83	82	.
9:8	69	.	62	67	72	69	.
x:24	41	36	39	36	.	37	.
5:25	.	.	37	36	.	.	.
27:26	90	87	109	114	98	111	.
29:26	(89)	84	86	89	87	91	.
30:27	91	92	89	90	89	89	90
31:28	.	.	87	80	85	81	.
31.1:28.1	95	100	90	90	89	95	88

*) Die Zahlen vor den Namen der Schädelmaße beziehen sich auf die Nummern der standardisierten Maßbeschreibung im Lehrbuch der Anthropologie von R. Martin. Die Buchstaben hinter den Namen der Schädelmaße symbolisieren die Abkürzungen der konventionellen Meßpunktnomina.

Tabelle 1 *Individualmaße und Indices am Hirnschädel*

	SK 1	SK 4	SK 6	SK 7	SK 8	SK 9
40. Gesichtslänge, ba–pr	.	.	88	92	.	.
42. Unt. Ges.Länge, ba–gn	.	.	96	98	.	.
43. Ob. Ges.Breite, fmt-fmt	110	.	97	94	101	99
44. Biorbit.Breite, ek–ek	99	.	88	88	89	(97)
45. Jochbog.Breite, zy–zy	139	.	122	118	(116)	121
46. Mittelges.Breite, zm–zm	96	.	(77)	80	(75)	85
47. Gesichtshöhe, n–gn	117	.	103	97	116	(118)
48. Obergesichtshöhe, n–pr	67	.	62	58	68	(72)
50. Interorbit. Breite, mf–mf	.	.	19	18	.	.
51. Orbitalbreite, mf–ek	40	.	38	36	39	(40)
52. Orbitalhöhe	29	.	31	28	30	31
54. Nasenbreite	27	.	(22)	20	24	26
55. Nasenhöhe, n–ns	48	.	47	40	50	(52)
60. Maxilloalveolar-L., pr–alv	57	42	47	51	50	(48)
61. Maxilloalv.-Br., ekm–ekm	64	(63)	52	59	54	(57)
62. Gaumenlänge, ol–sta	47	(35)	43	41	.	.
63. Gaumenbreite, enm–enm	42	36,5	36	35	.	.
65. Kondylenbr. UK., kdl–kdl	124	103	108	99	.	.
66. Winkelbreite UK, go–go	102	83	.	83	.	.
69. Kinnhöhe, id–gn	34	21	25	28	32	34
70. Asthöhe, go–Capitulum	53	45	53	47	54	58
71. Astbreite	30	29	32	29	29	29
47:45	84	.	85	82	(100)	98
48:45	48	.	51	49	(59)	60
52:51	73	.	82	78	77	78
50:44	.	.	22	20	.	.
54:55	56	.	47	50	48	(50)
61:60	112	150	110	116	108	119
63:62	89	.	84	85	.	91
66:65	82	.	.	84	.	.
71:70	57	87	60	62	54	50
45:8	95	.	92	87	(91)	91
9:43	101	.	94	102	103	95
9:45	72	.	68	76	80	76
66:45	73	.	.	70	.	.

Tabelle 2 *Individualmaße und Indices am Gesichtsschädel*

	SK 1 d	SK 1 s	SK 6 d	SK 6 s	SK 7 d	SK 7 s	SK 8 d	SK 8 s	SK 9 d	SK 9 s	NO A d	NO A s
Humerus												
1. Gr. Länge	314	.	.	281	250	247	(290)	.	292	.	.	.
2. Ganze Länge	309	.	.	279	247	244	.	.	290	.	.	.
3. Ob. Breite	50	.	.	40	40	40	43	.	43	.	.	.
4. Epicond. Breite	64	.	53	52	51	51	.	56	57	53	64	65
5. Gr. Diam. Mitte	21	.	20	21	21	20	20	20	21	20	21	20
6. Kl. Diam. Mitte	17	.	14	15	17	15	15	15	14	15	17	16
7. Kl. Umfang	60	.	53	53	53	52	56	55	55	53	61	61
9. Tr. Diam. Caput	41	.	.	34	36	36	.	.	38	37	.	.
10. Sg. Diam. Caput	46	.	.	35	37	37	38	.	(39)	.	.	.
7:1	19	.	.	19	21	21	(19)	.	19	.	.	.
6:5	81	.	70	71	81	75	75	75	67	73	81	80
9:10	89	.	.	97	97	97	.	.	92	.	.	.
4:2	21	.	.	19	21	21	.	(19)	20	.	.	.
Radius												
1. Gr. Länge	.	.	214	210	.	197	.	203	212	210	(237)	.
3. Kl. Umfang	.	41	36	36	33	32	38	38	35	35	40	.
4. Tr. Diameter	.	13	14	14	14	13	16	16	13	14	16	.
5. Sg. Diameter	.	12	10	10	9	9	10	10	10	10	10	.
5.6. Unt. Breite	.	.	25	26	25	24	.	.	28	27	.	.
3:1	.	.	17	17	.	17	.	19	17	17	(17)	.
5:4	.	92	71	71	64	69	65	63	77	71	63	.
5.6:1	.	.	12	12	.	12	.	.	13	13	.	.
Femur												
1. Gr. Länge	.	.	390	.	359	359	(420)	(420)	.	399	439	441
2. L. nat. Stell.	.	.	387	.	358	358	(410)	(410)	.	(390)	433	436
6. Sg. Diam. Mitte	.	.	22	22	22	21	25	26	24	24	29	30
7. Tr. Diam. Mitte	.	.	25	25	23	22	24	25	24	26	29	30
8. Umfang Mitte	.	.	73	74	70	68	78	80	74	77	90	92
9. Ob. tr. Diameter	.	.	31	.	27	28	30	30	28	29	38	39
10. Ob. sg. Diameter	.	.	23	.	22	22	22	23	22	22	23	24
18. Vertr. Diam. Caput	.	.	.	.	39	39	.	.	42	43	50	50
19. Tr. Diam. Caput	.	.	.	.	39	38	.	.	41	.	49	49
21. Unt. Breite	.	.	69	68	65	66	.	72	.	.	.	85
29. Collo-Diaph. W.	.	.	145	.	128	125	.	125	145	145	150	150
30. Cond. Diaph. W.	.	.	95	95	80	85	.	95	.	.	98	100
8:2	.	.	19	.	19	19	(19)	(19)	.	(19)	21	21
6+7:2	.	.	12	.	12	12	(12)	(12)	.	(13)	13,4	13,7
6:7	.	.	88	88	95	95	104	104	100	92	100	100
7:21	.	.	36	37	35	33	.	35	.	.	.	35
21:2	.	.	18	18	18	18	.	18	.	.	.	20
10:9	.	.	74	.	81	79	74	77	78	76	61	62
19:18	.	.	.	.	100	97	.	.	97	.	98	98

Tabelle 3 *Individualmaße und Indices an den Extremitäten*

	SK 1		SK 6		SK 7		SK 8		SK 9		NO A	
	d	s	d	s	d	s	d	s	d	s	d	s
Tibia												
1.a. Gr. Länge	.	.	328	329	306	302	.	350	.	.	.	.
1.b. Med. Länge	.	.	323	323	299	301	.	344	.	.	361	358
3. Prox. Breite	78	.	(66)	.	61	61	.	68	.	.	76	78
6. Dist. Breite	.	.	45	45	42	43	.	(44)	(39)	.	50	.
7. Distale Dicke	.	.	34	34	33	33	.	34	.	.	.	.
8. Gr. Diam. Mitte	32	.	27	25	24	24	27	27	26	25	33	34
9. Tr. Diam. Mitte	19	.	17	17	16	16	20	21	18	19	20	20
10. Umfang Mitte	82	.	68	66	65	63	72	75	71	70	85	85
10.b. Kl. Umfang	.	.	62	60	61	61	67	69	67	67	80	80
10.b : 1.b	.	.	19	19	19	19	.	20	.	.	22	22
9 : 8	59	.	63	68	67	67	.	77	69	68	61	59
9 : 3	24	.	26	.	26	26	.	31	.	.	26	26
Fibula												
1. Gr. Länge	.	.	.	(306)	298	.	335	340	.	327	.	347
2. Gr. Diam. Mitte	.	.	14	14	12	12	15	13	12	13	.	18
3. Kl. Diam. Mitte	.	.	11	12	9	9	9	10	12	11	.	9
4.a. Kl. Umfang	.	.	32	32	32	33	38	37	36	35	.	41
4.1. Obere Breite	.	.	.	24	24	.	25	25	26	25	.	30
4.2. Untere Breite	.	.	.	.	20	21	25	25	26	25	.	26
4.a : 1	.	.	.	10	11	.	11	11	.	11	.	12
4.1 : 1	.	.	.	78	81	.	75	74	.	67	.	86
3 : 2	.	.	78	86	75	75	60	77	100	85	.	50
2 : 4.2	.	.	.	.	60	57	60	52	.	.	.	60
Extremitätenproportionen												
Ra 1 : Hu 1	.		75		80		(74)		(70)		.	
Ti 1b : Fe 2	.		83		84		84		.		83	
Hu 2 : Fe 2	.		(72)		69		(70)		(74)		.	
Ra 1 : Ti 1	.		65		65		61		.		65	
Hu 1 + Ra 1 : Fe 2 + Ti 1b	.		69		68		67		.		.	
Geschlecht	M		F		F		F		F		M	
Körperhöhe	167		158		153		159		159		167	

		Außerhalb von Areal Bau 2:			
	NO B	NO C	NO K	I,2/V,2	Bor.Tom.
Geschlecht	M	F	F	F	F
Körperhöhe	.	158	158	156	155

Tabelle 3 Fortsetzung *Individualmaße und Indices an den Extremitäten*

Tafeln 1–82
Beilagen 1–5

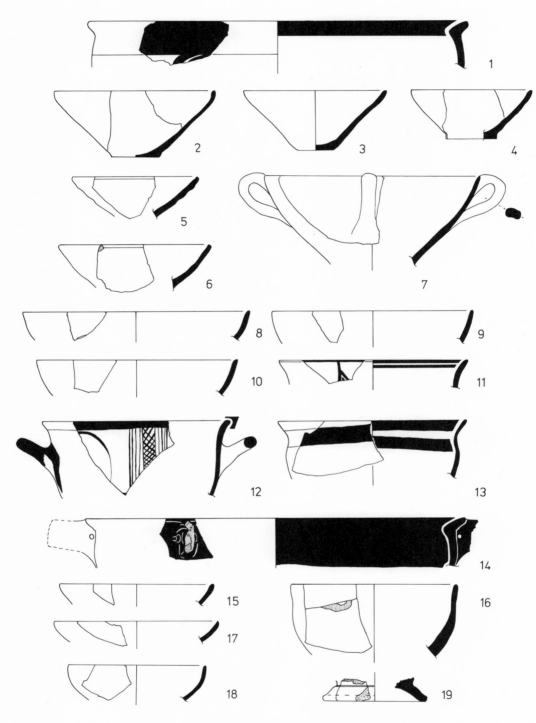

Keramik der Zone IV. M 1:3

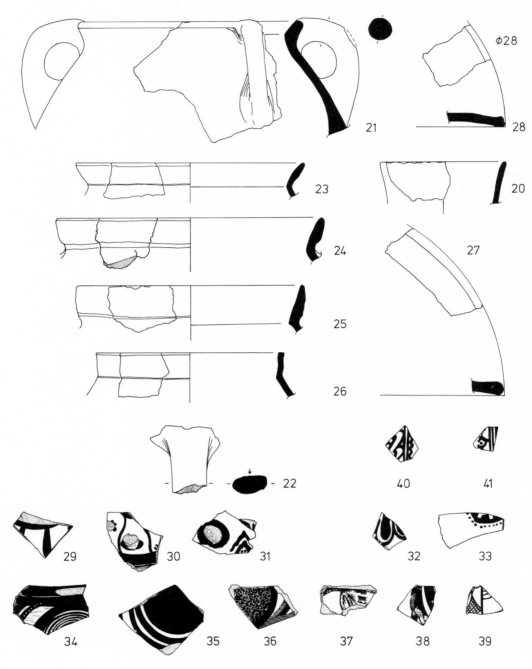

Keramik der Zone IV. M 1:3

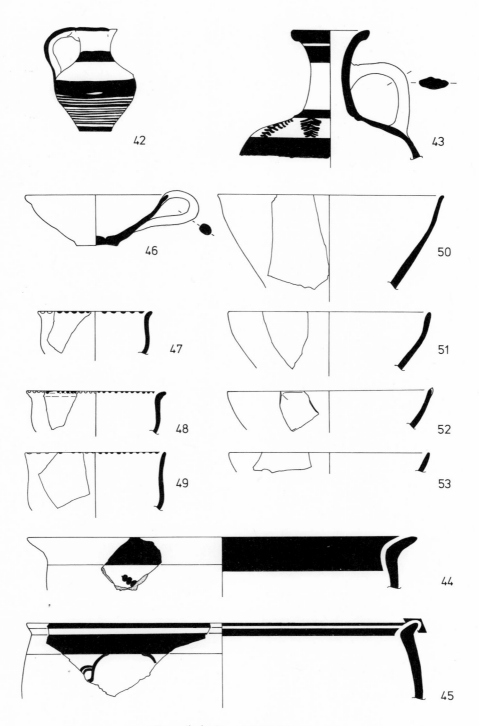

Keramik der Zone III. M 1:3

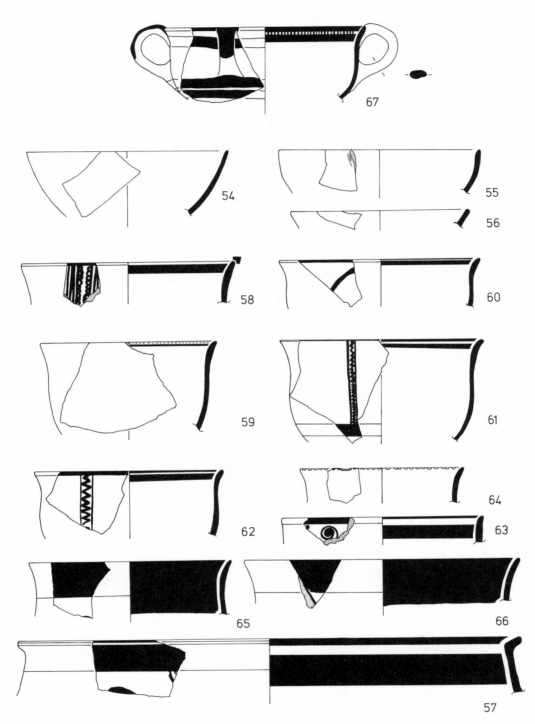

Keramik der Zone III. M 1:3

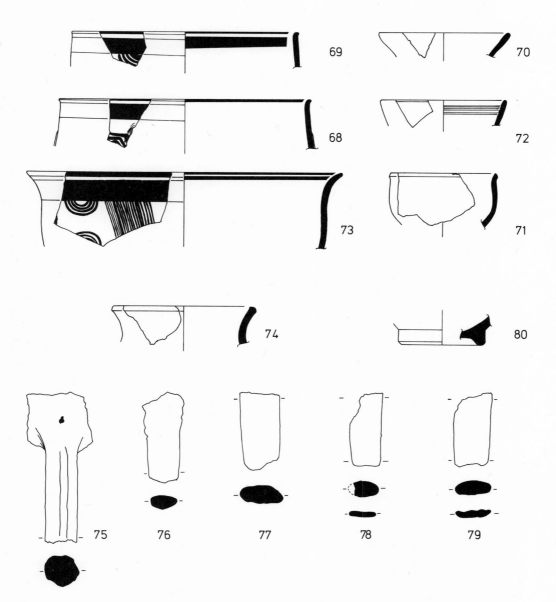

Keramik der Zone III. M 1:3

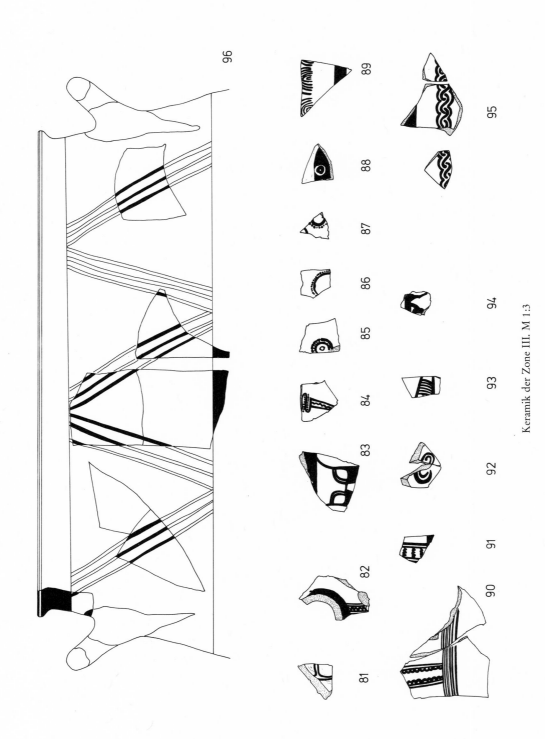

Keramik der Zone III. M 1:3

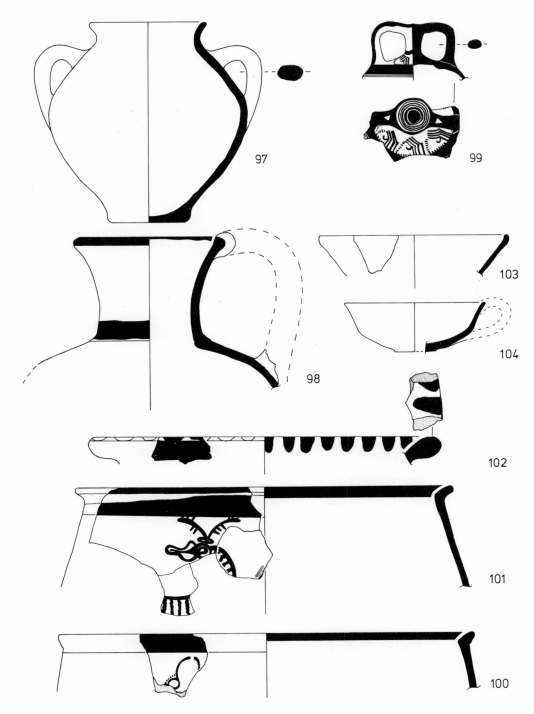

Keramik der Zone II. M 1:3

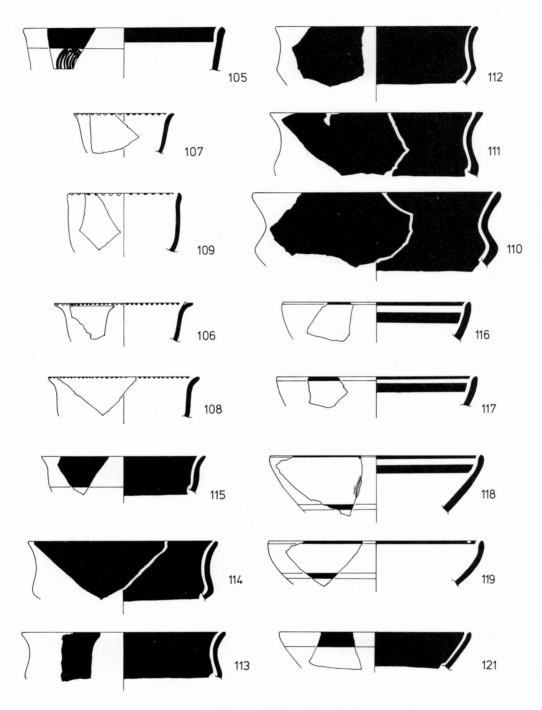

105

107

109

106

108

115

114

113

112

111

110

116

117

118

119

121

Keramik der Zone II. M 1:3

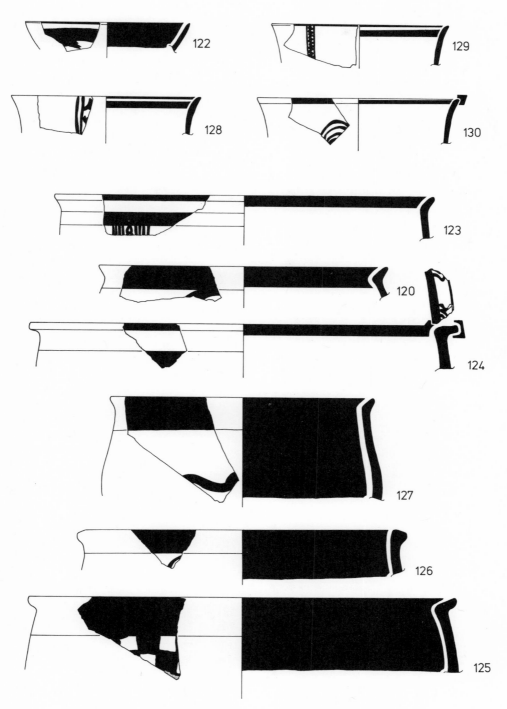

Keramik der Zone II. M 1:3

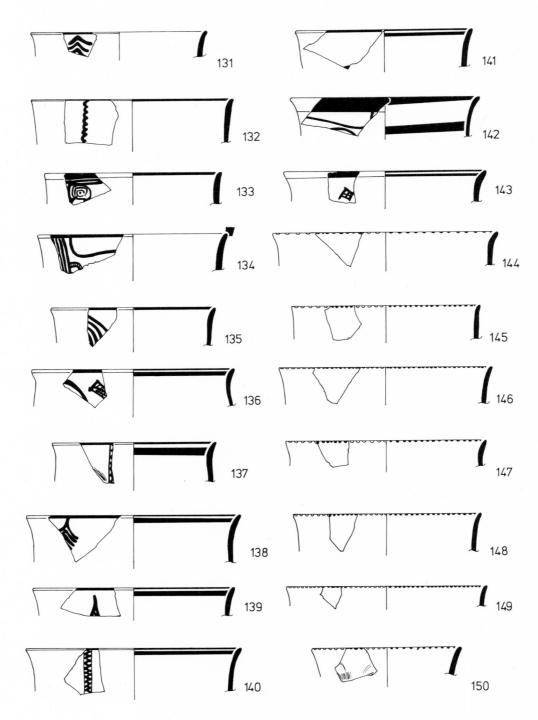

Keramik der Zone II. M 1:3

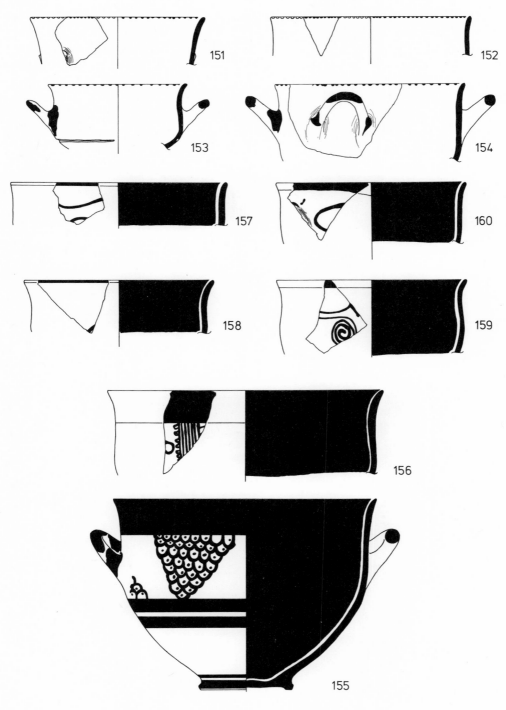

Keramik der Zone II. M 1:3

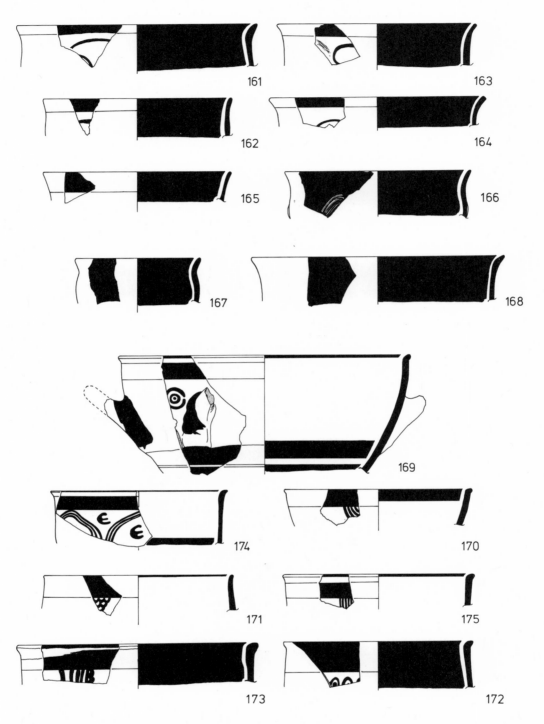

Keramik der Zone II. M 1:3

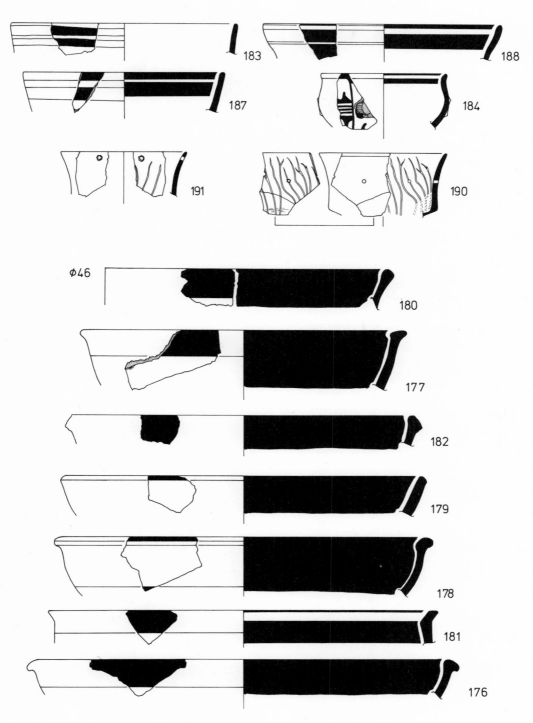

Keramik der Zone II. M 1:3

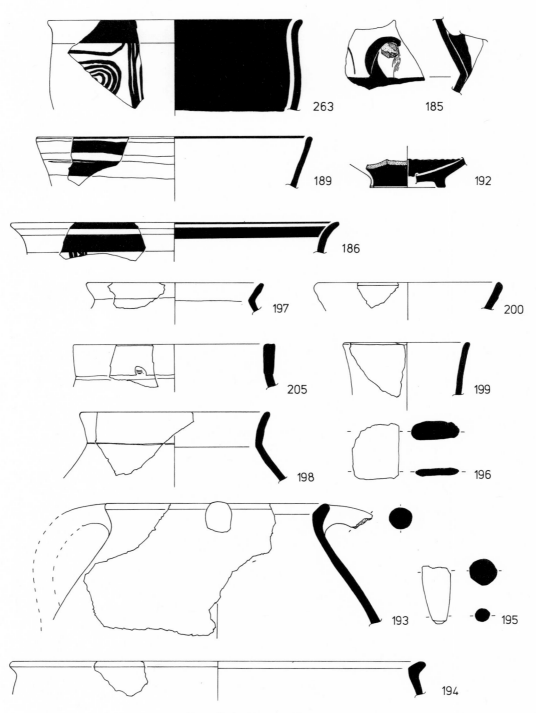

Keramik der Zone II. M 1:3

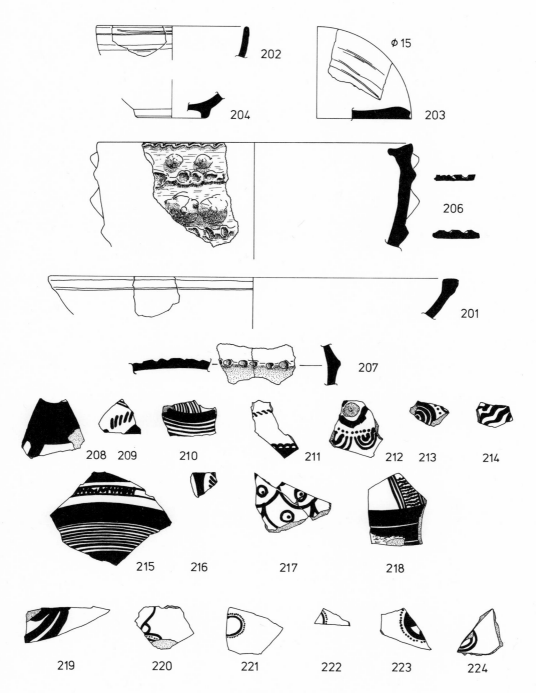

Keramik der Zone II. M 1:3

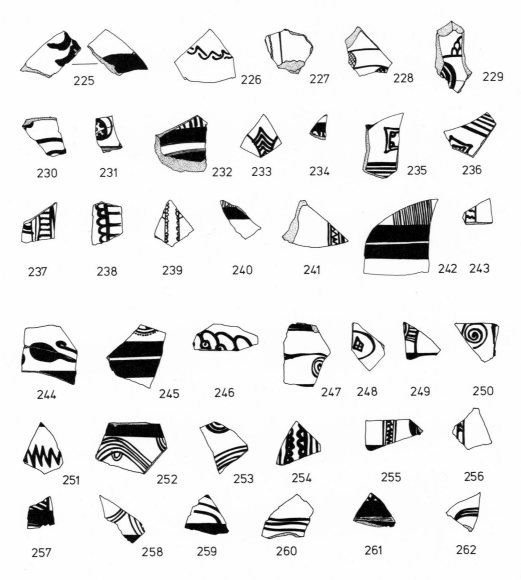

Keramik der Zone II. M 1:3

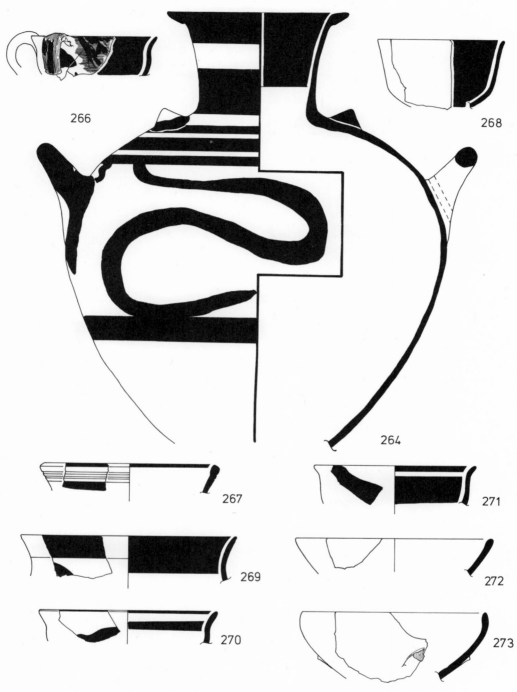

266

268

264

267

271

269

272

270

273

Keramik der Zone I. M 1:3

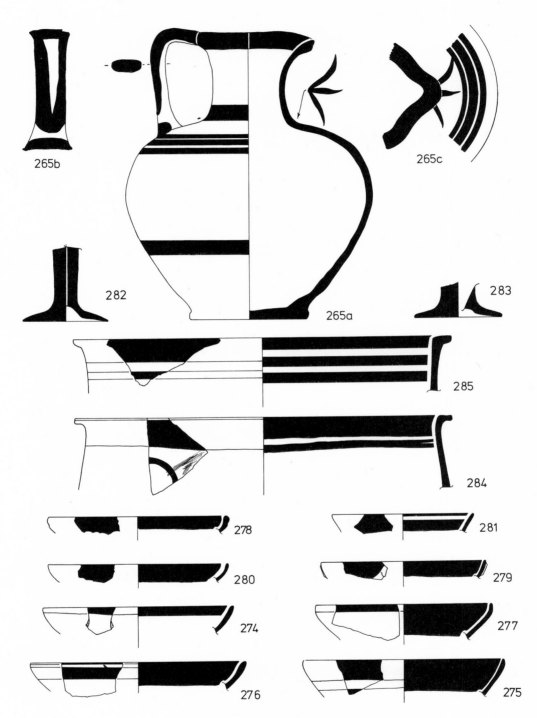

265b

265c

282

283

265a

285

284

278

281

280

279

274

277

276

275

Keramik der Zone I. M 1:3

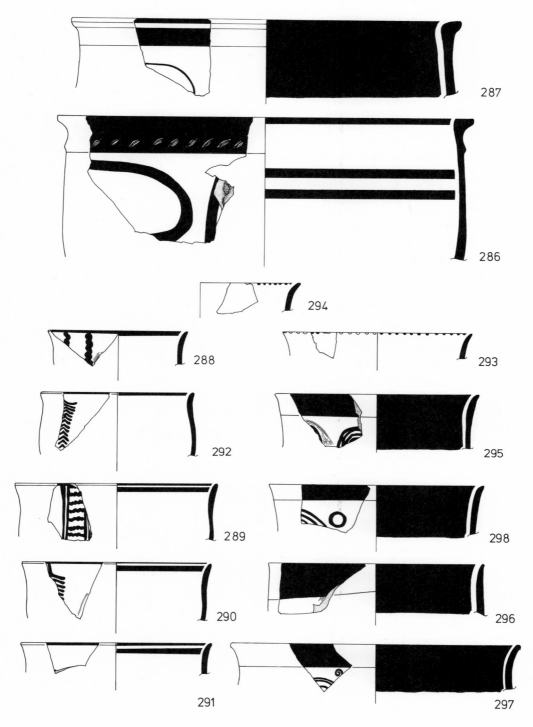

287

286

294

288

293

292

295

289

298

290

296

291

297

Keramik der Zone I. M 1:3

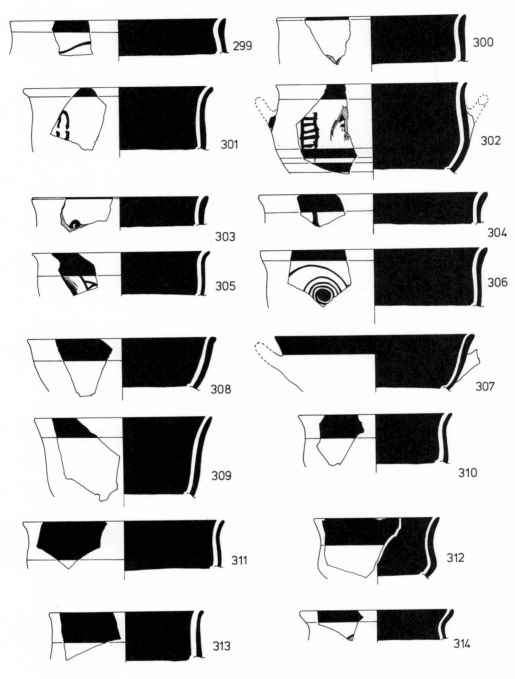

Keramik der Zone I. M 1:3

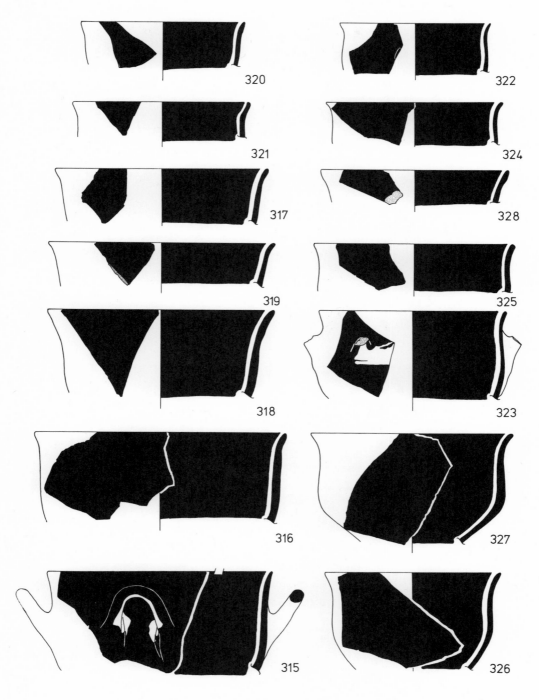

Keramik der Zone I. M 1:3

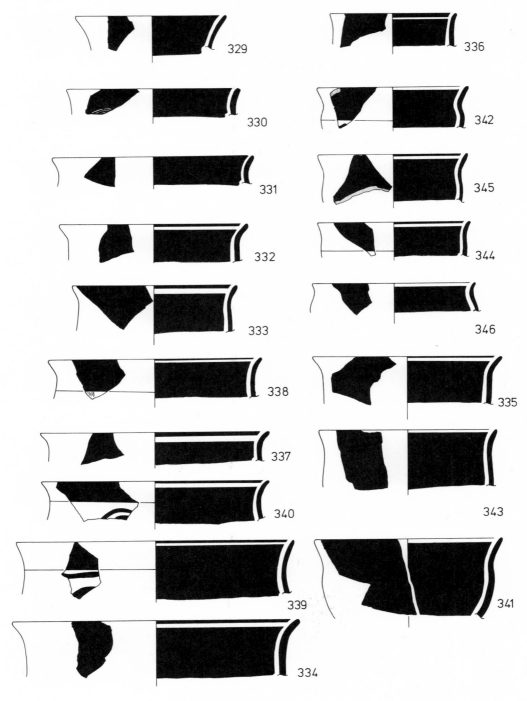

Keramik der Zone I. M 1:3

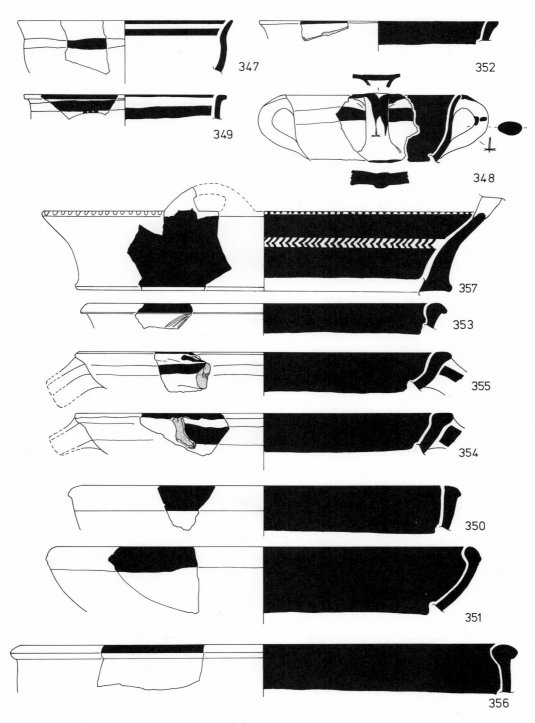

Keramik der Zone I. M 1:3

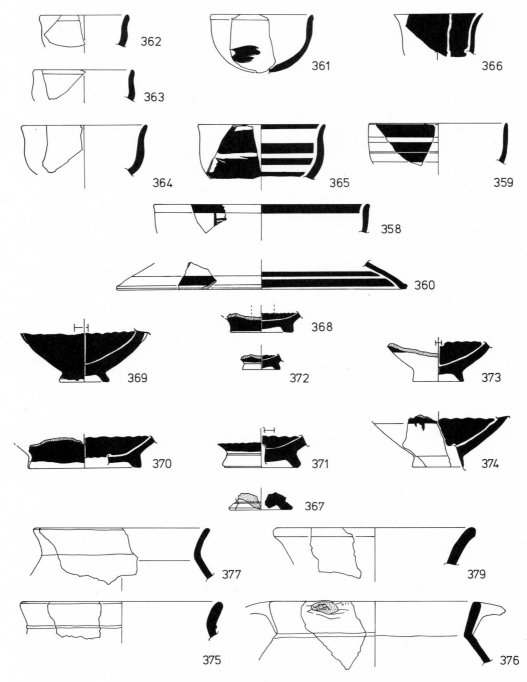

Keramik der Zone I. M 1:3

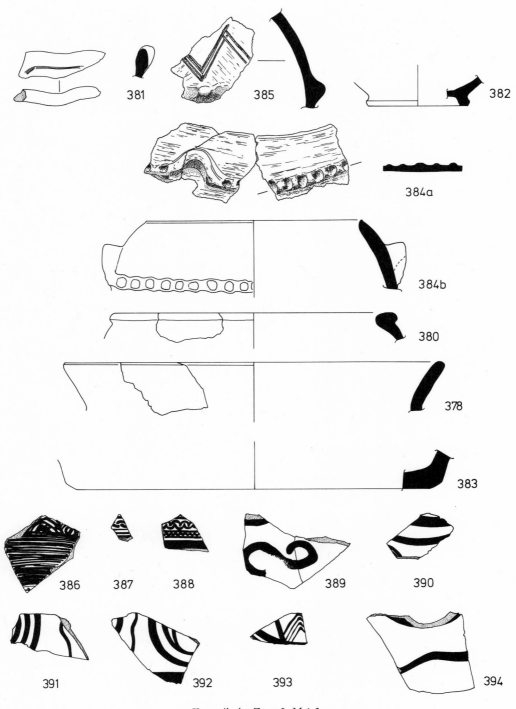

381 385 382

384a

384b

380

378

383

386 387 388 389 390

391 392 393 394

Keramik der Zone I. M 1:3

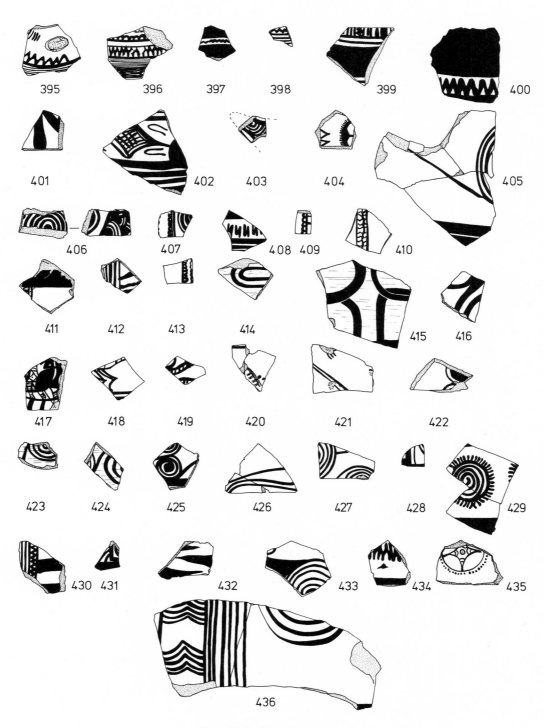

Keramik der Zone I. M 1:3

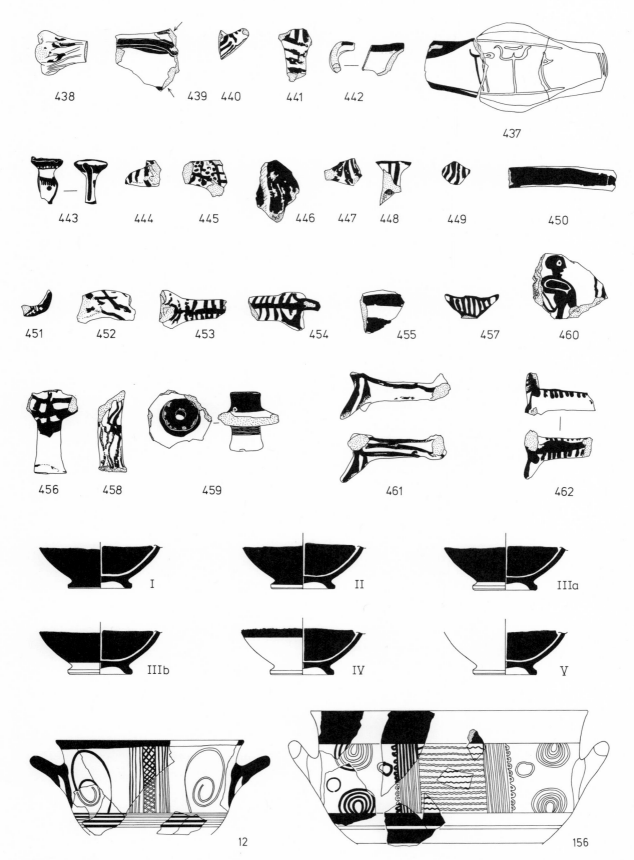

Funde Nr. 437–443: Zone IV; Nr. 444–450: Zone III; Nr. 451–459: Zone II; Nr. 460–462: Zone I. Ringfüße, Typen I–V. Rekonstruktionen der Skyphoi Nr. 12.156. M 1:3

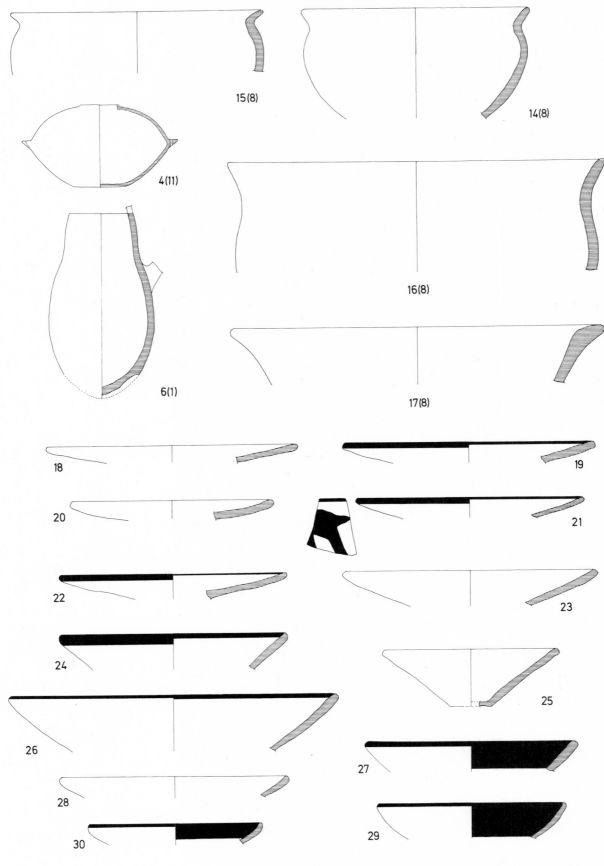

FH II-Gefäße. M 1:3

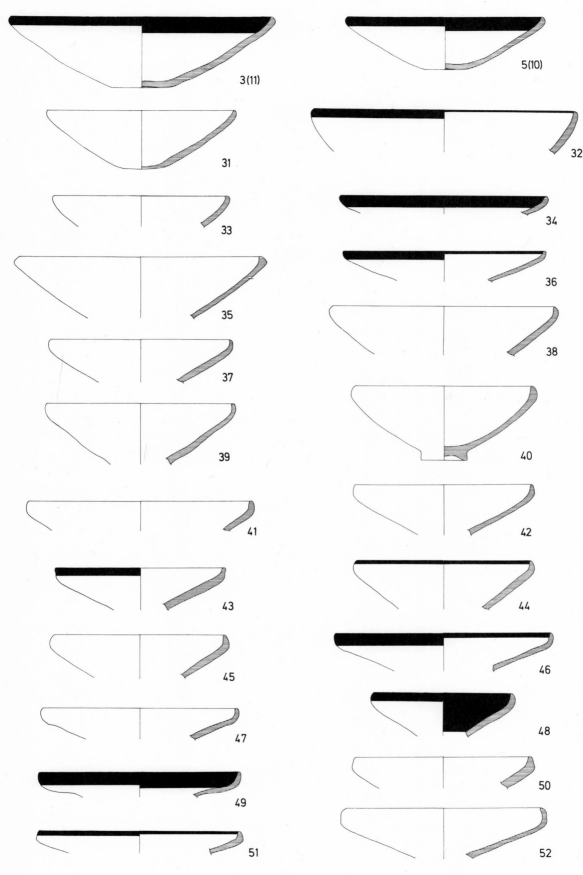

3(11)

5(10)

31

32

33

34

35

36

37

38

39

40

41

42

43

44

45

46

47

48

49

50

51

52

FH II-Gefäße. M 1:3

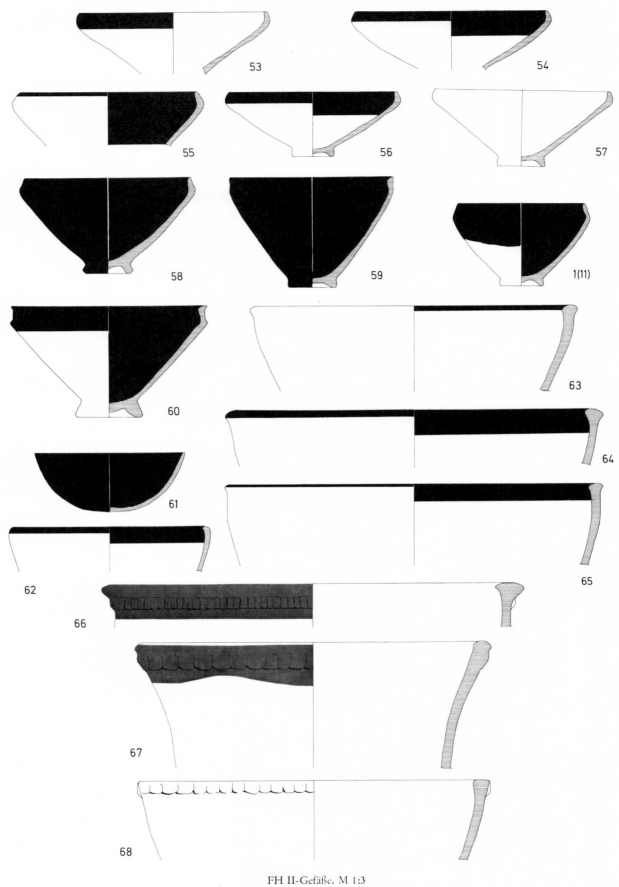

FH II-Gefäße. M 1:3

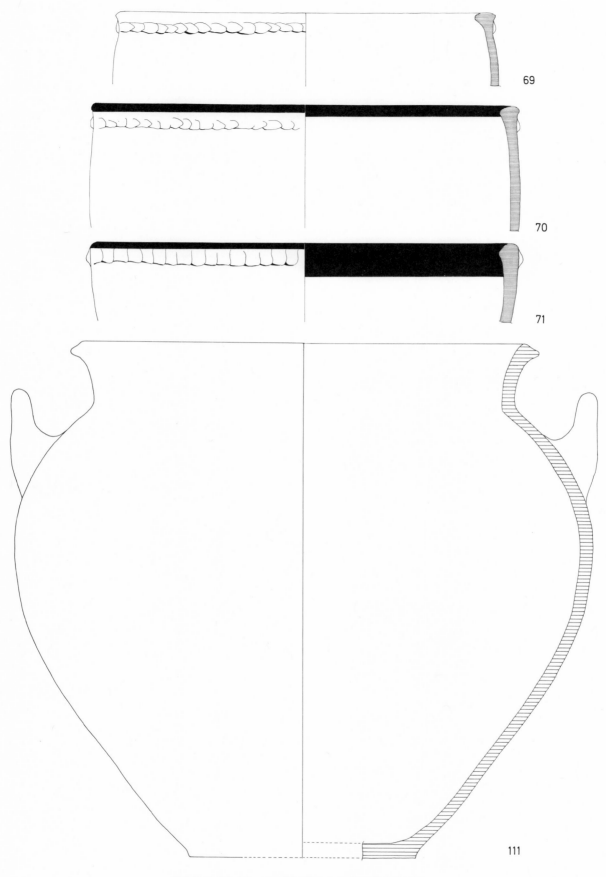

69

70

71

111

FH II-Gefäße (69–71), SH III C 1-Gefäß (111). M 1:3

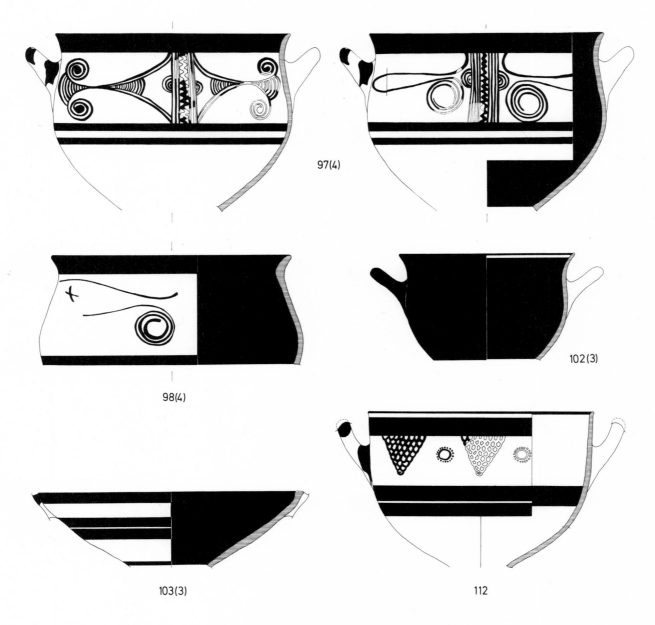

97(4)

98(4)

102(3)

103(3)

112

SH III C 1-Gefäße aus Schicht 4: Horizont H. M 1:3

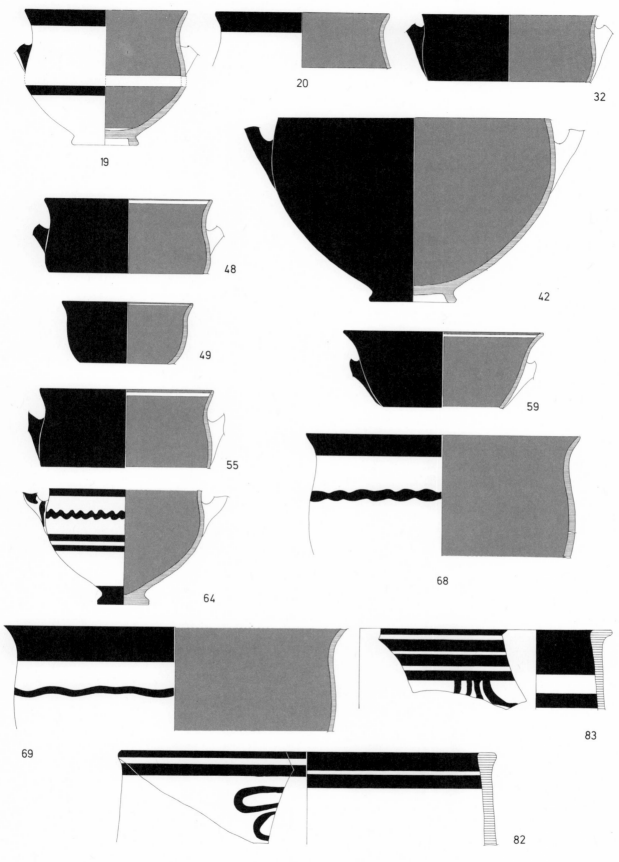

Skyphoi und Kratere. M 1:3

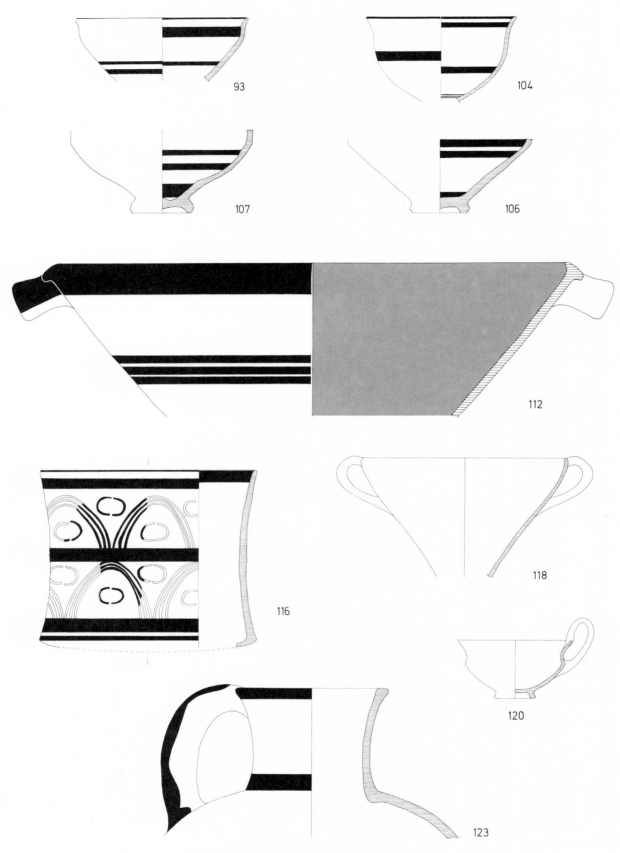

SH III B 2-III C 1 : Schalen, Humpen, Kylix, Tasse und Kanne M 1:3

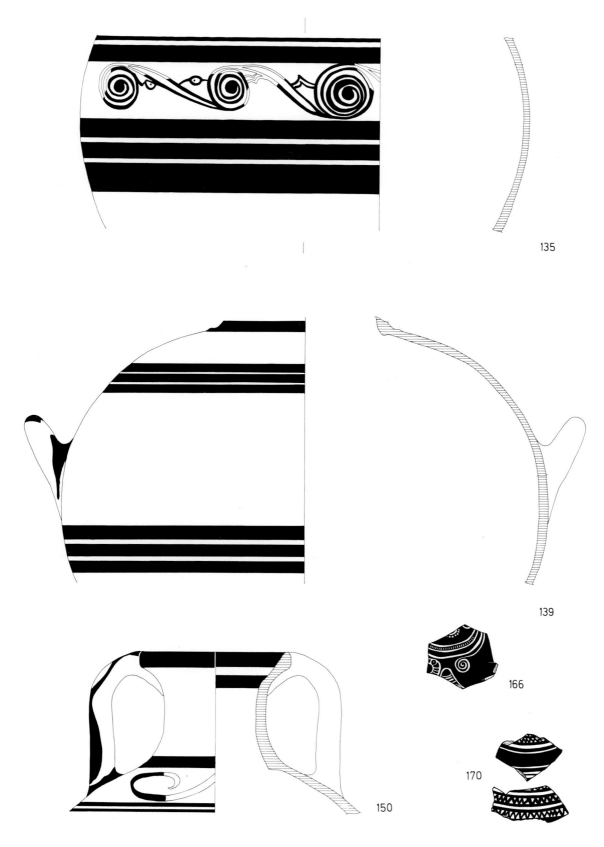

SH III C 1: Geschlossene Gefäße, Amphore, Close Style Skyphos und Kanne.   M 1:3

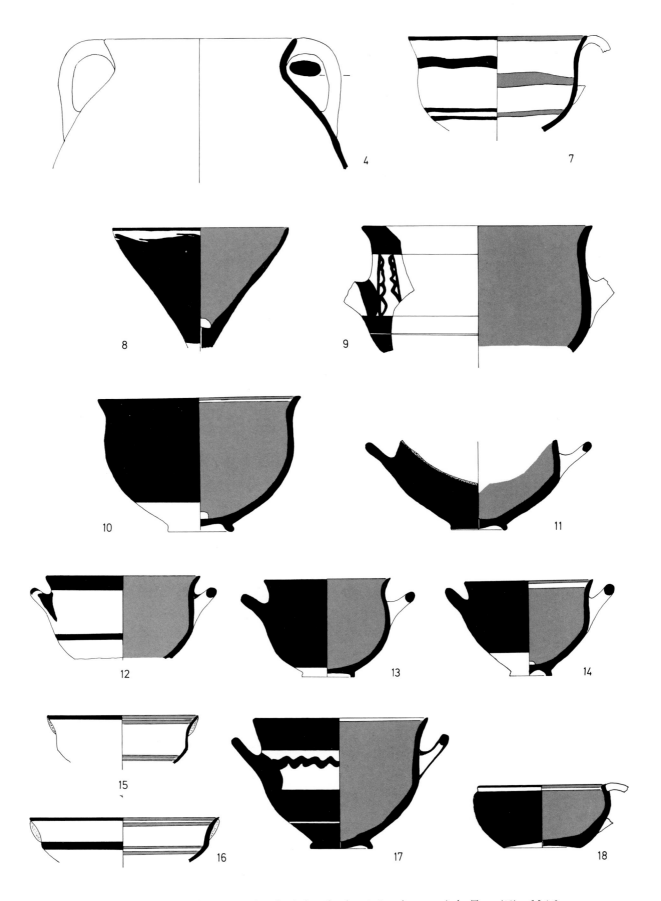

SH III C-zeitliche Gefäße (4–16), submykenischer Skyphos (17) und geometrische Tasse (18). M 1:3

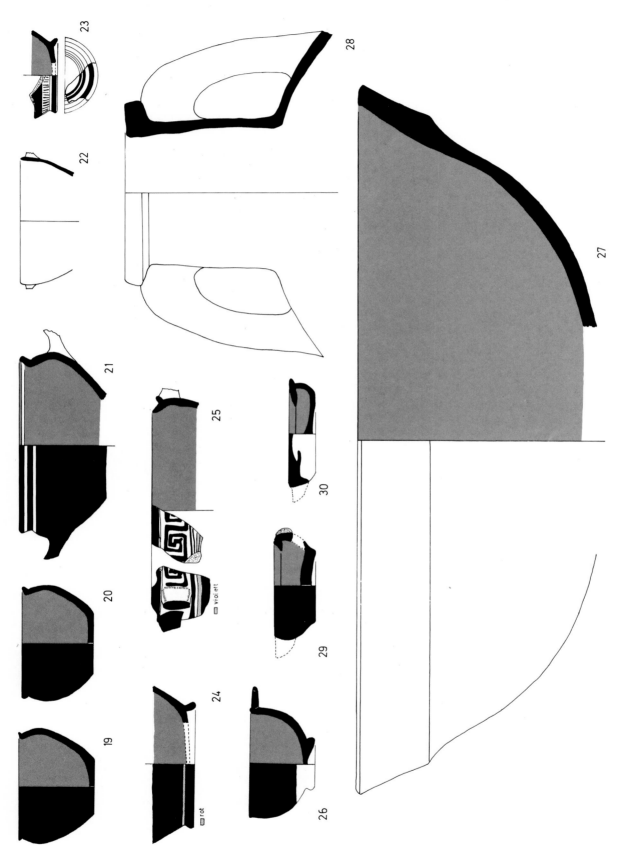

Gefäße der geometrischen und archaisch-klassischen Zeit. M 1:3

1. Bau 2 von Norden nach Beendigung der Ausgrabung. Dahinter die Nordwand von Bau 1

2. Bau 2. Gefach aus Lehmziegeln von Osten

1. Bau 2 von Süden mit den Gräbern.
Im Vordergrund Fußboden von Bau 2a

2. Bau 2 von Süden, Kiesellage im Baugrund

3. Bau 2b von Westen mit Gefach, darüber Brandschutt mit Dachziegel

4. Bau 2b. Dachziegel in Fundlage

1. Bau 2b. Gestörtes Grab I, sowie Skelette 1.2, von Südwesten

2. Bau 2. Grab V, Skelette 8.9, von Süden

3. Bau 2. Grab VI, Skelett 6, Grab VII, Skelett 7, von Südosten

4. Bau 2. Grab VII, Skelett 7, von Norden

1. Unterburg. Luftaufnahme der Grabungsfläche 1971

2. Quadrant IV 2, Abschnitt 2. Mauern 60.101.102 der Horizonte F.H.J von Osten

1. Quadrant IV 2, Nordansicht der Mauern 75–73

2. Bau 1. Nordostecke

1. Quadrant IV 2/V 2, Abschnitt 2. Bau 1 und Nachfolgebauten. Mauern der Horizonte F.H.J. von Nordnordwest

2. Quadrant V2, Abschnitt 4. Steinhaufen   *3.* Quadrant IV 2/V 2, Abschnitt 2–4. Steinlagen an der Unterkante
     mit Dachziegel in Schicht 2   von Schicht 1

1. Fundlage von FH II-Pithoi Horizont C

2. Fundlage von FH II-Gefäßen im Horizont B

3. Fundlage von FH II-Gefäßen im Horizont A

Quadrant IV 2

1. Mauer 79.79a–80.121 bzw. 66 der Horizonte B–C bzw. E von Nordwesten

2. Mauern 106–79.79a – 63 80.121 bzw. 66 und 60 der Horizonte A–B–C
bzw. E und H von Nordnordwest

3. Mauern 79–80.63 der Horizonte B–C von Westen

1. Frühhelladische und mykenische Mauern im Osten von Bau 1: Horizonte B.C.E.H, von Nordosten

2. Mauern der Horizonte A–C und des Horizontes H von Südosten

1. Quadrant V 2/VI 2. Befund an der Unterkante von Schicht 3

2. Quadrant IV 2. Bau 1, Ostwand mit innerer Querwand von Norden

1. Quadrant V 2/VI 2. Ansicht von Nordosten

2. Quadrant VI 2. Ansicht von Norden

Quadrant V 2/VI 2

1. Hanghaus, Nordwestecke

2. Hanghaus, Südwestecke

Quadrant V 2

1.   Mauern 65.81.82 von Nordwesten

2.   Nachmykenischer Pflasterrest (Nr. 71) von Südosten

3.   Westhaus, Raum 2 von Westen

4.   Nachmykenische Baureste

1. Mykenische und nachmykenische Bebauung an der westlichen Burgmauer, von Osten

2. Kammer Kw 10, trogförmiger Einbau von Süden

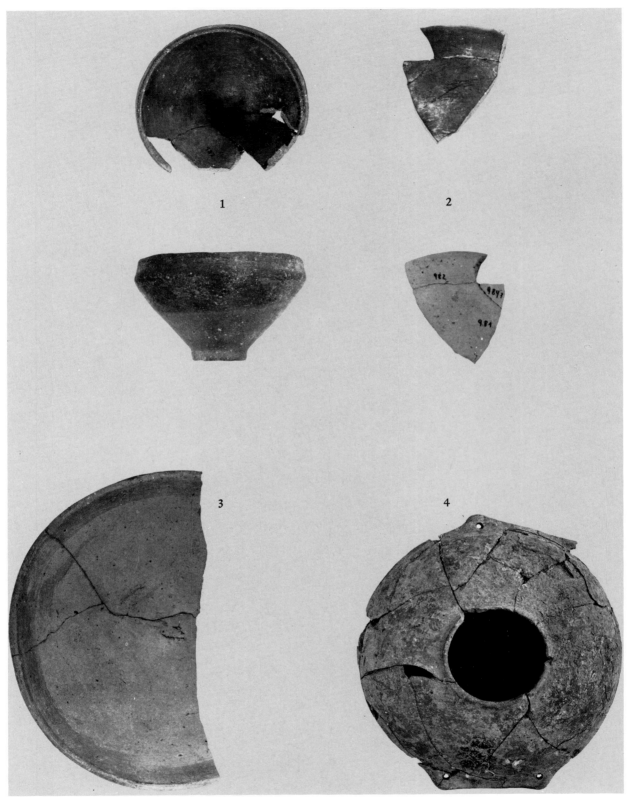

FH II-Gefäße aus Schicht 11 (Horizont A)

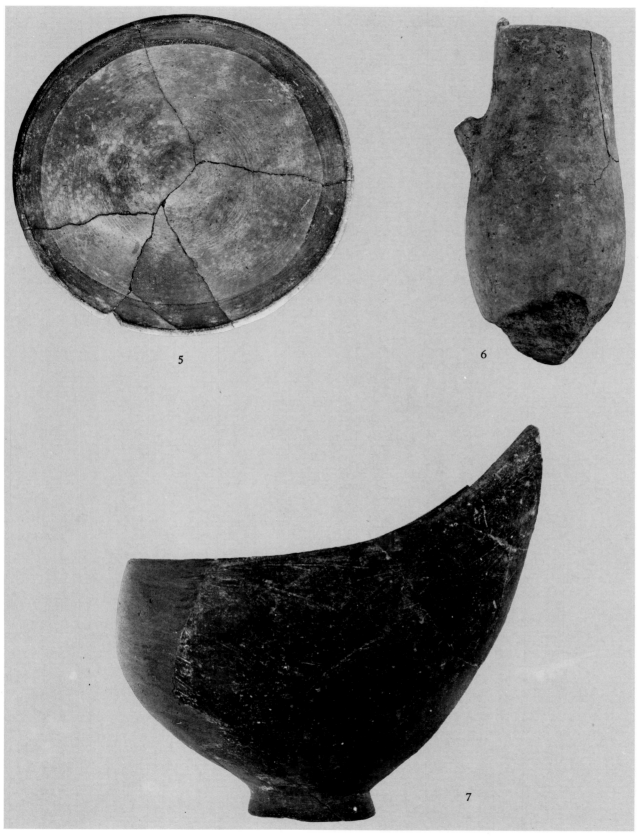

5

6

7

FH II-Gefäße aus Schicht 10 (Horizont B)

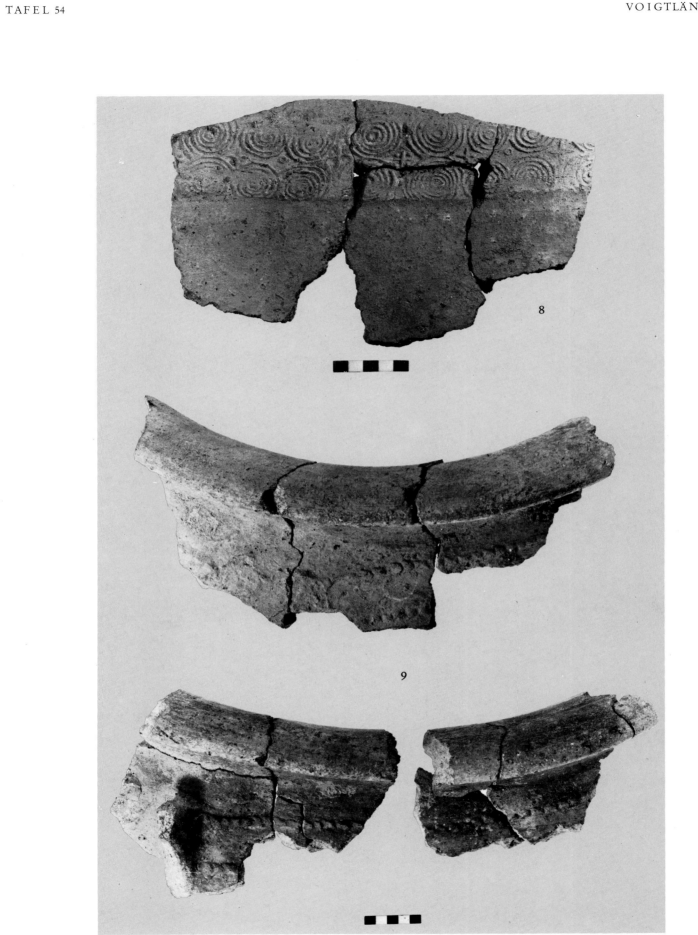

FH II-Pithoi aus Schicht 9 (Horizont C)

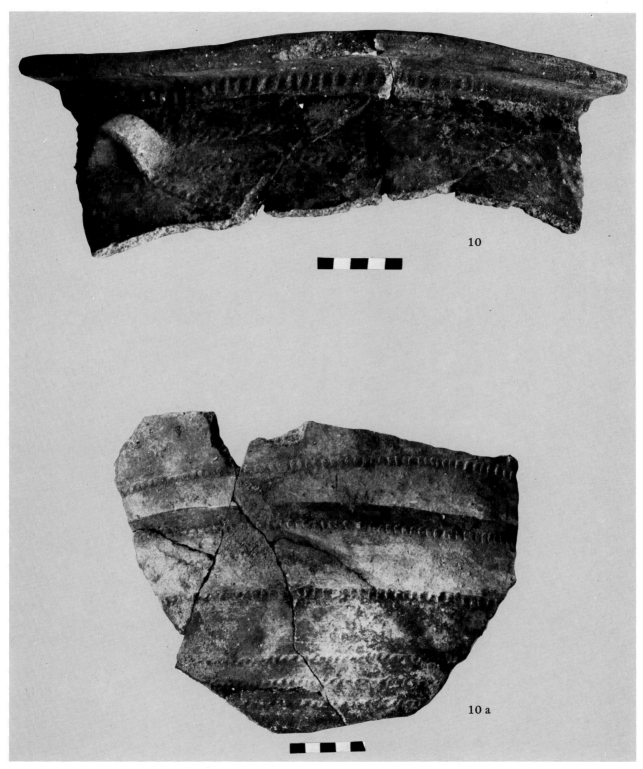

FH II-Pithoi aus Schicht 9 (Horizont C)

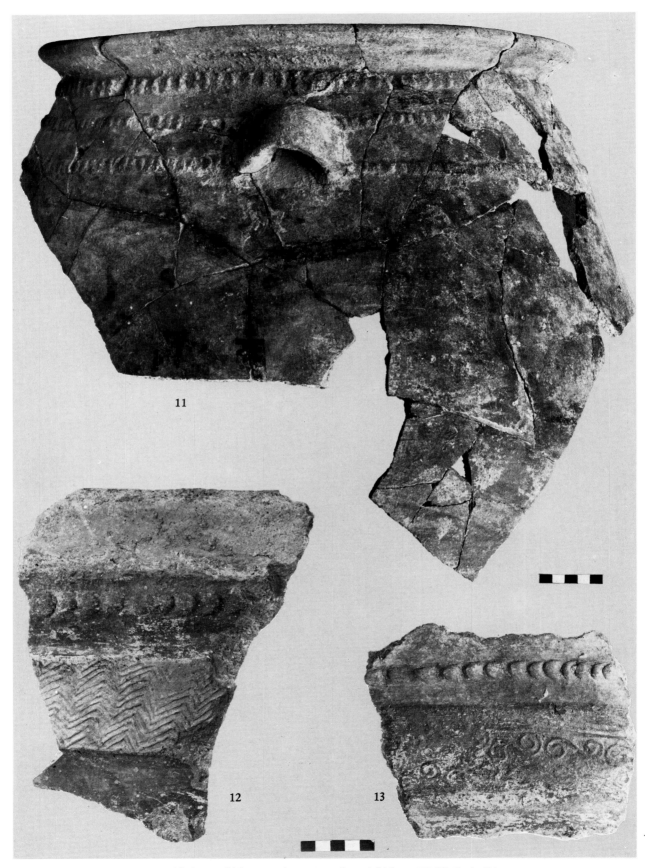

11

12 13

FH II-Pithoi aus Schicht 9 (Horizont C) und aus Schicht 8 (FH III-Grube D)

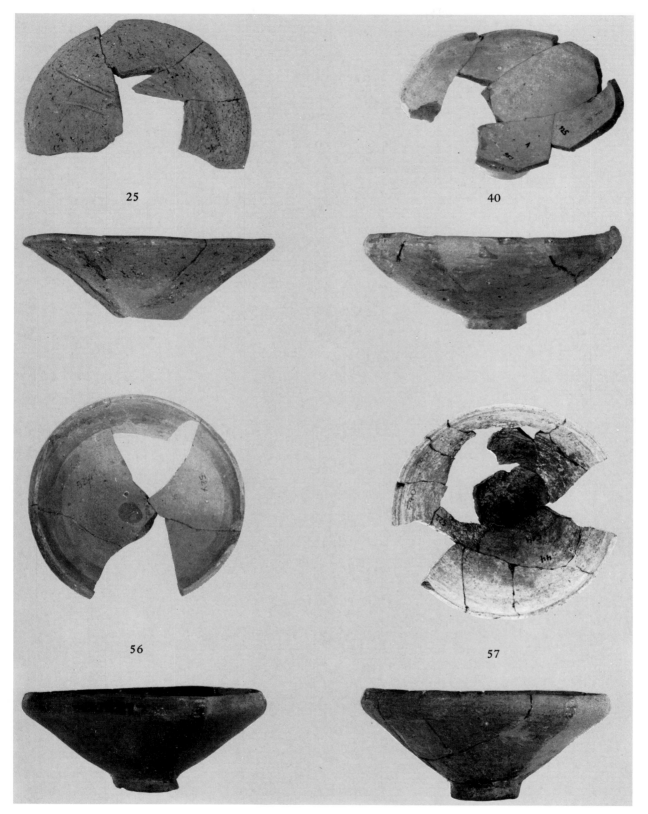

25 40 56 57

FH II-Schalen, unstratifiziert

FH II-Schalen, unstratifiziert

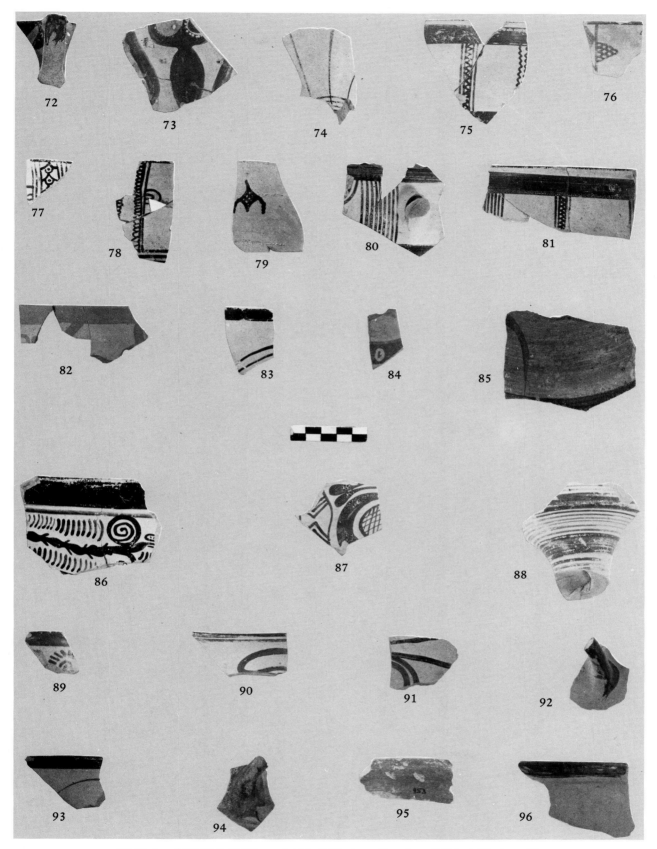

SH III A und SH III B-Gefäße aus Schicht 7 (Horizont E) und aus Schicht 6 (Horizont H)

97

SH III C 1-Skyphos aus Schicht 4 (Horizont H)

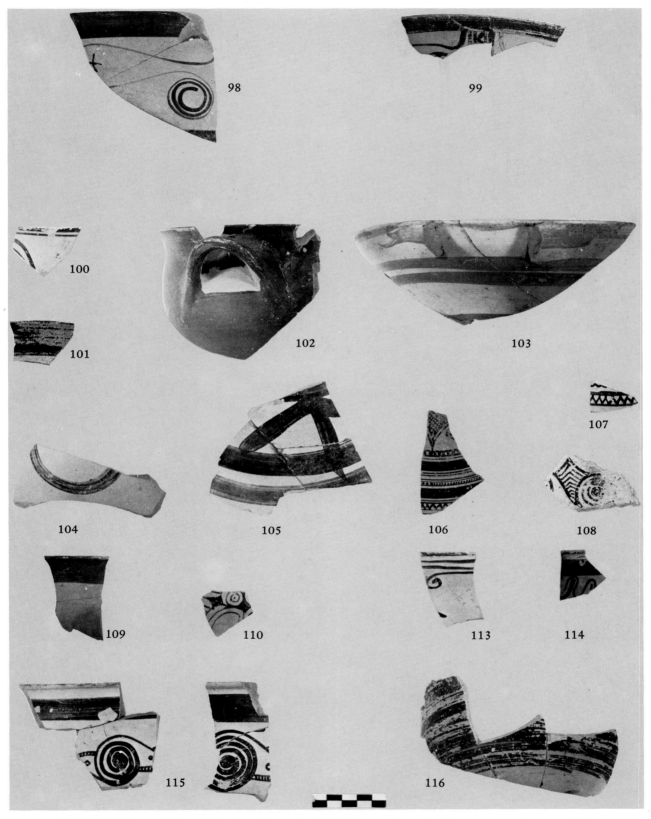

SH III C 1-Gefäße aus Schicht 4 (Horizont H), aus Schicht 3 (Horizont J), aus der Bestattungsgrube 3, unstratifiziert

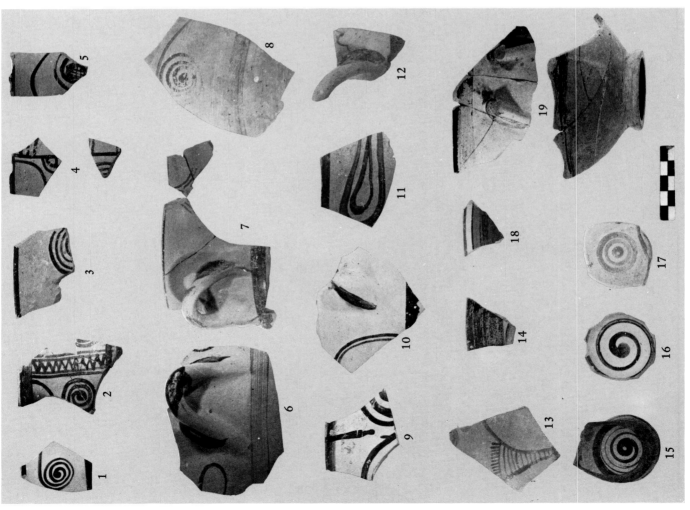

2. Skyphoi, Katalog-Gruppe Ib. M ca. 1:2,5

1. Skyphoi, Katalog-Gruppe Ia

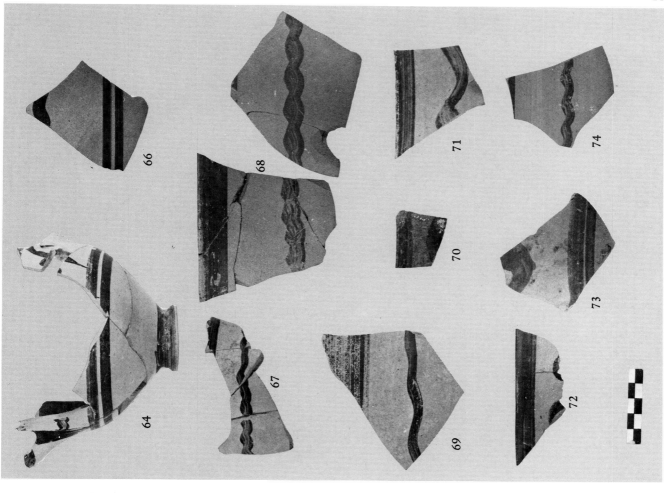

2. Skyphoi, Katalog-Gruppe I d. M ca. 1:2,5

1. Skyphoi, Katalog-Gruppe I b und I c (ab Nr. 48)

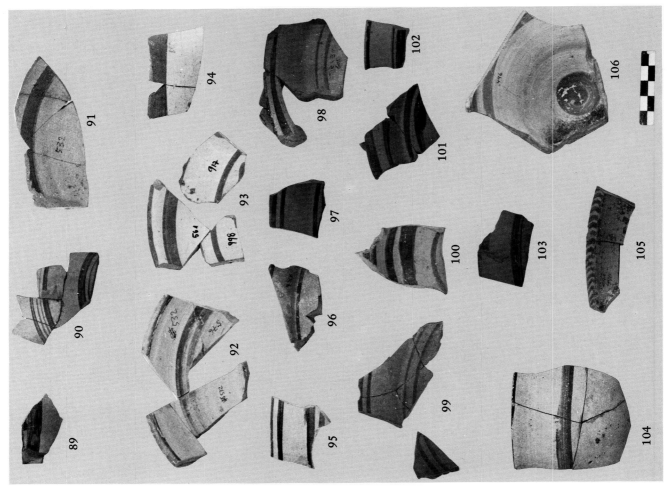

2. Schalen, Katalog-Gruppe III. M ca. 1:2,5

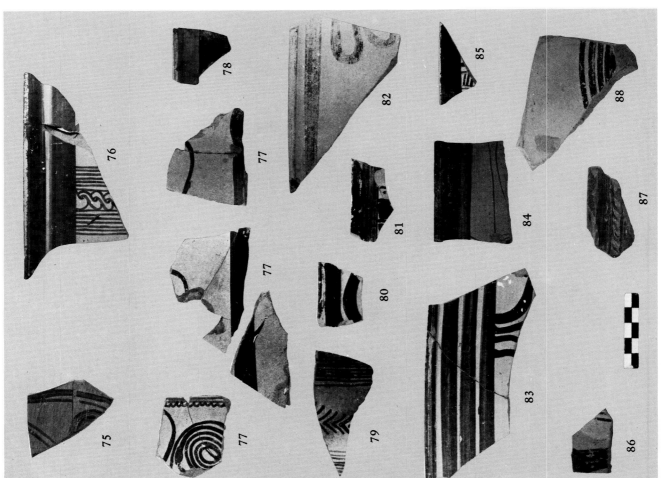

1. Kratere, Katalog-Gruppe II

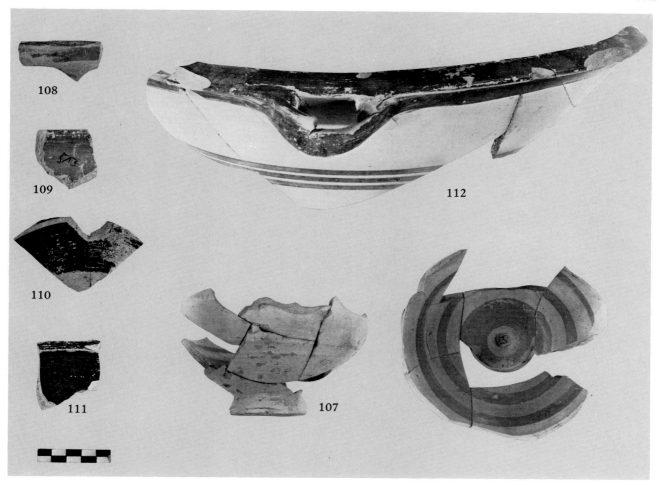

1. Schale (107) und Schüsseln (108–112) Katalog-Gruppen III und IV

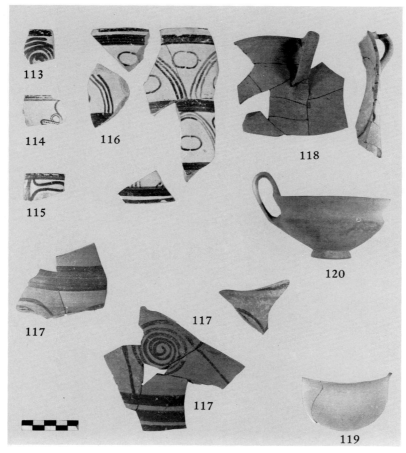

2. Verschiedene offene Gefäße, Katalog-Gruppe V. M ca. 1:2,5

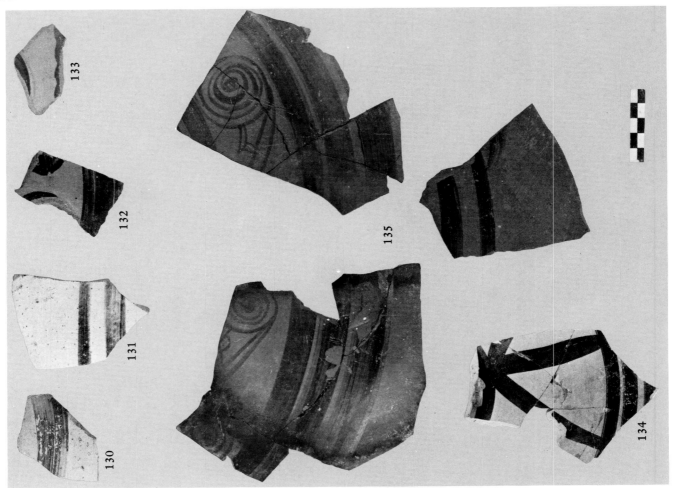

2. Geschlossene Gefäße, Katalog-Gruppe VI. M ca. 1:2,5

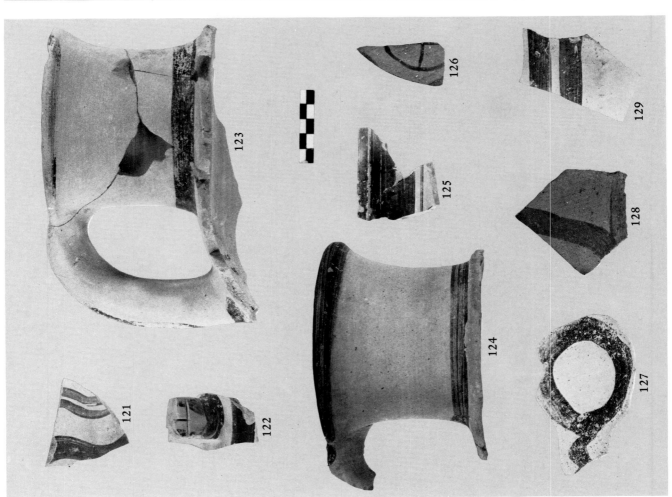

1. Geschlossene Gefäße, Katalog-Gruppe VI

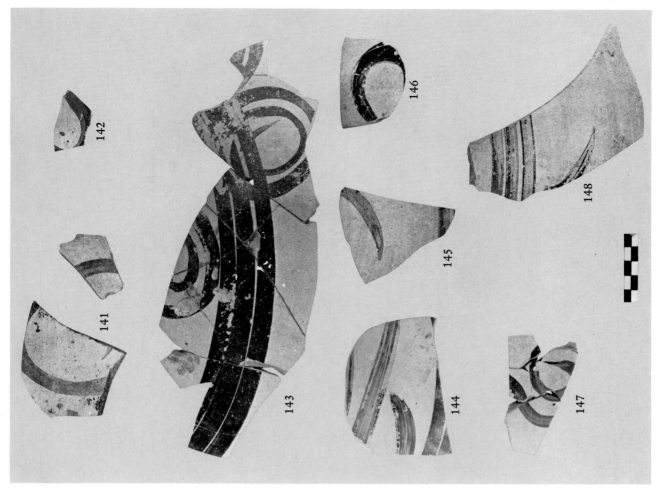

2. Geschlossene Gefäße, Katalog-Gruppe VI. M ca. 1:2,5

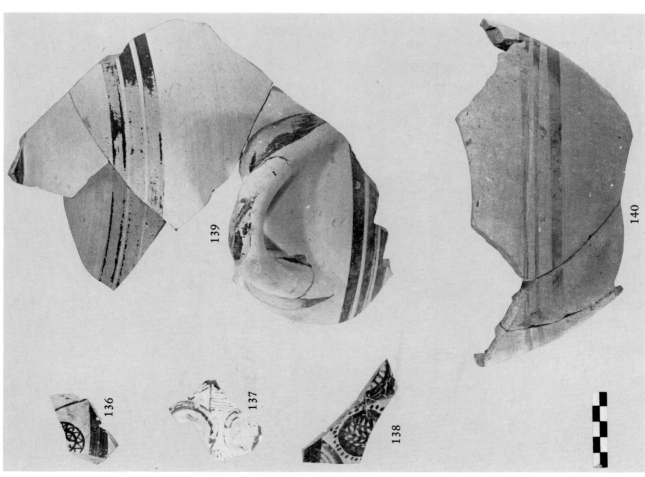

1. Geschlossene Gefäße, Katalog-Gruppe VI

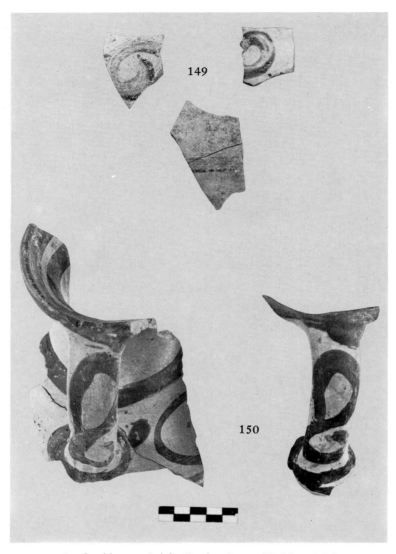

1. Geschlossene Gefäße, Katalog-Gruppe VI. M ca. 1:2,5

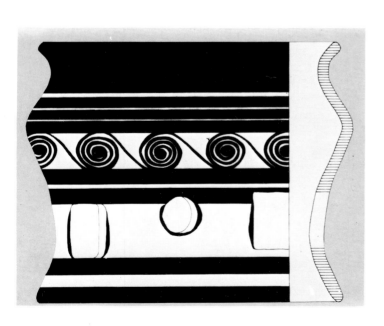

151

2. Ständer, Katalog-Gruppe VII. M ca.1:4   151

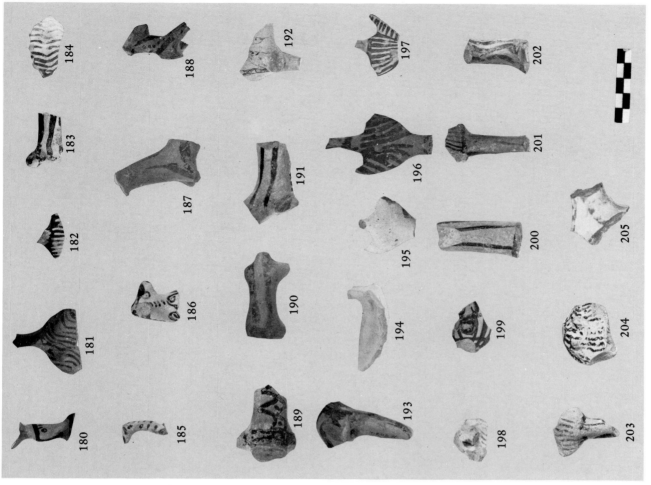

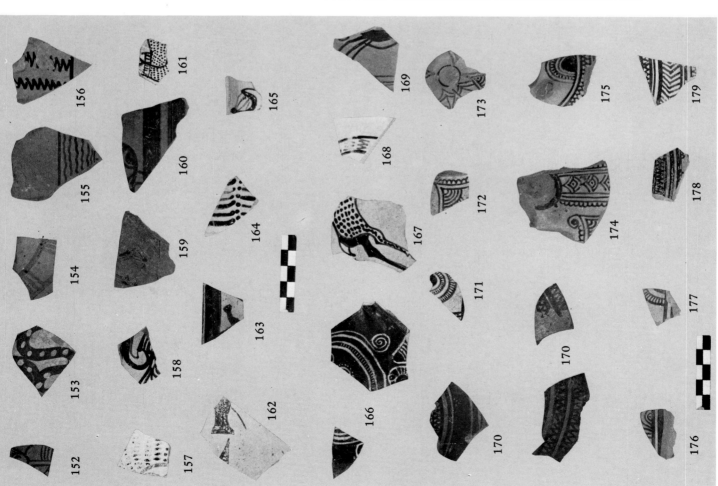

1. Figürlich bemalte Keramik, Katalog-Gruppe VIII; Close-style-Keramik, Katalog-Gruppe IX

2. Idole, Katalog-Gruppe X. M ca. 1:2,5

1. Mykenische Pithoi aus Schicht 4 (Kat.Nr. 1–3)

2. Mykenische Bügelkannen (Kat.Nr. 6.7)

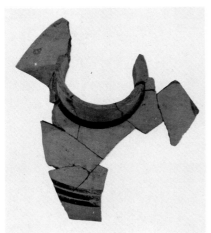

3.4. Mykenische Hydria aus Schicht 4 (Kat.Nr. 4a)

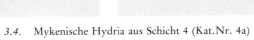

5. Münze des
Antoninianus (Kat.Nr. 33)

6. Römische Lampe (Kat.Nr. 31)

7. Lakonischer Ziegel (Kat.Nr. 32)

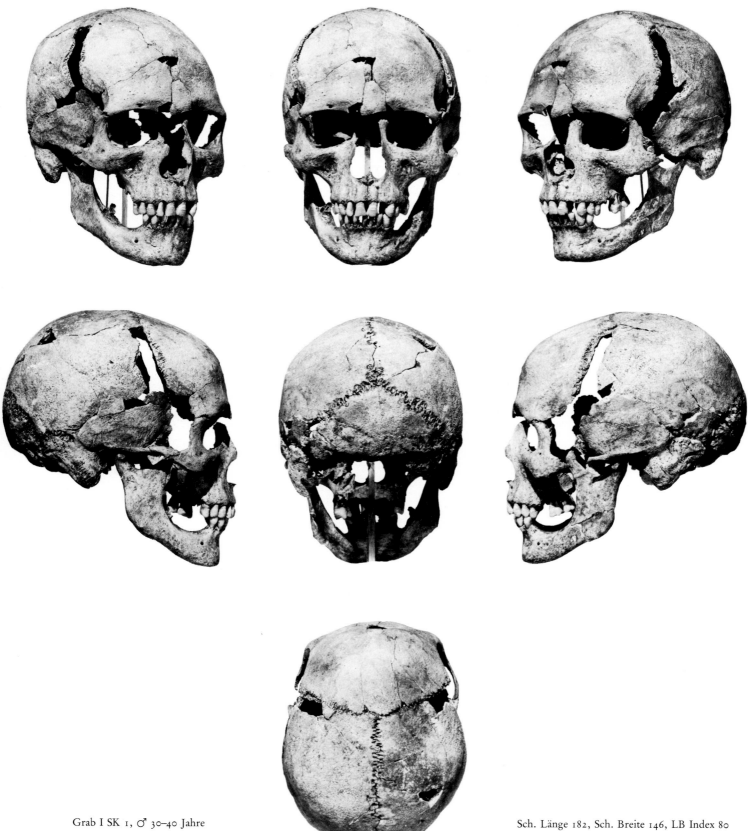

Grab I SK 1, ♂ 30–40 Jahre

Sch. Länge 182, Sch. Breite 146, LB Index 80

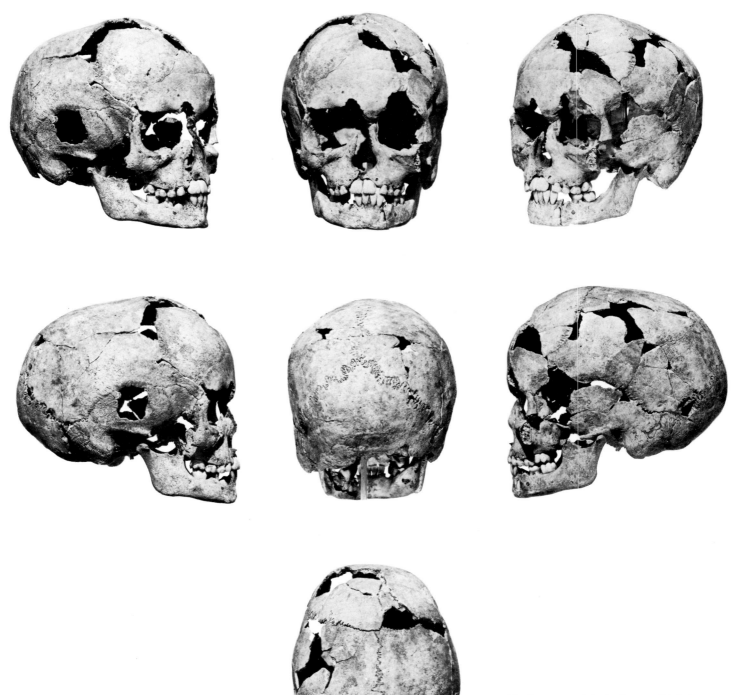

Grab II SK 4, ♂ 8 Jahre

Sch. Länge 179, Sch. Breite 137, LB Index 77

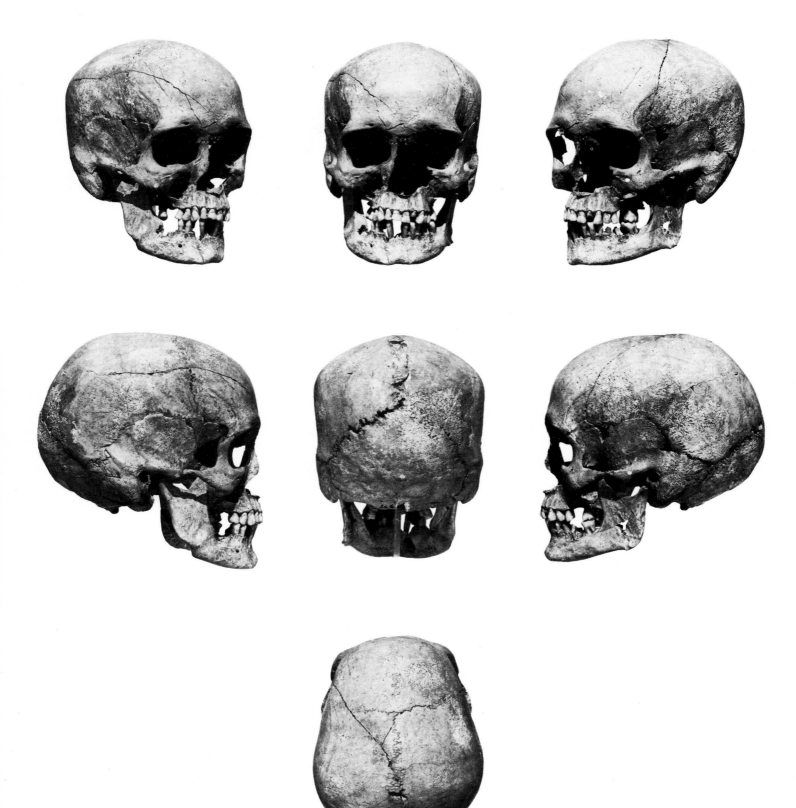

Grab VII SK 6, ♀ 30–40 Jahre

Sch. Länge 172, Sch. Breite 133, LB-Index 77

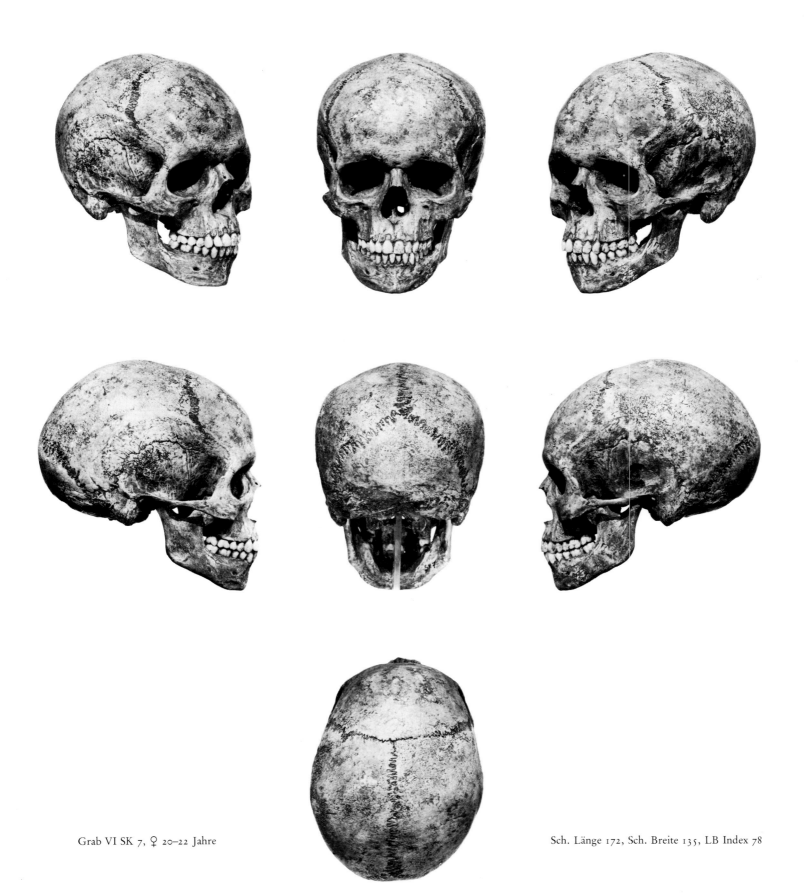

Grab VI SK 7, ♀ 20–22 Jahre

Sch. Länge 172, Sch. Breite 135, LB Index 78

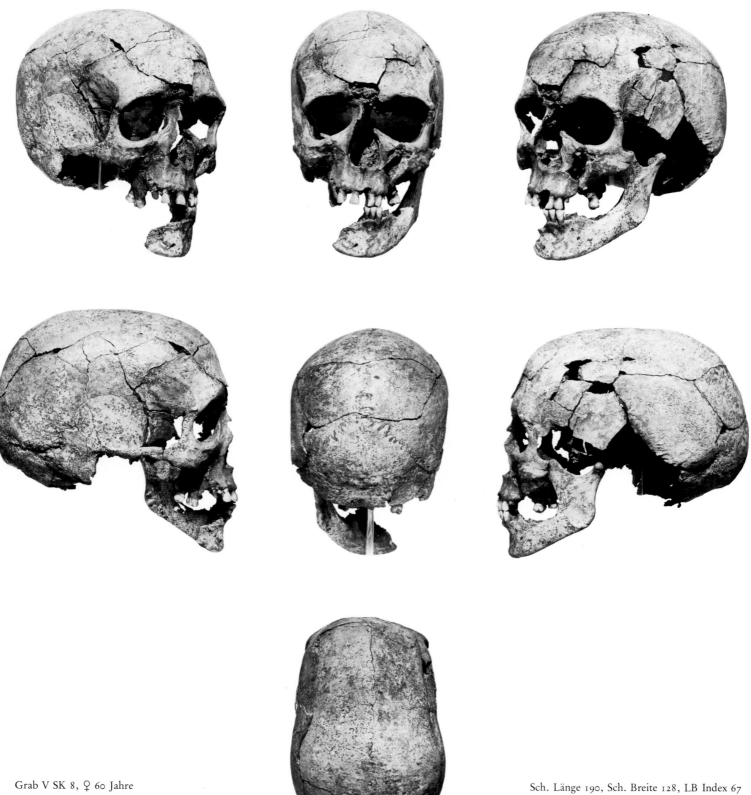

Grab V SK 8, ♀ 60 Jahre

Sch. Länge 190, Sch. Breite 128, LB Index 67

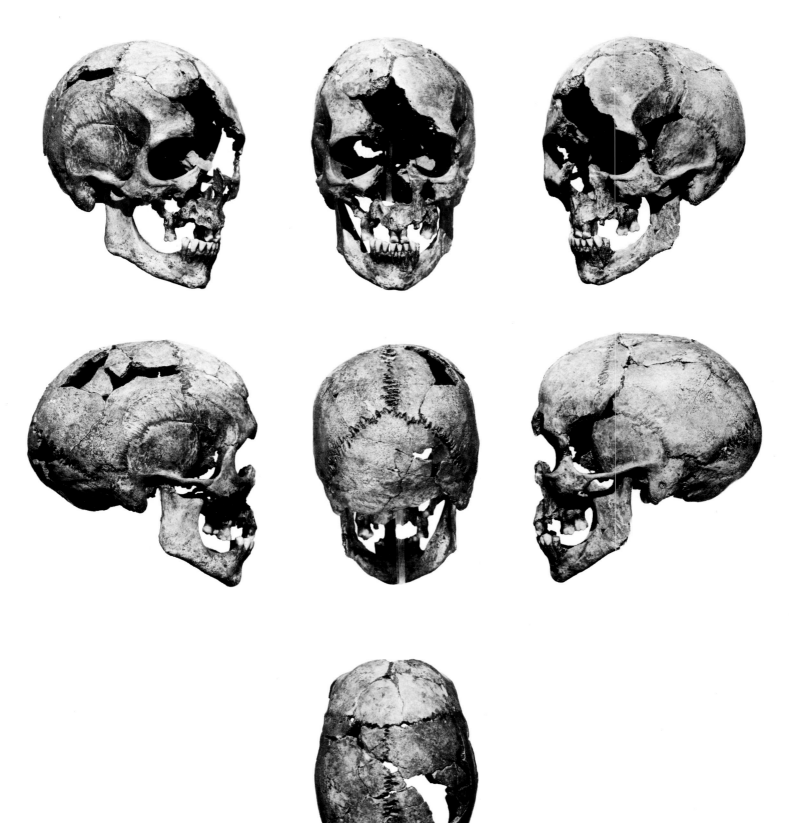

Grab V SK 9, ♀ 30–40 Jahre   Sch. Länge 183, Sch. Breite 133, LB Index 73

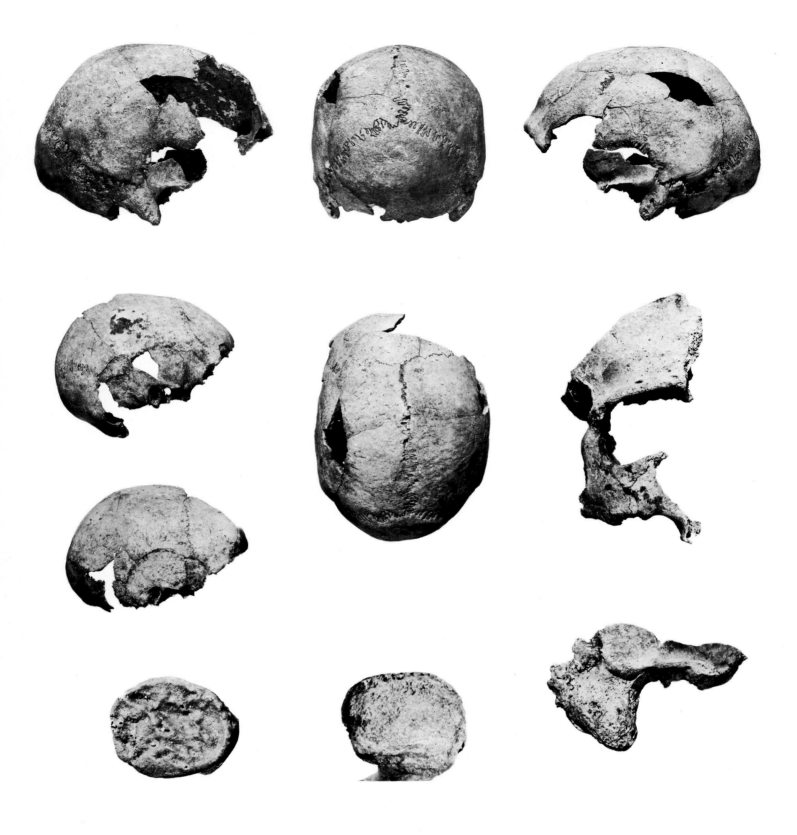

Obere Reihe und Mittelbild (Oberansicht): 1965 SK A –*mittlere Reihe links* Calotte 1965 SK D, *darunter* Calotte SK 3, *rechts* 1965 SK B r
Obergesichtsfragment –*unten links* SK 7 sternales Clavicularende: völlig offene Epiphyse, *Mitte* SK 1, dgl., völlig geschlossene Epiphyse,
rechts 1965 SK B r Proc. mastoides

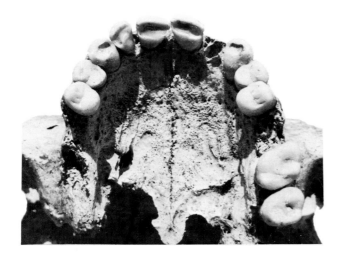
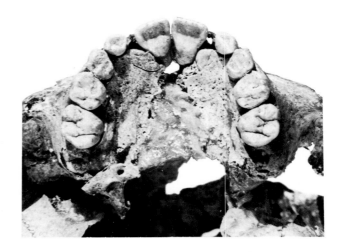

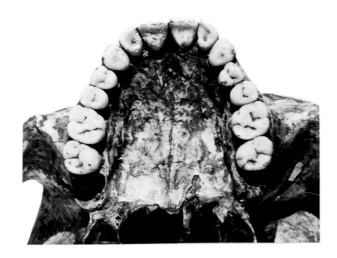

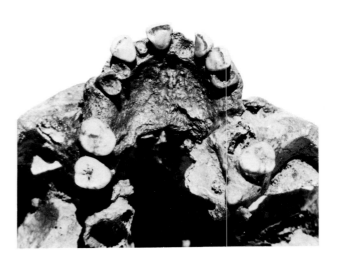

Oberkiefer   *Linke Reihe oben* SK 1, *Mitte* SK 7, *unten* SK 9 –
rechte Reihe oben SK 4, *Mitte* SK 6, *unten* SK 8

Unterkiefer   *Linke Reihe* SK 1, SK 6, SK 9, SK B(1), SK C, SK 5, SK D, SK 3 –
rechte Reihe SK 4, SK 8, SK 7, SK B (2_1), Oberkieferfragment SK C, SK 5, SK 3, isolierter M^1 (d): SK 5

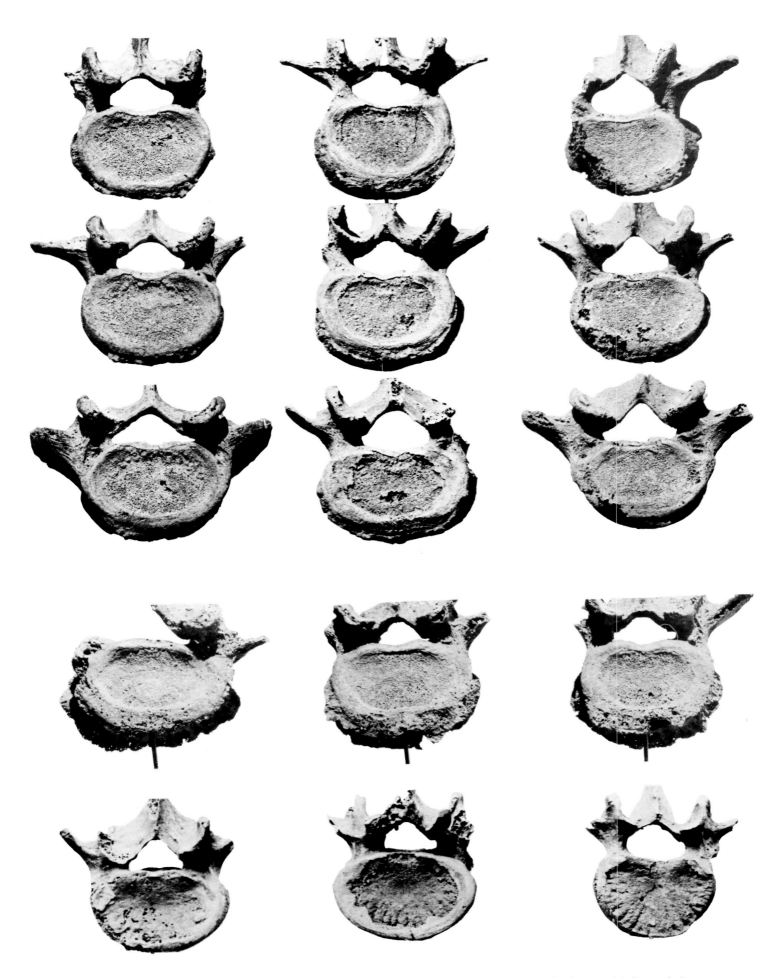

Untere Lendenwirbel *1. mit 3. Reihe links* SK 1, *Mitte* SK 6, *rechts* SK 9, beginnende Spondylosis, Randzacken an Wirbelkörperdeck-
platten; *4. Reihe* SK 8, ausgeprägte Spondylosis, Randleiste ausgewalzt; *5. Reihe* SK 7, Randleiste noch nicht synostosiert

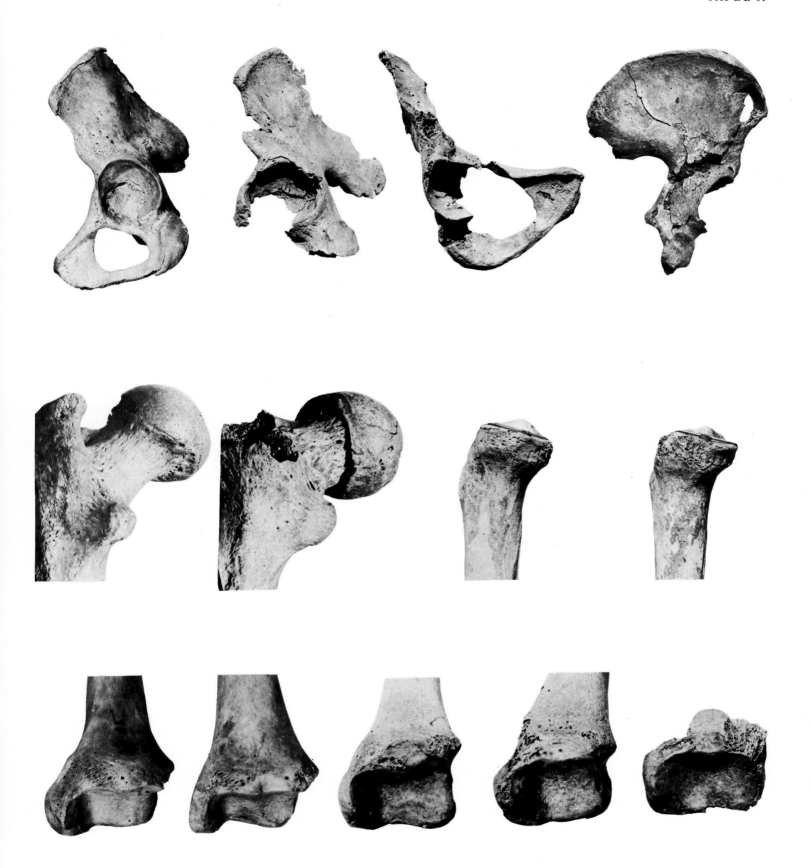

Obere Reihe SK 7 und SK 9 l Hüftbein, SK 9 und SK 6 r Hüftbein –*mittlere Reihe* SK 7 und SK 9 l Femurkopf; SK 6 und SK 7 ob. Drittel l Tibia – *untere Reihe* rez. Tibia ohne und mit Hockerfacette (Vergleichspaar) SK 6, 7, 8 distales Tibiagelenk

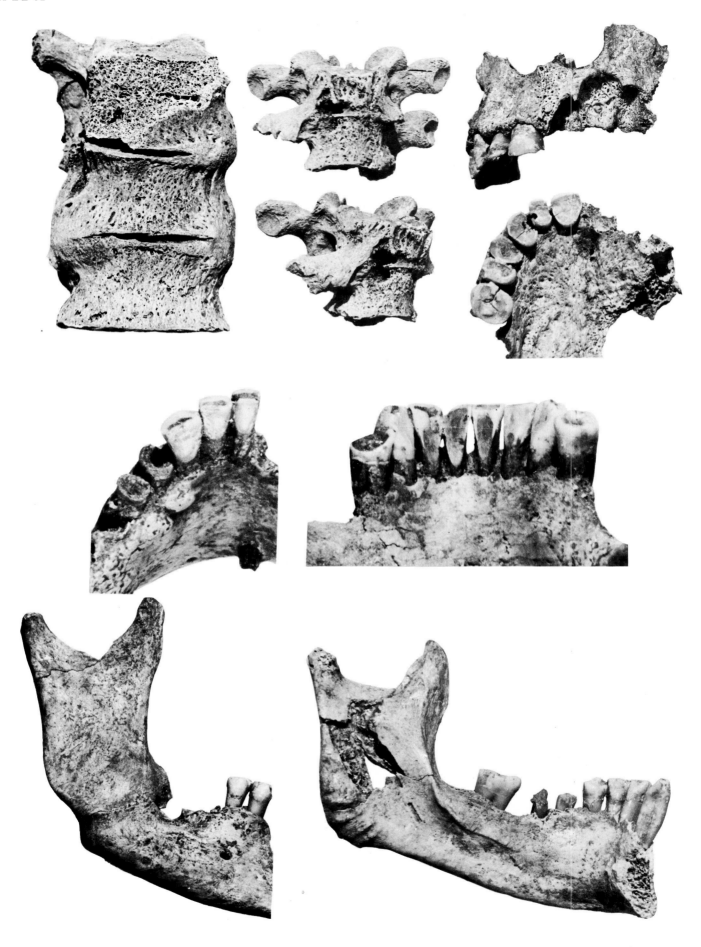

Oben links 1965 SK B Wirbelblockbildung: 12. Brustwirbel und 1. und 2. Lendenwirbel, *Mitte* mittlere Brustwirbel, *rechts* Oberkieferfragment mit Alveolarpyorrhoe und Extremabrasion der r Zahnreihe – *Mitte links* SK 8 Torus alveolaris mandibulae, *Mitte rechts* SK 9 Zahnhals-Abrasio des mittl. und seitl. Incisivus – *unten links* SK 6 Mandibula-Fraktur des r Kieferwinkel-Corpusbereiches, Außenansicht, *unten rechts* SK 6 nicht betroffene l Kieferfläche, Innenansicht mit Mylohyoid-Brücke

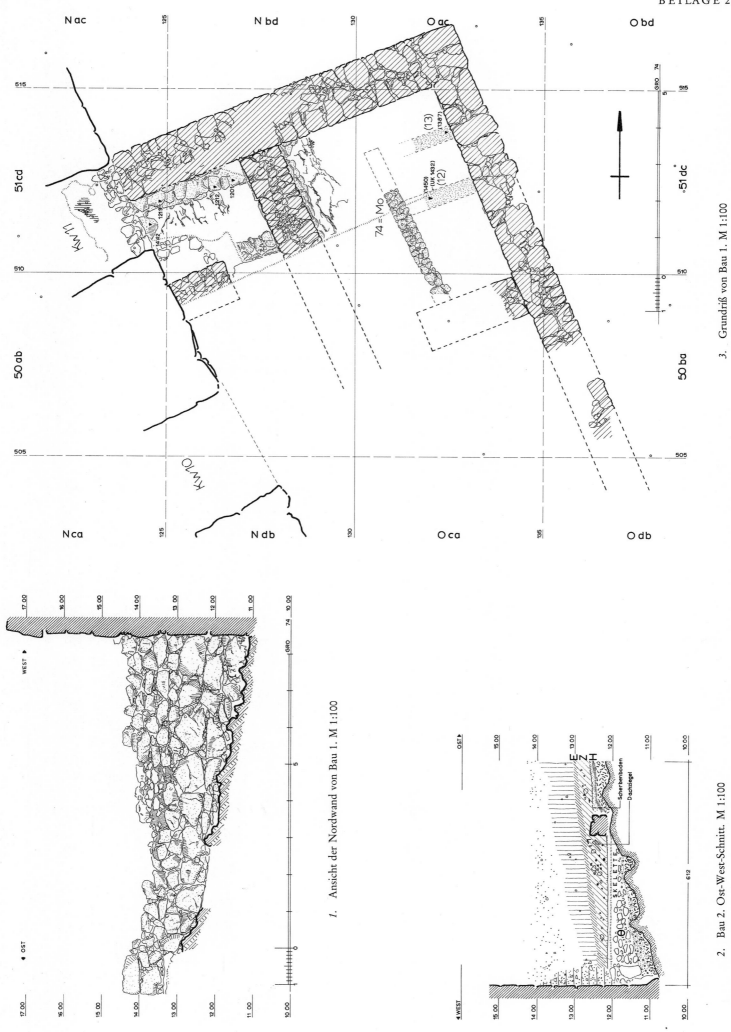

N ac   N bd   O ac   O bd

51 cd   °51 dc

50 ab   50 ba

Nca   N db   O ca   O db

3. Grundriß von Bau 1. M 1:100

WEST ▶

OST ◀

1. Ansicht der Nordwand von Bau 1. M 1:100

OST ▶

◀ WEST

2. Bau 2. Ost-West-Schnitt. M 1:100

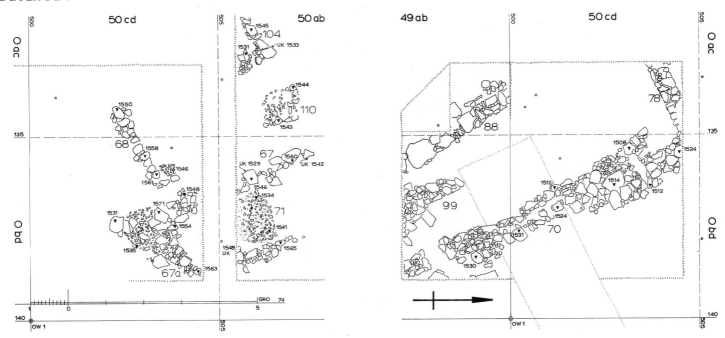

1. Grundriß Planquadrat O/50 d und Nachbarfelder (Quadrant V 2/VI 2).
a: Quadrant V 2. b: Quadrant V 2. VI 2. Obere Lage vor Reinigung der Mauer 70. M 1:100

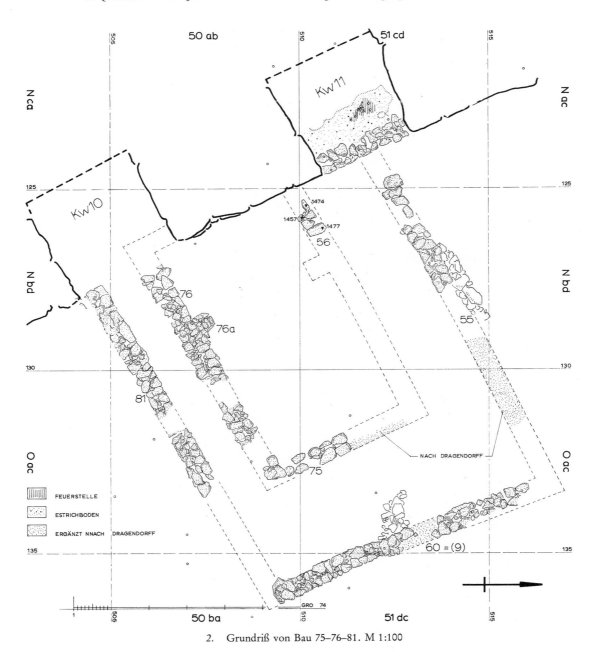

2. Grundriß von Bau 75–76–81. M 1:100

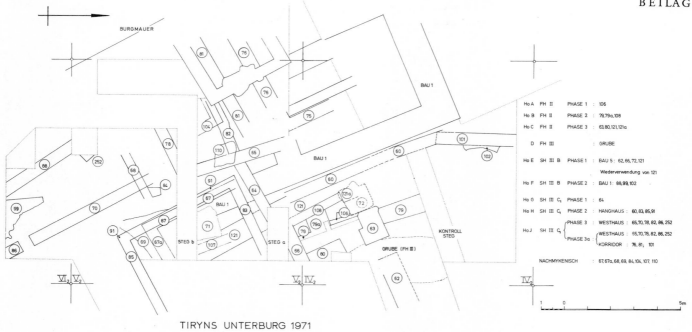

TIRYNS UNTERBURG 1971

1. Grabungen in den Quadranten IV 2, V 2 und VI 2, Teil A und Teil B: Lageplan der in den Texten genannten Architekturreste sowie ihre Datierung und Zuordnung zu den einzelnen Siedlungshorizonten

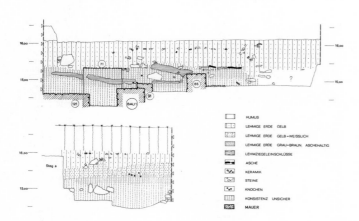

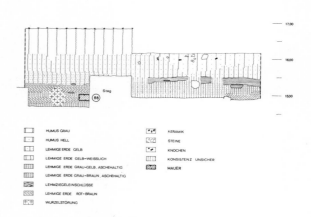

2.3. Quadrant V 2. Steg b, Nordprofil und Hauptprofil, Ansicht von Osten. M 1:100

4. Quadrant V 2/VI 2. Profil der westlichen Grabungsgrenze, Ansicht von Osten. M 1:100

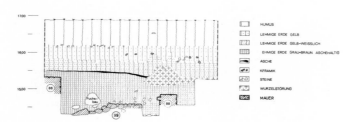

5. Quadrant VI 2. Profil der südlichen Grabungsgrenze, Ansicht von Norden. M 1:100

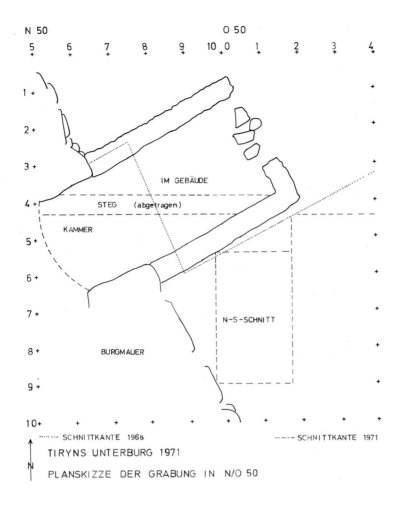

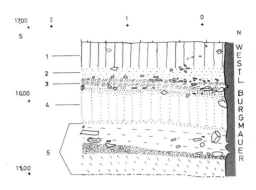

2. NO/50. N-S-Schnitt, südliches Profil. M 1:50

◀ 1. NO/50. Planskizze der Grabung. M 1:100

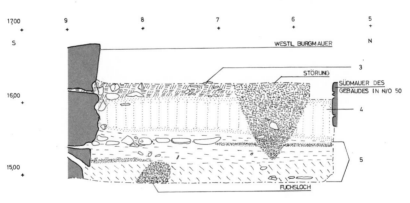

3. NO/50. N-S-Schnitt, westliches Profil. M 1:50

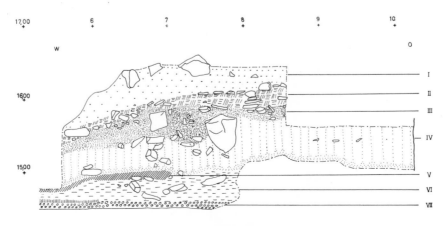

4. N/50. Profil in der Kammer KW 10. M 1:50